"十二五"国家重点图书
出版规划项目

国家出版基金项目
NATIONAL PUBLICATION FOUNDATION

陕西出版传媒集团
2011年重大出版项目

中国少数民族法史通览

ZHONGGUO SHAOSHU MINZU FASHI TONGLAN

总主编
张晋藩

本卷主编
胡兴东

第六卷

傣　族·佤　族·德昂族
布朗族·景颇族·阿昌族
拉祜族·基诺族·哈尼族

陕西出版传媒集团
陕西人民出版社

丛书主编

张晋藩

张晋藩，男，汉族，1930 年 7 月出生，辽宁省沈阳市人。1952 年中国人民大学研究生毕业，历任该校法律系讲师、副教授、教授。1983 年至 1994 年任中国政法大学副校长兼研究生院院长、中国法律史研究所所长。现为中国政法大学终身教授、法律史学研究院名誉院长。

1983 年被评为中国法制史博士生导师，1988 年被评为国家重点学科法制史学带头人，1991 年享受国务院特殊贡献津贴。曾兼任：国务院学位委员会第二届法学评议组成员，中国法律史学会常务副会长、名誉会长，中国老教授协会副会长，全国人大常委会内务司法委员会特约研究员，中国法学会理事，等等。现兼任：中国法律史学会专业顾问，中国教育家协会名誉会长，最高人民检察院特约研究员，等等。

曾出版《中国法制史》《中国法律史论》《法史鉴略》《中国古代法律制度》《中国古代政治制度》《中国法律的传统与近代转型》《中国近代社会与法制文明》《中国宪法史》《中国监察法制史稿》《中华法制文明史》等 30 余部学术专著，主编《中国法制通史》（十卷本）大型学术著作。其中，有的已译成英、日、韩等国文字出版。迄今已发表专业论文 200 余篇。

2012 年，被中国法学会授予“全国杰出资深法学家”称号。

本卷主编

胡兴东

胡兴东，男，1975 年生，云南临沧市人，教授，法学博士后。现就职于云南大学人文学院。主要研究方向为中国法律史、西南少数民族法律史和法律社会学。独著的著作有《生存范式：理性与传统》《元代民事法律制度研究》《中国古代死刑制度史》《中国古代判例法运作机制研究》《西南民族地区纠纷解决机制研究》《治理与认同：民族国家语境下社会秩序形成问题研究》，在《中国法学》《民族研究》和《世界宗教研究》等期刊上发表论文 60 多篇，获云南省政府和中国法学会等主办的省部级学术成果奖项 8 项，主持过国家及省部级课题 6 项。

《中国少数民族法史通览》
总 序

早在公元前2世纪，中国便初步形成了多民族的统一国家，无论国家疆域、社会的物质文明和精神文明，都是由各民族共同开发、共同创造的，其中也包括辉煌的法制文明。在20世纪80年代中国法律史年会上，我首次提出了研究民族法史。在我的倡导与主持下，法史界的一些同道发宏愿纂修一部信而有征的少数民族法制史。希望借此传承与弘扬各民族法文化的优秀传统，展示少数民族的法律智慧，保存存在于少数民族地区的珍稀法制史料，进一步巩固以汉族为主体的中华民族大家庭。同时也可以充实中国法制史学的内容，提高中国法制史学的世界地位。

一、中华民族是统一的、多样性的伟大民族

在世界历史上的文明古国中，由于种种原因，多已失去独立自主的民族生命，或已沦丧其固有的文化传统，唯有中国历经五千多年的历史发展过程，始终绵永其独立的民族生命与文化。这和以汉族为代表的先进文化为基础所形成的统一的中华文化是分不开的。虽然古代有过华夏文化中心论的华夷之辨，有过“非我族类，其心必异”的狭隘民族观，也有过按民族划分社会等级的民族等级观，但并没有妨碍自秦汉以来中华民族便已形成的稳定共同体的绵延与发展。正像发源于巴颜喀拉山下的涓涓细流一样，中华民族也都发源于一个共同的文化传统，尽管血缘上有异，地域上有别，但不存在严格对立的民族隔阂与阻止交流的壁垒。

“中华民族”作为一个整体，不仅有着同源的文化，而且在漫长的发展过程中，不同程度地进行着相互渗透、相互亲和、相互同化。只是由于所处的地域不同、生产过程与方式不同、习俗不同而表现出“族”的特有的形式而已。

数千年来，各民族经过不断的迁徙、杂居、通婚、互市，在文化上互相学习，在血统上互相融合，你中有我，我中有你，民族畛域逐渐消弭，统一的民族精神日益凸

现，这个民族精神，早已超越了一族的界限。正是这种超越一族的磅礴之气，以及各民族在文化同源的背景下的多样性发展，才形成了绚烂多彩的中华文明，凝聚成厚重的“中华魂”。法律作为中华文化的一部分，也有其源与流、干与支的相互关系及内在联系，并由此形成了多样性的统一体。这是我们在探究中华少数民族法制历史时首先应该注意到的。

二、中华法系是集各族法律智慧共同缔造而成的

中国是世界法制文明的古国，具有四千余年从未中断的法制历史。中华法系是世界公认的特色鲜明的一大法系，其中也汇聚了中华各族的法律智慧。早在法律形成时期便表现出了民族间的相互吸收与传承。根据史书记载，上古时期，华夏族以外的苗民，便已开始制定法律，所谓“苗民弗用灵，制以刑……爰始淫为劓、刵、椓、黥。越兹丽刑，并制罔差有辞”①。其后黄帝灭其族而用其刑，使苗民的刑制发展成为整个夏商周三代通行的奴隶制五刑：墨、劓、刖、宫、辟，并沿用至汉初。

特别需要指出的是由战国末期至秦汉逐渐兴盛的匈奴族，是中国历史上北部游牧民族建立的第一个统一的军事政权，并且适应游牧民族调整内部生活与秩序的需要，开始设范立制。史书说：其法，拔刃尺者死，坐盗者没入其家；有罪小者轧，大者死。狱久者不过十日，一国之囚不过数人。②

自秦汉迄南北朝，在中华民族的大家庭中，又融入匈奴、鲜卑、氐、羌、羯等诸民族。从西晋末年开始的“五胡内迁”，到东晋时期与江南东晋政权抗衡的北方“十六国”，再到南北朝时期的北方五朝，少数民族相继在广大的中原地区建立了政权。同时根据统治广大地区的需要，结合本民族的习惯，制定了使用范围不同的法律，丰富了中华法文化的内容，甚至创造了为隋唐时期所直接取法的法律范本。例如，鲜卑族统治的北魏时期，自道武帝拓跋珪至孝文帝拓跋宏，都较为注重法制建设，经历了从习惯法过渡到成文法，再发展到引礼入法的几个阶段。在儒家思想的引导下，并经过汉族律学家的具体帮助，以“齐之以法，示之以礼”③ 为指导思想，终于在太和五年（481）颁布了著名的《太和律》。这部律典既融汇了汉魏晋以来法制建设的成果，同时也保留了某些元魏旧制，可以说是这个时期游牧文化与农耕文化大融合的产物。从程树德先生辑录的魏律遗文中可以看出儒家人本主义对魏律的影响：“世祖定律，

---

① 《尚书·吕刑》。

② 《史记·匈奴列传》。

③ 《魏书·刑罚志》。

妇人当刑而孕，产后百日乃决，盖本元魏旧制。”① 至于鲜卑后裔建立的北齐王朝，其在法制上的贡献具有承前启后的历史地位，程树德先生评论说：“南北朝诸律，北优于南，而北朝尤以齐律为最。”②《北齐律》开创的新体例，与隋唐律的传承关系十分明晰：“盖唐律与齐律，篇目虽有分合，而沿其十二篇之旧；刑名虽有增损，而沿其五等之旧；十恶名称，虽有歧出，而沿其重罪十条之旧。”③由于各民族坚持不懈地进行法制的创造和法文化的交流，才有隋唐时期中华法系的定型。历史雄辩地说明了中华法系是以汉族为主体，各族共同缔造的。

隋唐时期中国的法律文化、典章制度远播海外，中华法系成为相邻国家和地区的母法。而建立在祖国边陲的吐蕃、突厥、南诏等地方民族政权，各自有着一套行之有效的法律体系。尽管这些法律带有浓厚的地域色彩，并杂有民族习俗和宗教规条，但是不可否认，它们都包括在中华法文化的大法苑中，都是中华法制文明的重要组成部分，都体现了当时少数民族对法制的重视和思考。

唐朝统治者对少数民族的法律和习俗也持认同态度，《唐律疏议》在处理化外人相犯时就提出这样的原则，“诸化外人，同类相犯者，各依本俗法，异类相犯者，以法律论。”在此条的疏议中就特别提出：“‘化外人’谓蕃夷之国，别立长君者，各有风俗。制法不同。其有同类自相犯者，须问本国之制，依其俗法断之。”④ 由此开创了在统一的多民族国家中，不同的民族在特定条件下可以适用本民族法律的先河。这条规定也从一个侧面反映了各族法律的发展状况，以及在互相交流中不断地得到演进的原因。近年来随着考古的发现，隋唐时期各少数民族政权的法律文件已部分地公之于世，为我们认识这一时期少数民族法制状况提供了第一手资料。

由于唐朝对边疆少数民族实行“恩惠抚和”的政策，使众多的少数民族相继内附，而且由于统治者开明的民族观念，使得各民族关系更为和谐，唐太宗曾提道：“夷狄亦人耳，其情与中夏不殊。人主患德泽不加，不必猜忌异类。盖德泽洽，则四夷可使如一家。”⑤ 以致有唐一代，在内附的民族区域建立的羁縻府州县多达856个，“羁縻，犹言维系也”⑥。在这些羁縻府州县中，政权事务由当地少数民族首领世袭管理，原有风俗一概保留，中央政府不加过问。地方仅在军事上“奉征调”，在赋税上

①②③ 程树德著：《九朝律考》，中华书局2003年版，第383、391、391页。

④ 《唐律疏议》卷六“化外人相犯”条。

⑤ 《资治通鉴》卷一九七，贞观十八年十二月。

⑥ 《纲鉴易知录·唐纪》卷四十三，中华书局本。

纳贡。许多民族还制定了地方性法规。

宋朝是面对民族问题最多的朝代，宋朝统治者运用法律的手段调整与西北蕃族的关系，制定了《蕃官法》、《蕃兵法》、《蕃丁法》、《茶马法》等法规。在宋朝统治期间，契丹族、党项族、女真族先后崛起，建立了辽、西夏、金等国，分别制定了既吸收中原地区传统法律文化，又具有本民族特色的辽《重熙新定条例》、金《泰和律义》、西夏《天盛改旧新定律令》等。辽金律已佚，只有西夏国天盛年间制定的《改旧新定律令》保存完好。① 《天盛改旧新定律令》是中国历史上第一部用少数民族文字印行的法典，其详细程度为现存中古法律之最。法典总计二十余万言，没有注释和案例，全部是律令条文，其内容包括刑法、诉讼法、民法、经济法、军事法，多方位地反映了西夏社会生活的各个方面。②

至元代，在蒙古族的统治下，天下又合而为一，元朝统治的疆域空前辽阔，其法制的创造性则更加明显，譬如独具特色的刑罚体系，平反律目的创立、民事诉讼的程序化、行政法律规范的细化等等，都反映了法制的民族性与创新性。目前存留的《大元通制条格》，既是中华民族法制史上一部重要的法典，又是蒙古族法制文化所达到的高度的表征。

综上可见，隋唐以来各民族的融合和文化上的交流，为封建社会后期法律体系的趋于完备和法律制度的不断完善创造了条件。至清代，民族立法已臻于完备和成熟。

至清代发源于白山黑水的满族早在关外开国肇基时期，便通过颁布《盛京定例》的形式，与蒙古结成巩固的联盟，并促使蒙古族社会关系的法律调整。此外，还采用“参汉酌金”的立法路线，创造了民族特色鲜明而又迅速封建化的关外法制。1644 年入关以后，更将“参汉酌金”的立法路线推向全国。顺治三年的《大清律集解附例》其实是大明律的翻版，随着汉满法文化交流的深化，至乾隆五年修订的《大清律例》已经成为与唐明律相同的正统封建法典。

清朝统治者为了统治疆域辽阔的统一多民族国家，实行“因族制宜、援俗而治”的政策，一方面确认各族的习惯法在该民族地域内继续发挥效力；另一方面，为了巩固多民族统一国家，制定了一系列民族立法，如《蒙古律例》、《理藩院则例》、《回疆则例》、《青海蕃夷成例》、《西藏章程》以及适用于苗疆地区的条例等。《大清会

---

① 《天盛改旧新定律令》（史金波、聂鸿音、白滨译注，法律出版社 2001 年版），该法典从俄国引至国内，原文献藏于俄国科学院东方研究所圣彼得堡分所写本部。

② 史金波、聂鸿音、白滨译注：《天盛改旧新定律令》，法律出版社 2001 年版，第 3—4 页。

典》里也汇编了有关适用于少数民族的诉讼、审判、定罪、量刑等方面的律例近百条。这都标志着民族立法进入了前所未有的辉煌时期。

以上可见，自从中华民族进入文明时代起，在中华大地上便孕育了包括汉族在内的众多民族。尽管他们在不同的时代由于文化、经济、政治发展的差别而处于不同的历史地位，对于缔造中华法系所起的作用也有所不同，但无论如何，中华法系是各族人民共同缔造的，凝聚了各族人民的法律智慧，是各民族法律文化与法制经验相互交流与吸收的综合结果。

三、习惯法和民间法是少数民族法律体系中的重要组成部分

在悠久的历史长河中，建立独立政权的少数民族毕竟是少数，而建立全国性政权的少数民族也仅有元清两朝而已。绝大部分的少数民族依然固守在世代生活的一隅之地，遵循着传统的习俗和共同推崇的权威，维持着社会的秩序。在政治、经济和文化发展不平衡的统一多民族中国，这种状况是较为普遍的。这些民族的生产和生活如何维持，相互间的矛盾与纠纷如何解决，对财产的侵犯与人身的伤害如何制裁等，都需要依靠约定俗成的规则。这些规则有些是成文的习惯法，有些是不成文的习俗。虽然简陋，但却具有很高的权威性与约束力，发挥着对该族内部生活的调整作用，这是我们研究与撰写少数民族法制史所不可忽视的。事实上在国家大法难以完全覆盖到的角落，家族法、习惯法、民间法，或者其他风俗习惯都对建立与维持一定的秩序起了重要的乃至主要的作用。韦伯在论中国传统皇权治理模式时说：“出了城墙以外，统辖权威的有效性便大大地减弱，乃至消失。”① 这论断虽然稍嫌绝对，但却揭示了一个现象：在乡土中国，确实存在王法难以达到的真空，何况在少数民族聚居的边远地区。所以在研究与撰写少数民族法制历史的时候，需要探究在该民族地区起着实际作用的法源；需要了解在该民族生活秩序中，法与情、法与理是如何统一的；尤其是需要掌握具有共同性的法律意识的生成、发展及其作用。毕竟一部法典的生命力是有限的，而内蕴在少数民族内心的法律意识是世代相沿的，尤其是在相对闭塞的角落中更是如此。

在20世纪50年代以前，独龙、怒、傈僳、德昂、阿昌、景颇、阿瓦、拉祜、纳西、基诺、黎、布朗、赫哲等十几个民族或这些族群所在的部分地区，原始社会色彩还相当浓厚。不仅不可能拥有成文法，甚至连本民族文字都没有，它们的法律还处在

---

① 韦伯著，洪天富译：《儒家与道教》，江苏人民出版社1993年版，第109页。

世代相传的祖先训谕与原始宗教规条以及部落首领的训诰层次上。如景颇族的“通德拉”，即属于早期习惯法的范畴，对于这些习惯法的解释和执行，由部族头人和巫师负责。正如前文所阐明的各少数民族之间的发展是不平衡的，譬如凉山的彝族在新中国成立初期还处于奴隶社会，头人作为奴隶主行使着处罚大权，运用习惯法（彝语称“节威”），来维护奴隶主的特权和对奴隶的剥削压迫。较之彝族发达的西藏的藏族、云南西双版纳的傣族在当时已经处于农奴制社会。

藏族是一个具有悠久历史的古老的民族，从吐蕃初期制定的教法戒律，到松赞干布根据佛教“十善”制定的“法律二十条”称为吐蕃成文法的母法，无论是《王朝准则之法》还是《伤人赔偿律》、《盗窃追赔律》，都以它为基准，逐渐形成了在历史上典型的地方少数民族的成文法体系和丰富的法律内容。至清朝统治时期，清政府还通过制定“则例”“章程”“条例”等部门法的形式对西藏进行全面的管理。与中央立法相对应，西藏地方政府也制定了一些重要的法规，主要有五世达赖时期的《十三法》、青海果洛地区的《红本法》、德格土司的《法律十三条》，毛垭土司的《十三条禁令》等。藏族法律形成的多样性以及宗教戒律、道德规范与法律规范的结合，构成了藏族独具特色的、多元的法律文化。

聚居在西南边陲的傣族，长期以来就适用本民族习惯法。远在12世纪，首领叭真统一各部建立勐泐政权，随后历代宣慰司和勐泐土司为了维持封建领主的地位，颁布了一系列封建法规，如西双版纳傣族的民刑法规、礼仪规程和孟连宣抚司法规等。此外，壮、布依、侗、苗、瑶、土家、畲、白、回、维吾尔、蒙古、满等30多个民族则处于封建社会的中前期。如在苗族地区，基本上是按宗支建立自己的社会组织，即所谓“立鼓为社”，各鼓社均有自己的民主议事制度，并根据古礼和传统习惯制定规约。明清时期，苗疆各民族的习惯法经过长期的演化，逐渐丰富起来，成为具有普遍约束力的“苗例”。它涉及社会生活各个方面，内容相当广泛。经过历代中央政府的认可，苗例在苗疆地区长期适用。

再如侗族，其习惯法为“约法款”，其中的法律条文成为“款词”。款词原本是靠侗族人民口耳相传，后来采用汉字记录语音的方式辑录下来，成了现在的成文形式的侗族习惯法。

总之，少数民族习惯法和民间法的数量是众多的，形式是多种多样的，其内容主要是对贼盗犯罪的惩治和以罚牲畜作为刑罚的主要手段；在审判上运用多种形式的神明裁判。① 这些少数民族的习惯法与民间法，历史悠久，特色鲜明，它密切联系社会生活，服务于社会生活，具有深厚的群众基础和较高的权威，起着相当有效的调整作用。它们的存在有其必要性与合理性，是需要以理性的态度对待的。

需要指出的是，有些少数民族经过一番斗争，才获得了适用本民族习惯法的法定权利。以苗疆各族为例，苗疆各族人民多次进行争生存、反压迫的武装起义，迫使清朝在立法中确认苗疆少数民族习惯法的法律效力。据《清高宗实录》卷一三九载："若苗与苗非聚众而自相杀伤、偷盗，苗人愿照苗例完结者，免其相验解审。""一切（苗人）自相诉讼之事，俱照苗例完结，不治以官法。"《大清律例》卷三七"条例"："苗人与苗人自相争讼之事，俱照苗例归结，不必绳之以官法，以滋扰累。"

随着社会的发展进步，少数民族间的习惯法与民间法也处于由粗俗趋向细密，由野蛮趋向"文明"的进步过程中。正因为如此，整理少数民族固有的习惯法、民间法对于保存传统的法文化资料是十分紧迫的。

四、"通古今之变"是研究少数民族法制史应有的态度

由于历史的发展具有连续性，所以研究少数民族法制史时不能只局限于特定的历史时期，还需要纵向地考察法律内容的嬗变与联系、法律思想的传承与发展，总之要通古今之变。但绝不意味着仅仅是为了叙述其发展过程，厘清其发展轮廓。首先，是为了抽象各少数民族法制历史发生发展的规律性。譬如，秦汉以降在统一多民族的中国，各个民族大小不同、强弱不同、语言不同、居住环境不同、经济类型不同、文化和社会发展程度不同，这些都必然反映在各族群的实际生活与思想意识当中，由此形成了不同民族的法观念和立法的特点，它们在共同性中又存在着明显的差异性。又如，少数民族在取得政权以后（无论是全国性的还是地方性的），法制建设都会出现跳跃式的发展，往往从简单、落后的习惯法跃升到封建性的成文法典，北齐律可以看作是一个最明显的典型。这不是偶然的，是适应先进的汉族的生产方式与社会生活借以存在的需要，同时也和法文化的交流融合分不开。恩格斯说："文明较低的征服者，在最绝大多数的场合上，也不得不和那个国度被征服以后所保有的较高的经济情况相

① 民族志研究者根据田野调查，发现时至今日，在我国一些少数民族地区，对一些纠纷仍然保留传统神判方法，如景颇族，村里的仲裁者在证据不足又不能排除犯罪可能的情况下，就运用神判，目的是借助于神的意志来判定告发人和嫌疑者谁是谁非。其常用的办法有闷水、捞沸油锅、煮米、鸡蛋清卦、斗田螺、捏鸡蛋、诅咒、叫天等等。

适应；他们为被征服的人民所同化，而且大部分甚至还采用了他们的语言。”① 法律的发展也是如此，中华民族内部法文化的交流与融合一直未曾停止过。

其次，是为了总结中央政府在处理民族关系上的历史经验与借鉴。譬如在汉族中原王朝“大一统”思想的主导下，从少数民族政治、经济、文化的差异性以及与内地发展水平的不平衡性出发，采取一定的因族因俗制宜的自治方式或原则。强调“修其教不易其俗，齐其政不易其宜”②，“以其故俗治”③，“各依本俗治”④，“天子之于夷狄，其义羁縻勿绝而已”⑤，“荡佚简易，宽小过，总大纲”⑥，“临时制宜，略依其俗，防其大故，忍其小过”⑦。既强调其因俗制宜，赋予一定的民族自治权，又强调中央政权的管辖与法律的统一适用。这两者结合，是中国古代治理少数民族地区成功的经验，对于今天加强民族关系的法律调整都有历史的借鉴意义。

除此之外，为了维护和巩固统一的多民族国家，中央政府还采取必要措施保证国家对少数民族地区的立法权和司法管辖权，从而形成了中国各民族多元一体的法律发展格局。如何发掘和利用民族法文化的本土资源，使民族的习惯法与国家法律有效地衔接并逐渐一体化，将会促进依法治国的方略在广大疆域的实施。

最后，通过深入挖掘整理民族法文化遗产，将会极大地丰富中华民族的法律文化宝库，繁荣民族法学。由于少数民族发展本身具有不平衡性，无论法律意识、法律思想、法律实践、法律表达在不同的少数民族间存在很大的差距。有的少数民族没有自己的文字，民族的形成又比较晚；而有的民族虽然显赫一时，如契丹族，却早已经消亡以至难觅其踪迹。所以要编写出少数民族法制史，必须要进行广泛的田野调查，收集散失在民间的珍稀法律史料，由今及古复原出少数民族最真实的法制发展进程中的图景。法国史学家马克·布洛赫提到历史学家的技艺时曾谈道：“史学家所要把握的正是它在每个阶段中的变化，但是在历史学家审阅的所有画面中，只有最后一幅才是清晰可辨的。为了重构已经消逝的景象，他应该从已知的景象着手，由今及古地伸出

---

① 恩格斯：《反杜林论》，载《马克思恩格斯选集》第3卷，人民出版社1972年版，第222页。

② 《礼记·王制》。

③ 《汉书》卷四二。

④ 《唐律疏议·刑名》。

⑤ 《史记》卷一一七。

⑥ 《资治通鉴》，卷四八。

⑦ 《后史记》卷八七。

掘土机的铲子。”①

系统地编纂中国少数民族法制史是一项前无古人的事业，它的出版必将深化已有的民族法制史研究成果，全面弘扬中华民族的法律文化，使原先隐藏在历史烟尘中的明珠能够在世界法制舞台上熠熠生辉！由于中国少数民族传统法律文化内容极其丰富，而且处于不断发展变化之中，所以编纂这套《通览》并不意味着对少数民族法制史研究的结束，而只能说是一个阶段性成果。“路漫漫其修远兮，吾将上下而求索。”屈子的吟唱同样适用于我们对于少数民族法制历史的探求。

早在1983年，我于中国法律史学会西安年会上第一次提出编写中国少数民族法制史的意见，其后在论及中华法系的特点时，也一再强调中华法系是由汉族为主体的中华民族共同缔造的，但是编纂少数民族法制史的想法一直未能落实。直到1999年岁末，在时任中共云南省委常委、政法委书记秦光荣同志的支持下，我于昆明召开了全国相关学者参加的编写《中国少数民族法史通览》研讨会，后又争取到多项基金的支援，才使得这个计划得以逐步实现。

编写这样一部卷帙浩繁的、前人所未做过的文化工程，困难是很多的。我们虽然勉力以赴，但缺点与不足之处，甚至错误都难以避免。敬请读者批评指正。

张晋藩

2014年9月

① 〔法〕马克·布洛赫著，张和生、程郁译：《历史学家的技艺》，上海社会科学出版社1997年版，第38页。

[目 录]

第一章

傣族法史

第一节 傣族概况

一、傣族分布及族源

傣族是我国民族大家庭中重要的一员，是云南25个少数民族中历史悠久的民族之一。傣族自称“傣”，读作“dǎi”，西文写作“Tai”或“Thai”，也被称为“Shan”（掸）。傣族有自己的语言和文字。傣语属于汉藏语系壮侗语族壮傣语支，主要有西双版纳地区的傣泐语和德宏等地的傣那语两种方言。傣文属于一种拼音文字，主要有流行于西双版纳地区的傣泐文、流行于德宏等地的傣那文以及流行于金平地区和耿马等地的金平傣文和傣绷文。傣族主要分布在云南省的南部和西南部，世代居住在怒江、澜沧江、金沙江流域的河谷平坝，与缅甸、老挝、越南接壤，与泰国邻近。傣族主要聚居在云南省境内的西双版纳傣族自治州、德宏傣族景颇族自治州、耿马傣族佤族自治县、孟连傣族拉祜族佤族自治县、新平彝族傣族自治县、元江哈尼族彝族傣族自治县等地。据2010年第六次全国人口普查统计，傣族共有122.2万人。

傣族是一个历史悠久的民族。从族源上追溯，傣族属于我国古代越人族属①。傣族与今天壮侗语族的各个少数民族，如壮、水、侗、布依、黎、毛南、仡佬等民族在族源上均与古代“越人”有着密切联系。我国史书上所称的“于越”、“东越”、“闽越”、“瓯越”、“南越”、“山越”、“夔越”等，都是越人的族属，由于族属众多，所以又被称为“百越”。正如《后汉书·地理志》所记载：“自交趾至会稽七八千里，百越杂处，各有种姓。”这些越人自古就是居住在我国南方广大区域的一个古老族系，从浙江、福建、广东、广西一直到云南，都分布着古代越人。

“百越”拥有自己共同的物质文化特征：善于水稻耕作、独特的新石器、发达的印文陶、“干阑”式的居住习惯、断发文身等。史书记载：“被发文身，错臂左衽，瓯

① 江应樑：《傣族史》，四川民族出版社1983年版，第2页。

越之民也；黑齿雕题，鳀冠秫缝，大吴之国也”①；“越，方外之地，剪发文身之民也，不可以冠带之国法度理也。”②

傣族同样具有这些共同的习俗。首先，傣族文身饰齿，是有很长的历史渊源，唐代是以“绣脚”、“绣面”、“雕题”、“黑齿”等名称作为傣族先民的族称。如史书记载：“百夷，眉额间涂丹墨为饰”③；“金齿百夷，男子文身，以赤白土傅面。文其面者谓之绣面蛮，绣其足者谓之花脚蛮。”④ 其次，古代越人很早就从事农耕，种植水稻。如《越绝书》等古代文献中均记载吴、越两个国家主要以水稻作为种植的作物。傣族是我国种植水稻最早的民族之一，具有丰富的植稻经验，西双版纳有“滇南谷仓”的美誉，德宏地区向来就有“芒市谷子，遮放米”的说法。再次，另一个共同的习俗就是“干阑”式的建筑和铜鼓文化。《新唐书·南平僚传》记载：“土气多瘴疠，山有毒草及沙虱蝮蛇，人并楼居，登梯而上，号曰干阑。”傣族自古居住在气候炎热、水流纵横、地势潮湿的亚热带平坝区，因此，他们的房屋建筑具有鲜明的民族风格和地理特点⑤。傣族今天所居住的竹楼就是史书中称的“干阑”。再如铜鼓文化，是古越人的光辉文化，今天在西双版纳和德宏都出土过铜鼓。另外，从语言上也可以找出傣族出于古越人的证据。古代越人的语言，今天知道得不多，但仅就文献中留下的一鳞半爪，也可以看出古越语和今天壮傣语不仅语法相同，而且词汇读音也有很多相同或相近之处。民族语言学者曾把汉朝刘向《说苑》中记载的一篇有越人读音 x 也有汉文译意的越女歌和今天壮傣语对照，在 54 个字的歌词中，有十几个字和壮语全同，语法构造则完全与壮傣语一样⑥。从而我们可以肯定傣族应当源自古代越人族属。

二、傣族的发展历史

（一）先秦时期

在先秦时期的历史文献中，对于傣族先民的记载极为有限，只是对于作为百越民族

---

① 刘向：《战国策·赵策》卷一九，岳麓书社 1988 年版。
② 班固：《汉书》卷六四，《严助传》，中华书局点校本。
③ 王恽：《王恽秋涧先生大全文集》卷八一，《中堂事记》，文渊阁四库全书影印本。
④ 王叔武辑校：《云南志略》，云南民族出版社 1986 年版。
⑤ 傣族简史编写组：《傣族简史》，云南人民出版社 1986 年版，第 232 页。
⑥ 江应樑：《傣族史》，四川民族出版社 1983 年版，第 5 页。

群体一部分的濮人、越裳在史籍中有所记载。① 《逸周书》记载，商汤建国之初曾向商贡献珠玑、玳瑁、象牙等物。周初，濮人也参加了伐纣的战争。《尚书·牧誓》记载："王曰：嗟！我友邦冢君，及庸、蜀、羌、髳、微、卢、彭、濮人。称尔戈，比尔干，予其誓。"《竹书纪年》载："十年，王命唐叔虞为侯，越裳氏来朝。"《后汉书·南蛮西南夷传》又载："交趾之南有越裳国。周公居摄六年，制礼作乐，天下和平，越裳以三象重译而献白雉，曰：'道路悠远，山川阻深，音使不通，故重译而朝。'成王以归周众。"越裳的分布区主要在今天云南省的南部和西南部，以及中南半岛的广大地区，以之为主体发展为后来的掸傣民族，由此可见，傣族先民与中原地区的交流源远流长。

（二）秦汉时期

傣族先民曾以各种名称出现于我国历史，其最早见于史籍的称谓是"滇越"②。《史记·大宛列传》记载："昆明之属无君长，善盗寇，辄杀略汉使。然闻其西千余里，有乘象国，曰滇越。"昆明族，就是现代彝语各族的先民，属于氐羌民族，秦汉时期分布于金沙江两岸到洱海、滇池一带。汉武帝时期，汉武帝遣使求通身毒、大夏的道路，为当地昆明族所阻，不能继续前进，在这里汉使得知"其西千余里，有乘象国，曰滇越"。

东汉以后，傣族先民被史家称之为"掸"。《后汉书·和帝本纪》载："永元九年（97）春正月，永昌徼外蛮夷及掸国重释奉贡。"《后汉书·安帝本纪》载："永宁元年（120）永昌徼外掸国遣使贡献。"《后汉书·顺帝本纪》又载："永建六年（131）十二月，日南徼外调国、掸国遣使贡献。"对这些交往的详细记载当属《后汉书·南蛮西南夷传》："（永元）九年，徼外蛮及掸国雍由调遣重译奉国珍宝，和帝赐金印紫绶，小君长皆加绶钱帛。永元九年，掸国王雍由调复遣使者诣阙朝贺，献乐及幻人，能变化吐火，自解支，易牛马头。又善跳丸，数乃至千。明年元会，安帝作乐于庭，封雍由调为汉大都尉，赐印绶金银彩缯各有差也。"袁宏的《后汉记》卷一五亦载："及安帝元初中，日南徼外擅（按，即掸）国献幻人，能变化，吐火，自支解，又善跳丸，能跳十丸。其人曰：'我海西人，则大秦也。'自交州塞外，掸国诸蛮夷相通也。又有一道与益州塞外通。"可见当时的掸国使团是一个相当规模的正式使团，拥有来自大秦即罗马的幻人，配备着多种语言的翻译人员，几次不远万里来到东汉王朝的首都洛阳朝贺，这不是一个涣散的集团能做到的。这个使团奉献出他们的乐章，表演了新

① 王文光：《中国古代的民族识别》，云南大学出版社 1997 年版，第 239 页。
② 傣族简史编写组：《傣族简史》，云南人民出版社 1986 年版，第 4—5 页。

颖的杂技艺术，特别是以他们的诚意博得东汉王朝的赞赏与欢迎，被赐予金印、紫绶、彩缯，他们的首领雍由调还被赐封为“汉大都尉”。这种政治上的隶属关系也不是偶然建立起来的，它是以更早的经济文化联系为前导，以掸国自身社会的发展为基础的。按掸国已经发展成为有国王的社会。从史书所载永昌徼外掸国第一次贡奉至日南徼外掸国贡奉的三十多年中，雍由调这个“大长”即国王的身份不曾改变，和汉初“毋君长，毋常处”的“昆明人”相比，掸国的社会发展水平显然略高一些；和同时期知桑蚕、植五谷、称邑王者数十人的“哀牢人”相比，掸国的社会发展大体类似。可以认为，公元1世纪的傣族，即掸人，已经跨入了初期阶级社会。①

（三）魏晋南北朝时期

魏晋以后，傣族的先民掸人发展为鸠僚。史籍载：“兴古郡，建兴三年置，属县十一，户四万，去洛五千八百九十里。多鸠僚、濮。”②《太平御览》卷191引《永昌郡传》亦载：“兴古郡在建宁南八百里，郡领县九，经千里皆有瘴气，九县之人皆号鸠民，语言嗜欲不与华人同。”兴古在今云南文山、红河一带，原属牂牁、益州二郡。这里的“鸠僚”应即文山、红河一带傣族先民的族称。

在当时永昌郡内同样广泛分布着鸠僚，不过永昌郡内的鸠僚分化出来的时间较滇东南鸠僚稍早。《华阳国志·南中志》载：“孝明皇帝永平十二年（69），乃置（永昌）郡，有闽濮、鸠僚、裸濮、身毒之民。”永昌郡内的鸠僚后来发展为今德宏、西双版纳地区的傣族。③

（四）唐宋时期

唐宋时期的傣族先民，根据他们各部不同的生活习俗，史籍中赋予其“黑齿”、“茫蛮”、“金齿”等称呼。

唐樊绰《蛮书》卷四“名类”下载：“黑齿蛮、金齿蛮、银齿蛮、绣脚蛮、绣面蛮，并在永昌、开南，杂种类也。黑齿蛮以漆漆其齿，金齿蛮以金镂片裹其齿，银齿蛮以银（下有脱文）有事出见人则以此为饰，寝食则去之。皆当顶上为一髻，以青布为通身袴，又斜披青布条。绣脚蛮则于踝上腓下，周匝刻其肤为文彩。衣以绯布，以青色为

---

① 傣族简史编写组：《傣族简史》，云南人民出版社1986年版，第41—42页。
② 常璩：《华阳国志校注》卷四，《南中志》，刘琳校注，巴蜀书社1984年版。
③ 王文光：《中国古代的民族识别》，云南大学出版社1997年版，第265页。

饰。绣面蛮初生后出月，以针刺面上，以青黛傅之如绣状。”这显然是根据傣族先民牙齿装饰或文身的习俗而加以命名为黑齿蛮、金齿蛮、银齿蛮、绣脚蛮、绣面蛮的。又卷六“云南城镇镇西城”条说：“自寻传，祁鲜已往，悉有瘴毒，地平如砥，冬草木不枯，日从草际没。诸城镇官，惧瘴疠，或越在它处，不亲亲事。南诏特于摩零山上筑城，置心腹，理寻传、长傍、摩零、金弥城等五道事云。凡管金齿、漆齿、绣脚、绣面、雕题、僧耆等十余部落。”上述诸族的居住区域皆在永昌西南，正是前述之滇越、濮、僚的聚居区域，也是以后的百夷地区，因此，这些族称都是今傣族的先民。①

茫蛮即勐蛮，也是今天傣族先民之一，傣语称盆地为勐，故茫蛮即勐蛮。② 唐樊绰《蛮书》卷四“名类”又载：“茫蛮部落，并是开南杂种也。茫是其君之号，蛮呼茫诏。从永昌城南，先过唐封（今云南昌宁），以至凤兰苴（今云南凤庆县），以次茫天连（今云南孟连），以次茫吐薅。又有大赕、茫昌（当为茫冒，即勐卯，今云南瑞丽县）、茫盛恐、茫鲊、茫施（今云南芒市），皆其类也。楼居，无城郭，或漆齿，或金齿，皆衣青布裤，滕篾缠腰，红缯布缠髻，出其余垂后为饰。妇人披五色娑罗笼，孔雀巢人家树上，象大如水牛，土俗养象以耕田，仍烧其粪。贞元十年，南诏异牟寻攻其族类。咸通三年十二月二十一日，亦有此茫蛮，于安南苏历江岸聚二三千人队。”从本段史料中可看出“茫蛮”具有“楼居”、“金齿”、“养象”等生活习俗，这些都属于傣族的习俗。

公元11世纪以来，南部傣族即茫蛮区域的政治经济得到迅速发展。公元1180年，西双版纳出现了一个“景龙金殿国”，也就是“泐国”，是一个名叫“叭真”的傣族部落首领所建，在西双版纳傣族历史上，他是第一代的“召片领”③，也是第一个在西双版纳地区建立统一政权的人。④

傣文《泐史》载：“叭真于祖腊历⑤五四二年庚子（宋淳熙七年，1180）入主勐泐，其父给予仪仗武器服饰等多件，诏陇法⑥名菩提衍者，则制发一虎头金印，命为一方之主，遂登大宝，称景龙金殿国至尊佛主。五五二年（绍熙元年，1190）六月白分初十日乙丑，星期六，建都于景兰，因以前彼处有一地名爱兰者，遂名焉。”表明

---

①④ 江应樑：《傣族史》，四川民族出版社1983年版，第96—97、176—177页。

② 王文光：《中国古代的民族识别》，云南大学出版社1997年版，第291页。

③ “召片领”意为“广大土地之主”，最初泛称地方上的部落酋长，后专指西双版纳最高统治者，即封建王朝所封的车里宣慰使。

⑤ 祖腊历即傣历。

⑥ “诏陇法”，一般解释为对天朝帝王的称呼。

当时的景龙金殿国是一个幅员辽阔、人口众多、社会组织较为严密的地方政权。

《泐史》又载："叭真战胜此方各地之后，兰那、猛交、猛老，皆受统治。时天朝皇帝为共主，有猛交酋名刺吡朗玛，景龙酋名蒙猛，兰那酋名菩提逻阁嗬者，以及刺隗、金占、嗬崖、埭腊、珐滴、崆嵜等名酋长，俱会商劝进，举行滴水礼，推叭真为大首领。舁来'把厦'一座，高五十三弃；金水瓮一个，广阔各三肘，高亦三肘，重七百四十万钪，嵌宝七种；又伞盖七十七笼，嫔妃一万二千人。后曰孃阿嘎玛些嬉。参与集会者，有和、嗬崖、金占、古刺、帕西、埭腊、珐滴、崆嵜等国人员。有人民八百四十四万人，白象九千条，马九万七千匹。"当时的景龙金殿国是一个庞大的政治军事联盟，产生于"叭真战胜此方各地之后"，各地酋长会商劝进，"推叭真为大首领。"这里不仅是小泰地区域北部的政治军事中心，也包含着接受统治的其他少数民族，比如古刺、帕西、崆嵜和和，就是人数较少的其他族体。①

（五）元明清时期

元明清时期，傣族逐渐形成今天的分布格局。南诏、大理国时期的金齿、绣面、茫蛮等具有不同称呼而实际上是同一民族的民族群体，到元代则在绝大多数情况下统称为金齿百夷或分别称为金齿、百夷（或白夷）。②

元代李京《云南志略》载："金齿百夷，记识无文字，刻木为约。酋长死，非其子孙而自立者，众共击之。"李京对"金齿百夷"的生活习俗进行了较详细的描述，《云南志略》又载："男子文身，去髭须鬓眉睫，以赤土傅面，彩绘束发，衣赤黑衣，蹑绣履，带镜，呼痛之声阿也韦，类似中国优人。不事稼穑，唯护养小儿……妇女去眉睫，不施脂粉，发分两髻，衣文锦衣，联缀珂贝为饰，尽办农事，勤苦不辍，及产方得稍暇，既产即抱子浴于江，归付其父，动作如故。风土下湿上热，多起竹楼，居濒江，一日十浴，父母昆弟惭耻不拘。有疾不服药，惟以姜盐注鼻中。槟榔蛤灰茯留叶奉宾客。少马多牛，杂居无统络。有仇隙，互相戕贼。遇破敌斩首，置于楼下，军校毕集，结束甚武，髻插雉尾，手执兵戈，绕俘馘而舞，仍杀鸡祭之，使巫祝之曰：尔酋长人民，速来归我。嫁娶不分宗族，不重处女。女子红帕首，余发下垂。未嫁而死，所通之男人持一幡相送，幡至百者为绝美，父母哭曰：女爱者众，何期夭耶！交易五日一集，旦则妇人为市，日中男子为市，以毡、布、茶、盐互相贸易。地多桑

① 傣族简史编写组：《傣族简史》，云南人民出版社1986年版，第322页。

② 王文光：《中国古代的民族识别》，云南大学出版社1997年版，第291页。

柘，四时皆蚕。”从李京的记载看，傣族先民唐宋以来的习俗仍然普遍存在，并且不再将金齿百夷作为“群蛮之总称”，而是成为一个民族的族名。

明代，史籍多以“百夷”（有时也写作“白夷”或“伯夷”）为傣族的族名，如钱古训、李思聪的《百夷传》所载：“百夷，在云南西南数千里，其地方万里。景东在其东，西天古剌在其西，八百媳妇国在其南，吐蕃在其北；东南则车里，西南则缅国，东北则哀牢，西北则西蕃、回纥。俗有大百夷、小百夷、漂人、古剌、哈剌、缅人、结些、哈杜、弩人、蒲蛮、阿昌等名，故曰百夷。”因此，《百夷传》问世后，百夷就成为对傣族的统一的族称，金齿、白夷等族称就不再使用了。而明万历以前的所有地方志书及私人著作，凡记录傣族，皆称为“百夷”。如明景泰《云南图经志书》中，记元江、镇沅等处说“地多百夷”，记载孟养、车里、八百大甸、孟定、干崖、南甸、陇川、镇康、湾甸、大侯等处说“境内皆百夷”。这就把德宏、西双版纳等地的傣族和缅甸的掸族、泰国北部的泰族，一概称之为“百夷”。其他的私家著述，如张洪的《南夷书》、张萱的《西园闻见录》、严从简的《殊域周咨录》等，均称傣族为“百夷”①。明代“百夷”又有“大百夷”、“小百夷”两个族称。《百夷传》载：“小百夷，居其境（今德宏）之东北边，或学阿昌，或学蒲蛮，或仿大百夷，其俗不一。车里亦谓小百夷，其俗刺额、黑齿、剪髮，状如头陀。”又《滇略》卷九载：“大伯夷，在陇川以西；小伯夷，熟夷也，永昌西南环境皆是。”则在明代以车里（今西双版纳）的小百夷最多；今德宏是小、大百夷都有。②

清代前期，傣族的地理分布和明代大体相同，中期后，民族迁徙和融合的现象不断发生，《清职贡图》记云南傣族说：“僰夷③，元初内坿，其部落接壤缅甸、车里。今云南、曲靖、临安、武定、广南、元江、开化、镇沅、普洱、大理、楚雄、姚安、永北、丽江、景东十五府皆有之。”④在清代，傣族也被称为“摆夷”、“歹”。如《四库全书总目提要》在《百夷传》一书的提要中说：“百夷即麓川平缅宣慰司。案百夷即今摆夷，译语对音，故无定字。”此外又有旱摆夷、水摆夷之分。道光《云南通志》引“伯麟图说”载：“旱摆夷，山居，性勤；水摆夷，性情柔弱，多近水结草楼居之。”在清代史料中也有将傣族称之为“歹”的。道光《普洱府志》卷三十“杂记”

---

①④　江应樑：《傣族史》，四川民族出版社1983年版，第114、138页。

②　王文光：《中国古代的民族识别》，云南大学出版社1997年版，第323页。

③　一般说来，明万历以后到清代的文献中，凡称“僰夷”的，都指傣族，而称“僰人”的则指白族。

载："九龙江有夷人一种，计四五百户，名曰歹缅，译言普洱人也。最强悍有力，宣慰使用为土练，凡冲锋辄居前茅决胜。按郡治东山旧名普洱山，即光山，又有普洱河，即三岔河，下游会思茅河处。昔有土目率众居山下，后因兵燹，徙居九龙江，故今犹以地名名其人，志不忘本也。""歹"当为根据本族自称族名的音译，也就是"傣"字的同音异译。新中国成立后，根据本民族人民的意愿正式定名为傣族。

第二节

历代中央、地方政权对傣族的治理

一、中央政权对傣族的治理

汉朝以前中央政权对傣族地区没有进行什么实质性的治理，中央政权对傣族地区的治理始于汉朝。

（一）汉晋时期国家对傣族的治理

傣族的社会发展，是和祖国的历史分不开的。在公元前200年以前，傣族地区就是祖国经过云南、缅甸到达印度进行经济文化交流的要道。① 傣族是一个历史悠久的民族，随着傣族社会的不断发展以及与祖国内地联系的不断加强，远在公元前1世纪，汉文史籍中已有关于傣族的记载。《史记·大宛列传》载："昆明之属无君长，善盗寇，辄杀略汉使。然闻其西千余里，有乘象国，曰滇越。"这是历史文献中记述傣族先民最早的记载。汉武帝时期，张骞出使大夏（今阿富汗），在当地见到了四川出产的蜀布和邛竹杖，经询问得知是大夏商人从印度贩运来的，张骞因而知道在当时的四川和印度之间，早已有商业通道，于是他向汉武帝建议开辟经由四川到达印度的交通道路，这样与大夏往来的路途要比绕道西域近得多。于是，汉武帝命使臣四处探路。所探之路，就是当时商人由四川经云南到印度的商道。汉使在到达金沙江边时，

① 曹成章、张元庆：《傣族》，民族出版社2004年版，第8页。

为分布在这一地区的昆明族部落所阻，不能继续前进，但是汉使却意外得知“其西千余里，有乘象国，曰滇越”。随着汉武帝对西南夷地区的开发，在元封二年（前109），武帝发巴蜀兵击灭与滇同姓相扶的劳浸和靡莫，汉兵临滇，滇王举国降，请置吏入朝。武帝于其地设置益州郡。① 益州郡，治滇池县（在今云南晋宁以东），辖24县，即：双柏，治今云南双柏县境；同劳，治今云南陆良；铜濑，治今云南马龙；连然，治今云南安宁；俞元，治今云南澄江；收靡，治今云南寻甸；谷昌，治今昆明市东北；秦臧，治今云南禄丰以东；邪龙，治今云南巍山；味，治今云南曲靖；昆泽，治今云南宜良；叶榆，治今云南大理以北；律高，治今云南弥勒以南；不韦，治今云南保山；云南，治今云南祥云东南；巂唐，治今云南永平西北；弄栋，治今云南姚安以北；比苏，治今云南云龙；贲古，治今云南蒙自南；毋掇，治今云南开远；胜休，治今云南江川以北；健伶，治今云南晋宁；来唯，治今越南莱州、云南，滇池。② 可见在当时，傣族地区就位于益州郡的西南部。公元69年汉明帝时，在哀牢地区增设永昌郡。据《后汉书·郡国志五》记载：永昌郡治不韦，下辖八城，即：巂唐（治今永平西北）、比苏（治今云南云龙）、叶榆（治今大理以北）、邪龙（治今云南巍山）、云南（治今云南祥云东南）、哀牢（治今保山西南）、博南（治今云南永平）、永昌。③当时的傣族地区隶属于永昌郡管辖，永昌郡的设立也标志着汉代在西南夷西南部边疆的辖界基本确定。这期间傣族先民与中央王朝的联系与往来也是不绝于史。《后汉书·和帝本纪》又载：“永元九年（97）春正月，永昌徼外蛮夷及掸国重译奉贡。”虽然学者们对于当时掸国的性质尚有争论，但是从上述史料中可以看出，掸国使团规模巨大，甚至包括来自大秦即罗马的技艺精湛的乐队和杂技艺术团，配备有多种语言的翻译人员，先后数次不远万里来到当时东汉王朝的首都洛阳朝贺，博得东汉王朝的赞赏与欢迎，被授予金印、紫绶、彩缯，其首领雍由调还被安帝封为“汉大都尉”。这些说明这个使团应当是由一个相对稳定并具有较强力量的政权组成。这种与中央王朝的朝贡关系，也标志着当时傣族地区与东汉王朝正式建立起隶属关系，而这种政治上的隶属关系绝不是偶然建立起来的，它是以更早的经济文化联系为前导，是以傣族地区自身社会的发展为基础的。

我国学者江应樑先生认为汉晋时期文献中记载巴蜀南中境内的濮，也是傣族的先

---

① 参见《史记》卷一一六，《西南夷列传》；《史记》卷一一三，《南越列传》。

②③ 方铁主编：《西南通史》，中州古籍出版社2003年版，第94—95、95页。

民。① 汉晋时期，濮人在云南境内分布较广，《华阳国志》记载，堂琅县有濮、堂琅，今云南东川巧家等地。兴古郡多濮。兴古郡，蜀汉时置，属县十一，包括今天云南的罗平、师宗、弥勒、泸西、建水、元江、开远等县境以及贵州的兴义一带。晋宁郡谈稾县有濮。谈稾，可能在今云南陆良县境。永昌郡有濮。东汉时期设置的永昌郡，从今天云南祥云县以下至今德宏州一带，这里是濮人分布较为集中的地区。除此之外，蜀汉时期，蜀国“李恢迁濮民数千落于云南、建宁界，以实二郡”②。当时的云南、建宁二郡交界地，在今云南大姚、姚安、武定、元谋、楚雄一带。说明三国时期，这一地区也有傣族先民存在，并受到蜀汉的有效治理。

（二）元代对傣族的治理

1253 年（宋理宗宝祐元年，蒙古宪宗三年），忽必烈率军征云南，乘革囊渡过金沙江，攻入大理，结束南诏、大理 500 多年的地方统治政权，以昆明为中心建立云南行中书省。从元代在云南地区建立政权以来，傣族地区与中央王朝之间的关系进入了一个新的历史时期。

南诏时期，众多的傣族各部曾分别受南诏政权设立的永昌、镇西、银生三个节度管辖，到了元代逐渐演变为麓川和车里两个社会发展有所差别的区域。

麓川即今德宏傣族景颇族自治州的瑞丽、陇川、遮放及瑞丽江南岸一带的地方。在公元 11 世纪左右，云南西部出现了一个由傣掸族系的四个部落组成的强大的部落联盟——“乔赏弥国”，其中的勐卯部落，就是麓川。③蒙古军初入云南，对于广阔的傣族区域采取了先西后南的经营策略。1254 年，蒙古大将兀良合台攻取滇池及其以东地区后，挥师西征，德宏及附近的傣族各部先后归顺。李京《云南志略》载：“宪宗甲寅，大将兀良吉歹（兀良合台）专行征伐，金齿内坿。”忽必烈即帝位的第二年（元世祖中统二年，1261），德宏傣族各部便联合派遣使臣八人，远道北方去朝见忽必烈，得到嘉谕，元朝还准备派使臣送他们返回云南。④《元史・地理志》载：“中统初，金齿白夷诸酋各遣子弟朝贡。二年立安抚司以统之。”金齿安抚司辖区是今保山至德宏一带地区，成为元初云南行省的五大区域之一，五大区域为大理、鄯阐、察罕章、赤秃哥儿和金齿。到公元 14 世纪，麓川在思可法的统治下逐渐壮大，经过不断

①③ 江应樑：《傣族史》，四川民族出版社 1983 年版，第 94、174 页。
② 常璩：《华阳国志校注》卷四，《南中志》，刘琳校注，巴蜀书社 1984 年版。
④ 王恽：《秋涧先生大全文集》卷八二，《中堂事记》，四部丛刊初本。

地向外兼并扩张，势力迅速扩大到金齿各部以及伊洛瓦底江东西两岸，加剧了麓川政权与元朝中央政权之间的矛盾，并引发双方的战争。至正二年（1342），元朝赐云南行省参知政事不老三珠虎符，以兵讨思可法；至正六年，又以思可法“盗据一方，侵夺路甸”，命亦秃浑为云南行省平章政事讨之。元朝对思可法的对策是，时而征讨时而招抚。征抚皆无功，处于举棋不定、无可奈何的境地。后来，元朝只好在默认思可法势力扩张的事实面前，设立一个平缅宣抚司，任命思可法为宣慰使。至正十五年（1355），思可法以其子莽三“入贡方物”，元始设置平缅宣抚司以“羁縻之”。

南部傣族以车里为中心，今西双版纳地区大体就是历史上的车里地区。元初车里即纳入云南行省。“元世祖既平云南，命将兀良合台率兵伐交趾，经车里，所部悉降之。”① 元朝始知西双版纳，是由于征八百媳妇国，而八百媳妇国为元朝所知又是因为征伐交趾。至元二十五年（1288），云南省右丞爱鲁由昆明率军沿红河而入交趾，途经罗罗和白衣地区。这里所说的“白衣”是指红河、元江的壮族、傣族而言。爱鲁通过招降来得白衣，得知在其西南，又一个势力强大的八百媳妇国，元朝决定以武力征服之，先在元江练兵，做远征八百媳妇国的准备。《元史·步鲁合答传》载：“步鲁合答从征八百媳妇，至车厘。车厘者，其酋长所居也。诸王阔阔命步鲁合答将游骑二百往招之降，不听，进兵攻之，都镇抚侯正死焉。步鲁合答毁其北木门，遂入其寨。其地悉平。”车里，即今景洪，元军占领景洪后，即于其地建立“徹里军民总管府”。《元史·成宗本纪》载：“元贞二年十二月戊戌，立彻里军民总管府。云南行省言：大徹里地与八百媳妇犬牙相错，今大彻里胡念已降，小徹里复占扼地利，多相杀掠。胡念遣地胡伦乞别置一司，择习蛮夷情状者为之师，招其来附，以为进取之地，诏复立蒙样刚等甸军民官。”在这里的大、小彻里的划分，主要是与八百媳妇国的抗元有密切关系。由于元朝出兵的目的是征讨八百媳妇国，景龙与景迈两国的统治者有着亲戚关系，当元军征下彻里时，彻里的统治者间发生了降元与反元两派的斗争，不愿归附元朝统治的一派，便联结八百媳妇国以抗元，而八百媳妇国为了抵抗元军，也主动联结彻里的一部分力量，就造成西双版纳境内一个时期的分裂和不安定情况。② 直到泰定二年（1325），元朝再一次招降车里，重建车里总管府。泰定三年（1326），西双版纳境内的大小酋长全部归顺元朝，到此时元朝在西双版纳建立的政权才得到稳定。

元朝中央政府在傣族地区设置土司、土官制度，即在承认傣族自身政治制度的基

---

① 景泰《云南图经志》卷八，云南民族出版社 2002 年版。

② 江应樑：《傣族史》，四川民族出版社 1983 年版，第 194—195 页。

础上，逐渐规定了傣族土司官僚体制。《元史》载："云南等处行中书省，即古南诏之地。初，世祖征取以为郡县，尝封建宗王镇抚其军民。至元十一年，始置行省，治中庆路，统有三十七路、五府。"① 又载："宣慰使司都元帅府，秩从二品。使三员，同知二员，副使二员，经历二员，知事二员，照磨兼架阁管勾一员。……宣慰使兼管军万户府，每府宣慰使三员，同知、副使各一员，经历一员，都事二员，照磨兼管勾一员。"②元代的傣族地区主要是平缅、车里、八百媳妇国以及一些较小的土司地区。元代对傣族土司的统治主要着眼于对傣族社会外部政治活动的控制，并通过划定傣族土司管辖区域以及土司职位在中央王朝官制官秩中的品秩，将土司纳入中央政权官僚中的一员。

（三）明代对傣族的治理

明洪武十四年（1381），派颍川侯傅友德为征南将军，永昌侯蓝玉、西平侯沐英为左、右副将军，率军30万征讨云南。明朝在云南建立起中央政权统治后，在元代的基础上继续巩固和加强其在傣族地区的政权设置。

"洪武十五年闰二月丙戌……改云南威远蛮棚府为威远州。……乙巳，置平缅宣慰使司，以土酋思伦发为宣慰使。改车里路为车里军民府，以土酋刀坎为知府。乙酉……景东土酋俄陶献马一百六十匹，银三千一百两，驯象二。诏置景东府，以俄陶知府事，赐以文绮袭衣。……"③

"洪武十七年八月丙子……改平缅宣慰使司为平缅军民宣慰使司，仍以思伦发为宣慰使。改车里军民府为车里军民宣慰使司，以刀坎为宣慰使。……改平缅军民宣慰使司为麓川、平缅宣慰使司。麓川与平缅边境，元时分置为两路，以统领其所部。至是，以思伦发遣使来贡，乃命兼统麓川之地，故改之。"④

麓川政权的思伦发虽然归顺了明朝，接受了土司的职位，但入却积极扩张势力，兼并明朝设置的各傣族土司地区，将当地土司逐走，派自己的亲信头目去统治，建立起一个以思伦发为首的封建领主统治集团，并派其部下招鲁汉煖治理孟定，招鲁刀算党治理威远，大闷法治理镇康，以刀景发为湾甸陶孟。而孟养、大侯、孟连、潞江、

①② 宋濂等修：《元史》卷，志第四一，《百官七》，中华书局1976年点校本。
③ 《明实录·太祖实录》卷一四三，台湾"中央研究院"历史语言研究所校印本。
④ 《明实录·太祖实录》卷一六四，台湾"中央研究院"历史语言研究所校印本。

干崖、芒市等，全都兼并入麓川。这样一来，麓川的势力范围东达西双版纳，远及八百媳妇国等地，必然引起麓川政权与明王朝之间的冲突。公元1385年，思伦发出兵侵占景东，揭开了明朝与麓川之间战争的序幕。“洪武十八年十二月葵丑，平缅宣慰使思伦发反，率百夷之众寇景东，土官知府俄陶奔白崖川。都督冯诚率师击之，值天大雾，猝遇蛮寇，我师失利，千户王升死之。”① 此后麓川与明王朝处于战争状态，正统四年春，明王朝派黔国公沐晟、左都督方政等率师征讨思任发，明军至金齿，双方隔潞江对峙。思任发一方面表示听从明使招谕，一面却派兵夺潞江并沿江造船300艘，“欲取云龙”。沐晟深信思任发之言，按兵不动，方政屡次要求出战不允，愤而率部渡过潞江，于景罕、高黎贡山连破敌营。但因孤军深入，沐晟又拒发援兵，所率军士全部战死。沐晟率军退至楚雄，畏罪服毒自杀。思任发得胜后，进一步犯景东，攻孟定，杀大侯知州刀奉汉等1000余人，“孟连长官司诸处皆降之。”② 同年五月，明朝派云南总兵官沐昂领兵再征麓川，次年二月追至陇把（今陇川西南），又遭惨败。两次征讨失败，使得明廷大为震动，适值思任发遣使入贡谢罪，对其如何处置，朝臣议论纷纷，刑部右侍郎何文渊等上疏罢征麓川，兵部尚书王骥等主张征讨，而专权宦官王振也主张武力征讨。于是“部复以麓川之征，已有成命”，开始了“三征麓川”之役。明朝三征麓川，先后出动大量军队，“转饷半天下”，历时九年竟未能将其彻底征服，这除了麓川思氏政权占据天时地利，中央政府的势力难以深入持久外，还与思氏利用当地少数民族群众反对民族压迫的力量有关。明洪武间，明朝对麓川的经济剥削尚较轻微，自永乐后逐渐加重。如永乐时户部尚书夏元吉说：“麓川平缅宣慰司土官思伦发，原输差发银6900两，续又增办18000两。今思伦发卒，前此有亏兑者皆蠲之。近西平侯沐晟言以后续认者难以为额，俟二三年民食给足，可令再输。”③ 到了明正统时期，情况更加严重。而明廷在处理麓川问题上，由于受到时代和阶级的局限，使得这次战争在一定程度上带有镇压边疆少数民族的色彩，而麓川思氏也对此加以利用，煽动、胁迫当地少数民族支持自己，这也是麓川思氏能够屡战屡败却又屡败屡起的重要原因。

三征麓川制止了思氏势力的分裂活动，对于安定西南边疆、维护国家统一具有积极的意义。正统以前，汉人活动于麓川以外地区者尚属罕见，故正统十四年明军越过

---

① 《明实录·太祖实录》卷一七六，台湾“中央研究院”历史语言研究所校印本。

② 张廷玉《明史》卷三一四，“云南土司传二”，中华书局1974年点校本。

③ 《明实录·太宗实录》卷一六，台湾“中央研究院”历史语言研究所校印本。

孟养抵伊洛瓦底江西岸时，当地少数民族首领十分震惊，相谓曰：“自古汉人无渡金沙江者，今大军至此，真天威也。”① 而同位于伊洛瓦底江西岸的江头城（今缅甸杰沙），至万历时已是城外有大明街，闽、广、江、蜀居货游艺者数万，而“三宣六慰被携者亦数万”。内地先进的经济文化也随着大量汉人的进入而传入，在当地产生了积极影响。麓川的耕作方法在明初还很落后，“民不勤于务本，不用牛耕，惟妇人用镬锄之”；而到万历时，自“蛮莫（今缅甸克钦邦蛮冒）以外，一岁两获，冬种夏收，夏作秋成。孟密以上，犹用犁耕栽插”，特别是蛮莫，弘治时已成“水陆会通之地”，“工商业繁荣”，“夷方器用，咸自此出，货利之盛，非他方比”，“又有江西、云南、大理逋逃之民多赴之”。这与明三征麓川后内地与边疆的联系得到加强是分不开的。②

另一方面，三征麓川动员兵力之多、用兵时间之长及涉及范围之广，均为历代西南边疆地区所罕见。每次军队出发，征用民伕数倍；大军从南京、湖广、四川及贵州直抵云南，“经历之地，缘途整备刍粮，以备支用”；有的官僚借助战争横征暴敛，而且军纪松弛，师行“蹂践伤残，略不悯惜”；有的将领在战争中失利，竟将降附渔户“解作生擒”冒功；甚至出现在战斗中“官军乏食，纵其大掠三日”之事③。这给边疆及内地人民都带来极大的灾难。正统十四年第三次征麓川时，即引发了贵州汉、苗、彝等民族二十多万人的大起义，战火烧到湖广、江西和福建等地。此外三征麓川仅采取单纯的军事打击手段，为达到擒获思氏父子的目的，明军随便向缅甸、木邦土司许下裂地以酬的诺言，结果在边疆地区土司中又制造了新的矛盾，正如时任翰林侍讲的刘球所说，“是灭一麓川而生二麓川也”④，从而为日后西南边疆部分地区的动乱分裂埋下伏笔⑤。

最终，明朝在三征麓川之后，终于撤销了麓川平缅宣慰使司，并适应当地封建领主经济分散性的特点，设立了若干互不隶属的小土司，如在怒江以西设干崖、南甸、陇川等宣慰司，盏达、遮放等副宣慰司，勐卯、潞江等安抚司和芒市长官司；在怒江以东设耿马安抚司，孟定御夷府，镇康、湾甸、威远等御夷州，孟连、大候、猛缅等长官司，以进一步巩固其统治。

---

① 倪蜕：《滇云历年传》卷七，云南大学出版社 1992 年版。

②⑤ 方铁主编：《西南通史》，中州古籍出版社 2003 年版，第 594—595、595 页。

③ 《明实录·英宗实录》卷七六、卷七九、卷一七九、卷一七五，台湾“中央研究院”历史语言研究所校印本。

④ 《明史》卷一六二，《刘球传》，中华书局 1974 年点校本。

此外，明代还在云南南部设景东、元江等府，威远、新化等州，以及八百大甸等宣慰司，并于1384年改车里军民府为车里军民宣慰使司，车里宣慰使司辖界即今西双版纳境内，或译为十二版纳，《读史方舆纪要》卷一一九载，“东至落恐蛮界，南至波勒蛮界，西至八百大甸宣慰使司界，西北至元江军民府界”。其地包括今西双版纳傣族自治州全境，北面包括今思茅、普洱、六顺、宁江，东面包括今江城、镇越，南面包括国界外之猛乌、乌得两地。所称十二版纳，按其区域划分时有不同，计江西六版纳为：①景龙、勐罕。②勐遮、景鲁、勐翁。③勐笼。④勐浯、勐板。⑤景真、勐海、勐阿。⑥景洛、勐满、勐昂、郎安、勐康。又江东六版纳为：①勐腊、勐半。②普腾、勐旺。③勐拉、勐往。④勐捧、勐润、勐漭。⑤勐乌、乌得。⑥整董、依邦、易武。① 在云南全省及广大傣族地区建立土官土司制度，对傣族区域的统治比元代更加深入。

（四）清代对傣族的治理

清顺治十五年（1658），清朝派遣大军进攻云南。清初沿明制设置云南省，设巡抚治云南府（治今昆明市），并设云贵总督，云南、贵州省互驻，对少数民族地区的统治仍采用土司土官制度，不同的是明代的土司按文职武职分别由省一级的布政司和都司领导，由中央级的吏部铨选司和兵部武选司统属，而清代则分属府、州领导，直隶于云贵总督，这种统治较前代更为深入。

对于清代云南傣族土司设置的情况，《钦定大清会典》载：“官制：各省土司世职云南宣慰使司，宣慰使一人。宣抚使司，宣抚使五人，副使三人。安抚使司，安抚使二人。长官司，长官二人，副长官二人，千总二人。国初定，遐陬僻壤，率属向化，承袭土司，分别授以指挥使、指挥同知、千总、把总、千户、百户职衔。云南车里宣慰使司，宣慰使一人。乾隆三十八年裁，四十二年复设。南甸宣抚使司，宣抚使一人。干崖宣抚使司，宣抚使一人。陇川宣抚使司，宣抚使一人。耿马宣抚使司，宣抚使一人。盏达宣抚使司，副使一人。遮放宣抚使司，副使一人。潞江安抚使司，安抚使一人。芒市安抚使司，安抚使一人。猛卯安抚使司，安抚使一人，后改为宣抚使司副使。……腊撒长官司，长官一人。雍正二年裁，乾隆三十五年复设。猛缅长官司，长官一人。乾隆十一年裁。……纳楼差甸长官司，副长官一人。十二长官司，副长官

① 江应樑：《傣族史》，四川民族出版社1983年版，第276页。

一人。雍正七年，又设云南孟连长官司长官一人。乾隆二十九年裁。三十九年改设宣抚使。乾隆二十九年，设云南猛戛土千总一人、土把总一人。三十一年，设云南孟艮土指挥使一人、整欠土指挥使一人、猛龙土指挥同知一人、整卖宣抚使司宣抚使一人、景线宣抚使司宣抚使一人、六木土守备一人、景海土守备一人、猛撒土千总一人、补哈土千总一人、猛勇土千总一人、木期土千户一人。”①

另据清代史料记载：“云南宣慰使一，曰车里。宣抚使四……曰陇川，曰干崖，曰南甸。副宣抚使二，曰遮放，曰盏达。安抚使三，曰路江，曰芒市，曰猛卯。副长官司三，曰纳楼……曰十二关。土府四，曰蒙化，曰景东，曰孟定。②

土司制度是一定历史条件下的产物，它适应于统一的中央集权的封建统治政权与少数民族地区经济尚未进入封建地主经济阶段的实际情况，由于经济上的发展不平衡，必然和封建王朝的政治制度不相适应，因为内地的一套行政管理制度，是适应于封建地主经济生产关系的，把它强行推行到尚处于奴隶制或封建领主制的边疆少数民族地区，就会造成政治制度与生产关系的不协调。元代初年，朝廷曾凭借强大的武力，使云南全境皆置于统一的行政制度下，结果造成一些民族地区的骚乱，杀官抗赋之事层出不穷。为了适应民族地区经济发展不平衡的情况，从历代所行的羁縻制发展为土司制度。土司制度在历史上曾起到安定边疆、缓和民族矛盾的积极作用。中央集权制的封建制度，在我国延续了很长时间，对于历来的封建统治者来说，“大一统”是必要维护的，为了巩固疆土，对边疆落后民族，历代都采取羁縻政策。土司制度就是在本羁縻原则下制定的一整套统治边疆落后民族的特殊制度。封建朝廷推行土司制度，不是政治目的，只能说是一种政治手段，是企图通过暂时的羁縻来达到封建大一统的目的。另外，清代土司制度在社会现实生活中越来越表现出不适应社会发展的需要，甚至出现了严重反常的社会现象。如出现“田产子女，唯其所欲，苦乐安危，唯其所主。草菅人命若儿戏”③；“生女有姿色，本官辄唤入，不听嫁，不敢字人也”④；“一年一小派，三年一大派。小派计钱，大派计两。土司一取子妇，则士民三载不敢

① 光绪《钦定大清会典事例》卷五五七，兵部一六，“各省土官世职”，中华书局 1992 年影印本。

② 魏源：《圣武记》（下）第一篇，中华书局 1984 年版，第 296—297 页。

③ 《大清会典事例》卷五八八，兵部四七，《土司授职三·土司议恤》，中华书局 1992 年影印本。

④ 赵翼：《簷曝杂记》卷四，《黔中倮俗》，中华书局 1982 年版。

婚①”。土司在对自己属民进行残暴统治时，相互间还常常进行各种争夺战。当清朝巩固了对南方地区的统治后，开始对土司制度进行调整。②

因而，清廷为直接派遣官员（流官）加强管辖，逐步取消土司制度，实行“改土归流”。从政治上来说，改土归流是为了清除不利于中央政权统治边疆的障碍，在经济方面，则主要是为了增加改土归流地区的农业税收。雍正四年，云南巡抚鄂尔泰在建言改流疏中说：“云贵大患，无如苗蛮，欲安民必先制夷，欲制夷必改土归流。”改土归流前无人敢入土目盘踞之地，如东川一带“文武常寓省城，膏腴四百里无人敢垦”；在云贵川桂四省相接地带，因土司势力猖獗，有事诸省相互推诿，治理不易深入；滇南澜沧江内外诸夷“无事近患腹心，有事远通外国”，由元迄明“代为边害”。鄂尔泰认为若改土归流得法，“必能所向奏效，实云贵边防百世之利”③。但是改土归流在边疆地区引起土司乃至当地人民群众的强烈反对，最后清廷不得不采取稳妥的策略。清廷在西双版纳地区的改土归流是以所谓“江内宜流不宜土，江外宜土不宜流”的原则进行。在雍正七年（1729），设普洱府流官制度，把普洱府原属车里宣慰司的一半地区，即“江内六版纳”（思茅、普腾、整董、猛乌、六大茶山、橄榄坝）仍然利用原来的土司或土官治理，即“以土目管土人，以流官管土目”。由于明清两代的改土归流政策，加之傣族地区各土司之间的土地兼并战争等原因，到清朝中后期，云南傣族地区的宣慰司只剩下一个，就是后来的西双版纳地区，而以前的麓川、平缅、车里部分地区以及景东等地，只剩下一些势力较小的傣族土司政权了。据《清通典》记载，云南的土官、土司共157家，若加上边外的土司和土舍、土目等，其数远不止此。其中确知是傣族的土司有，宣慰司一：车里刀氏；宣抚司土：南甸刀氏、干崖刀氏、陇川多氏、耿马罕氏、孟连刀氏、整卖召氏、景线呐氏；副宣慰司二：盏达思氏、遮放多氏；安抚司三：芒市放氏、潞江线氏、猛卯衎氏；土指挥二：孟艮召氏、整欠叭氏；土指挥同知一：猛笼叭氏；土知府二：孟定罕氏、景东陶氏；土知州二：湾甸景氏、镇康刀氏；土守备二：六本召氏、景海召氏；土千总六：猛遮刀氏、普藤坝刀氏、猛戛刀氏、元江刀氏、猛勇召氏、猛撒喇氏；土把总十：猛阿召氏、猛笼刀氏、橄榄坝刀氏、六困刀氏、猛腊召氏、猛旺刀氏、整董召氏、猛乌召氏、乌得召氏、猛戛刀氏；土巡检一：猛猛罕氏；土县丞一：南涧阿氏；土舍二：阿邦乡陶氏、

---

①③　魏源：《圣武记》卷七，《雍正西南改流记上》，中华书局1984年版。

②　方慧：《云南法制史》，中国社会科学出版社2005年版，第183页。

曼车乡刀氏。此外尚有土便委、土掌寨、土目等未计入。① 相对于明代而言，清代的傣族土司管辖区域的面积明显缩小，大的土司政权已经少见，而较小的土司政权增加。明代常见的招讨使、长官司、蛮夷长官司已经不见于清代的傣族土司官员的设置制度中，在清代的安抚司之下出现的较多小土司名称说明，清代的中央政权对于傣族地区的社会生活的控制大大深入，而傣族地区土司的权力层次降低，其独立性也更加削弱。

二、地方政权对傣族的治理

唐宋时期傣族地区主要是受到云南地方政权——南诏、大理的治理，中央政权对其没有进行直接的治理。

唐代，傣族多被称为金齿、黑齿或者茫蛮，主要聚居在滇西或者滇南，其社会经济已有相当发展。自蒙氏在云南建立了南诏国地方政权，其统治区域为："东距爨，东南属交趾，西属伽陀，西北与土蕃接，南女王，西南骠，北抵益州，东北际黔巫。"② 南诏在摆脱了唐朝的羁绊之后，积极向外开疆拓土，在这广阔的疆域中，分布着多种民族。南诏设置的地方统治机构，主要分为十赕、八节度和二都督府，其设置基本类似于唐朝内地，即除了十赕、八节度、二都督府等军事性质的机构外，还设置了一些府、州、郡、县等行政机构，但以军事性质的统治机构为主，各节度使、都督兼所在州的刺史，其下州、郡、县也要受其管辖。

十赕在洱海周围及其附近地区，这是南诏重点经营的腹心地带，也是人众富庶之地。十赕分别是：苴咩赕，又称阳赕，治今大理城，为南诏王所直辖。大厘赕，亦称史赕，治今大理市喜洲。邓川赕，治今洱源县邓川，原属邓赕诏之地。矣和赕，治今洱源县，唐初设浪穹州，为原浪穹、施浪两诏地界相连处。赵川赕，治今大理市凤仪，唐初设为河东州。白崖赕，又称勃弄赕，治今弥渡县红岩，为原白子国故地。蒙舍赕，治今巍山，即南诏发迹以前故地。蒙秦赕，治今漾濞。云南赕，治今祥云县云南驿，旧为信州。品澹赕，治今祥云县城，唐曾置为波州。

六节度和二都督府为南诏在十赕以外地区所设较大的机构，"节度"和"都督"亦分别为其机构首席军事长官职名。史籍中有"六节度"、"八节度"等记载，表明

① 江应樑：《傣族史》，四川民族出版社1983年版，第372页。

② 欧阳修：《新唐书》卷二二一，《南诏传》，中华书局1975年点校本。

不同的时期南诏设置节度的数目有所变化。通常所说的八节度为：弄栋节度，驻弄栋城（今云南姚安），弄栋城即唐姚州都督府治地。云南节度，驻云南城（今祥云县云南驿），其下管辖俗富郡（治今云南南华）、石桑郡（治今云南楚雄）、牟州（治今云南牟定）等地。拓东节度，治拓东城，管辖善阐府（亦治拓东城）、晋宁州（治今云南晋宁县晋城）、河阳郡（治今云南澄江）、温福州（治今云南玉溪）、长城郡（治今云南嵩明）、石城郡（治今云南曲靖）、东川郡（治今云南会泽）和磨弥殿等部落。开南节度，驻开南城（今云南景东），辖威远城（在今云南景谷）、柳追和城（在今云南镇沅县）、奉逸城（在今云南普洱县）、利润城（在今普洱县）和罗盘等部落。银生节度，驻银生城（在今云南景东），下辖茫乃、黑齿、扑子蛮、长鬃、茫蛮等部落。宁北（剑川）节度，南诏前期于宁北城（在今云南洱源县）置宁北节度，后移驻剑川（在今云南剑川），改称剑川节度，下统宁北城、谋统郡（在今云南鹤庆）、铁桥城（在今云南丽江塔城）、聿赍城（在今云南德钦）、敛寻城（在今云南维西县）、彷弥潜城（在今云南兰坪）、牟郎共城（在今云南福贡县）、香城郡（治今四川盐源）、松外城（在今四川盐边县）。永昌节度，治永昌城（在今云南保山），管辖永昌府（亦治保山）、软化府（治今云南腾冲）、越礼城（在今腾冲县北部）、寻传大川城（在今缅甸北部江心坡）、广荡城（在今缅甸北部坎底）、押西城（在今云南盈江县）、拓南城（在今云南永德县）和茫天连等部落。镇西（丽水）节度，阁逻凤西开寻传时于镇西城（在今缅甸北部曼冒）置镇西节度，后迁治于丽水城（在今缅甸北部密支那以南达罗基），遂改称丽水节度，下辖镇西城、丽水城、金宝城（在今缅甸北部密支那）、宝山城（在今盈江县北部）、安西城（在今缅甸北部孟拱）、苍望城（在今缅甸北部八莫）、香柏城（在今缅甸北部莫宁）。二都督府为：通海都督府，治今云南通海，唐初于其地设黎州。管辖建水郡（治今云南建水），目则城（在今云南蒙自）和步雄等部落。会川都督府，治今四川会理，唐初属嶲州管辖，南诏夺据后设会川都督府。下辖会川州（清宁郡）、建昌府（治今四川西昌）和诺赕等赕。①

其中可见，傣族先民居住地区主要是银生节度使辖区，其次是永昌、丽水二节度辖区。南诏政权对于这些地区，一般不采取直接统治的形式，而是采取羁縻、遥领的方式。南诏政权虽然是由乌蛮中的蒙舍诏所建立，但事实上它是以乌蛮、白蛮为主体的多民族联合的奴隶制政权。在《南诏德化碑》碑阴所载立碑官吏的题名中，尚可见姓或名者的有64人，其中载有黑嘴罗眉、阿忍一类的题名，当属黑齿蛮（今傣族的

---

① 方铁主编：《西南通史》，中州古籍出版社2003年版，第267—268页。

先民）的将领。对于南诏政权来说，加强对金齿各部的羁縻统治，无论在加强军事力量方面还是在对西南边疆的控制方面都具有重要的意义。南诏对于金齿各部的控制主要采取征调其负担兵役的方式。在南诏国的军事力量中，除了所谓“朱弩佉苴”的亲兵是职业常备兵以外，遇有战事，便征招境内各民族的丁壮，编入军籍。金齿、黑齿等部，“皆为南诏总之，攻战亦召之”，在和平时期，可由各部落保留自己的组织制度，在自己的居住地区从事正常的生产和生活，一遇战争，便应征入伍，官府不供给军粮、器械，由应征者自带粮食和兵器，一旦上阵，“亦为阵队，当阵面上，如有不前冲者，监阵正蛮旋刃其后。”居住在红河流域的傣族也被称为“白衣”，所组成的军队被称为“白衣没命军”。“开城会昌间再至。大中时，李琢为安南经略使，苛墨自私，以斗盐易一牛，夷人不堪，结南诏将段酋迁，陷安南都护府，号白衣没命军。”①同时，银生节度使辖区还处于南诏通往中南半岛中南部的道路上，即从今大理或楚雄经景东、镇沅、普洱、思茅到达景洪，即明清所说的“贡象下路”。“贡象下路”至迟在南诏时已开通。今景东和西双版纳及其以南地区，南诏时属银生节度管辖。据《蛮书·云南城镇》载：“开南城，在龙尾城南十一日程，管柳追和都督城。又威远城、奉逸城、利润城，内有盐井一百来所，茫乃道并黑齿等类十部落皆属焉。陆路去永昌十日程，水路下弥臣国②三十日程。南至南海，去昆仑国三月程。”威远城在今景谷，茫乃道在今景洪，奉逸城和利润城在今景谷、镇沅普洱一带。同书又载：银生城“东南有通镫川，又直南通河普川，却是边海无人之境也”。由此看来，由龙尾城（今云南下关）走水陆路至弥臣国的道路，经过了银生城（今景东）、通镫川（在今镇沅东北）、河普川（今云南墨江）、羌浪川（今云南江城），“边海无人之境”可能是指位于澜沧江畔的茫乃道。沿此道南下可至中南半岛南部③。到了南诏后期，由于金齿、茫蛮不断发展壮大，迫使南诏政权不断向内地撤退，“开南州在路西南，其州分十二甸，昔朴、和泥二蛮所居也。庄蹻王王滇池，汉武开西南夷，诸葛孔明定益州，皆未尝涉其境。至蒙氏兴，立银生府，后为金齿白蛮所陷，移府治于威楚，开南遂为生蛮所据。自南诏至段氏，皆为徼外荒僻之地”④。南诏最初设置的银生节度，初治于今景东县境内，后来随着当地傣族部落势力不断壮大，景东、景谷一带逐渐为

① 欧阳修：《新唐书》卷二二一，《南诏传》，中华书局 1975 年点校本。

② 在今缅甸伊洛瓦底江口。

③ 方铁主编：《西南通史》，中州古籍出版社 2003 年版，第 284 页。

④ 宋濂：《元史》卷六一，地理志四，“云南威楚开南等路开南州”，中华书局 1976 年点校本。

傣族所占，使得南诏政权将银生节度治所向内地迁移到今天楚雄一带。终南诏之世，对澜沧江与怒江之间的金齿各部，只是设官羁縻，征调丁壮服兵役，至于怒江到伊洛瓦底江之间的金齿各部，南诏也只是筑城镇守，设官遥领。

与内地的五代十国和两宋时期大致相对应，当时的云南与川西南地区先后处于大长和国、大天兴国、大义宁国和大理国统治之下。天福二年（937），通海节度使段思平起兵灭大义宁国，建立大理国。关于大理国的疆域，《元史·地理四》载："（元世祖征大理），凡收府八，善阐其一也，郡四，部三十有七。其地东至普安路之横山，西至缅地之江头城，凡三千九百里而远；南至临安路之鹿沧江，北至罗罗斯之大渡河，凡四千里而近。""横山"在今贵州镇宁县一带，江头城在今缅甸杰沙，鹿沧江指今越南莱州省北部黑河，大渡河指今四川汉源地区的大渡河河段。① 可见当时云南傣族地区属于大理国统治的疆域。但是到了大理政权的后半期，大理国对其疆界内的一些偏远地区仅能维持一种有限的羁縻统治。公元11世纪以来，南部傣族地区即茫蛮的政治经济迅速发展，在宋淳熙七年（1180），傣族首领叭真在今西双版纳建立起著名的景龙金殿国。傣文史料《泐史》记载："叭真于傣历542年庚子（宋淳熙七年，1180）入主勐泐，其父给予仪仗武器服饰等多件，诏龙法名菩提衍者，则制发一虎头金印，命为一方之主，遂登大宝，称景龙金殿国至尊佛主。552年庚戌（宋绍熙元年，1190）六月白分初十日乙丑星期六，建都于景兰，因以前彼处有一地官名爱兰者，遂命名焉。……叭真战胜此方各地之后，兰那、猛交、猛老皆受统治。时天朝皇帝为共主，有猛交酋名那刺昆朗玛，景昽酋名蒙猛，兰那酋名菩提逻阁育者，以及刺隗、金占、育厓、埭腊、王去南、崆岢等各酋长，俱会商劝进，举行滴水礼，推叭真为大首领。……参与集会者有和、育厓、金占、古刺、帕西、埭腊、王去南、崆岢等国人员；有人民八百四十四万人，白象九千条，马九万四千匹。"② 从中可见这是一个势力庞大的地方局部政权，它以今天西双版纳地区为中心，并控制了兰那（今泰国北部）、猛交（在今缅甸东北部）、猛老（在今老挝北部）等地的金齿百夷部落，成为一个地域广大的局部政权。大理国王承认叭真"为一方之主"，并赐予"虎头金印"，因而大理国与景龙金殿国之间是一种宗藩从属的关系。

---

① 尤中：《云南地方沿革史》，云南人民出版社1990年版，第169页。
② 傣族简史编写组：《傣族简史》，云南人民出版社1986年版，第53—54页。

第三节

傣族的社会组织制度

一、傣族的封建等级制度

由于历史原因，西双版纳地区一直到新中国建立前都较完整地保留了土司制度，因此它的封建等级制度及其社会组织更显其民族特色。车里宣慰使，傣语称为召片领，据《泐史》、《续泐史》、《车里宣慰世系》记载，1180年第一代召片领叭真入主勐泐，传九代到刀坎（召西拉罕），降明，封宣慰使。传至二十六代召孟道于1661年（清顺治十八年）降清，仍袭车里宣慰世职。1911年西双版纳设县，仍准三十六代召片领刀承恩袭车里宣慰使。三十七代召片领为刀棟梁。1949年传至三十八代刀世勋（召孟罕伤）时，新中国成立。西双版纳召片领，自叭真至召孟罕伤，传三十八代769年。①

西双版纳傣族封建社会的两个主要社会等级是领主和农奴。最高领主召片领、召勐、议事庭官员以及部分村寨当权头人，构成了领主集团；傣勐、滚很召（包括领囡、冒仔、滚乃、洪海等）则构成农奴等级，他们是社会上受压迫、被剥削的最底层。

世袭的车里宣慰使是西双版纳境内的最高统治者，也就是最大的领主，傣语称之为“召片领”，直译其意是“广大土地之主”。召片领也就是西双版纳地区政治、经济、军事、法律上的最高统治者。明清统治者给其的封号是车里宣慰使，官阶从二品，世袭不降等。因而以召片领为首，以宗法血缘为纽带，形成了一个组织严密的领主贵族集团。而在领主集团内部又根据其血缘亲疏划分为三等。第一等称为“孟”，第二等称为“翁”，第三等称为“鲁郎道叭”，又叫“召庄”。“孟”又叫“萨都”，是宣慰使及其血亲，最高等级的贵族，“孟”就是头盖骨的意思，即人体最高贵的部分。只有“孟”这个等级的人，才有资格继承宣慰使的职位，才能受封到各勐担任

① 江应樑：《傣族史》，四川民族出版社1983年版，第420页。

“召勐”，相当于分封的诸侯。未分封出去的，也可以当议事庭庭长，当八大头目，至少也是三品官。其他等级的人，见到“孟”的儿女，要称“召孟”或“琅孟”，自己的年纪即使比“孟”大，也要自称“丕”（小人）或“卡”（奴才）。百姓有事去见“孟”，进门要将帽子或包头取下，跪着进去，退着出去，不能正视“孟”的脸。“孟”也只能与本等级的人通婚，“孟”的女子不可嫁给其他等级的人，“孟”的男子可娶其他等级的女子为妾，其庶出的子女无袭职权。仅次于“孟”的贵族等级是“翁”，意为亲属，一般是指宣慰使的旁系亲属或家臣。召片领的家臣称作“翁”，可以担任宣慰使司署的大臣，可以派到各村寨各勐去管理寨子。一般统称为“波郎”，老百姓称“翁”为“召”，男的叫“召报”，女的叫“召琅”。“波郎”是“翁”中的当权者。“翁”这一等级的人，当官起码是九品，名字的发音必须加“召”，后一音必须加“翁”，如“召扎西利翁”、“召叭干塔翁”，这类人可以继承召勐，官衔不能超过三品。“鲁郎道叭”意为“宣慰衔波郎的亲戚”。这一等级属于贵族的后裔，具有做官的资格，但是最高不得超过三品。各大勐的土司（召勐），或者由召片领派自己的近亲如兄弟子侄去担任，或者召片领把自己的姊妹、女儿、侄女嫁给召勐为妻，这样所生的儿子，就可以继承土司的职位。这样，召片领居于封建等级的最高层，为各勐召勐的共主，而各勐召勐则是召片领的“封臣”。召勐一方面享有在其领地组织武装、征派徭役赋税、管理民刑案件等权利；另一方面则负有向召片领定期朝觐、缴纳贡赋、负担兵役的义务，本身是自己封地内的统治者。除召片领和隶属于议事庭的各级官员外，领主等级其下还包括农村村社内部的头人，他们直接控制着广大农奴群众，被加封以“叭”、“鲊”、“先”等不同头衔。这种等级划分，为领主集团巩固宗法统治所必需，也是领主集团按血缘亲属、地位高低分享封建地租所必需。由此又派生出“田官等级”，从另一方面也反映了西双版纳地区的封建等级制度。截至新中国成立前，西双版纳三十多勐的召勐，每年都要由召片领定期加封或任免。召片领和召勐又把“畿内”的土地连同百姓分封给自己的属官，后者领有土地的多寡，就表示出等级的高低。计有七种“田官等级”，即“大十万田级”（纳先竜）、“大万田级”（纳闷竜）、“百田级”（纳怀郎）、“大二十田级”（纳扫竜）、“小二十田级”（纳扫囡）、“十田级”（纳西）、“五田级”或“小十田级”（纳哈或纳西囡）。田官等级的划分大体与血亲等级的划分相适应；“孟”级贵族大多列入“大十万田级”或“大万田级”；“翁”级贵族等而下之，列为其他田官等级，如“四大怀郎”属“百田级”、“八大卡贞”属“大二十田级”，等等。各级田官所享受的“官田”，其性质是认官不认人的职田（俸田），此种田一旦丧失职务，就失去享受权利。由于这些官田，亦兼任波郎，故所占职田又称“波郎田”。各级田官，将土地交给农民（主要是滚很召等级的农奴）耕种，从中榨取劳役地租或实物地租，即为他们的“俸禄”。召勐虽有田官等级，但不享有职田，因为他们是一方之主，对辖区内的土地，具有世袭的所有权。此外还有一部分“叭”、“鲊”、“先”级村寨当权头人，虽不属于贵族，未列入“田官”等级，但他们也从领主地段中领得一份“头人田”，作为在职期间的俸禄。①

为保护这种封建等级秩序，西双版纳傣族封建法规严格地维护这种等级制度，对“犯上者”严加惩治。如规定：

第1条：百姓路上遇着“倒叭”（头人）、“召勐”（土司）不及时让路，罚蜡条3000支“松玛”（赎罪）；倒叭、召勐不让路给佛爷和尚，罚赎罪的蜡条5000支；和尚不让路给佛爷，罚赎罪的蜡条8000支；学生不让路给老师、徒弟不让路给师傅，罚赎罪的蜡条11000支。

第2条：百姓辱骂着和尚佛爷、土司头人，及长辈，罚“罗梅顶”（蜡花）一束，跪着赎罪，被骂者用脚踏着骂者的头，口说“阿奴雅德”（恕你无罪了），才能起来。或用拳打头6—10下，然后放行，若不这样就罚银330罢。

第3条：百姓得罪了土司头人，要按该土司头人受封时所出的“买官费”处以罚款，名曰“布扎”（赔礼道歉）。若赔不起“召”级的买官费，按“叭龙”级赔，若“叭龙”级也赔不起，就按“叭”级。或根据情节轻重，罚蜡条10—15—20对三等赎罪。包括得罪了还未受封的官家子女，也要罚蜡条赎罪或处以罚款。

第4条：学生告老师、徒弟告师傅、俗人告僧侣、随从告主子、儿女告父母、百姓告召勐，即使有理也不能让他们告赢，因为这些人是不懂礼教、不通人性的。“诈勐”（有如法官）这样判决就合理合法了。

第5条：师傅、父母、召勐、祜巴、纳帕（圣贤）、阿章（祭佛师）、西纳阿玛（文武大臣）、西梯（富翁）、倒叭他们是懂经识礼、知识渊博、道德高尚的人，不能得罪他们，得罪了这些人，就没有依靠了。

……

第7条：杀死召勐，判处死刑，其子女罚为召勐的家奴。

……

① 傣族简史编写组：《傣族简史》，云南人民出版社1986年版，第171页。

第10条：无大事、紧急的事，乱敲土司头人的大鼓，罚银3300罢①。

西双版纳封建领主制下的农奴等级主要包括傣勐、滚很召、卡召等级，其社会地位有所区别。“傣勐”意为“土著”或“建寨最早的人”，约占农民总户数的55%。普遍认为“先有傣勐后有官家”、“召的土地是傣勐开的”。这种观念确切地反映了傣勐的历史地位及领主掠夺傣勐土地的过程。傣勐的村寨，一般都分布在坝区中心靠近水源的地方，土质条件优良，建寨历史都较“滚很召”悠久；保留有比较完整的村社组织形式，只有傣勐的村社才有家庭公社的遗迹；“灵披勐”也只能由傣勐主祭（“灵披勐”为祭勐神，勐神即一勐的地方神，可能是历史上崇拜的部落神）。农村公社固有的修水利、造桥、筑路、服兵役等地方公劳事务（“甘勐”），主要由傣勐村社成员承担，领主的私庄（官田）主要由傣勐无偿代耕。傣勐是公共劳役的农业劳役的主要承担者。② 在政治上，傣勐相对于其他农奴等级拥有较大的政治权力，如傣勐寨有事可以随时通过头人直接反映给波郎。

“滚很召”意为“官家的人”，约占农民总户数的40%左右。这一等级的人来源如下：①本为宣慰家里的家奴，由于领主家奴人口日渐增多，就被放出一部分，指定地区使其开垦荒地耕种，并世代为领主负担一种劳役，例如景洪曼听寨是为宣慰看守花园、果园的；曼晒过去是宣慰家里煮饭的，后来搬出来“挡贯沙”（种田）。②外地逃难或逃荒的人民，投靠宣慰被收为家奴，分配给土地开荒耕种，统一由召弄帕萨管辖。如曼回说、曼腊等寨，都是100年前由景谷迁来的人建立起来的。又如曼匡陇这个寨子是“祜巴勐”（全勐的大佛爷）从缅甸景栋带来的小和尚，还俗后，在曼匡陇安家务农，成为今日曼匡陇领囡寨。③银钱买来，例如勐海曼回宫的祖先是由景谷逃来的汉傣，勐海土司用银子向宣慰买来。又如曼丁景因遭人命官司，土司勒索银子2000两，该寨出不起，土司代出，就算土司把该寨全部买下了。凡是出钱买下的，统统编入“领囡”等级。④战争的俘虏或战败者赔偿的奴隶，如很久以前，召片领打败了勐卯弄，召勐卯弄赔偿了100户会做汉、缅口味的厨师，使之住在曼沙、曼仓两寨，后来此两寨的人一直为召片领当厨师，召片领又把一部分厨师赐给勐海、勐腊、勐嵡土司，今曼嵡的曼炸寨就是这样建立起来的。

“洪海”又称“卡召”。“洪”是一个圈子的意思，“海”是到处漂流的意思，“洪

① 张冠梓：《论法的成长——来自中国南方山地法律民族志的诠释》，社会科学文献出版社2000年版，第127—128页。

② 傣族简史编写组：《傣族简史》，云南人民出版社1986年版，第174页。

海”也就是到处漂流的人。“卡”是奴隶，“召”是主子，“卡召”就是主子家内的奴隶。其地位较“领囡”更低。其来源主要有：

（1）原系波郎或大臣的家奴，搬出来开垦荒地，为主子种田。如曼凹是“都弄稿”家搬出来替他种私田的，曼蚌囡、曼农坎是“召弄那干”家搬出来的，曼英是“召弄康坎”家搬出来的。

（2）宣慰及各级波郎招来的人。如曼戛弄是“召弄”招来守卫街子的、曼脑是“都弄稿”从勐养招来挖水沟的。

（3）逃荒来的。如四五十年前从景谷逃荒来了不少人，被指定分住在曼景栋等，后来就成了几个“洪海”寨。

（4）原来是“卡苑”（佛寺内的奴隶），后来搬出来建寨，然仍要为佛寺服役。如景洪的曼坝角及曼景康两寨，原都是寺奴，长期为祜巴勐服劳役，修盖佛寺，为佛寺编篾笆，替祜巴勐端洗脸水、洗脚水等杂役。

（5）战争俘虏。如与曼树公同居的曼景真，就是打景真时被掳来的战俘。

（6）罪犯。滚很召或傣勐犯了罪，被罚为“卡召”或者“卡苑”。

属于“洪海”这一等级的人，还有“滚乃”，他们虽然分出建寨，但仍然是尚未摆脱奴隶地位的人。又有“冒仔”，他们是土司的炊事员，虽分出建寨，但仍需到土司家管茶饭。①

关于农奴特别是家奴的法律地位、他们与统治等级之间的权利义务关系，西双版纳傣族封建法规中有着详细而明确的规定。如：

第12条：买卖家奴及家畜，都有一个试用期，家畜一至两个街期（5—10天），家奴一个月。在试用期内，若发现是鬼，如“披丝”、“披捧”及“披播”②或惯偷、惯骗、一贯欠账、一贯搞他人妻子，或害有癫痫、精神病、夜盲症、传染病、慢性病等，可以退回原主。若不准退，要罚330罢滇。为出售不健康的家畜、家奴，是想让他人吃霉，就是嫁祸于人。

第13条：家奴要出家当和尚，寺主必须征求奴主的意见，若奴主不同意就不能收。

第14条：百姓要求做土司头人的家奴，以下六种人不能收：一、欠债；二、小

① 江应樑：《傣族史》，四川民族出版社1983年版，第440—442页。

② “披丝”是指晚上专门在寨边、路途中吓唬行人的捎皮鬼。“披捧”是指晚上变成鬼到人家晒台下或田间吃青蛙及脏东西的人。“披播”是指琵琶鬼。

偷；三、嘴硬傲慢的人；四、杀人犯；五、懒汉；六、骗子。

第15条：男奴拐走人家的女奴，若只追回男奴，应将男奴出卖，按卖价赔一半给女奴主；若后来女奴也追回，女奴主应将那一半退还给男奴主。若男女家奴同时追回来，应将女奴卖给一个奴主，让男女家奴结婚。

第16条：两家的男女家奴相爱，若女方奴主愿意卖，男方奴主不想买，以后家奴相约逃走，应由男方奴主按女奴身价赔偿女方；若男方奴主愿买，女方奴主不卖而造成私奔，就共同去找，这叫“有奴得祸”。

第17条：拐骗他人家奴，又自动送回来者，不罚款，只赔误工费，每天按银十罢计。

第18条：家奴逃走，不论与谁同路或到谁家住宿，已满三天不报寨上，也不通知奴主，以拐骗犯论罪，按家奴身价的一倍处以罚款；病死也要赔一半，若自杀、被杀、淹死、逃跑要收留户赔全价。若已报寨上，奴主找上门来，应由奴主开给收留户伙食费，每天以银一罢计。若通知奴主后，未来领走前发生病死、逃跑或其他原因死亡，收留户概无责任。

第19条：家奴在农村的亲属死了，不能仗着土司头人之势，去抢占财产，只能按死者遗嘱办。

第20条：土司头人的家奴，到农村与百姓结婚，家奴死了，其农村财产应归其妻儿继承，更不能将其妻儿拿来做家奴。这是对土司头人的约束，目的是不让百姓绝种。

第21条：奴主将家奴打死，不能按人命案判处，首先应区别是有意或无意，若无意打死，不应降罪。若确是用凶器打死，也要搞清楚打死的原因，也许是因与人通奸、偷东西、挖得金银、其有罪怕主人告发治罪而要行凶等，应根据情节论处。若是有意打死，罚奴主3300罢。①

二、傣族的社会组织体系

新中国建立前，西双版纳傣族地区的封建政权拥有自上而下的严密社会组织。西双版纳的最高统治者宣慰使（召片领）的司署设在景洪城以东的景岱，曾有宫室等建

① 张冠梓：《论法的成长——来自中国南方山地法律民族志的诠释》，社会科学文献出版社2000年版，第131—132页。

筑。“召片领”认为全区所有土地、山林、江河、矿藏都是他一人所有，全体人民都是他的奴隶。领地上的农民，按规定“种田要出负担”。谚语说：只要生长在领主的领地上，就要向领主“买水吃、买路走、买地盖房子”。有些地区的农民在盖房屋前，要去跪在领主脚下，用白布描绘一张领主的手足印，新房建成后挂在新房的主梁上。人死了，要给领主送蜡条，讨块地方埋葬，叫作买土盖脸。农民捕获了大野兽，必须把野兽倒地一边的后腿首先献给领主。引水灌田，要缴水税。下河捕鱼，要向领主进贡。领主还明文规定，“只要头脚下地（脱胎），就是召片领的奴隶；长在头上的亿万根头发（比喻各级属官和农民），都是召片领的财产”。所以人生下来，就要向头人报告。有些地方领主还保留有“死手权”，即有权没收死去农民的全部或部分遗产。这些都说明，“召片领”在其领地内享有至高无上的权力。①

车里宣慰使司署是西双版纳地区的中央政府，宣慰使（召片领）是最高首脑，其下有副宣慰使，傣语称为“乌巴逻阁”，意为“副王”，但不常设，其下有四大臣（卡贞）组成的议事庭，八大头目及各类头目共三十多人，其具体名称及职掌如下：

宣慰使司署的议事庭由四大“卡贞”和各勐波郎组成。四大“卡贞”是“召景哈”，即议事庭长，主持议事会；“怀朗曼凹”或称“都竜诰”，掌管行政、财务；“怀朗曼轰”，管司法、户籍；“怀朗庄往”，管粮食。议事庭每年定期开会两次，一次在傣历九月“关门节”（豪瓦萨），另一次在十二月的“开门节”（奥瓦萨）。遇有紧急事务则可临时召开。议事庭讨论和决定的事项包括各勐和召片领的袭职废立；村寨头人的任免，制度法规的兴废，各勐的争端，召片领交付的事项以及关系到全区的重大事项。最高统治者召片领不出席议事会，议事会议定有关事项之后，报请召片领批准执行。召片领如果不同意，可批回重议或否决。同样，召片领提交议事庭讨论的事项，如果议事庭不同意，也可以否定，可见议事庭既是一个议事机关，也是一个政治组织。

除了四大“卡贞”以外，属于宣慰使司署一级的官员还有：召弄帕厦，主管宣慰使署的财政事务及水利；召弄那干，管弩；召弄那花，管军政（右将军）；召弄那掌，管大象；召弄那镬，管矛；召弄过，管饮食器皿；召弄那麻，管马匹，兼职御医；召弄那倭，管舆乘；召弄西养，管监督审讯罪犯；召弄那影，管处极刑；召弄赛，管兵马（左将军，位次于右将军）；召弄火怀，亦称“召火怀”，管警卫；召弄那扁，管

---

① 曹成章、张元庆：《傣族》，民族出版社 2004 年版，第 55 页。

安全；召弄款，司翊卫；召弄真憨，先锋官（与左右将军共同负责军事）；召弄榭网雷，管巡捕；召弄庄廪，宣慰使病，司祈祷；召弄那广，管仪礼；召弄那瓦，管船舶；召弄那郢，管刑罚；召弄康坎，管宣慰使出行用具；召弄献，文牍官，史官；召弄那雷，司祈年；召弄那广，司鱼罟；波勐莽，司宾（缅宾招待主官）；波勐和，司宾（汉宾招待主官）。①

宣慰使司署之下的政治组织，分为勐、陇、火西和村社。宣慰使下辖的地区，划分为三十余勐，各勐的统治者叫召勐（土司）。所有的召勐受宣慰使册封后，就取得本领地内的政治、经济大权，是辖区内的最高统治者，享有在自己领地内独立征收钱粮赋税、征召军队、司法审判、任命官员和制定法规的权力。同时，召勐也要在政治上绝对效忠宣慰使，在经济、军事上也要向宣慰使承担义务。勐以下的政治组织是陇（也叫“播”或“卡马”），由大头人叭龙管辖，也设有议事会。陇之下的组织是火西，由七八个或十多个等级相同但地界并不相连的村寨组成，它既是分配封建负担的单位，又是地方行政组织中的一级。火西意为“十人之首”（什夫长），应是古代的军事组织，但在长期的历史发展过程中逐渐失去其军事色彩，演变为一级政治组织。火西因按等级划分，管辖的地界并不相连。其头人叫“叭火西”或“召火西”，火西议事会由“叭火西”主持，各村社头人参加。在火西之下，西双版纳傣族地区社会组织的基本单位是村寨（村社）。通常一个村社就是一个寨子，傣语称之为“曼”，也是西双版纳傣族地区的基层社会组织。各村社都有严格的界限，村社范围内的土地为村社基体占有、使用，不属于任何个人。村社的最高行政权力机关是“村社民众会”，村社民众会闭会期间的权力机关为“村社议事会”。村社议事会由“咪曼”（傣语，“寨母”，副职头人，男性）、“陶格”（乡老）、“波板”（负责通讯联络）和“先”级头人组成，负责处理日常事务。议事会由“咪曼”召集，村社头人“波曼”（傣语，寨父，正职头人）不出席，但会议之前要向他请示，会后要报告。村社民众会由全村社成员参加，会议由“波曼”召集。村社的重大问题，如分配封建负担、调整土地、安排地方公共事务的劳动力、选举或罢免头人、接受新成员、村社成员请求退出村社等等，都要经过村社民众会议的讨论通过。村社的公务人员有文书“昆欠”、管武装的“昆悍”、管水利的“板闷”、负责宗教活动的“波赞”、男青年头“乃冒”、女青年头“乃少”等。村社头人平时负责管理日常行政事务，管理村社土地，组织宗教、婚姻、丧葬、盖房、生产、公共劳务活动和水利建设，调解纠纷，分配各种封建负担

① 江应樑：《傣族史》，四川民族出版社 1983 年版，第 431—432 页。

等。村社成员除了农业生产外，还有各种社会分工，如银工（赞铿）、金工（赞罕）、铁工（赞列）、木工（赞麦）、猎手（赞盘）、屠宰师（赞拉）、商人（乃怀）、医生（摩雅）、歌手兼诗人（赞哈）等。村社对成员应尽保护义务：必须分配给村社成员必要的生产资料——土地；在耕种期间，组织成员换工互助，农闲时组织成员协作盖房；帮助新婚户、外来户安家，为丧家料理丧葬事务，等等。这些都是村社遗留下来的传统互助习俗。村社成员对村社也要承担一定的义务，如，与头人一起维护村社地界，抵御外来的侵犯、干扰；承担村社公共事务，如围篱笆，修建道路、沟渠、桥梁及堤坝等，围猎；负担村社佛寺的斋僧赕佛与祭祀社神的费用。在村社内部，农民被编成若干提供劳役负担的小组，轮流为领主服役，叫作"黑召"制度。村社劳役分为"甘召"（对官家的劳役）、"甘勐"（全勐性的地方劳役）、"甘曼"（村社内部的公共劳役）等几类。以劳役时间的长短、技术的繁简、消耗体力的强弱、晴天或雨天、农忙或农闲、战时或平时等因素来折算劳役数量。村社头人掌握一个劳役轮值的牌子或竹筒，轮到谁家服役，就把牌子或竹筒传到他家，等到服完役后再交还给头人，并将服役的情况登记在案。

德宏、芒市、盈江、梁河等地区的傣族土司制度与西双版纳地区有所不同。在西双版纳，以车里宣慰使为最高统治者，而在德宏地区自元明以来即划分为若干互不统辖的土司政权，各拥地盘，互争长短。近代以来，土司实权尚存的还有南甸宣抚司（盈江）、陇川宣抚司、芒市安抚司（潞西）、遮放副宣抚司（莲山）、勐卯安抚司（瑞丽）、户撒长官司（盈江）、勐板土千总（潞西）等。这些地区的社会经济已经从封建领主经济向封建地主经济过渡，农村公社的组织形式已经解体，村社的民主残余形式已基本消失。①

德宏地区的各土司辖区均有土司衙门，大权集于土司之手，其政治组织体系如下：

1. 土司及其统治集团

正印土司一人，世袭，为本境内最高的政治、经济、军事领袖，有绝对的独裁权。

代办，遇正印土司出缺，或应承袭的土司年幼不能理事时，由其亲族中推举一人（一般是嫡亲叔父）出来总揽政权，等到正印土司呈准袭职或年幼土司达到承袭年龄

① 傣族简史编写组：《傣族简史》，云南人民出版社1986年版，第182—183页。

时，便将政权交还。代办在摄政期间，相当于摄政王，一切权力与享受，完全与土司相同。从历史上看，凡代办都比土司有作为，这是因为代办是凭着自身的才干手腕而取得此种身份的，不似土司只要是嫡长子就注定可以袭职。

护印，正印土司同胞兄弟中年纪最大的一个，叫作护印，名义上是协助正印土司处理公务，但实际上位尊而无实权，有些地方，如芒市等司的护印别有官署，称为二衙门，类似封建朝廷的亲王。

护理，无正印土司而只有代办时，就不设护印而设护理，由代办的同胞兄弟中年纪最大的一个担任，其职权与护印同。

族官，土司的亲属，亦即贵族阶级中凡具有下列资格之一者，得选任为族官：其一，土司或代办的最近亲属；其二，有办事才能的族属；其三，能获得土司或代办信任的亲属。族官的职权一般是管理村寨，类似于西双版纳的大叭，可任土司署内的高级职务，轮班到土司署内当值。

2. 土司署内的职官差役

库房，掌管全衙署财政收支事项，实际上为土司的财政部长，在各种职官中，库房的权力最大。

总管，管理土司署内的伙食及一切杂务。

管仓，管理全署的粮仓，管理全境内人民纳粮交赋事宜。

伕马，管理征调应差的伕役马匹。

以上四职，均由族官中选任，任期不定，不给薪酬，但在所经管的职务上有利可图。凡得选任此四职之一者，必须是族官中最得土司信赖之人。

文案，管全署中及土司或代办私人的一切对外文件。土司对外，概用汉文，故各土司衙内文案一职，皆聘请内地汉人前往担任，每年薪水可得银圆200—400元不等。文案除管理文件外，尚有一项特殊任务，即兼负招待及接送往来汉官之责。

教读，腾龙沿边各土司，传统的习惯是必须学习汉语汉文，故每一土司署内，必聘一汉人担任教读，教土司子弟讲汉语，习汉字，年薪可得银圆二三百元。

汉书办，为文案的助理员，兼管收发缮写事项，亦聘请汉人担任，薪水少于教读。

夷书办，土司对民间发布文告、命令以及各土司之间信函往来，皆用傣文，故各土司署内，均设有夷书办数人，由傣族担任。此职只要求能通晓傣文，不限定要贵族阶层中的人员，傣族子弟中凡精通傣文者，都有希望当上夷书办，这是傣族平民进入宦途的唯一道路。夷书办每年可得若干谷子作薪酬。

二爷，土司衙内的高级随从，凡土司或代办随身的侍卫、听差、传达员、杂役诸种人，统称为二爷，职位虽低，但人民视之亦觉赫然。

官差，土司署内专事传送公文及拘捕犯人者，称为官差，官差终身任职。傣族民俗，若非送达共事，是忌讳官差入门的，如官差误入人家，则被认为大不吉利，待官差出门后，必立刻用水洗地，并请和尚来念经，以消除不祥。

厨役、茶房、杂差，每一土司署内，担任此种差役之男女，多至数十百人，皆由各村寨轮流来服务，每十天或半月轮换一次，不给薪酬。

3. 地方职官

土司境内，以村寨为地方行政单位，地方职员即是各村寨头人。村寨可分三种：一是傣族村，二是汉族村，三是汉傣杂居村。德宏不少地区有汉族聚居，有的杂居傣族村寨中，有的另建汉族村落，所以管理村寨的头人也分为管傣族寨与管汉人寨两种。

傣族寨的职官。傣族所居村寨，可大致分为三种：村——人口有数十家至百余家不等；寨——较大村落或合数村而成一寨。畹——合数寨而成一集团，就被称为畹。地方官吏，也依照畹、寨、村来委任。

畹头相当于西双版纳中的老叭，每畹设一畹头，总揽全畹各村寨的行政及经济大权，其主要职务有下列数种：征收钱粮赋税，解交土司署；调解及裁判民事纠纷；管理辖区内土地之分配以及更动诸事；调派伕役，到土司署内当值；采办供应土司署内应用的各项物品；向人民传达土司的命令文告。

畹尾。类似副畹头，或称二畹，其职责是协助畹头办理以上诸事项。

老幸，即一寨之寨长，其职责有如下诸项：秉承畹头命令，办理该一寨中的行政事宜；征收钱粮赋税，解交畹头；调解本寨内不严重的民事纠纷；指派人民差役。

头人，一村的村长，实际上即是老幸的助手。他直接向人民行使职权，其职权只限于一个村寨。头人还有一种特殊任务，即凡土司署内各种人员或内地官吏经过该村，概由头人负责接待，故每村头人的住房，也就兼做过往傣汉官员的接待站。

客长，在交通要冲傣汉杂居的村寨，设有客长一人，专门负责接待过往官吏与调处汉傣人民之间发生的事件，这是一种不多见的职官，如陇川境内的章凤街，是陇川设治局的所在地，街上汉傣族各有100多家，每遇节期，各地的少数民族都到此赶集贸易，陇川土司署于此地设有客长一人。

汉族村寨的职官。汉族人民聚居的村寨，不称𠳐而称“练”，或称“丛”，管理练丛的不是傣族而是汉族，职别有两种：

练绅，相当于傣族的𠳐头，由土司委任居住地区内的汉人担任，秉承土司的命令，办理该区域内的下列事项：对本境内人民迁徙居住诸事项的管理，代土司征收租税；向人民宣布土司的命令。傣族地区的习惯，凡土司所有征派及差役，均只限傣族而不及汉族，故练绅的职务，不如𠳐头那么繁重。

村长，在练绅所辖的汉族村落中，每村设村长一人，由练绅取得土司的同意而委派之。

在土司治下的行政人员，大体上可以说仅此而已。表面上看来，似乎非常简单，但办起事来，皆能唯土司之命是从。又因此种行政系统，经数百年不变，当职的人，又皆熟知职责所在，所以，只要不是一种新情况下发生的新事件，大体总可以依照惯例顺利地办理下去。①

耿马、孟定、孟连等傣族地区的社会经济发展形态介于西双版纳与德宏之间，所以其封建等级制度具有西双版纳与德宏两地的特点。基层社会组织仍保留着原始农村公社的组织形式。各村寨在形式上仍保存有土地的村社所有，但是村议事会已不存在，处理村寨事务的权力，已由土司任命的村寨头人“火头”（金平为“刀曼”）掌握。火头操纵了村寨的一切权力，但在处理重大事务时，在形式上仍要召开“村社民众会议”决定。

村寨之上的政治组织，各地有所不同。在孟定，“伙头”以上设有“陶孟”，作为基层一级的行政官员。“陶孟”管理数寨，受辖于土司衙门。在耿马，由若干个村寨组成一个“圈”，设有“圈官”，作为村寨以上的行政官员。在孟连，村寨“火头”之上是土司加封的“召根”，全区共11个，都领有数量不等的村寨，成为一个小领主。在“召根”与“火头”之间还有“召浪”，与“火头”一样共同隶属于“召根”。

“陶孟”、“圈官”（或“召根”）之上即为土司衙门。在各土司辖区内土司衙门是最高统治机构，而土司是最高统治者。耿马与孟定土司衙门里，都设有太爷、新爷、郎爷等属官，其在职期间由土司赐给数量不等的“私庄”或“采邑”作为薪俸。耿马的太爷、新爷、郎爷还分别统辖某些“圈官”或“陶孟”，类似西双版纳各勐的“波郎”，也是常驻土司衙门的大吏。所有“太爷”都是土司衙门的要人，

① 江应樑：《傣族史》，四川民族出版社1983年版，第442—448页。

而新爷必须由贵族世家担任，如耿马的南、宋二姓，孟定是金、刀二姓。因而，一方面是土司的绝对统治，同时也保留着贵族联合专政的痕迹。孟定土司署还保留着五天一次有全体“太爷”、“新爷”、“陶孟”、“火头”出席的议事会。但是，主持会议及会议的最后决定权都操于土司之手。孟连土司署也保留着长期相沿的被称为“司廊”的议事会，并由三个资历最老、由土司封为世袭“召根”的贵族家臣轮流担任“萨地龙”兼议事庭长。“萨地龙”是官员之首，统率全境大小头人并总理一切政务。

第四节

傣族法律的起源及渊源

一、源于原始宗教

在人类社会的早期，最初的原始宗教是先民们在一定的社会物质生活条件下受到自然界沉重的压迫，把自然力和自然神化的结果。原始人群中之所以会产生宗教，会崇拜某些对象，都有其社会根源，即当时的经济生活条件和其他社会原因。恩格斯曾指出，史前时期的“这种种关于自然界、关于人本身的性质、关于精灵、关于魔力等等虚假的表象，大抵是以消极的经济因素为基础：史前时期低级的经济发展把关于自然界的虚假表象作为补充，有时也当作了条件，甚至当作原因。”① 梅因认为，控制着我们行动以及塑造我们行为的道德规范的每一种形式，都是从古代社会胚胎发展而来的。② 因而，我们对法律以至整个社会的研究，必须从人类最简单的社会规范说起。社会规范的最初形成，起源于社会为了自身存在和发展而产生的有序化需求和倾向。起初，人们在生活中不断对其自身行为进行反复选择，他们“设法解决生存难题的基本方法就是尝试错误法——一种笨拙的功利主义”，并且在对成功的快乐和失败的感受中摸索和检验其行为的正确性。相同的行为方式和感受便会自然而然地演变为

① 《马克思恩格斯论宗教》，人民出版社 1957 年版，第 18 页。
② 梅因：《古代法》，商务印书馆 1959 年版，第 9 页。

习惯和习俗。这些原始习俗的内涵极其广泛，几乎包括后世有了专门指称，但当时却并未分化出来的道德、政治、法律、宗教、哲学等范畴。其中，宗教因素和法律因素的不断互动是加速二者逐渐凸显与发展的重要原因。①

由于社会发展的不平衡，各地傣族都不同程度地信仰原始宗教。作为宗教信仰的组成部分——原始宗教，是傣族早期的原始信仰。傣族仍保留了先民古越人“巫风很盛”的传统，鬼神观念极强，在长期的历史发展中形成了各具地方特色的原始宗教。傣族除了崇拜祖先神以外，还认为日、月、天、地、山、水、田、鱼塘和树木等，自然万物皆有灵魂。如在西双版纳地区，因还残留着家族公社、农村公社以及部落组织的痕迹，所以，家族神、灶神、部落神都同时存在。每个独立的个体家庭都有自己的家神，被称为“丢拉很”，供奉在每个家庭里。除此之外，每一个家族还有共同的家族神，被称为“丢拉哈滚”，一般是本家族的祖先，供奉在本家族最老的家庭中或该家族共同修建的小房中，由家族长主持在全家族范围祭祀。由于傣族实行家族内部禁止通婚，一个家族内的已婚男女分别属于不同的家族，血统来源不同、祖先不同，因此在西双版纳和金平等地祭祀家族神时，往往是夫妻分别祭祀自己的家族神。西双版纳的寨子都有寨神，叫作“丢瓦拉曼”，也就是村社神，也是人们经常祭祀的原始神灵之一，“丢瓦拉曼”一般供奉在寨边的树林中，搭一个小草棚，或用竹篾围一个土堆，或以大树均可以为标记。人们一般把最早建寨时死去的人，或为保卫村寨利益献身的英雄奉为“丢瓦拉曼”，也有的是被村社成员打死的仇人。一般一个村寨有一个寨神，也有的有几个寨神，有男也有女，有的保护人畜兴旺平安，有的保佑儿童健康，有的主管谷物生长和丰收。祭祀寨神叫“灵批曼”，由召曼（寨主）负责组织群众，对寨神进行祭祀，时间一般在春耕前、栽完秧和秋收后，由召曼主持祭祀，每家以腊条、鸡、酒、芭蕉、米饭等供在寨神处。祭祀寨神时要关闭寨门，用树枝、树叶、竹簝做标记，用绳索封闭路口，割断和其他村社的联系。本村社成员不许外出，其他村社成员也不许进来。另外，每个寨子还有寨心神，傣语叫作“宰曼”，是全村社的心脏和灵魂，也起着寨神的作用。寨心神，是建寨初期选定地址时确定下来的，各户盖房都要以它为中心。通常以树木、巨石、木桩以及竹排围成土堆；有的则在地上埋五块石头，当中一块，周围四块，或在木桩上建一阁楼，用以摆放贡品。人们结婚、迁移、进入或离开寨都要祭祀它，请求保佑平安。过泼水节时，全村人围坐在寨

① 张冠梓：《论法的成长——来自中国南方山地法律民族志的诠释》，社会科学文献出版社2000年版，第397页。

心周围，聆听僧侣念经，祝福全村平安。平时，谁也不准触摸宰曼，必要时可以换新的，但要选择吉日、举行仪式。①

西双版纳傣族聚居区共有三十多个勐，每个勐都有一至几个勐神，傣语称为“披勐”，也叫作“丢拉勐”。勐神就是部落神，传说是该勐最早建勐时的英雄或领袖人物。祭祀在傣语中被称为“灵”，因此“灵披勐”是全勐的一件重要公共事务，主要是当地傣勐老寨的任务，他们有共同的血缘关系，负责主持祭祀勐神的一切主要事务，并选择祭祀的牺牲等。灵披勐一般是一年举行一次，有的地方是三四年举行一次，也有九年举行一次的。祭祀时全勐停止生产和其他活动，一般持续两三天，其间，同样用树枝、木排等物封锁通往其他勐的路口，或插以其他标记，本勐人不得离开，非本勐成员不得进入，如果非本部落神保护范围的成员误入，要受到惩罚。参加祭祀的人必须严守规矩，男子要包同一颜色的包头，背包一律挎在左边，妇女不得参加，小孩儿也不许上树观看。祭祀用的牲畜主要是公水牛，不仅要体大膘肥，完整无缺，而且规定了一定的颜色，如勐遮、勐混等地规定是全身黑色，但脖子下方要有一条白色的毛。

傣族原始宗教产生了很多内容各异的祭祀活动，而这些祭祀活动本身又具有一定的规范性：一是某些事物或行为是神圣的，人们必须要虔诚地遵守；二是人们对某些不敬、危险的言行必须严厉禁止，从而形成人们生活中的禁忌。虽然受到外来宗教文化的冲击和影响，傣族原始宗教的影响力和作用已逐渐减弱，但是那些由原始宗教行为演进而来的民族习俗，除一部分仍停留在民俗文化的层面上外，其余部分则已经制度化、法律化，成为傣族法律文化和法律制度的一个部分。如在各地寨规、勐规中规定：祖宗传下的习俗不得丢掉，丢了祖传的规矩必死；吃要按祖宗的礼，住要按父辈的规；到哪里居住要供奉那里的寨神；到哪里安家，必须供“家神”；来客必须尊重家神，若把马拴在主人的神柱上，要处以罚款；大路不能穿过寨子中心，穿过寨子中心会伤着寨神的“心”；修房子的柱子，应该树根在下，树尖在上；龙山上的树不能砍，寨子上其他地方的龙树也不能砍，否则会触怒神灵；寨子边的水沟、水井，就是不要也不能填，不要和鬼神抵抗。在诉讼活动中，如遇到疑难案件，难以确定谁对谁错，则需要借助“神”的力量来裁决，如《西双版纳傣族的封建法规和礼仪规程》亦规定，如经过审问也不能判定嫌疑人是否犯罪，“最后就是念经、祭神，烧着水或煮着开水，把东西放到开水里面或火里面，使犯罪的人用手去取，请神来审查，就可

① 曹成章、张元庆：《傣族》，民族出版社 2004 年版，第 129—130 页。

以鉴别谁是好人，谁是坏人。这是自古以来的规矩，不这样做，会使犯罪的人成了习惯。①

上述寨规、勐规作为一种地方性法规其规定的内容与原始宗教活动的内容是一致的，在傣族法规中这种体现出原始宗教活动内容的情况，在不同地区基本上都有类似的规定。

二、源于南传上座部佛教

在各种形式的原始宗教存在的同时，南传上座部佛教被引入傣族地区并逐渐占据主导地位。南传上座部佛教也被称为小乘佛教，傣语称为“沙斯那”（Sasana）或“卜塔沙斯那”（Buddha Sasana），来源于印度巴利语，也称楞加宗或大寺派佛教。对于小乘佛教何时传入傣族地区，我国学者江应樑先生认为，傣族地区的佛教分别由暹罗、缅甸传入。据说暹罗北部有个“哈里奔猜国”（南奔），《蛮书》及《元史》都称之为“女王国”，是孟族建立的小国。663 年，国主占玛黛维公主带 500 名佛教僧侣在哈里奔猜建立佛寺传教，这是暹罗北部有佛教之始，但尚未传入傣族部落，直到 1292 年兰那国芒来王（傣族）征服南奔，小乘佛教就传到了兰那，然后从清迈传到景栋，再从景栋传入西双版纳，其时期当在公元 14 世纪下半叶到 15 世纪上半叶。至于南传上座部佛教从缅甸传入德宏傣族地区，时期当稍晚于西双版纳。②

由于佛教支配着傣族人民生产、生活的方方面面，成为全民性的宗教。西双版纳傣族的每个村寨几乎都有一座佛寺，有些较大的村寨还有两三个佛寺，形成了每个人一生都离不开佛教的情况。如人一生下来就要请僧侣取名字，生病要拜佛，请僧侣念经。每个人从小就要随着父母礼佛听经，参加佛事活动，一般来说，每个男孩一到七八岁，便要被送到佛寺里当一段时间的和尚，少则一两年，多则一二十年，然后还俗娶妻，妇女虽然不入寺为僧，但也都是虔诚的佛教信徒。南传上座部佛教的佛事活动，傣语称作“赕”或“摆”，是祭献、礼佛和施舍的意思。傣族各地佛事活动的具体名称和时间有所不同。如西双版纳的佛事活动主要是“赕鲁皎”，就是送儿童入佛寺当和尚；“赕坦木”，就是请人抄写经书献给佛寺；“赕帕”，是向僧侣捐献做袈裟

① 云南省编辑委员会：《傣族社会历史调查》（西双版纳之三），云南民族出版社 1983 年版，第 27 页。

② 江应樑：《傣族史》，四川民族出版社 1983 年版，第 344 页。

的布匹；“赕毫轮娃”，是向佛寺捐献稻谷；“赕墨哈班”，就是修来世；“赕暖帕短”，是表彰到50岁还未还俗的僧侣；“赕帕点宰”，是表彰模范遵守戒律的僧侣。① 同时南传上座部佛教具有很多规范性的戒律，如不杀生、不说诳、不玩女人、不吸烟喝酒等；在教义方面则认为宇宙有三个世界，即西方极乐世界、人间世界和地狱世界，凡诚心赕佛的人，就能过幸福美好的生活，父母也得吃得穿，儿女长得也漂亮；如果不信奉佛教或信奉而不诚心，便是佛教的罪人，死后必入地狱，领受应得的苦役及刑罚。② 因此，佛教在进入傣族社会后，不仅是傣族人民的主要宗教信仰，也逐渐成为一种重要的法律渊源，并形成了一整套严密的与佛教相关的法律制度。

三、源于生产、生活方式

从地理条件来看，我国傣族地区大多处于亚热带或热带雨林气候，植物茂盛，森林密布，雨量充沛，水利灌溉便利，这种特殊的地理环境条件，使得傣族先民创造出至今仍具有无穷魅力的稻田农耕文化，水稻的栽培、种植成为傣族社会物质生产中最重要的部分。对此，在汉文或傣文典籍中，均有记载。据明代朱孟震的《西南夷风土记》载：“五谷惟树稻，余皆少种，自蛮莫以外，一岁两获，冬种春收，夏作秋成。孟密以上，犹用犁耕栽插，以下为耙泥撒种，其耕犹易，盖土地肥腴故也。”在傣族的创世史诗《巴塔麻嘎捧尚罗》中讲道：人们最早并不知道如何种植稻谷，天神把种子带到人间后，聪明的首领帕雅桑木底带领人们克服了重重困难，最后终于学会了种植水稻；同时为了适应耕作的需要，他还将耕作的土地划分为无数块，在地边栽桩垒埂，以避免人们为争田地而起纠纷。因此，这种独特的生产生活方式不仅塑造和促成了独具一格的傣族民族性格、民族心理和民族传统，也形成了独具特色的丘陵稻作民族的习惯法。直至民主改革以前，傣族地区存在着一个自成一体的法律体系，它相对独立于中央政权颁布的法律，对于中央政权来说，这种习惯法无疑是“法外之法”，但是它却是在当地真正发挥实际效能的法律。这里固然有其形成并相对完整的人文环境因素，但是不可否认地理环境的影响与人文环境的影响同样重要，有时甚至可能超过人文环境的因素。从傣族居住的地理环境来看，首先，他们居住于低纬度、低海拔的地理位置，所处气候多为准热带和亚热带河谷气候，年均气温在21℃左右，终年无

① 曹成章、张元庆：《傣族》，民族出版社2004年版，第133—135页。

② 傣族简史编写组：《傣族简史》，云南人民出版社1986年版，第195页。

雪，日照充足，雨量充沛，确实为得天独厚的丘陵稻耕地区；从土壤条件来看，土地肥沃，水利灌溉便利，地势低平，适宜于水稻种植和其他经济作物如茶叶、香蕉、甘蔗及亚热带水果的种植。① 这样的地域其法律应当和国家的自然状态有关系，和寒、热、温的气候有关系，和土地的质量、形式与面积有关系，和农、猎、牧各族人民的生活方式有关系。②

在傣族地区，由于水稻种植是其主要生产方式，而水利灌溉又是这一生产方式得以完成的先决条件，因而法律不但从灌溉技术的要求上做了规定，还对与之相关的危害水利灌溉的行为做出处罚的规定。在某种意义上也可以说这种稻耕生产方式反过来也影响着法律的形成和发展。在傣族历史上最早出现的社会分工中，就有专门管水利的人，称作“盘南”③，进入阶级社会后，傣族社会从最高统治层到各勐土司，直至各村各寨，都设有专门管理水利灌溉的官员。在西双版纳召片领所在地的景洪，很早就有水利灌溉设施和较为完善的管理制度。宣慰使司署和各勐土司的司署都设有管理水利的官吏，每条水渠流经的村寨也都设有专管水利的人员，这些水利管理官员，自成系统，不受行政区划的限制。正如马克思在论述古代东方社会时所指出的：“在这里农业的第一条件是人工灌溉，而这是村社、省和中央政府的事”④；“在东方，由于文明程度太低，幅员太大，不能产生自愿的联合，所以就迫切需要中央集权的政府来干预。因此亚洲的一切政权都不能不执行一种经济职能，即举办公共工程的职能。这种用人工方法提高土地肥沃程度的设施靠中央政权办理，中央政权如果忽视灌溉或排水，这种设施立刻就荒废下去。”⑤

为了定期分配灌溉用水、维修水利设施，以保障农业生产的顺利进行，保证封建负担的完成，在傣族地区中，对水利灌溉的管理极为重视。以西双版纳地区为例，上自宣慰使司署，下至各勐的司署、各个村寨，都有负责管理水利的官员。宣慰使的内务总管“召龙帕萨”直接负责水利管理；每条水渠流经的村寨都设有专管水利的人员，称为“板闷龙”和“板闷囡”。傣语“板”是役，“闷”是水渠，“龙”是大或正，“囡”是小或副。每个村寨根据其大小，要推选1—2人协助进行管理。水利管理

① 王俊：《民族习惯法：法的雏形——从民族史料看法的成长》，云南科技出版社2002年版，第165页。

② 孟德斯鸠：《论法的精神》（上册），张雁深译，商务印书馆1961年版，第7页。

③ 秦家华：《傣族古代稻作文化》，载《思想战线》1988年第5期。

④ 《马克思恩格斯全集》第23卷，人民出版社2004年版，第263页。

⑤ 《马克思恩格斯全集》第9卷，人民出版社1961年版，第145页。

人员自成系统，不受行政区划的约束，由宣慰使司署议事庭直接任命，分别封为“帕雅”、“鲊”、“先”等不同等级的头人。一般最基层管理水利的“板闷”是由群众选举，宣慰使司署任命，并发给委任状。如水渠要流经召片领的官田，那么这条水渠的“板闷”就由宣慰使召片领直接任命。一般任命是在傣历七月（公历5月），被任命的人要到宣慰使司署接受任命，如果辖区内有召片领的官田，就必须保障其用水，否则，用水不够造成减产，负责管理水渠的“板闷”要负赔偿的责任。由于西双版纳沟渠纵横，因此，水利管理责任重大，他们要负责定期动员人们修沟、检查渠道；灌溉时分配水量，制定、维护水规；处理用水纠纷。① 对于危害水利的行为也做出了规定：派修水沟不去者、偷放别人田里的水者，都罚（空）银“怀伴”（即银二两四钱二分）；在别人田里挖水沟者，罚（空）银（二两四钱二分），② 可见对水利灌溉的重视。傣族地区的这种独特的稻耕文化使其产生了一整套完善的水利灌溉组织、管理系统，并在此基础上产生出相应的法律制度。

四、法律渊源

法同其他事物一样，也有内容和形式两方面③。任何法律总是内容和形式的统一体，作为法律创立方式的法律渊源一般有两种，即成文法和不成文法。傣族法律同样也具有内容和形式方面的问题，笔者拟就汉文史料和傣文史料有关的内容分析傣族法律的法律渊源问题。

在公元10世纪左右，是傣族社会发展的一个极其重要的阶段，即进入奴隶社会的发展阶段。④ 西双版纳傣族在1180年建立起统一的政权——景龙金殿国，德宏地区的四大傣族部落，即孟生威、孟兴古、孟底、孟卯也在11世纪建立了“乔赏弥国”。这两个国家的建立，标志着傣族社会已进入奴隶制社会阶段，在这一时期的傣族法律同样也反映着奴隶制法律的特点。元代的官吏李京为筹办军需，于大德五年至七年在云南少数民族地区，包括傣族聚居的金齿、百夷在内，“奔走几遍，于是山川地理、

---

① 王学辉：《从禁忌习惯到法起源运动》，法律出版社1998年版，第186—187页。

② 云南省编辑委员会编：《西双版纳傣族社会综合调查》（二），云南民族出版社1984年版，第28页。

③ 张文显主编：《法理学》，高等教育出版社·北京大学出版社1999年版，第58页。

④ 江应樑：《傣族史》，四川民族出版社1983年版，第176页。

土产、风俗，颇得其详"①，他将自己的亲身见闻写成《云南志略》，书中对于当时傣族地区的法律情况记载是："金齿百夷，识记无文字，刻木为约。酋长死，非其子孙自立者，众共击之。"②从这段史料中可以看出，当时的傣族还没有文字，但是习惯法已经出现。元代曾到过云南的马可·波罗在其游记中也记载："（傣族）彼等无字母，亦无文字，土人缔约，取一木杖，或方或圆，中分为二，各刻画二三符记于上，每方各执一片，负债人偿还债务后，则将债权人手中所持之半片收回。"③ 对于当时德宏地区傣族的法律情况，李京还记载："杂霸无统计，略有雠隙，互相戕贼。遇破敌，斩首置于楼下，军校毕集，结束甚武，髻插雉尾，手执兵戈，绕俘首而舞，仍杀鸡祭之，使巫祝之曰：'尔酋长、人民速来归我！'祭毕，论功名，明赏罚，饮酒作乐而罢。攻城破栅，不杀其主，全家逐去。不然囚之至死。"④其中"杂霸无统计"，说明当时德宏地区傣族虽已进入奴隶制社会，但是尚未建立起统一的政权，当然也就不可能出现统一的成文法。但是，其中对军士的"论功名，明赏罚"及对战败方酋长的"攻城破栅，不杀其主，全家逐去。不然囚之至死"，说明当时已开始使用习惯法来维护奴隶主的统治了。到明代，中央王朝在云南少数民族地区推行的土官、土司制度更加深入和完善，傣族地区与内地政治、经济、文化等的交往更加密切，与之相适应，傣族地区的经济有了较快发展，进入封建领主制时期，政治也逐步走向统一，作为上层建筑的法律，也随之发生了变化。明洪武二十九年，钱古训、李思聪奉使到麓川（今云南德宏傣族景颇族自治州境内），归来后，就傣族地区所见所闻著有《百夷传》。其中对于当时德宏傣族地区的法律情况记载颇多，钱古训的记载是："无中国文字，小事刻竹木，大事作缅书，皆旁行为记。刑名无律，不知鞭挞，轻罪则罚，重罪则死。或杀，或用人扱杀，或用象打，或投于水，或以绳帛缢。男妇不敢为奸盗，犯则杀之。"李思聪也记载："无中国文字，小事则刻竹木为契，大事则书缅书为檄，无文案可稽。""刑名无律可守，不施鞭扑，犯轻者罚，重者杀之；或缚而置之水中，非重刑不系累。"⑤ 从上述记载看，当时的法律较之元代有了一定的发展，虽然仍是"刑名无律，不知鞭挞，轻罪则罚，重罪则死"，仍然没有出现类似于中原地区系统化的成文法典，但是由于傣族地区当时社会、经济、文化的发展，法律相对于元代而言，在刑名的界定、刑罚的原则及种类方面，有了较大的发展，如奸、盗罪名的出

①②④　王叔武校注：《云南志略辑校》，云南民族出版社1986年版，第66、91、92页。

③　沙海昂注，冯承钧译：《马可·波罗行记》（中册），商务印书馆1937年版。

⑤　江应樑校注：《百夷传校注》，云南人民出版社1980年版，第80—81页。

现；轻罪则罚，重罪则死，即根据罪行的轻重分别处刑。死刑的种类也出现了杀、绞、淹死、扱杀①、用象打死等种类。另外，虽然在当时傣族“无中国文字”，即尚未使用汉文，但是“大事则书缅书为檄”，说明当时傣族已经使用傣文，这里说的“缅书”并不是缅甸文，而是傣文，因为德宏地区自来没有使用过缅文，但是德宏傣文字母是直接由缅文字母演变而来的，所以明代文献多误称傣文为缅文。② 文字的出现，虽然并不意味着成文法的必然出现，但却是成文法出现的必要条件。在明代中期的地方志中也记载，“百夷不通汉书，惟用缅字。凡与其同类交易借贷等项，则以缅字书其期约，而刻其多寡之数于上以为信。其行移官府，则译之而后通其意”③。可见，当时傣族在民事法律活动中已使用傣文书写有关的交易借贷收据和借据中的部分内容，并已有书面文件送交官府。虽然还保存着“刻木为契”的一些痕迹，但从中已可明显看出傣族由习惯法向成文法过渡的变化过程。④

目前国内可见的关于云南傣族法律情况的傣文资料主要有：刀国栋等人翻译整理的《西双版纳傣族的封建法规和礼仪规程》⑤，高立士等人翻译整理的《西双版纳傣族封建法规》⑥，刀永明、薛贤等人翻译整理的《孟连宣抚司法规》⑦。其中《西双版纳傣族的封建法规和礼仪规程》这份资料内容比较繁杂，资料译本不一，收集了西双版纳傣族地区历史上通行的法规、道德规范、训条及礼仪规程。《孟连宣抚司》这份资料汇集了《芒莱法典》、《干塔莱》、《坦麻善阿瓦汉绍哈》三本法规，所涉及的内容也很庞杂，包括了法规、案例、道德规范、训条、礼仪规程、宗教戒条、处事之道等内容⑧。《西双版纳傣族封建法规》共有15000余字，147条，作为译者之一的刀光强原在西双版纳宣慰司署担任“召童纳占”（管象官），该译本原本由刀光强的长子收藏，译稿保留了原件的本来面目，对于研究傣族法规的渊源、结构有较大的价值。

《西双版纳傣族封建法规》是西双版纳封建统治者为审理各类纠纷案件、惩处犯

① 即把犯人举高摔死。

② 江应樑：《傣族史》，四川民族出版社1983年版，第348页。

③ 《景泰云南图经志书》卷六，《诸夷风俗》，云南民族出版社2002年版。

④ 方慧：《云南法制史》，中国社会科学出版社2005年版，第483页。

⑤ 云南省编辑委员会编：《傣族社会历史调查·西双版纳之三》，云南民族出版社1983年版，第26—36页。

⑥ 高立士：《西双版纳傣族的历史与文化》，云南民族出版社1992年版，第213—238页。

⑦ 刀永明、薛贤等人翻译整理：《孟连宣抚司法规》，云南民族出版社1986年版。

⑧ 徐中起、张锡盛、张晓辉主编：《少数民族习惯法研究》，云南大学出版社1998年版，第68页。

罪而制定的一部比较完善、旨在维护封建领主制的一部封建法规，其内容、结构较为完善。它既有总纲也有细则。总纲可以说是总则，是指导该整部法律中各类法规的最主要的思想理论根据。比如，文中提出在处理各种纠纷案件、审理犯人时，要求大、小头人必须防止“嘎底挡哈”（五种偏袒），注意“三项事情”、出场具备的“八个条件”和不能充当证人的“二十种人”。

防止“嘎底挡哈”（五种偏袒）是：公道、正值、一视同仁，不要颠倒黑白、偏袒亲近友好，不能乘机报复与己有仇者，不能滥用自己的威力或做两面的手法，不能接受贿赂，对所有阶层一样看待公正处理。以此作为应持的正确态度、方法和基本原则。

“三项事情”是：①应了解犯罪人有多少，逐个审讯，不能一齐叫来，问清犯罪原委，用笔记下来，让他们画供单，从这些供单看罪行是否相同；②审问罪犯或犯错误的人，不反问也不看脸色；③了解其祖先、父亲及其本人是否为好人。

充任证人的“八个条件”。凡是强奸妇女、调戏妇女的事件发生，要具备以下八种条件才能充当“萨哩”（证人），即有福的人；忠实佛教的人；不偷抢和守佛礼劳动的人；性情爽直从不冤枉别人的人；从其祖先到本人都是忠实的人；经常赕佛和施舍给穷人的人；经常听经赕佛和学习道理的人；经常爱护自己和不做坏事的人。

“二十种人”。有20种人不能为证明人：老人，小孩儿，女人，醉酒的人，赌博的人，调戏妇女的人，哑巴和精神病人，贪心重、爱受贿赂的人，精神错乱无记忆力的人，会唱会跳的人，贫困的帮工人，狡猾爱说空话的人，眼瞎耳聋的人，犯罪受罪的人，喜欢别人受苦的人，卖给别人做仆人而赎回来的人，不采纳别人意见的人，爱冤枉人不正直的人，犯罪人的亲友，犯错误或有仇的人。

总纲最后强调，通过公正的解决，要使犯罪的人在受处理后感激头人，“对你像亲戚一样，不要使他对你像仇人一样”。

根据上述总纲的规定，该法规在各部分细则中进一步具体规定了160余条条款，大致包括：

（1）地方与地方（勐与勐、版纳与版纳、村寨与村寨、佛寺与佛寺）之间的公约及违约的罚款规定；

（2）罚款和以金钱赎罪的规定；

（3）法律细则（刑事、民事）：杀人，伤人及斗殴，霸占公家或私人土地，破坏公共财产、私人财产和生产，违反灌溉规定，盗窃，诬陷，婚姻，奸污或侮辱妇女，财产和债务；

（4）有关家奴及其子女身份的规定及家奴逃亡案件的处理办法。①

这部法律、法规，一方面反映了西双版纳傣族封建社会的等级制，反映了这个制度的经济基础和傣族道德标准，是封建领主统治广大农奴的工具；另一方面，又向人们揭示出傣族封建制的法律观念和法律体系在当时已较为成熟。

对于目前上述已知的傣族封建法规的法律渊源问题，笔者认为将它们理解为一种初级成文法或者是正处于由习惯法向成文法过渡的历史阶段似乎较为合理。因为：①前述傣族封建法规虽然均以文字的形式存在，但是它们都是保存于当地土司及其官吏、头人手中的藏本，并未正式以官方文本的形式公之余众，也就是说并未像春秋时期郑国子产公布成文法那样，“铸刑书于鼎，以为国之常法”②。应该说成文法与不成文法的区别并非是以法律是否以文字的形式表现，而是以它是否体现于官方法律文本中，并以明确的条文形式表现出来③。②从上述法规的内容来看，均是采用记叙的问题，内容杂乱无章，条文颇多冲突，并杂有大量的宗教戒律、道德规范、民间故事中的案例，没有一个严密的逻辑体系和结构，还不完全具备现代成文法本身具有的概括性、确定性和逻辑性的特点。③上述法规的名称，如“西双版纳傣族的封建法规和礼仪规程”、“西双版纳傣族封建法规”、“孟连宣抚司法规”等标题均是译者所加，尤其是“孟连宣抚司法规”中的“坦麻善阿瓦汉绍哈”的意思是25种疑难裁决法，也体现了这应当是一部判例汇编集，尚未形成一部完整意义上的成文法典。

第五节

傣族的法律

我国是一个多民族的国家，对于中华民族的法律遗产的研究，不应当仅仅局限于汉族。不同的民族有其不同的法律文化，这种具有民族特色的法律文化是其他民族法

① 张冠梓：《论法的成长——来自中国南方山地法律民族志的诠释》，社会科学文献出版社2000年版，第123—125页。

② 《左传》卷四三，《昭公六年》，北京大学出版社1999年版。

③ 博登海默：《法理学——法哲学与法律方法》，邓正来译，中国政法大学出版社2004年版，第429页。

律文化所不能替代的。傣族地区传统法律是傣族文化的一个重要组成部分。它以行为规范的形式，反映了本民族的社会经济、政治发展程度以及该民族的心理、习俗等方面的情况。在云南傣族地区，封建社会时期的一些法规与礼仪规程，至今仍通行于民间，影响着人们的生产、生活等方面，甚至对国家制定法的实施也有一定影响。因此，研究傣族地区法规、法律制度，不仅对于挖掘、保护傣族的文化遗产，研究傣族历史上的政治、经济情况具有重要的历史意义，而且对于了解和掌握傣族地区的社会生活现状，贯彻党的民族政策，保障国家制定法的实施具有重要的现实意义。

一、刑事法律

在傣族法规、法律制度中，有关刑事方面的内容占据了异常重要的地位，虽然傣族法规作为一种初级的成文法，还不具备现代成文法典较为系统、成熟的法典体例，但是已经具有相关的罪名、刑罚、处罚原则等基本内容。

（一）罪名种类

1．犯上罪

在傣族封建社会中，整个社会被分为若干等级森严的阶层。因而法律也是严格地保护这种封建等级制度。

第一，侵犯召片领罪。《兴竜法》规定："凡谋害召片领者，头等罚款：银三'闷'，金三'版'；二等罚款：银二'闷'，金二'版'；三等罚款：银一'闷'，金一'版'。若从宽处理，不罚款，则以赎金赔礼：头等，银九'版'，金九'怀'；二等，银三'版'，金三'怀'；三等，银一'版'，金一'怀'。凡不接受以赎金赔礼从宽处理者，则按谋害召片领罪处理"。① "凡版纳的召版纳或勐的召顿帕（土司）谋害召片领者：头等罚款：银三'版'，金三'怀'；二等罚款：银二'版'，金二'怀'；三等罚款：银一'版'，金一'怀'。若从宽处理，以赎金赔礼：头等，银九'怀'，金九'伴'；二等，银三'怀'，金三'伴'；三等，银一'怀'，金一'伴'②"。这里讲的从宽处理，赎金赔礼适用的情况很可能是指犯罪未遂的情况，否

① 中国少数民族历史调查资料丛刊：《西双版纳傣族社会历史综合调查》（二），云南民族出版社1984年版，第23—30页。

② 刀永明等：《西双版纳傣族封建法规译文》，载《西双版纳傣族社会综合调查》，云南民族出版社1984年版，第23页。

则谋害召片领作为重罪，很难仅仅使用财产刑处罚。傣族法规除对最高统治者召片领进行特殊保护外，还对各级领主的人身、财产做出了相似的规定。如“凡谋害召顿帕（土司）者罚款：头等，罚银一‘版’，金一‘怀’；二等，银九‘怀’，金九‘伴’；三等，银七‘怀’，金七‘伴’。从宽处理者，贡礼银三‘怀’、金三‘伴’；若要求减轻者，贡礼银二‘怀’、金二‘伴’；再要求减轻者，贡礼银一‘怀’、金一‘伴’。又如“凡谋害召版纳、召勐、帕雅童、帕雅囡以及勐的怀朗者：头等罚款：银九‘怀’九两，即三十八两七钱；二等罚款：银七‘怀’七两，即三十两一钱；三等罚款：银五‘怀’五两，即二十一两五钱。宽大处理者，送礼银五两。所有百姓，包括勐的官员、村寨头人在内，凡不执行从宽处理者，按前述罚款条文处理”，“不得在语言、行动方面触犯召片领的儿子，否则按情节轻重论处。情节严重者，罚银一‘伴’，金一‘怀’；情节较轻者，罚银九‘怀’，金九‘漫’；情节轻微者，罚银七‘怀’，金七‘漫’。触犯了混闷、混先的儿子，仍按情节轻重，一等罚银一‘怀’，金一‘漫’；二等罚银以蜡条、鲜花赔礼道歉外，上置银二‘漫’，金二‘沾’”①。

第二，侵犯尊长罪。由于傣族地区多为一种宗法血缘社会，此外宗教也在社会生活中占据重要地位，因而对于血缘关系中的尊长与宗教人士规定了特殊保护，他人不得侵犯，否则就要承担较重的法律责任。如“儿子杀父母致死者，断其四肢”。“徒弟不得和师父顶撞；奴隶不得与主人顶撞；儿子对父母，士兵对长官，世俗人对比丘、规范师都不得与之顶撞。应该尊敬父母及老人、村寨头人、规范师、协纳阿曼、富翁、帕雅及其家族成员”。在《兴竜法》中也规定，凡儿子杀父母致死者，要使其无依无靠（无法生存），应该把手脚砍掉，让其受罪致死，这样判决才合理。徒弟反师傅，农奴反召勐，百姓反官家，儿子反父母，这些人不懂人性，都是有罪的人，不应该判处他们有理。

2. 侵犯财产罪

在傣族法规中，关于财产所有权的条文数量最多，例如“西双版纳傣族法规”的147个条文中，有关保护财产所有权的法规竟多达61条。这些法规涉及土地的使用、地租、房产、奴隶、牲畜、不当得利、损害赔偿等各个方面，规定得十分细致，甚至对偷盗一根竹笋也规定为犯罪，要给予“怀罢滇”② 的处罚。这些规定表明，在封建

① 云南省少数民族古籍整理出版规划办公室编：《孟连宣抚司法规》，云南民族出版社1986年版，第126页。

② “怀罢滇”是傣族法规中的一种罚金刑，“怀”相当于3.3两银子，“罢”相当于3钱银子，“滇”指该处罚的实数，以区别于虚数“公”。“滇”与“公”是用来区分罪的轻重的，重罪罚“滇”，轻罪罚“公”。

领主制的傣族社会中，财产范围十分广泛，不但包括财物、土地，而且包括奴隶，任何抢占土地，随意开荒，侵害土地收益权，破坏或盗窃财物，拐骗、拐卖奴隶和奴隶逃亡都是侵犯财产所有权的犯罪，适用较重的处罚。① 其中按照不同的标准，又可以划分为不同的种类。

第一，按照犯罪对象的不同，可以分为侵犯一般人财产罪与侵犯特定人财产罪。前者如“小偷盗物，无论是一人偷盗，还是集团偷盗，赃物已追回者，罚款银六两六钱；赃物已销赃，则每人罚赎罪银三两三钱，失物价值多少，仍需按价赔还”。所谓“特定人”一般是指佛爷、和尚等宗教人士。如“偷佛祖的钱，拆毁佛像、佛塔的，应罚为寺奴、塔奴”。

第二，按照犯罪主体的不同，划分为一般人的侵犯财产罪与特定人的财产罪。这里的特定人主要指奴隶。如“无论谁家的奴隶，盗窃了他人的财物后逃跑了，必须责令奴隶主去寻找。如果赃物未能追回，主人必须代奴隶按价赔偿；否则可将他拘禁，并罚银四两四钱”，“奴隶犯了偷盗大牲畜罪，应关押两个月。如果被盗的牲畜未归还物主者，须责成奴隶的主人赔偿，赔偿数必须一至两倍；如果赃物已经追回，只加罚一份即可；如果奴隶的主人没有把奴隶缉拿归案，应对主人罚银六两六钱”。可见此种分类，主要着眼于奴隶缺乏承担经济责任（如罚款、赔偿等）的能力，只能由其主人代为承担。

第三，按照犯罪对象性质的不同，划分为侵犯私有财产罪和公共财产罪。特别是由于西双版纳傣族地区保留了较多的原始农村公社传统，因而较为注意保护村社“公共财产”。如“负责看守官府里的象、牛、马以及金银钱粮财产等，如有遗失，应该赔偿；本人死后还未赔偿了清之数，应由子孙后代继续赔偿”，“破坏水坝，罚银四百四十罢”。

3. 侵犯人身及其他权利罪

在傣族法规中，这类犯罪的数量较多，可以划分为：

第一，侵犯他人生命权的犯罪，如杀人罪。对于行凶、谋害杀人的处罚，主要实行生命刑（处死）或罚款赎罪。如对于杀人，不论任何人，无端杀人致死者，应该抵命，并将妻室儿女贬为奴隶，送给帕雅；误杀他人致死者，重处重罚。案例：有个盗贼，到帕雅果园里偷芒果，守果园的人去追赶，但偷盗者已藏匿，正巧遇到了一个拉

① 徐中起、张锡盛、张晓辉主编：《少数民族习惯法研究》，云南大学出版社 1998 年版，第 74 页。

西比丘，他误认为就是贼，当场将他打死，事后向主人帕雅报告。帕雅到现场查看，认为拉西并非偷盗者，于是做出决定：乍孙（守果园的人）赔偿黄金三十三两；帕雅本人自愿赔偿黄金二百三十一两。此两项赔偿费分为两份：一份用来修建一座白塔；一份用来雕塑拉西比丘的肖像，置于白塔上。塔基修建在拉西被打死的地方，拉西火葬后骨灰置于塔内，作为人们怀念的地方。凡属哥哥谋害弟弟、弟弟谋害哥哥以及家族成员之间互相残杀而致死者，应按人的价值赔偿。所赔款项，一半归公，一半为死者献佛。① 这里的赔款，并非支付给死者家属，而是归公，因而类似于现代刑法中的罚金刑。对于教唆杀人以及杀人未遂，傣族法规也做出了相关规定，如：出钱请凶手杀人致死，主使者与凶手各赔偿一半，罚款也相同；若只是口议，行凶未造成事实，各罚 550 罢滇。没有罪而被杀，罚凶手 3300 罢滇，赔人命银 1100 罢滇。打人未死，但已出血，罚 550 罢滇；打人虽未致残，但已重伤，罚 330 罢滇；打人轻伤不出血，罚 100 罢滇。与人吵架，手提长刀，追赶人行凶未遂，罚 330 罢滇；口说要杀人，但刀未出鞘，罚 220 罢滇；虽然刀已拔出鞘，但未追人行凶，罚 100 罢滇。傣族法规还规定了五种不被认为是犯罪的杀人行为，颇类似于现代刑法中的违法阻却性事由，“杀人无罪有五：一、奸夫奸妇在行奸现场被杀；二、盗窃犯在作案过程中被杀；三、手持长刀等凶器杀人而被人所杀；四、夜半三更闯入他人屋里而被屋主所杀；五、破坏人家房子，在进行中被杀。但事后寻机杀人报复，就有罪，应依法判处”。

第二，侵犯他人其他人身权利罪。如伤害罪、诬告陷害罪等。如伤害罪的有关规定：“无论何人，因某种事端而跑到他人家里殴打他人者，应该处死，或根据情节按地方法规论处”，“一、凡因斗殴告到官府者，须有证人。……四、凡两人争吵闹事，一方对他人谩骂，另一方则动手殴打，致使对方受伤害，但未流血者，则罚款银二钱六分四厘；如果流血，则罚款银四两四钱。五、两人殴斗，有理者打伤无理者，只要不造成流血，罚款银一至二有。六、两人打架，谁先动手，则罚款银四两四钱，后还手者，罚款银四分四厘。七、两人打架，一人手持凶器，一人徒手，造成对方流血者，对手持凶器者罚款银三两三钱。八、一人持棍，一人持武器，相互打架，造成持武器的人流血者，罪恶同等；若造成持棍者流血，应对持武器者罚银四两四钱；若持木棍者被打死，应论人价赔偿；若持武器者被打死，罪有应得，不应对持棍者问罪。如果属持武器的人寻衅上门闹事，持棍者将其打死，罪有应得，也不应对持棍者问

① 云南省少数民族古籍整理出版规划办公室编：《孟连宣抚司法规》，云南民族出版社 1986 年版，第 181—182 页。

罪；如果持武器者上门闹事，把持棍者打死，应对持武器者问罪；如果持棍者将持武器上门闹事者打伤，未造成死亡，以同等相待，不加问罪。九、持武器威胁他人者，无论是谩骂，或是鸣枪威吓，还是用梭镖吓唬等，都应罚银三两三钱四分四厘；如果动手打人，罚银六两六钱四分四厘。十、凡属追打妻室儿女或其他家族成员，并将他们撵到他人家里者，应罚银四分四厘用以祭祀户主的神灵。十一、凡因打枪、射弩、甩棍棒、抛石头等，无意伤害人畜者，应赔偿损失；如只伤害而无生命危险者，应负责医疗费用，并为受害者拴线赔礼；若损坏了对方的衣服、财物，应论价赔偿。十二、因收藏刀、矛、枪保管不善，造成无意伤害他人，若导致死亡，应论人价赔偿一半。十三、埋设竹签暗器在寨旁、房前屋后而又未告诉本村寨村民者，如将他人的象、马、牛、羊、猪、鸡、鹅、鸭等家畜家禽刺伤或致死，应论价赔偿；如果在夜间伤害了人，不能责怪埋设的人，因为他是预防自家的安全；如果白天伤了人或致死者，要赔偿人命，如未造成死亡，应对受害者拴线压惊。"① 对于诬告陷害罪，规定："一、百姓诬告官员者，应给予拘留一个月的处分。二、无论何人，犯诬告陷害罪者，罚银三钱八分八厘。三、犯栽赃罪，贼喊捉贼者，从严惩处，诬告好人偷盗或杀人，罚三怀三罢滇；诬蔑别人偷鸡，罚银一罢，但若隐瞒包庇小偷加一倍，罚银而罢。"可见对于诬告陷害罪，傣族法规并未采用汉族传统刑法中的"诬告反坐"处罚原则，而是根据具体案情分别处理。

第三，侵犯妇女身心健康权利犯罪，如强奸罪、强制猥亵妇女罪、侮辱罪等。关于强奸的规定主要有：马官强奸妇女，罚 2200 罢；象官强奸妇女，罚银 9900 罢。司署大臣及地方头人家族强奸妇女，罚银 2.2 罢，小勐的召勐强奸妇女，罚银 6600 罢。另外，法规还有处理猥亵、侮辱妇女的条文，戏弄妇女者，如拉手、搂肩搭脖，罚银 30 两 8 钱；如只拉着衣服或摸着头上的饰物，罚银 17 两 6 钱；如是言语戏弄，罚银六两六钱。凡是道帕雅、混闷、混先等官员及其儿子，戏弄他人的妻子者，罚银 26 两 4 钱；如果只是拉着手，摸弄乳房、搂抱者，罚银 24 两 2 钱；只拉着手，拿了头上的装饰品，罚银七两七钱；暗地偷说耳语，罚银七两七钱。男方进行调戏时，女方不愿而大声喊叫，让邻里知道，应对男方问罪。

4. 侵害他人婚姻家庭罪

如通奸罪，《西双版纳傣族封建法规和礼仪规程》规定，进入有夫之妇的寝室内

① 云南省少数民族古籍整理出版规划办公室编：《孟连宣抚司法规》，云南民族出版社 1986 年版，第 185—186 页。

去通奸，被发觉，应给被奸的丈夫银三两，拴线银五两，如果女的因而要离婚，要罚银三两三钱，拴线银三两。如果不进内室去奸淫未婚但已订婚的女子，所罚的钱有多有少，有的是三两三钱，有的是二十九两七钱，看是属于什么地位的人。① 《西双版纳傣族的封建法规》亦规定："妻子与人通奸，在行奸时被丈夫亲手或请人杀死，奸夫奸妇都死于现场，杀人者无罪。若未杀死，奸夫是百姓，由炸勐罚奸夫五怀五罢滇，奸妇也同样罚；若奸夫是大臣家族，罚七怀七罢滇；若奸夫是叭召勐之家族，罚九怀九罢滇；若是叭召勐的子女，不罚；根据情节轻重，做金花，分一百朵、八十朵、六十朵三等布扎②；若是大臣家族的子女，要做银花，分四十朵、三十朵、二十朵三等布扎；若是村寨头人家族的子女，要做银花，分七朵、五朵、三朵三等布扎。若是叭召勐的子女通奸，因是一个等级内通奸，要做金花一束，束梢一百朵、根四十朵，合计一百四十朵，向叭召勐布扎。若是头人家族、村寨头人、划船官、渡口官、象官、马官、牛官等家族子女通奸，要做一束银花，稍四十朵，需银一两；根八朵，需银二钱，向叭召勐布扎。"③ 从上述规定看，傣族法律对于通奸行为是非常重视的，同时也认为对此行为应当严厉惩罚的。其他的一些傣族法规也有相似的规定，这与元明以来的许多史料记载的傣族的"杀人者死，犯奸者死……为贼者一村皆死"④ 的情况是相吻合的。

5. 危害公共秩序罪

《西双版纳傣族的封建法规》规定：晚上去摇晃或敲打人家的房子，罚银三怀三罢滇；乱敲打围寨子的篱笆者，罚银二怀二罢滇；砍梅色曼（寨子竜树）者，要向丢瓦拉曼（寨神）行布扎，具体按该寨的寨规办，若他不照办，将来该寨的人或牲畜死亡，由其负全部责任。骑马踩死人，要赔偿人命；若未死，要负责医好，并罚银三怀三罢滇。骑马，缰绳断；骑牛，穿牛鼻子的绳断；骑象，象钩（治服象的工具）断；均要大吼"行人让路"，若叫喊而不让路，踏死无责任；若已来不及让路而被踏死，赔偿一半；若被踏伤，要出叫魂费一罢，并负责医治好。无紧急大事，乱敲召勐的大鼓者，罚银三版三怀。无大事、紧急的事，晚上乱吹牛角者罚银三怀三罢滇；白天乱吹牛角者，罚银二怀二罢滇。烧火不注意而烧了房子祸及旁人者，不应重罚，因他的房子也在寨内，也被烧，但应根据情节，要他出银九怀、六怀，最少三怀，用作布扎

---

① 云南省编辑委员会编：《傣族社会历史调查》（三），云南民族出版社 1983 年版，第 23—26 页。

② "布扎"原意是"贡献"、"奉献"，这里译作赔礼道歉。

③ 刀光强、高立士译：《西双版纳傣族的封建法规》，载《民族学报》1981 年第 1 期，第 278 页。

④ 李元阳：万历《云南通志》，《诸夷风俗》，云南大学图书馆藏本。

可（即送火神，送祸消灾之意）”①。对于维护村寨公共秩序的法规在其他几部法规中也有相关规定，如《勐连宣抚司法规》中还规定：“不论听差接受官人的差使行走夜路，还是其他人行走夜路，都必须点燃火把，双人同行，方可放行；违者应拘留一夜，待次日追究。凡属持武器赶夜路者，罚银四两四钱；未带武器的一般行商，赶夜路者，罚黄蜡二十斤”②。

6. 窝藏包庇罪

出于保护公私财产以及社会公共秩序的目的，傣族法规对于窝藏、包庇行为的处罚规定得相对较为详细、完善。如《芒莱、干塔莱法典》中规定：“一、盗贼进村，没有偷到财粮就被捉拿归案者，罚银三两三钱四分四厘。二、盗贼来劫村，主人知情不报，纵容其劫掠，并留宿者，应罚银六两六钱八分八厘。三、盗贼偷了东西，村寨头人、家族长为失者追回赃物，自己不能私吞，应归还被盗者。因为头人和家族长是本村、本家族得到幸福的保护者和长者。……五、盗贼偷了东西后出售，如买者明知是赃物，还要购买，若失主发现，仍不讲明真相，继续隐瞒，直到将罪犯捉拿归案后，方肯承认者，应该罚款，并把赃物全部退回，但买主有权向盗贼索回其购买价款”，“盗窃者将所偷盗之赃物拿到他人家里共同吃喝者，除双方都应罚款外，还应将所盗之物论价赔偿”。《孟连宣抚司法规》也规定，“盗贼将所偷盗之财物，拿到他人家里共同吃穿用者，以窝赃、销赃罪论处，双方均应罚款，并责令赔还”。《西双版纳傣族的封建法规》中也规定，“不论谁偷了别人的东西，若从另一家追回赃物，小偷与屋主罚成一样；若屋主协助才抓到小偷及赃物，就不能罚屋主。若强盗盗了财物，逃跑销赃或分散隐藏，若失主发觉，被盗财物价值三百罚六百，价值四百罚八百，加倍罚，另又罚银三百零三罢滇。若盗贼偷去与另一人分赃，以后发觉，分赃者与盗贼同罪。盗贼偷了百姓的财物，头人得到赃物来留着，应将财物送还原主，不应要脚钱或赎金。小偷偷牛杀了分给本寨上的人吃，凡吃着肉的，按一倍半折价赔偿牛主外，每人罚银怀罢滇。小偷偷牛杀了卖给本寨或外寨的人吃，若不知是偷来的，即使后来牛主人发觉，买肉吃者无罪。明知是盗贼，来投宿不报，罚户主三版三怀；若不知是盗贼而留宿，作案也未得逞，罚主人版怀”③。

①③ 刀光强、高立士译：《西双版纳傣族的封建法规》，载《民族学报》1981年第1期，第285、287、279—287页。

② 云南省少数民族古籍整理出版规划办公室编：《孟连宣抚司法规》，云南民族出版社1986年版，第38页。

（二）刑罚种类

较于内地自隋代开始确立的以笞、杖、徒、流、死为基本内容的封建五刑制，傣族地区的刑罚体系较为独特，“刑名无律，不知鞭挞，轻罪则罚，重罪则死”①，反映了傣族刑罚仍以死刑和赎罪、罚款为主，笞、杖、徒、流极为罕见。②

1. 死刑

万历《云南通志》载，“其刑法三条：杀人者死，犯奸者死，偷盗者全家处死，为贼者一村皆死”③。死刑的罪名主要有杀人、犯奸、偷盗、为贼四种。其中“为贼者皆死”，可见虽未见具体的材料，但此时傣族的法律已有株连则是可以肯定的。到了明清时期，傣族的死刑罪名有所增加，如放毒罪、巫术杀人罪等。如《西双版纳傣族的封建法规》规定，“妻子与人通奸，在行奸时被丈夫亲手或请人杀死，奸夫奸妇都杀死于现场，杀人者无罪。……不分男女，若投毒者，要判处死刑。不分男女，若搞巫术杀人，例如剪画人形、咒符、咒语、‘火吐努’（神牛）等，拿到寨中、岔路口或坟山去埋，企图置人于死者，拿到物证，要将放巫者杀掉。……不论谁，拆毁佛像、佛塔，砍伐菩提树，杀害无罪的佛爷和尚，杀害父母、召勐，杀害纳帕、阿章者，这种人是罪人，炸勐要判他们死刑，他们的子女要罚为召的家奴”④。《勐连宣抚司法规》也规定：“投放毒药造成人畜死亡者，应根据情节按价赔偿或处以死刑。……不论任何人，跑到他人家里殴打主人者，应以处死或按地方法规论处。……不论任何人，无端杀人致死者，应该抵命，并将妻室儿女贬为奴隶，送给帕雅。”⑤

傣族死刑的执行方式种类多样。明代钱古训著《百夷传》载，“无中国文字，小事刻竹木，大事作缅书，皆旁行为记。刑名无律，不知鞭挞，轻罪则罚，重罪则死。或杀，或用人扱杀，或用象打，或投于水，或以绳帛缢。男妇不敢为奸盗，犯则杀之”⑥。李思聪亦记：“无中国文字，小事则刻竹木为契，大事则书缅子为檄，无文案可稽。……刑名无律可守，不施鞭扑，犯轻者罚，重者杀之；或缚而置之水中，非重刑不系累”⑦。从中可以看出，死刑的种类有杀、绞、淹死、用象打、扱杀等多种。

---

①⑥ 江应樑校注：《百夷传校注》，云南人民出版社 1980 年版，第 80—81、148—149 页。

② 方慧：《云南法制史》，中国社会科学出版社 2005 年版，第 488 页。

③ 李元阳：万历《云南通志》，《诸夷风俗》，云南大学图书馆藏本。

④ 刀光强、高立士译：《西双版纳傣族的封建法规》，载《民族学报》1981 年第 1 期，第 279、278 页。

⑤ 云南省少数民族古籍整理出版规划办公室编：《孟连宣抚司法规》，云南民族出版社 1986 年版，第 66、124、180 页。

⑦ 江应樑校注：《百夷传校注》，云南人民出版社 1980 年版，第 148—149 页。

扱杀即把犯人举高摔死，用象打则汉族刑罚中不见，据《宋史·外国传占城》载，“若故杀劫杀，令象踏之，或以鼻卷扑于地。象皆素习，将刑人，即令豢养之，以数谕之，悉能晓焉”，从中可以看出用象打死犯人的大致情况①。

2. 肉刑

除死刑外，内地封建五刑中的笞、杖、徒、流刑在傣族刑罚中未见，对于仅次于死刑的其他严重犯罪多采用直接破坏犯人身体的肉刑。如《西双版纳傣族的封建法规》规定，“儿女杀死父母者，不判处死刑，而将其手脚砍掉，赶出勐界，让其受一辈子活罪”②。《勐连宣抚司法规》亦规定，“儿子杀父母致死者，断其四肢”③。此外，在明代傣族还存在阉幼童之刑，“英宗朝最严自宫之禁，而臣下不奉行者则时时有之，如正统十四年麓川之役，靖远伯王骥、都督宫聚奏征思机发，擅用阉割之刑，以进御为名，实留自用”④。这些肉刑的存在说明处于封建领主制下的傣族法规还保留了一些奴隶制野蛮肉刑的痕迹。

3. 赎金刑

在傣族法规中，大量使用的当属赎金刑，甚至死刑也可以用金钱赎罪，这也是傣族刑罚的一个主要特点。如《勐龙土司封建刑法规定》：一般刑事犯赎罪，应交议事庭庭长银三两、文书银一点七五钱，站抗（通讯）零点七五钱，同时送交召勐、乃贯、审判者各一份，另送一部分给其他头人瓜分。死刑的赎金，规定赎罪者要缴纳：绳子银三十三钱；刽子手刀银三十三钱；拴绳子银十五钱；解绳子钱三钱；刑具“赛河公”（脚镣）银十五钱；监牢银十五钱（波勐和火西各得一半）。同时送议事庭庭长乃贯银三两，槟榔一串，猪一口（猪大五卡），无猪，每卡折银六点六钱，共计需银十七点七钱。盗窃者加倍赔偿，有偷一赔十、赔九、赔四等，通常是偷一罚四。属于偷一罚十的，有鸡、怀胎母猪等；属于偷一罚九的，有猪、鸭、谷等；属于偷一罚四的，有黄牛、水牛等。窝留偷盗者，当小偷论罪。拾得别人的东西不交出，也以偷盗论处⑤。

---

① 方慧：《云南法制史》，中国社会科学出版社 2005 年版，第 482—483 页。

② 刀光强、高立士译：《西双版纳傣族的封建法规》，载《民族学报》1981 年第 1 期，第 278 页。

③ 云南省少数民族古籍整理出版规划办公室编：《孟连宣抚司法规》，云南民族出版社 1986 年版，第 66 页。

④ 沈德符：《万历野获编》卷三一，《阉幼童》，中华书局 1959 年影印本。

⑤ 张冠梓：《论法的成长——来自中国南方山地法律民族志的诠释》，社会科学文献出版社 2000 年版，第 143 页。

（三）刑法适用原则

1．“公正无私”的刑法适用原则

在傣族法规中非常重视对案件处理的公正、无偏私，这也是对各级官员（土司）的基本要求。如在《召片领罚款法规》中规定：“帕雅召勐（土司）办事要公平合理，凡事应依据法规为准则，有罪者就定罪，无罪者不能判有罪，神灵才会保佑，死后才能升天堂，错判冤案就要下地狱，就像帕雅普麻巴底一样的下场①。”为了真正做到公正无私，傣族法规又具体规定了各级官员（土司）在审理案件时应防止的五种偏私：第一条，“班加戛底”，即不要偏袒亲戚朋友，不要强权加于人。第二条，“散打戛底”，即不要接受贿赂，不要明知有罪判无罪，或重罪轻判。第三条，“朵萨戛底”，即办案要明辨是非，问清缘由，公正裁决，不以势压人或草率从事。第四条，“莫哈戛底”，即不要不懂装懂，错判错处。第五条，“帕雅戛底”，即量刑论罪时，不要以一方能说会辩、强词夺理而判有理；不要以另一方不善于能说会道而判理亏，应以事实真相为裁决依据。以上五条应引以为戒，否则就要错判错处，重罪轻判，轻罪重处，或有罪被判为无罪，无罪判为有罪；明知是错的而说成对的，对的则说成错的，颠倒是非关系，曲直不分。找查原因，都是因为接受了他人的贿赂，或是袒护亲朋好友，从而践踏法律；或是因不懂法规，偏听偏信，自作聪明，自作主张；或是以权势压人，其结果造成伤害好人，保护了坏人的不良后果。②

2．等级森严的刑法适用原则

傣族社会是一个封建等级制度非常严密的社会。不同等级的人在法律上享受不同的权利，承担不同的义务。《百夷传》载，“其下称思伦发曰昭，犹中国称君主也，所居麓川之地曰者阑，犹中国称京师也。其属则置叨孟，以总统政事兼理军民；昭录领万余人，昭纲领千余人，昭伯领百人，领一伍者为昭哈斯，领一什者为昭准，皆属于叨孟。又有昭录令，遇有征调亦与叨孟统军以行。其近侍呼为立者，阍侍呼为割断，大小各有份地，任其徭赋”③。从中可见，“昭”是对思伦发的称呼，他的地位和权力相当于中国内地的“君主”、“皇帝”，也就是说思伦发已经成为德宏地区傣族的最高统治者和最大的领主。在昭之下，还有大小各级官吏，各有其职守，分工管理各方面的事务。《百夷传》所记的由“昭”至“昭准”的各级领主属于贵族阶层，他们享有

①② 云南省少数民族古籍整理出版规划办公室编：《孟连宣抚司法规》，云南民族出版社1986年版，第65、219—220页。

③ 江应樑校注：《百夷传校注》，云南人民出版社1980年版，第67—69页。

各种封建特权，“上下皆奢”，“贵者衣绮丽”，“出入像马仆从满途”，“凡部酋出，其器用仆妾财富皆随之，从者千余，昼夜随所适，必作宴笑乐”，“酋长妻数十，婢百余”①。其中的“贵者”、“酋长”、“部酋”无疑属于统治阶级——领主阶级，而那些“仆从”、“从者”、“婢”则构成傣族社会内部的被统治阶级——农奴阶级。大小领主、领主与农奴之间存在着严格的等级关系，傣族封建法规也从法律、制度的角度对这种等级秩序加以确认和保护。《百夷传》亦记“叨孟以下见其主则膝行以前，二步一拜，退亦如此。……遇贵己者必让途”；“长与己者必拜跪之，言则叩头受之”。这体现了在领主阶层彼此的权利义务关系也有一定之规。至于农奴见到领主或侍候领主时更有严格的规定，“执事于贵人之侧，虽跪终日无倦状。贵人之前过必磬折鞠躬”②。这些规定都必须严格遵守，否则将会受到惩罚。如在《西双版纳傣族的封建法规》中就规定“徒弟告师傅、俗人告僧侣、百姓告召勐、随从告主子、儿女告父母者，不能让他们告赢，因为这些人不懂礼教，不通人性的，炸勐这样判决就合了。师傅、父母、召勐、祜巴（有如活佛）、纳帕（有学问有声望的人），他们是懂经识礼、有智慧的人，不能得罪他们，得罪这些人，就没有依靠了”③。从以上这些规定中可以看出傣族封建法规的阶级本质仍然是以维护领主贵族的封建统治为核心。

3. 刑法的“株连”原则

从现有文献来看，至少从明代开始，傣族法规中便已出现了株连制。据万历《云南通志》载，“其刑法三条：杀人者死，犯奸者死，偷盗者全家处死，为贼者一村皆死”④。从中可看出株连刑已经存在。再如《孟连宣抚司法规》亦规定：“不论什么人杀人致死者，应该抵命，并把妻室儿女罪为道帕雅的奴隶。”⑤

二、民事法律

（一）物权法律制度

自元代以来，中央王朝对傣族地区的统治逐渐深入，内地的一些先进的生产方式

①② 江应樑校注：《百夷传校注》，云南人民出版社 1980 年版，第 70、88、96、71 页。

③ 刀光强、高立士译：《西双版纳傣族的封建法规》，载《民族学报》1981 年第 1 期，第 279 页。

④ 李元阳：万历《云南通志》，《诸夷风俗》，云南大学图书馆藏本。

⑤ 云南省少数民族古籍整理出版规划办公室编：《孟连宣抚司法规》，云南民族出版社 1986 年版，第 67 页。

也传入当地。而在此时傣族地区的法律形式正从习惯法向成文法演进，因而在社会生活中出现的各项财产制度也为法律所确认下来。傣族民事法规中的物权制度主要有以下几个方面：

1. 土地法律制度

傣族地区从14世纪开始，陆续进入封建社会，出现封建领主所有制的封建土地关系，延续到近代以至现代史时期。其间，西双版纳保有更为典型的领主经济形态，而德宏地区因为和内地有较多交往，汉族人民移居境内或其邻近地带的人不少，领主经济已逐步在转化。这种情况，从土地关系上表现得最具体。①

西双版纳保留有典型的封建领主大土地所有制。自元、明、清历代设置土司制度以来，直至新中国成立前，被中央政权册封为“车里宣慰使”的“召片领”，世代成为西双版纳的最高统治者。一切土地、山林、河流或农田，都属于“召片领”所有。“召片领”意为“广大土地之主”，充分反映了西双版纳这种封建领主土地所有制度。在当地有句谚语“喃召领召”，即“水和土都是官家的”。农民耕种要“种田出负担”，即使是不种田的人，也要“买水吃”、“买路走”、“买地盖房”；农民捕获猎物，也要把猎物倒向地面的一半献给领主；捕鱼，要把最大的一条献给领主；人死后，必须向领主“买土盖脸”；少年死后，由于他们没有承担过封建负担，便没有“鬼魂”，不得棺殓；对领主没有尽过封建负担的流浪汉，死后也不得埋葬，要投入大河里冲走；有些地区还保留了“死手权”，即封建领主有权没收农民死后的全部或部分财产。这些都反映了封建领主大土地所有制的本质特征。西双版纳傣族地区在封建领主大土地所有制之下，土地的占有、使用可分为两大类：各级领主地段和农民地段。

各级领主地段是从“召片领”到各级领主、官员和头人直接占有经营的土地，包括召片领和各召勐直接经营的“私庄田”，如被称为宣慰田（纳召片领）、召勐田（纳召）；一种是召片领或召勐赐给各级属官（波郎）的薪俸田，称为波郎田（纳波郎）；还有一种是村社头人在任职期间占有的职田，称为头人田（纳道昆）和代领主督耕的管事所占有的“陇达田”。宣慰田是属于召片领直接管理经营的土地，一般由农民无偿劳役代耕，或以交纳“官租”的形式向召片领交租，这类田的数量并不大，主要在召片领居住的景洪才有。宣慰田的来源，据说是召片领从人民开垦的土地中抽出而占为己有，至新中国成立前，景洪境内的宣慰田共约3000亩。召勐田是属于各

① 江应樑：《傣族史》，四川民族出版社1983年版，第457页。

地召勐直接占有的田地，召勐往往以私庄的形式据有后分派给附近农民无偿代耕。波郎田、头人田作为一种薪俸田，是由召片领或召勐作为俸禄分给各地波郎、头人耕种而不需承担封建负担的田地。由于这类土地实质上是一种职官田，即召片领掠夺了人民的土地分给他的家臣作为任职期间的薪酬，因而只认官职，不认人，谁任职谁就拥有这种土地。

农民地段的土地，主要也有三种：一是属于村社集体占有、分配、使用的寨公田（纳曼），这种土地较多，占总耕地面积的58%，凡是村社的成员都可以分得一份土地耕种；二是家族占有的，在家族内分配使用的家族田（纳哈滚），占了总耕地面积的19%；三是个人暂时使用的私田（纳辛），即个人开荒临时占有使用的土地，按规定熟荒三年、生荒五年就要并入寨公田，所以此类土地还未完全意义上的实现私有。① 寨公田在"傣勐"村寨中最为多见，当封建领主大土地所有制建立后，封建领主即以"集体所有"的形式，通过农村公社组织把土地分配给农民，让农民"以自己的劳动和自己的农具耕种这些土地，从之获得自己的衣食"。此时，原为保证村社成员生活资料的村社土地，便转变为保证提供封建地租的"实物工资"。因此这种土地又被称为"负担田"，"种田出负担"也就成为社会中的法律观念和道德准则。农民承受封建负担，正是享受份地的前提条件，农民一旦出不起负担，就要丧失该份地的使用权。家族田是残存的家族组织的表现。家族田在本家族内分配使用，甚至可以世袭占有。家族内某户绝户后，财产由本家族后代继承。离开家族上门入赘，土地不能继续占有，女子出嫁不能分去土地。家族有家族长，主管分配土地等事宜，族长无权解决的问题，由家族内各家长共同商议，村社头人无权干预。② 此外，除前述土地所有类型外，还存在一些宗教性质的土地，如佛寺田、祭鬼田等，这类土地数量不多，收入除作为宗教活动费用外，事实上大多数被村寨头人占为己有。

由于社会、历史等方面的原因，德宏地区与西双版纳地区的土地所有制度有所不同。如德宏的遮放、陇川、瑞丽一带，孟连、耿马的大部分地区以及金平等地，虽还基本保留着封建领主经济，但是已经出现封建地主经济形式；而孟连、耿马之外的其余地区及盈江、潞西、梁河等地，封建地主经济已经形成。

在封建领主经济基本保留，但是已经出现封建地主经济因素的地区，土司享有辖区内土地的最高所有权，土司有绝对支配土地的权力，农民没有土地所有权，只能向

① 胡绍华：《中国南方民族历史文化探索》，民族出版社2005年版，第250页。

② 傣族简史编写组：《傣族简史》，云南人民出版社1986年版，第153—154、156页。

土司领取土地耕种，同时必须向土司交纳官租，承担各种摊派，服劳役。一旦离开寨子或由于劳动力减少耕种不了所领的土地时，便须将土地交还土司。农民领得土地后，可以长期或世袭占有及使用，但不能转让、抵押、典当、买卖。① 农民只要能按期缴纳封建负担，土地就可以长期甚至世袭耕种，而村社对土地的支配权力大大减小，封建领主往往不通过村社而直接将份地分配给农民耕种，征收赋税也不再以村社为单位，而具体到农户和具体的田。

在封建地主经济已经形成的地区，领主大土地所有制已经破坏，村社界线已基本消失，定期分配土地的制度也不存在，土地的私人所有制已基本确立，土地可以自由租佃、抵押、典当，甚至买卖。孟连、耿马、孟定以及德宏的盈江、梁河等地，已出现了不负担“官租”，具有完整私有权的土地，其数量也在不断扩大。随着土地个体私有制的确定，封建的租佃、借贷、典押和土地买卖关系亦随之发展，土地逐渐集中，阶级分化日渐突出，失去土地的农民被沦为雇农或佃农。② 但是上述地区的封建领主制度尚未完全消失，封建领主在政治上仍居于统治地位，因此在土地制度上仍存在一定的封建领主所有制，只不过这种土地所有制形式不再居主要地位。

2. 动产法律制度

从动产法律制度方面看，可以作为动产所有权的客体范围较广，包括各种劳动生产工具、生活资料等。傣族人民从事农业生产活动具有悠久的历史。早在距今一千二三百年前的唐代，傣族农业生产就进入了犁耕阶段，使用畜力耕田。元明以来继续种植水稻。《西南夷风土记》载“五谷惟树稻，余皆少种。……器用陶瓦铜铁”③。可见当时铁质农具已经使用，主要为犁、镬。新中国成立前，铁质农具已占主要地位，种类包括犁、耙、锄、镰、砍刀等。木质农具有木铣、打米斗、打谷棍等。石质农具有脚椎、石磨、石臼等。此外还有竹质的箩、筐、筛等。尤其在与内地邻近的地区，农具种类较多，也较精致。在长期的生产、生活中，傣族人民还驯养了大量的牲畜、家禽，如牛、马、羊、猪、鸡、鸭等种类。为维护正常的生产、生活秩序，傣族法规对上述动产的所有、交换都做出了较为详细的规定。如在《西双版纳傣族的封建法规》中规定：“偷鸡一只赔两只；偷鸡诱子（引诱野鸡来落网）一只赔三只，罚银‘怀罢公’；偷鸭一只赔九只，罚银一‘罢’。偷猪一头赔九头，罚银二‘怀’二‘罢’；偷

① 江应樑：《傣族史》，四川民族出版社 1983 年版，第 468 页。

② 傣族简史编写组：《傣族简史》，云南人民出版社 1986 年版，第 156 页。

③ 朱孟震：《西南夷风土记》，学海类编本。

羊一只赔三只，罚银四‘怀’，偷黄牛一头赔三头，罚一头；偷水牛一头赔三头，罚一头。偷银一‘罢’还九‘罢’。偷银一两、一百两、一千两，还九倍；若偷一万还四万。偷撤别人的鱼塘者，若水未干，鱼未到手，罚银三‘怀’三‘罢滇’；若鱼已到手，一条也不能让他拿走。偷别人下鱼的鱼笼，若是密鱼笼，罚银‘怀罢公’；若是鱼笼两边有门的，罚银二‘怀’二‘罢公’；若是稀鱼笼，罚银三‘怀’三‘罢公’。未征得田主同意，拿鱼笼放在他人的灌溉沟中捕鱼，罚二‘怀’二‘罢滇’，将鱼笼放在他人田埂的水口处捕鱼，在孕穗时，罚二‘怀’二‘罢公’，若在抽穗时，罚三‘怀’三‘罢滇’，若将鱼笼拿去偷放在他人鱼塘里捕鱼者，罚二‘怀’二‘罢滇’。”“偷犁、耙一件还九件，若用坏，还银八十。偷怀孕的母牛，一头赔三头，肚中小牛，一头赔一头半。偷怀孕母猪，一头赔五头，肚中小猪，一头赔两头；偷阉猪一头赔九头。”① 除了对于动产所有权进行严格的保护外，傣族法规对于在动产交易中善意第三人的保护问题也有相关规定。如《孟连宣抚司法规》规定：“盗贼偷了东西后出售，如买者明知是赃物，还要购买，若被失主发现，仍不讲明真相，继续隐瞒，直到将罪犯捉拿归案后，方肯承认者，应该罚款，并把赃物全部退回，但买主有权向盗贼索回其购买价款。如果买主不知是赃物，卖方编造说是自己生产或所有的，成交后，买主已把东西带回家里，后来失主在买主家里认出自己的东西，应归还失主，但对买主不应治罪。买主有权向偷盗者索回自己所买价款。偷盗者把赃物拿到集市出售，不论谁买了，一旦失主发现，有权索回，但必须按价赎买，不能责怪并问罪买主。在路边、寨旁买了赃物，只要有人证明，失主只能索回一半，不能对买主问罪。”② 现代民法为了维护正常交易活动的进行，对于交易中的善意第三人往往进行特殊的保护，如善意取得制度，即指无权处分他人动产的占有人，在不法将动产转让给第三人以后，如果受让人在取得该动产时出于善意，就可依法取得该动产的所有权，受让人在取得动产的所有权后，原所有权人不得要求受让人返还财产，而只能请求转让人（占有人）赔偿损失。③ 傣族法规中虽未直接赋予善意第三人以所有权，但是已经注意区分第三人在交易中是否善意（是否知情），对于不知是赃物的买主（善意第三人），不应治罪，可以向盗贼（无权处分人）索回价款，甚至在路边、寨旁买

① 刀光强、高立士译：《西双版纳傣族的封建法规》，载《民族学报》1981 年第 1 期，第 281、282 页。

② 云南省少数民族古籍整理出版规划办公室编：《孟连宣抚司法规》，云南民族出版社 1986 年版，第 13、14 页。

③ 王利明主编：《民法》，中国人民大学出版社 2000 年版，第 162 页。

了赃物，只要在有人证明的情况下，善意第三人可以取得该物的一半所有权，这些规定都充分体现了傣族法规对于维护交易秩序的重视。此外，傣族法规对于无主物的所有权也做了详细规定，如“拾得顺水淌下来的船，要向寨上报告，将船拉到寨中，不能藏、卖、斧破，船主来认，大船每只赎价银二‘怀’二‘罢’，中等船每只赎价银‘怀罢’，小船每只赎价银四‘罢’。若拾得船不告诉寨上人，按盗窃论处，除赔船外，还要罚银‘怀罢滇’。拾得衣服财物，要在原地大喊三声‘是谁的，掉在这里’，若无人来认，回到家告诉寨上人，若失主来认，还物主三分之二，拾者得三分之一；若拾得不叫，回到家里又隐瞒不告诉寨上人，问了才说，既不罚，也不给报酬，物还原主就算了。若将东西忘记在寨上或屋内，物主来找，原物送还，不要赎金”。

（二）债权法律制度

在傣族封建领主制度下，债权债务关系的存在非常普遍，沉重的官租、门户钱、捐税、宗教活动开支使得一般傣族群众生活贫困，负债累累，因而傣族法规中对于借贷关系的规定较为详细。为了维护债主的财产权利，傣族法规对债的发生、利息、债的偿还都做了详细的规定。如《孟连傣族的封建习惯法》规定：“夫妻俩借了账互不相告，借者死亡或逃亡后，另一方不承担还账责任。……夫妻俩商量借的账，死了一个，要由活着的一方继续赔还。男人出家谋生欠下的账，男人死后，由妻子儿女继续赔还。富户请穷户去抵徭役，穷人在外借吃欠下的账，由富户赔还。父母借下的账，父母死后，由子女赔还。儿子还不清的，由孙子继续赔还。孙子虽然尚不记事，但受祖父抚育，应该赔。若已记事，则更应该赔。儿媳妇借了外婆家的账，即使分家居住了，仍应赔还。女人欠下账，有男人与这女人交往致使怀孕，这男人应该帮助这女人还账。哥哥放债，哥哥死后或到远处去了，由嫂嫂、侄儿收账，嫂嫂让弟弟去收也合法，父母去收也合法，其他亲戚不得去收。父母去世或逃亡后，有人来索账，子女不知道，又无人证明，不予承认（因为人间各种诈骗行为都有）。父母生前帮人管财物，父母去世时子女幼小，须由他人代管。他人用这些财物做小生意、放账等，可不向遗属子女缴利息，交还原财产即可。如果原物主向代管者追回这笔财产，而管财物的人已死亡，能索回多少算多少，如果没有，不得再要，不得硬逼其赔还。……借债不按期归还，应加利息，到处差账还不清，亲友说了几次都不听的，要卖身赔账。父母长辈不教育孩子，孩子在外面乱借东西，赔不起，卖身赔账不还，要由父母亲友帮赔。有个穷人欠下富人的账，未赔还就死了。可拆卖穷人的房屋抵账，如果穷人一无所有，不能叫别人代赔。”①《西双版纳傣族的封建法规》亦规定：“借钱已付利息一部分，后来不论借钱人死了或活着，若无钱还本，应卖儿女还债。父母仍留着承担门户，继续给‘召’服劳役出负担。丈夫借债不告诉妻子知道，若丈夫死了，妻子可以不赔。祖父母或父母借债，子孙不知道，祖父母或父母在世，由他们还债，若他们死了，子孙只还本不付息。借钱时没有讲利息多少，后来债主要利息，不应该给，若超过定期，借银一两应付息三钱，因未遵照原定期。若专靠借债为生，不想劳动，屡教不改者，家族、亲族及寨上的人因其欠债而曾受过牵连，其亲属、家族及全寨百姓有权集体将其出卖还债，卖得多少还多少，不应再连累亲属、家族及同寨人。”② 从中可看出，傣族地区的债权制度具有以下几个特点：首先，债权、债务关系在特殊情况下不受相对性原则的限制。现代民法中，债权、债务关系具有严格的相对性，即债权人仅能向特定的债务人主张自己的债权。而在傣族法规中，在特殊情况下，债权人可向债务人的近亲属，如父母、子女、孙子女主张自己的债权。其次，傣族法规中的债权、债务关系，不受时效的限制。最后，由于傣族地区社会经济发展水平的制约，一些现代民法中相关的债权制度并未出现，如债的分类、债的担保、债的移转等。

在傣族债权法律制度中除了上述借贷关系外，还规定了一些其他种类之债，如借用合同、寄托合同、雇佣合同等。如《孟连宣抚司法规》规定：“租牛犁田，借象、马坐骑，如遇所借牛马被人盗走，或因劳累过度而死亡，都应论价赔偿，租金仍按原商定的租额付清；如果借来的大牲畜还未使用就突然死亡，租金不付；如属在使用中害病死亡，赔偿半价；如果管理不当造成伤残断肢，必须照价赔偿，大牲畜则留给借方自行处理。借用的牲畜害了病，必须通知畜主，双方共同医治，治疗无效而死亡者，不宜相互责怪；如果属瘟疫，借方来不及通知畜主，已经死亡，不应该对借方问罪。这样处理就合法规的规定了。”“借他人的衣服穿戴，发生被火烧、被盗或者撕坏了，都应论价赔偿。借了他人的东西，借方已经送还，主人也亲自收过目，后来，东西遗失了，原借方不负责任。亲友之间互借东西，通常习惯都是未讲就先拿走了，用后又送回原主家中，归还时也未告知物主。这种互通有无的借用事前无论相告与否，后来若发生丢失，但所丢失之物是在物主家中发生的，则不应让对方赔偿；如果东西

① 云南省编辑委员会编：《思茅玉溪红河傣族社会历史调查》，云南民族出版社 1984 年版，第 46—50 页。

② 刀光强、高立士译：《西双版纳傣族的封建法规》，载《民族学报》1981 年第 1 期，第 283 页。

是在借用者一方家里发生的，就应照价赔偿。”“请雇工放牧，经双方同意，定了报酬金额，被雇佣者也做了保证，管理好牲畜。后来雇主不守信用，没有按原定的应付工价给被雇佣者。凡属此等说话不算数的人，像粪便里的蛆。反之被雇佣者刁狡无赖，雇主已按数付给了工价而矢口否认者为‘罗列’（狡猾），也像粪便里的蛆。这两种人都有罪，应自食其果，其罪恶如石头埋在地里难改本性。”① 上述规定中，可以看出，傣族法规中已经出现了借用、雇佣等合同类型，对于借用合同中双方的权利义务以及标的物的风险承担做了详细的规定，在雇佣合同中，强调这是一种双务、有偿合同，并且强调了诚信原则。

三、婚姻家庭及继承法律

（一）傣族婚姻家庭法律制度

婚姻家庭维系着一个社会的安定、民族的繁衍以及社会、经济的发展，因此婚姻家庭方面的内容，也是傣族法规的重要内容。

1．结婚的范围

傣族社会是一个封建等级森严的社会，在结婚的范围上，往往要受到封建等级的限制。土司贵族结婚由父母包办，因为要讲究门阀地位，必须由父母代为物色做主。土司贵族只能与土司贵族通婚，平民绝对不能与土司联姻。如在土司贵族内部，孟级的人只能和孟级的人结婚。孟级的姑娘一般不能嫁给其他等级之人。如果第翁等级的土司娶孟级的姑娘为妻，要缴纳相当数量的“买等级银”。孟级的男子能娶其他等级的姑娘为妾。不同等级之间一般是不通婚的，这主要是为了保证将各种权势、财富掌握在各等级土司贵族手中。因此各土司之间，虽远距数百里程，甚至在政治上明争暗斗，但常常互有姻亲关系。西部的芒市、遮放、勐卯、南甸、干崖、陇川、潞江、耿马、孟定，是一个互婚集团；南部的西双版纳以召片领为中心的封建领主之间，又是一个互婚集团。这种等级婚只限于原配正妻，若是娶妾则不受这种等级的限制。傣族婚姻除了受到封建等级的限制外，还有族别的限制。古代是绝对不与外族（指傣族以外的少数民族或汉人）通婚的，近代则对汉人已打破了此种禁例，入边经商的汉人，

---

① 云南省少数民族古籍整理出版规划办公室编：《孟连宣抚司法规》，云南民族出版社 1986 年版，第 16、40 页。

常娶傣族女子为妻而留寓边地，土司头人也常娶汉人女子为室。这种通婚只限于傣族与汉人之间，汉人以外的哈尼、傈僳、景颇、佤、苗、瑶等边民，仍然不和傣族发生婚姻关系。①

2. 婚姻的形式

元明清时期，傣族土司贵族多为一夫多妻制，文献中的八百媳妇国，即得命于其国王有八百个媳妇的原因。即使在民间，傣族百姓也多为一夫多妻制。《百夷传》载："酋长妻数十，婢百余，不分妻妾，亦无妬忌。②"《天启滇志》亦载："头目之妻百数，少者数十，庶民亦数十妻，无妒忌之嫌。旧俗不重处女，如江汉游女之习，及笄始禁足，今则此俗渐革矣。③"我国学者江应樑先生认为："今日的土司头目，虽不致妻妾数十，但每人娶三五房以至十数房妻妾，是常有的事。在民间，则差不多全是一夫一妻制。"④在20世纪50年代对傣族地区进行社会调查的一些资料中也反映出，傣族民间普遍为一夫一妻制。如在1958年《德宏地区傣族的婚姻状况以及妇女在社会和家庭中的地位》中发现，"傣族的婚姻基本上是一夫一妻制，在劳动人民中重婚的仅是个别现象，上层人士则不同，他们中有较多的人纳妾"⑤。可见自明代中期以前，傣族地区多为一夫多妻制，其后，至少在民间多为一夫一妻制。

3. 结婚的程序

结婚的程序，土司贵族与平民截然不同。贵族阶级尤其是土司的婚姻仪式，实际已经充分汉化而非傣族原有的礼俗了。因为贵族不能与平民通婚，而在同一个土司治下的区域中，所有的贵族都是同姓同宗的家族，不能通婚，于是男婚女嫁，都必求得配偶于他一土司境，有纳聘、迎亲等仪节，若是正印土司结婚，仪式更为隆重，排场也很大，妆奁、仪仗、銮驾，摆到数里路长，若两家土司相距数百里，则迎娶期中，几百里地内的人民，都得动员起来。聘礼是嫁娶中的一件大事，一个贵族女子，往往以接受聘礼金额的多少来定身价的高低。娶亲之家，也往往以能出若干礼金来表示自己的阔绰。结婚时，也需大宴宾客，亲戚朋友必群来道贺，并致送礼物，这些仪节，显然是受汉族影响。土司结婚，民间要派款做贺礼，款数多少由土司决定；来贺的亲朋必须由主人回送礼物，礼物是被盖、枕头或布料，视亲族关系之深浅而回礼有厚

---

①④ 江应樑：《傣族史》，四川民族出版社1983年版，第590页。

② 江应樑校注：《百夷传校注》，云南人民出版社1980年版，第96页。

③ 刘文征：天启《滇志》卷三〇，《羁縻志·种人》，云南教育出版社1991年版。

⑤ 云南省编辑组：《德宏傣族社会历史调查》（三），云南人民出版社1987年版，第120页。

薄，最亲的回酬被枕全套，次则枕头一对，再次枕头一个，疏远的便只布料一方。因有此俗，所以每遇土司结婚，男女两家事前得制备枕头数百个——傣族以致送枕头来表示敬意。①

民间的结婚程序与此不同。虽然各地婚俗不尽相同，但是一般都要经过恋爱、说媒、结婚几个环节。早在明代便有记载："不重处女，年未笄，听与男子私，从至其家，男母为之濯足，留五六昼，遣归母家，方通媒妁，置财礼娶之。"② 傣族青年男女在婚前都有相当充分的社交自由，男女社交恋爱，傣语称为"约骚"，当地汉族称为"串姑娘"。在任何集会中，如宗教集会、节日集会、婚丧、公私宴会等场合，都是傣族青年男女相互接近、恋爱的好场合。一经在这些场合认识后，便可以挽臂踏歌，互诉衷肠，男女双方经过一段时间的恋爱后就进入订婚环节。订婚通常由男方的父母或请媒人到女方家提亲。西双版纳地区多是由男方的父母托舅父、姨母或村寨中有威望的人到女方家里提亲。媒人到女方家后，先要夸奖男女双方的优点，然后提出希望二人能结为夫妻，征求女方父母的意见。女方父母一般最初会说，我家女儿还小，还不谈婚姻的事。此时媒人假装回去告诉男方家，其实刚走出女方家大门就返回，将前面的内容再重述一遍，女方的父母就会说，这事需要问姑娘，如她同意，做父母的没有意见。于是媒人又走出女方家的大门再回来。这次女方的父母会说，已经问过女儿，她已经同意，在有些地方，女方的父母还要征求家族的意见，最后由家族长、头人共同商定。结婚仪式主要有正常结婚和抢婚两种。正常结婚是在订婚顺利的情况下，双方家庭商量好结婚财礼等问题后，选好吉时或者请佛爷定吉日，男方到女方家迎娶。第二种是抢婚。由于包办婚姻或者双方家庭就财礼达不成协议，造成了抢婚现象的出现。一般是男青年约好同伴数人，持枪荷棒，埋伏在姑娘经常经过的地方，等姑娘到来时，便蜂拥而上，拥着姑娘就跑。这时姑娘佯装呼救，父母和家族、邻人闻讯，便手持武器前去追赶。因抢婚的习俗人人皆知，往往很少有人真心追赶。男方把姑娘抢到家，即放鞭炮，家族邻里前来祝贺，请两位中年妇女做伴娘，为姑娘换新娘装。同时，男方父母托人到女方家里去说媒，媒人多是头人、长者或双方的亲友，到女家说明来由后，最初，姑娘的父母装作不知此事很生气的样子，要很多彩礼，或指着几十斤重的石头说，要的彩礼这么多。于是双方亲友一边说情，一边执锤依次轮番击石，直到最后只剩下一小块石头，男女双方都同意才完事。正式结婚时，

---

① 江应樑：《傣族史》，四川民族出版社 1983 年版，第 591 页。

② 江应樑校注：《百夷传校注》，云南人民出版社 1980 年版，第 95 页。

姑娘仍回娘家，新郎再去迎娶，拜见岳父母，并赔礼认错，然后新娘在亲友的陪伴下到男方家正式举行婚礼。

4. 离婚

在傣族地区，离婚现象较为普遍，离婚的原因一般有：第一，生活不协调。由于恋爱时间短暂，互相不够了解，造成性格的不和谐以及性生活的不协调。第二，经济原因。傣族家庭中，男女经济地位是平等、独立的，家庭的生产、消费，夫妇双方都有责任。如果双方在生产、消费方面有不协调的现象，就会影响到双方的感情，甚至最终导致离异。第三，夫妇一方的不贞或放荡。虽然傣族男女青年在婚前的社交活动极为自由，但是一旦结婚后，夫妇双方都负有忠贞的义务。一旦背着对方去寻乐，若被丈夫或妻子发现，便很可能导致离婚。

傣族离婚的程序非常简单。在西双版纳地区，夫妻双方只要意见不合，就可以离婚。如果是从妻居，女方提出离婚时，只要村社头人同意，送给丈夫一对蜡条，他就得带着自己的衣物、用具回自己家。如果是从夫居，因夫妻不合，女方带着自己的财产回到娘家，而男方不去接时，就离婚了。“丈夫离开妻子三年不归，就自动解除夫妻关系，若未满三年归来，仍是夫妻”①。对于男女双方离婚后对财产及子女的处置，一般规定：第一，女方不能向男方要求赡养费。第二，原夫有向后夫索还原日聘金之权，但一般并不能取回原聘金之全部，因再嫁女的聘金，习惯上较初嫁者为少。第三，所生子女，归男方或女方抚育，由当事人协商决定，多数是离婚后所生子女全归女方领育。社会上对于离婚再嫁的女子，并不歧视，即使离婚的原因是因为女方的不贞或放荡，但人们对之也无讥议，不仅是离婚的女子可以再嫁，就是死了丈夫的寡妇，再醮也是当然的，只是寡妇再醮，须由翁姑做主，因为翁姑要从再嫁的聘金上，取回原日娶媳时的金钱损失。②

5. 家庭制度

傣族家庭实行一夫一妻制的以男子为家长的个体小家庭，通常是只有父母与子女两代，也有祖孙三代或岳婿外孙三代同堂的，一般为四五口人。傣族男女较为平等，彼此尊重，妻子更尊重丈夫。在维持家庭关系方面，妇女有更高的道德修养和更大的忍耐性。在傣族家庭中，同时实行从夫居与从妻居，在一个家庭中，常有连续两代从

---

① 刀光强、高立士译：《西双版纳傣族的封建法规》，载《民族学报》1981 年第 1 期，第 285 页。

② 江应樑：《傣族史》，四川民族出版社 1983 年版，第 595—596 页。

妻居，第三代从夫居的，也有两代为从夫居，第三代为从妻居的。有时，在一个家庭中，已有兄或弟已娶妻来家，姐或妹又招夫来家，这样就形成在一个家庭中既有父母、兄嫂和姐夫、妹夫及其子女在一个家庭中生活的现象，也有第一代是男子娶妻，第二代女的招夫，第三代又是男子娶妻，第四代又是女子招夫的家庭。兄、弟、姐、妹结婚后，同居一个家庭往往是临时的现象，总有一对夫妻会另立家庭的。但几代人之间交错的从妻居和从夫居却是长期的现象。不少家庭还有收养子女的，家庭成员的关系十分复杂，但他们相处都很和睦，很少有不团结和发生口角的情况，连打骂孩子的都很少。①

每个家庭都从村社领种一块份地独自耕种，成为一个独立的生产单位。男子主要负责耕田、修缮房屋、制作农具、编制竹制品等劳动。家务活如挑水、舂米、打扫卫生、纺线织布、缝补、饲养家禽、照顾小孩、赶街买卖东西以及栽秧等田间劳动主要由妇女承担。其子女长大结婚后，便与父母分居另立家庭，由村社再分一份份地耕种，成为村社的新立户。父母一般与幼子或幼女同住，家庭财产一般也由幼子继承，幼子则承担赡养父母的义务，已经分居的子女也可分得部分财产，但是数额较与父母同居者少。家庭财产比较简单，尤其在西双版纳地区，由于土地归村社所有（实际为封建领主所有），个体家庭所有的财产主要有房屋、牲畜、家禽、农具、衣物等。由于傣族家庭婚姻的不稳定，丈夫和妻子的东西是分开的，各自保管，妇女在结婚前就开始个人积蓄，结婚时送给男方的衣物也要清点件数，一旦离婚便可如数退回。由于妇女与男子一样承担繁重的劳动，因而除全家公有的财物和应交的负担外，不同项目的收入各自支配、使用，如出卖粮食与大牲畜所得的收入归丈夫所有；而养鸡、养猪、出卖水果、出卖刺绣品、做小生意所得的收入归妻子所有。因此，妇女在家庭中的生活地位和经济地位并不比男子低，他们的实际地位是基本平等的。

（二）傣族继承法律制度

从传统上看，继承制度依据继承权客体的不同，一般可以分为两大类，即身份继承与财产继承。从继承法史上说，继承权客体的财产性经历了一个漫长的历史演变过程。在古代法上，继承包括身份继承，因此，被继承人的身份也是继承的客体。② 在古代，这种政治身份的继承意义远远超过了财产的继承。

---

① 曹成章、张元庆：《傣族》，民族出版社 2004 年版，第 94 页。

② 郭明瑞、房绍坤、关涛：《继承法研究》，中国人民大学出版社 2003 年版，第 8 页。

1. 傣族身份继承法律制度

身份继承又称宗祧继承，傣族地区，由于长期处于封建领主制阶段，因而不仅重视血亲关系，而且有严格的宗法制度，这从土司职位传袭上表现得最具体。傣族土司职位的继承一般采取“嫡长子”继承制，即所谓的“立嫡以长不以贤，立子以贵不以长”①。由于各级土司贵族实行一夫一妻多妾制，其政治身份的继承者必须是正妻所生的长子，无论其贤与否。这种继承主要是土司贵族政治身份的继承，土地、财产的继承倒在其次。

为了确保将各种封建权势及财产永远控制在封建领主手中，傣族封建法规对于嫡长子继承制做出了详细、具体的规定。如《孟连宣抚司法规》规定“母亲是婻（小姐），儿子应是召（官）；母亲是百姓，儿子仍为百姓”②。根据《泐史》记载，西双版纳召片领自叭真传至刀世勋，共39世，自傣历542—1318年，即1180—1956年，历时776年③。在这39世中，属于传长子或独子的就有21世。江应樑先生认为傣族土司袭职时须遵循的制度有：第一，嫡长为当然继承人。第二，倘嫡长未袭职而死亡，则传嫡长孙。第三，嫡长死亡无嗣，则以次子之子，过继而承袭之。第四，土司本人倘无出，可过继兄弟之子为嗣而袭位，弟袭兄职是特殊情况，传侄的事，在各土司家谱中尚无此例④。

2. 傣族财产继承法律制度

财产的继承，傣族贵族土司阶层与民间是不同的，贵族土司注重血缘，厚嫡长，其土司职位与统治权只能传给嫡长子，余子只能继承其父母的一些私蓄与土地管理上的部分特权而已，若无嗣，只能由血缘最近的亲属中过继承嗣，抱养异姓或旁支顶替是不可以的。傣族法规中对此做出了详细、具体的规定，如《西双版纳傣族的封建法规》规定：“祖父母或父母死，遗产未交代归谁继承，子孙后代为分遗产而吵架告到官府，炸勐应将遗产分三份判决，一份赕佛超度亡魂，一份分给子孙，一份装进召勐的箱子。……夫妻白头到老，共同劳动积得了财产，若夫先死，男方家族亲属无权来争财产，应由妻子儿女继承，若无子女，也只能分走结婚时男方带来的财产（即使是结婚时带来的这份财产），若夫遗言要分给妻子多少也应分多少。夫妻结婚立户时，

---

① 《春秋·公羊传》卷一，“隐公元年”，北京大学出版社1999年版。

② 云南省少数民族古籍整理出版规划办公室编：《孟连宣抚司法规》，云南民族出版社1986年版，第67页。

③ 云南省编辑组：《傣族社会历史调查》（西双版纳之十），云南民族出版社1987年版，第131页。

④ 江应樑：《傣族史》，四川民族出版社1983年版，第507页。

双方亲属曾支援，后来死了丈夫，夫方亲属要分遗产，只能根据死者遗言及妻子的心意办，若先死了妻子也同样。招入的女婿因女方病故，又无子女，岳父岳母应将他夫妻俩共同劳动所得财产分一半给女婿；若招入不满一年，没有子女，种田也未收获，姑娘就死了，岳父岳母要适当分点女婿的劳动成果给他带走。结婚时女婿送给姑娘的礼物如金银首饰要送还女婿，但结婚时请客办酒席的费用，不论花了几千几万，就不应赔，算白花了。已立户的夫妻双双死了，又无子女，其财产应归双方父母，若无父母，应归双方的家族亲属，若无家族亲属，应分一半给‘叭召勐’及‘西纳’，另一半赕佛超度死者。……凡子女单独立户或与父母同居，只要他对父母尽了抚养之责，应将遗产分一半给他。总之应根据对父母的亲疏、功劳大小来决定遗产的分配。继父与母亲婚后所生弟妹，若父母死，财产应平分，因是同母所生；若父亲娶继母，所生弟妹，因是同父，财产也应平分。若其双亲已死，父母领来抚养，后来父母又死，应将遗产分给他（义子义女）四分之一。大小老婆所生子女，都是同父子女，应平均分配遗产，不应歧视小老婆所生子女”①。在《孟连宣抚司法规》中财产继承项亦规定：“一、夫死，财产归妻；妻死，财产归夫；父母死，财产归子女；子女死，财产归父母；哥死，财产归弟；弟死，财产归兄；祖父母死，财产归孙男女；孙男女死，财产归祖父母；师父死，财产归徒弟；徒弟死，财产归师父，这是古规的遗产继承法。如果死者生前有遗嘱，按遗嘱分配继承。二、父母生育了四个儿子，排行为艾、依、桑、赛（即老大、老二、老三、老四）。后来父母双亡，没有留下遗嘱，其财产由官府派员帮助分配，共分为十份。长子得四份，老二得三份，三子得两份，老四得一份。这样的分配办法，就合乎法规的规定，因为长子赡养父母，应该多分。如果父母留有遗嘱，就按遗嘱分配了。三、父母生育了四个儿子，一个出家当沙弥、比丘；一个在家种田、经商赡养父母；一个在官府担任官职；一个专为父母保管家财，不让其损失。后来父母双亡了，其财产的分配方法是：分给出家当比丘的两份；分给经商、种田的一份；担任官职的儿子不应分配，因为父母养育了他，在他任官职后，父母没有得到他的什么好处。如果父母留有遗嘱，应分割给他时，就按遗嘱办理。父母在世时，因为喜爱某个子女，曾分了一部分财产给他，当时给了的东西，不应拿来分配，他人也不能提出要求或责备。总之，凡父母有了遗嘱，就按遗嘱分配。四、出嫁的女子和入赘的儿子，其财产继承权，应视出嫁和入赘时，是否以陪嫁分到了一部分财

---

① 刀光强、高立士译：《西双版纳傣族的封建法规》，载《民族学报》1981 年第 1 期，第 278、280、283 页。

产，或者带着部分财产到女家。如果当时已得到一份财产，就不能再参加财产分配了；如果父母留有遗嘱，按遗嘱该分多少就分多少，没有遗嘱的，全部留给在家的子女；如果出嫁的女子和入赘的儿子家境贫寒，而父母的遗产又多者，应视其与娘家的联系情况来定，凡按家族关系紧密联系的，都应分得一份，因为谁也不能强行割断这种家族关系。五、凡死者留有遗嘱，不论遗嘱指定的合法继承人是奴隶也好，还是侄儿男女，都应按遗嘱办理。如果留有的遗嘱说，他的财产由奴隶继承，那么，必须将其祖辈留下的那一部分划出来，分给死者的亲族家人，剩下的属死者增添的那一部分财产，才属奴隶继承。六、父母的债权，由子女继承。例如，道帕雅借了债，死者的子女有权向他索要。不论谁借了，凡是父母放的债，子女都有权去索要，谁要得归谁，因为人死后，要债比较困难。……十一、多子女，父母死后，其财产继承权凡属不懂事或经常犯罪者，抑或是哑巴、憨人、聋子、瘫痪病人、瞎子、麻风病人等，不应享受财产继承权。但其他子女必须像父母在世那样，怜惜他们，分给一定数量的能维持生活的一部分财产和衣被。十二、死者无子女，又无家族，生前曾过继他人的子女为自己的养子，本人死后，财产归养子继承。上述财产继承法，人人必须遵守。……遗产按下列顺序继承，第一顺序：配偶、子女、父母。第二顺序：兄弟姐妹、孙男女、祖父母。这里所说的子女，包括婚生子女与奴隶长期同居所生的非婚生子女、养子。兄弟姐妹，包括同父母的兄弟姐妹，同父异母或同母异父的兄弟姐妹”①。

从上述傣族法规中有关财产继承的规定中可以看出：第一，在傣族继承法律制度中，已经有了法定继承与遗嘱继承的区分，而遗嘱继承的法律效力高于法定继承，对于遗嘱继承的规定较为自由，且未见到对当事人立遗嘱的相关限制。只有在当事人未留下遗嘱时，方能适用法定继承。第二，在法定继承方式中，法定继承适用的范围较广，不仅适用于家庭关系中，也适用于师父与徒弟这种非血缘关系中。第三，对法定继承人的范围规定较为详细具体，如包括配偶、子女（婚生、非婚生子女、养子女、继子女）、父母、兄弟姐妹（同父异母、同母异父兄弟姐妹）、孙男女、祖父母等，并将上述继承人区分为两个继承顺序，此外对于法定继承人的资格做出了消极性规定，如经常犯罪者、聋哑人、憨人、瞎子、痴呆人、瘫痪病人、麻风病人等不享受继承权。第四，在法定继承中，宗教性的因素及封建领主死手权的规定。如在当事人未立有遗嘱，其法定继承人发生争执的情况下，其遗产分为三份，一份赕佛，一份归法定

① 云南省少数民族古籍整理出版规划办公室编：《孟连宣抚司法规》，云南民族出版社 1986 年版，第 20—23、130—131 页。

继承人，一份归封建领主所有。在死者没有法定继承人的情况下，其财产一半赕佛，另一半归封建领主所有。

四、生产经营的法律

（一）与农业生产有关的法律制度

如前所述，自古以来，农业尤其是水稻的耕种就是傣族社会物质生产中最为重要的一部分。为了使农业生产得以正常进行，傣族法律除了确认土地所有和财产所有外，还对农作物生产和劳作期间的牲畜管理、农田灌溉和用水分配等进行了详细的规定，形成了相当完整的有关农业生产的傣族法律。

对于农业劳作期间牲畜、家禽的管理，傣族法规规定，每逢播种季节，靠近村寨的田要围好篱笆，每隔一尺立三个竹桩，管好牛马，牛马吃谷、吃菜，通知主人三次仍不管，有权杀死，田主和牲畜主人各分一半。为了保护备耕的份田，凡骑水牛、黄牛、马和驴，踏过刚糊的田埂或当天已平整即将插秧的田者，罚银一“怀”；骑牛、马过秧田，罚银三“怀”三“伴”；凡骑马、驴、黄牛和水牛，闯过扬花灌浆或谷穗已低头的稻田者，罚银五“怀”五“伴”。鸡、鸭、猪、狗进田吃谷子，田主通知畜主已达三次，仍不管好，继续放出来吃，田主可杀了自己吃一半，还畜主一半①。法律还有保护和使用农业生产设施的有关规定，如拆掉田里的房子，罚10.5元；在别人的田里挖沟，罚3元等。

在傣族地区，由于农业生产主要为水稻种植，而水稻的栽培，严格说来，其生产活动得以顺利进行的前提条件便是水利灌溉，在某种意义上可以说，水稻种植其实就是灌溉技术在水田中的运用。因而，傣族法规不仅对水利灌溉做出技术的规定，还对各种破坏水利的行为予以严厉的处罚。在目前已知的傣族法规中，关于水利灌溉方面的规定，无论从数量上还是从内容上都是其他民族法律制度中所不多见的，因此，从一定意义上也可以说，水利灌溉也促进了傣族法规的发展。如在西双版纳傣族地区，上自宣慰使司署，下至各勐的司署、各个村寨，都设置有负责管理水利的官员。宣慰使的内务总管“召龙帕萨”直接负责水利管理；每条水渠流经的村寨都设有专管水利

① 王俊：《民族习惯法：法的雏形——从民族史料看法的成长》，云南科技出版社2002年版，第190页。

的人员，称为“板闷龙”和“板闷囡”。每个村寨根据其大小，要推选1—2人协助进行管理。水利管理人员自成系统，不受行政区划的约束，由宣慰使司署议事庭直接任命，分别封为“帕雅”、“鲊”、“先”等不同等级的头人。一般最基层管理水利的“板闷”由群众选举，宣慰使司署任命，并发给委任状。为配合对水渠的管理，制定了相应的法规：祭祀水神后的第三天，水利官员顺沟渠逐寨安放分水用的竹筒，并按规定每安放一个分水筒，受益户必须缴纳槟榔一串，半开一角用作手续费。分水筒安装完毕，即举行放水仪式。由水利官开锄，然后大伙动手挖开渠口，水即顺渠流入田中。除有完善的水利管理系统和相应的水规，每年还必须祭祀水神，并配有专门的祭祀水神词，大意是：乞求底瓦拉（傣族对神灵的称呼）诸神灵管好沟水渠坝，使其不倒塌渗漏，水畅流无阻；并祈求神灵在各地普遍降雨，滋润土地禾苗，求得苗肥秧壮，稻穗饱满，免受旱灾虫害，让各地丰产丰收。① 关于保护水利灌溉秩序的傣族法规中，最具有代表性的是傣历一一四〇年七月一日（1778年4月28日）颁布的《议事庭长修水利命令》，该法规的主要内容是：

下雨的时候到了，已经是开始耕田插秧的季节，各寨应该准备好修好水沟、疏通渠道，使水能顺畅地流到各寨田中，灌溉我们的禾苗，让它茂盛地生长。命令下达后，希各勐当“板闷”、“纳陇达”向百姓宣布各寨不管有多少纳的田，所需要的水计算好，让每家拿着修沟的一切工具，去修沟通渠。修沟时应从沟头到沟尾通径修好，要使各寨的水头田至水尾田都能够有水灌溉。不论田的大小，在分水时要按规定来分，不得争吵、打架；不得偷放水。如有哪寨三十纳、五十纳、七十纳的田因缺水而无法耕耘栽插，要去报告板闷和纳陇达，板闷和纳陇达就应设法修好水沟和平均分水，使每户的田均能得到灌溉。不论百姓的田还是宣慰的田，一纳都不能使其荒芜。

每一街期（5天），“板闷”应从沟头到沟尾检查水沟和田地一次。如有荒芜未种的田，“纳陇达”和“板闷”应找人耕种；如寨上有人不去修沟，而分不到水导致荒芜了田地，仍不能免去官租，每百纳要罚三十挑。如果是由于“板闷”等不去分水而使田地荒芜的，官租应由“板闷”负责。头人住在城里，在乡下种有田地的，修沟时“板闷”来唤出工，也不能不去。不论头人或百姓，不去修沟疏渠应按传统的规矩给予处罚。

在栽好秧后，各寨要在稻田四周钉上木桩围好篱笆，不许牛马等牲畜进田；否则，牲畜损坏了禾苗，负责围这段篱笆的人要负责赔偿。同时，有牲畜的人也要管好

① 云南省编辑委员会编：《西双版纳傣族社会综合调查》，云南民族出版社1984年版，第67—70页。

牲畜，如不拴好牲畜而损害禾苗，应照价赔偿；若连犯三次依然不管好的，牲畜被受损失的田户杀死或杀吃，不负赔偿责任，而且官租也由畜主承担。①

从上述法规规定的内容可以看出：（1）傣族法规极为重视水利与灌溉。首先，将原来仅是习惯性义务的修沟渠等活动，通过法律的形式转化为强制性义务，村社内农民必须参加，否则必须承担法律责任。其次，对于“偷放水”等破坏水利灌溉的行为给予处罚。（2）在对水利灌溉的管理活动中，体现了权利与义务对等的公平原则。如沟渠沿岸受益的村寨，其“板闷”及农民都有参与管理、维护的义务，并且在灌溉前必须对各村寨的田地进行详细的统计，水头寨与水尾寨的用水量要相互照应，不能多分也不能少分。（3）水利灌溉的建设及管理是为耕种服务的。即强调不能因为水利灌溉而影响土地的耕种，“如寨上有人不去修沟，而分不到水导致荒芜了田地，仍不能免去官租，每百纳要罚三十挑。如果是由于‘板闷’等不去分水而使田地荒芜的，官租应由‘板闷’负责”。因而，这种稻耕的农业生产方式，不仅形成了傣族独具特色的农耕文化，也促进了傣族法律文化的形成与发展。

（二）关于交通、贸易的法律制度

傣族多聚居于云南省的南部和西部边境，其居住地是我国与东南亚国家交往的要冲，而且傣族多居住在土地肥沃的平坝，自然条件较好，商品经济相对发达，“重农抑商”的情况并不突出。② 在农业生产中，除了种植水稻以外，还大量种植其他经济作物。如茶叶、棉花、樟脑、紫梗、龙舌兰等，其中最负盛名的当属茶叶。《蛮书》记载：“茶出于银生城界诸山，散收无采选法，蒙舍蛮以椒薑桂和烹而饮之。”可见当时西双版纳出产的茶叶就已经是南诏贵族们的享用品了。元代，茶叶成为交易中的主要商品，《云南志略》亦载：“交易五日一集，旦则妇人为市，日中男子为市，以毡、布、茶、盐互相贸易。”③ 明代，著名的普洱茶已行销滇省，《滇略》载：“士庶所用，皆茶叶也，蒸而成团。”到了清代，普洱茶已行销全国，特别成为藏族人民的生活必需品。每年大批汉族商人来此贩运茶叶。后来清朝政府设关管理，抽取茶税，唐宋以来形成的茶马互市，到此时达到了新的高峰。每年夏历九月到来年的春季，藏族马帮结队到普洱贩茶，数量高达 300 万斤。此后滇南傣族地区的茶叶生产逐渐发展成为傣

① 张公谨：《傣族文化研究》，云南民族出版社 1988 年版，第 10—11 页。
② 方慧：《云南法制史》，中国社会科学出版社 2005 年版，第 487—488 页。
③ 王叔武校注：《云南志略辑校》，云南民族出版社 1986 年版。

族农业经济中的重要组成部分。①

除了传统农业经济作物的种植外，傣族地区的手工业与商业也得到一定程度的发展。傣族手工业较为突出的当属熬盐、制茶、造纸、制陶等行业。如明清两代统治者，都十分重视西双版纳的盐矿生产。在明宣德三年（1429），明王朝便在西双版纳设置管理盐井的官员，“置云南车里靖安宣慰使司盐井巡检司”。清初，雍正七年（1730），又在“猛乌、整董二处，各设盐课大使一员”。勐腊所产的盐，不仅是本地各族人民食用的主要来源，还远销至老挝的一些地区。由于井盐成为傣族人民生活中不可缺少的必需品，为确保井盐的运输和贸易，封建土司还设有专门运输井盐的商队。

随着农业与手工业的发展，人们就有了商品交易的需求。在傣族地区，已经出现了定期交易的集市，即街子。这类集市的交换尚处于简单的商品交换阶段。在个别地区还保留着以物易物的现象，这主要是在傣族与山区民族间进行。农闲时山区民族带上土特产到坝区傣族农民家做客，换取他们需要的粮食、糖、农具。不过使用货币作为交换媒介仍占主导地位。傣族地区的街子，一般分布在一二十个村寨之间，五天或十天为一街期，成为附近各族人民交换的中心。西双版纳景洪县八十余寨，有四个街子。德宏芒市的芒捧街子，据说已有200余年的历史。②

一定的社会物质生活条件不仅培植了人们的法律需要，同时又决定着一定法的内容。为了确认并且维护这种生产方式，傣族法规对于上述交通、贸易行业做出了较为详细、具体的规定。

在《西双版纳傣族的封建法规》中规定：“他人的牛跟着商队的牛帮走，要用竹片写通知挂在休息或露宿的睡棚原处。内容是：我们商队至此，不知是谁家的牛跟着我们的牛帮来了，望牛主速追上来领回，我们无力再放养。连续写三站，若牛主来认，需出放牧费；若超过七站，无人来认领，可以杀吃；若在第八站内牛主跟上来，肉还在，分一半；若已吃了，按半价赔偿。象、马跟着商队走，也按此原则处理。将篾帽盖在马鞍子或马驮子上，罚银三怀三罢滇。因为只有送丧的马才这样做。戴着篾帽或背着挂包、背着长刀上楼去坐在他人屋里或坐在商人牛马帮的开烧（打尖）处，罚银三怀三罢滇；未征得同意，将他人的象、马、黄牛、水牛骑走，被畜主发觉，罚银三怀三罢滇。商人集伙成对去经商，在开烧处，随从蒸饭时，将甑子弄倒或泼出饭来，要罚随从银五罢，鸡五对‘树宽’（叫魂）。另‘乃怀’（直译‘百头之商’，有

①② 傣族简史编写组：《傣族简史》，云南人民出版社1986年版，第144—145、147页。

如汉族的哥头)、‘乃哈西’(直译为‘五十之头’,即二哥头)及同伙按人头及牛马头数,各出银一罢、鸡一对,集中在一起祭鬼神送祸消灾。若商队的随从将‘倒叭’、‘西纳阿玛’或百姓的饭甑弄倒,饭泼出来,罚随从出银三怀三罢滇,给主人家‘布扎可’。商队牛马帮在途中休息或露宿,都必须先由‘乃怀’查看牧场后,随从按‘乃怀’指定的范围去放牧。放牧的牲口被虎吃了,随从无责任;若被盗,属于随从未看守好,应赔一半。若白天被咬,算随从的责任,要赔一半;若晚上被咬,算主子应得的祸。或者,晚上被盗或被虎咬,随从赔一半,另一半分作三份,‘乃怀’、‘乃哈西’及同伙各出一份。”又“走路人途中遇着牛帮,若走路人不让路,罚银怀罢公;牛帮遇着马帮,若牛帮不让路,罚银二怀二罢公;马帮遇着象队,若马帮不让路,罚三怀三罢公;象队遇着车队,若象队不让路,罚银三怀三罢滇;车队遇着叭召勐,若车队不让路,罚银五怀五罢滇。因船主不负责任而翻船,造成人及财物的损失,应由船主赔偿,若人被淹死,要赔偿人命银三百三十两”①。

对于贸易,在傣族集贸市场上,街天有召片领委派的街长,进行市场管理,维护集市秩序。为繁荣市场还定期祭祀“丢木拉戛”(街神),每三年举行一次大祭,杀鸡、狗祭祀。所需经费通过对街子的税收来筹措。傣族法规对商业也做出了规定:一是贱买贵卖,买少卖多不对;二是两杆秤,两个箩箩做生意不对;三是插手倒卖东西者不对。② 在《孟连宣抚司法规》中还以案例的形式对偷漏税款、制造假银、制造假砝码等行为做出规定。如“有一伙商人到勐素碗纳捧地方经商,当到达属该地管辖下的勐腊扎哈纳管边界关卡时,为了偷漏关税,深夜将所携带的贵重物品绕道偷运出关,贩运到勐素碗纳捧出售。当时有四个驻防关卡的官员也到这个地方经商,就同他们购买了银手镯二对,价值二怀,衣服三套,每套一怀。这伙商人并和官员交了朋友,一路同行返回住在关卡里。乃达(守卡官员)询问回来的官员买了些什么东西,他们就将所买之物给他看了。乃达问道:是向当地商人买的,还是向外地商人买的?回答说:是同回来的这伙商人买的。乃达知道事有蹊跷,就说:他们过关卡受检查时,没有发现银手镯等贵重物品。于是就追问这伙商人,何以有贵重物品买卖?商人撒谎说是在过关卡后途中与别人买到的,有的又是在勐素碗纳捧买到的,买来后又出

---

① 刀光强、高立士译:《西双版纳傣族的封建法规》,载《民族学报》1981 年第 1 期,第 282、283、288 页。

② 云南省编辑委员会编:《西双版纳傣族社会综合调查》(二),云南民族出版社 1984 年版,第 21 页。

售，只不过是薄利经营罢了。乃达说：既然如此，就请你们和我们走一趟，到当地问个明白。商人为难了，知道事有败露，就坦白交代说，为了隐瞒关税，欺骗关卡，将贵重东西绕道偷运出关，这是我们的错误了。于是就把他们捆绑送往勐腊扎哈纳管，请混官裁处。将商人不法行为陈述后，说明偷出关卡之物价值银二伴，折合贝二闷，应加五倍罚款，合一先贝。混官即按勐腊扎哈纳管规定的偷漏税收惩处办法处理。此事称为‘尼萨给牙’，即商人犯偷漏税罪”①。

五、军事及宗教法律

（一）傣族的军事法律制度

傣族在其长期的发展过程中逐渐形成了一套独具特色的军事法律制度，其中包括军队组织、管理体制、对战俘的处理制度及订立军事协定的方式等内容。

1. 傣族的军队组织、管理体制

早在唐代，南诏国就在傣族聚居区设置有银生节度，驻银生城（今云南景东），管辖有茫乃、黑齿、朴子蛮、长鬃、茫蛮等部落。节度是一种具有军事性质的统治机构，节度亦为其机构的最高军事长官职名。在军事上，南诏统治者将居住在当今云南南部、中南半岛北部地区的黑齿蛮、金齿蛮、茫蛮等傣族先民先后征服，“皆为南诏总之，攻战亦招之”。“当阵面上，如有不前冲者，监阵正蛮旋刃其后”②。居住在红河流域的傣族或被称为“白衣”，所组成的军队被称为“白衣没命军”。《新唐书》载：“开成会昌间再至。大中时，李琢为安南经略使，苛墨自私，以斗盐易一牛，夷人不堪，结南诏将段酋迁，陷安南都护府，号白衣没命军。”③ 又《南诏德化碑》碑阴所载立碑官吏姓名中，有黑嘴罗眉、阿忍一类的题名，当是黑齿蛮（今傣族先民）的将领④，可见当时傣族武装已成为南诏军队的一个重要力量。公元9世纪后，傣族社会情况发生重大变化，开始出现了较大的政权组织。据傣族的史书《泐史》载，在公元1180年，西双版纳召片领一世叭真“承受了其父赐予的权位并统率其武力，战

---

① 云南省少数民族古籍整理出版规划办公室编：《孟连宣抚司法规》，云南民族出版社1986年版，第93—95页。

② 樊绰：《蛮书》卷四，赵吕甫校释，中国社会科学出版社1985年版。

③ 欧阳修：《新唐书》卷二三九，《南诏传》，中华书局1975年点校本。

④ 方铁主编：《西南通史》，中州古籍出版社2003年版，第270页。

胜北方各地部落，入主勐泐”，建立了西双版纳地区第一个统一的部落联盟性质的傣族政权“景龙金殿国”，统治区域达景龙、兰那、勐交、勐老。在德宏地区，10世纪前后出现了四个强大的部落组成的政权集团。它们时而互争长短，各自为政，故有勐卯、勐养、勐生色、勐生威四个小国；时而联合组成一个大的部落联盟，称为桥赏弥国。① 随着内外战争的频繁发生，傣族的军事法律制度也逐渐发展完善。自元代起，关于傣族军事制度的记载便不绝于史。元代李京的《云南志略》载：“杂霸无统记，略有雠隙，互相戕贼。遇破敌，斩首置于楼下，军校毕集，结束甚武，髻插雉尾，手执兵戈，绕俘首而舞，仍杀鸡祭之，使巫祝之曰：‘尔酋长、人民速来归我！’祭毕，论功名，明赏罚，饮酒作乐而罢。”②《马可·波罗行记》亦载：“离大理府后，西向骑行五日抵一州，名曰匝儿丹丹（Zardandan），即金齿。……其俗，男子尽武士，除战争游猎养鸟之外，不作他事；一切工作，皆由女子为之，辅以战争所获之俘奴而已。”③甚至还建立了一支被称为“悉刺”的敢死队和常备军。④ 在常备军中还设置了严密的组织机构，如《百夷传校注》载：“其下称思伦发曰昭，犹中国称君主也，所居麓川之地曰者阑，犹中国称京师也。其属则置叨孟，以总统政事兼理军民；昭录领万余人，昭纲领千余人，昭伯领百人，领一伍者为昭哈斯，领一什者为昭准，皆属于叨孟。又有昭录令，遇有征调亦与叨孟统军以行。其近侍呼为立者，阍侍呼为割断，大小各有份地，任其徭赋。”⑤ 此外还设置有专门负责军队征战的“召录令”。这套职能分明、上下有序的组织体系也是当时麓川政权对其所辖地域进行有效统治的重要保障。为了鼓励军人勇敢作战，还制定了一套激励机制，如“祭毕，论功名，明赏罚”。又《勐连宣抚司法规》中亦规定：“士卒在战争中因贪生怕死而逃跑者，处以死刑或刺‘败卒’二字。士兵在战争中胜利了，对英勇杀敌者应论功行赏，升官晋爵。”⑥ 鼓励军队英勇杀敌，并给予丰厚的奖励，对贪生怕死者严惩不贷。

2. 对战俘的处理制度

对于在战争中被俘的敌方首领、酋长，元代李京《云南志略》载：“金齿百夷，

① 江应樑：《傣族史》，四川民族出版社1983年版，第610、611页。

②⑦ 王叔武校注：《云南志略辑校》，云南民族出版社1986年版。

③ 《马可·波罗行记》第119章，《金齿州》，河北人民出版社1999年版。

④ 张洪：《南夷书》，齐鲁书社1997年影印。

⑤ 江应樑校注：《百夷传校注》，云南人民出版社1980年版，第67—69页。

⑥ 云南省少数民族古籍整理出版规划办公室编：《孟连宣抚司法规》，云南民族出版社1986年版，第68页。

记识无文字，刻木为约。攻城破栅，不杀其主，全家逐去。不然囚之致死。”⑦从中可见，对于敌方的首领、酋长，傣族一般并不适用死刑或身体刑，而是采用“全家逐去”或“囚之致死”的措施，从刑罚的角度来看，类似于“流放刑”或死刑。对于战败被俘的人民，往往被傣族土司据为奴隶。如很久以前，召片领打败了勐卯弄，召勐卯弄赔偿了一百户会做汉、缅口味的厨师，使之住在曼沙、曼仓两寨，后来此两寨的人一直为召片领当厨师，召片领又把一部分厨师赐给勐海、勐腊、勐崙土司，今勐崙的勐炸寨就是这样建立起来的。① 对于战败的其他民族，傣族土司也将其收为奴隶。如在叭真建立泐国时，西双版纳境内还有众多的哈尼族居住，两族人不断地发生部落间的战争，最后是哈尼族失败，叭真就把他们作为种族奴隶来统治。傣族对西双版纳境内的其他民族，如布朗族、基诺族等，均采用种族奴隶的方式进行统治，即马克思所说的亚细亚形态，对征服的地区里的人民不采取直接奴役的方式，使被征服者仍旧保留原有的生产方式，但必须向征服者缴纳一定份额的贡赋，以此表明奴役与被奴役的关系。车里宣慰（召片领）对境内山区的各民族的统治方式，是设置许多“波郎”，而波郎并不坐镇所管辖的山区，而是住在宣慰街遥为节制，山区各族对波郎要缴纳贡物，开种山地要缴纳一定数量的出产品，猎获野兽要把兽肉的一部分和兽身上的珍贵部分如鹿茸、熊胆等献给波郎，一切重大事件必须由波郎处理，重大纠纷要由波郎出面解决。被统治的各族头人如到宣慰街办事，可住在波郎家，如同奴仆吃住在主子家一样，这是世代相传的规矩，并一直沿袭到近代。②

3. 订立军事协定的方式

在傣族历史上，规模、影响较大的战争，当属明代的三征麓川之役。正统十三年（1448）三月，明帝以靖远伯王骥提督军务，宫聚为总兵，率南京、云南、湖广、四川、贵州土、汉军13万第三次出征麓川。十月大军抵达伊洛瓦底江边，思机发于西岸立栅以待，明军造浮桥渡江，两军大战于鬼哭山及芒崖山一带，伤亡惨重，明军贵州都指挥使洛宣等战死。思机发率军隐匿，王骥不敢停驻，退回江东岸。此时，思任法幼子思陆法聚集部众准备再建政权，而王骥大军已是疲惫不堪，粮饷不继，死伤惨重，遂与思陆法约定以伊洛瓦底江为界，不许思氏过江，并刻石在江边：“石烂江枯，尔乃得渡。”此处金沙江（伊洛瓦底江）之誓乃是傣族军事法律中订立军事协定的方式，是双方都必须严格遵守的习俗。此外，在傣族内部，如因战争需要求援，也必须

①② 江应樑：《傣族史》，四川民族出版社1983年版，第440、221—222页。

采用特定的形式。如“因战争而求援者，必须备送米一线（一百筒，每筒二斤），牛一头，酒一瓶，槟榔四串，蜡条四对，鸡蛋四个作为求援礼物”①。

（二）傣族的宗教法律制度

由于傣族普遍信仰小乘佛教，佛教在傣族人民生活中不仅仅是一个宗教信仰的问题，而且支配着傣族人民生产、生活的各个方面，对傣族社会产生了深刻的影响。因而在傣族社会中形成了一整套与宗教有关的法律制度。

1. 佛教的组织体系

从佛教传入傣族地区的历史来看，主要是由缅甸传入。这也是傣族历史上重要的与外来文化的广泛接触与碰撞，最终，这种外来的佛教文化在傣族地区占据了主导地位，成为傣族地区全民信仰的宗教，同时它又与当地的封建领主制结合起来，形成了一套具有严格等级制度的组织体系，并与封建统治机构的行政组织系统相互协调、配合。

首先，在佛寺之间存在着等级之分。封建领主制下的傣族最高统治者召片领被尊崇为神的化身，召片领的教名是“松领帕兵召”，“松领”为小乘佛教中仅次于最高等级“阿戛牟尼”的僧侣；“帕兵”为对当过和尚的人的称呼，“松领帕兵召”意思为至尊佛祖。在召片领发布的命令、文告、委任状等文书中，均用僧侣的尊号“松领帕兵召”相称，以示神圣庄严，同时，佛寺的组织与领主制的行政组织，相互渗透、相互利用，关系十分密切。② 在西双版纳地区，全区最大的佛寺瓦竜，又称瓦浩，就是大佛寺、总佛寺之意，设置在召片领所在的宣慰街。瓦竜及其左右两大佛寺瓦扎捧和瓦专董，统辖整个西双版纳地区所有的佛寺，最高宗教领袖就住在瓦浩，领导所有佛寺的活动。各勐召勐所在地也都有一座大佛寺，是该勐最高佛教领袖的所在地，领导本勐所有佛寺的活动。在勐以下的各陇、火西等政权所在地也都建有一座较大的佛寺，称为“瓦拉甲贫”，其住持称为“乌巴洒”，负责本地区各基层佛寺的各项佛事活动。各级佛寺，从上到下具有严密的组织体系。上级佛寺有事按组织系统逐级下达，对下级佛寺的僧侣拥有奖惩的权力；下级佛寺的住持则要定期到上级佛寺汇报有关情况，领受法旨，开展朝拜、诵经等活动。一般各级佛寺的住持均由召片领、各级封建领主的亲属或代理人担任，并在经济上受其节制，各级僧侣的晋升或惩戒也要取

---

① 云南省少数民族古籍整理出版规划办公室编：《孟连宣抚司法规》，云南民族出版社 1986 年版，第 69 页。

② 王学辉：《从禁忌习惯到法起源运动》，法律出版社 1998 年版，第 200 页。

得同级封建领主的同意或批准。

其次，在佛教僧侣内部之间也存在严密的上下等级关系。傣族男子人人都要经过一段时间的僧侣生活，送孩子入寺当和尚，是家中一件大事。男孩七八岁左右，即由父母送到佛寺，最初不需举行什么仪式，称为“护拥”，即预备和尚，经过一段时间，熟悉教规及宗教仪式后，才举行正式的入寺仪式。经由佛寺长老举行仪式，换上袈裟，赐予法名后，方成为正式和尚，称为“巴”。当小和尚若干年后，大约十五六岁左右，便可晋升为“巴弄”，即和尚。如年满20岁仍在寺中为僧者，尊称为“督”，即佛爷。在“督”上可升为“督弄”，俗称二佛爷，相当于一寺中的副住持，长老的助手。二佛爷再经过学习、钻研，掌握较多的佛教知识，修持高深、信仰坚定，并富有办事能力及领导才能的，可晋升为“督比弄”，即“大佛爷”，这是僧侣中最高的等级。做了大佛爷，不仅掌握一寺的大权，且为全村寨中地位最崇高之人，就是走到本寨以外的任何地方，也深受人民尊崇。在政治地位上，大佛爷和土司是可以对等谈话的，在宗教场合，土司也要对大佛爷顶礼，傣语称大佛爷为“基召”，召是对宣慰、土司及一切统治者的统称，大佛爷在人民心目中，是居于领袖或主宰者的地位的。①

2. 傣族法规对佛教的有关保护

由于佛教在傣族地区社会生活中占据着重要的作用，因而，傣族法规中规定了较多关于保护佛教僧侣财产及人身保护的内容。在傣族法规中，侵犯佛教僧侣财产、人身权利的行为均属于重罪，要受到严厉的处罚。如《孟连宣抚司法规》规定：“不准破坏佛像、菩提树、佛寺、竜林。”其中的《坦麻善阿瓦汉绍哈》（即《二十五种难案裁决法》），还以案例的形式规定了佛寺及其财产的不可侵犯性。② 在《西双版纳傣族的封建法规》中也规定：“不论谁，拆毁佛像、佛塔，砍伐菩提树，杀害无罪的佛爷和尚，杀害父母、召勐，杀害纳帕、阿章者，这种人是罪人，炸勐要判他们死刑，他们的子女要罚为召的家奴。拆毁佛像、佛塔者，罚为寺奴，如此重罪，若轻判，将犯更大的罪。倒叭、召勐碰上和尚佛爷不主动让路者，罚赎罪的蜡条五千支；和尚不让路给佛爷，罚赎罪的蜡条八千支；徒弟不让路给师父，罚赎罪的蜡条一万一千支。”

此外在重罪十一条中规定：第一，杀人致死；第二，领着子女去干谋财害命之事；第三，拆毁佛寺、佛像；第四，拦路抢人；第五，霸占财物；第六，留宿犯人；

① 江应樑：《傣族史》，四川民族出版社1983年版，第532—533页。

② 云南省少数民族古籍整理出版规划办公室编：《孟连宣抚司法规》，云南民族出版社1986年版，第67、71—73页。

第七，盗窃佛寺财物；第八，盗窃佛之财物；第九，杀死父母；第十，夫杀死妻；第十一，妻杀死夫。重罪重判有三：第一是偷佛祖的钱；第二是拆毁佛像、佛塔，第三是杀死父母。其中犯前两条者，应罚为寺奴、塔奴。① 另外在傣族法规中的罚金刑中，常看到以佛教用品“蜡条”作为缴纳的对象，一方面说明蜡条是当时傣族社会中的一种流通物，另一方面也证明佛教对于傣族社会生活的重要影响。

3．佛教经典、教义对人们行为的规范性作用

佛教在受到傣族法规保护的同时，又对人们的行为起到规范性的作用，实际上也起到法律规范的作用。小乘佛教的经典主要是《三藏》以及一些藏外经典。对于人们行为起到规范性作用的主要是戒律。戒律分为四级：五戒、八戒、十戒和足戒（227 戒），总称为四级戒。五戒为：第一，不杀生；第二，不偷盗；第三，不邪淫；第四，不妄语；第五，不饮酒。八戒在五戒的基础上增加了：不眠坐高广华丽之床（或不能坐在老人位之上）；不准唱歌跳舞；不食非时食（即正午过后不吃饭）。西双版纳小乘佛教的十戒为：第一，不杀生、不伤人；第二，不偷盗；第三，不淫欲，不调戏妇女；第四，不欺骗人；第五，不饮酒；第六，时过中午不吃饭；第七，不准唱歌跳舞；第八，不准戴花打扮；第九，不准坐比老人、佛爷更高的位子；第十，不准做生意，不能贪财。上述各种戒律的规定，五戒是其核心和基础，八戒、十戒和足戒都是在此基础上更严格的要求。由于傣族是全民信教，在傣族地区，佛教要求一般世俗信徒要遵守五戒和八戒；寺院的僧侣要遵守所有的戒律，因为遵守戒律是修行的必经途径，这样人死后才能进入勐利板（天堂）。若有违反就要受到处罚，直至被逐出佛门，强迫还俗，这是较严重的处罚。佛爷或头人违犯教规，则要进行双重处罚，既要按佛寺的规定处理，还要由所在村寨进行处理，上报议事庭，最后向各勐通报，这是最严厉的处罚，这样的人就很难在社会上立足了。② 此外如《孟连宣抚司法规》中的礼仪、种姓、节日和宗教法规，以一种充满人生经验、哲理的语言对人们生活的方方面面作出了训诫。③

佛教在其传播过程中与傣族的封建领主制形成了一种共存共生的关系，尤其是小乘佛教经由自上而下的传播方式，使得教权与政权紧密地结合在一起，宗教得到统治者的大力扶持、保护；同时，统治者的统治义仰仗宗教对人民的教化，使得统治秩序

① 刀光强、高立士译：《西双版纳傣族的封建法规》，载《民族学报》1981 年第 1 期，第 279、288 页。

② 王学辉：《从禁忌习惯到法起源运动》，法律出版社 1998 年版，第 202—203 页。

③ 云南省少数民族古籍整理出版规划办公室编：《孟连宣抚司法规》，云南民族出版社 1986 年版，第 216—220 页。

按照统治者的意愿建立和发展起来，最终达到了政权与教权的高度统一。

六、纠纷的解决

（一）纠纷的解决途径

自元代建立云南行省以来，中央政权在傣族地区实行土司制度。在云南南部傣族地区设置车里军民总管府，管辖西双版纳等地区。在云南西部傣族地区建立金齿宣抚司，所辖六路一赕，管辖区域超过今德宏州全境。明代在元代的基础上加强了其在傣族地区的政治设置，于公元1384年改车里军民总管府为车里军民宣慰使司，对傣族地区的统治更加深入。三征麓川后，撤销了麓川平缅宣慰司，委任了若干互不隶属的大小土司。土司制度与内地行政制度的主要区别在于：就原土酋统治的区域设置土司，不改变该地原有的经济体系，不改变地方上原有的政治制度，任命原有部酋为当地统治者，给予职衔，世袭统治地方，并承认领主剥削特权，归附中央王朝，保守边疆。① 因而这些土司在其辖区内，既是最高行政长官，又是最高立法者和司法官。

1. 中央王朝对土司以及土司境内纠纷的解决制度

由于中央王朝对于边疆民族地区总的统治思想是“上以远人不加约束，故官称制度，皆从其俗”②。明代规定，远夷犯罪不足深较，可照土俗发落。如明廷在处理麓川政权的问题上指出，“你部里又参详明白，思伦、罕烈既能畏威效顺，俱准赎罪；多鲸罪逆尤重，但远夷不足深较，今既悔悟自新，也都免究；罕烈原备方物，许令进贡；孟养被获陶猛，准令量照土俗发落”③。又明代成化二年，在处置思命发的问题上，亦规定：“云南总兵官、都督同知沐瓒等解送已诛麓川贼思任发孙思命发至京。兵部言：‘命发乃叛贼遗孽，虽待以不死，然不可处京师，请如降夷例，量授头目，传送沿海登州卫安置，月给米二石’。从之。”④ 可见，中央王朝对于傣族土司的处理原则，仍是以遵循“皆从其俗”的原则，达到“其要在于抚绥得人，恩威兼济，则得其死力而不足为患”⑤ 的效果。

---

① 江应樑：《傣族史》，四川民族出版社1983年版，第269页。
② 江应樑校注：《百夷传校注》，云南人民出版社1980年版，第63页。
③ 严从简：《殊域周咨录》卷九，《云南百夷》，中华书局2000年版。
④ 《明宪宗实录》卷三〇，台湾中央研究院历史语言研究所校印本。
⑤ 张廷玉：《明史》卷三一〇，《土司传》，中华书局1974年点校本。

明代以来，随着中央王朝对傣族地区统治的深入，其政治影响力不断加强，中央王朝也就必然在一定范围内开始干预土司辖区内的政治、司法活动。如对土司的诉讼问题规定："嘉靖八年（1529）二月乙亥……兵部、都察院复云南巡按御史沈教条奏便宜：'……一谓土民构讼求直，守巡官宜躬亲听断，不得转委下司，俾冤不得达；且其民不通汉语，通事率多颠倒是非，宜兼用数人，以防欺蔽。一谓土军兼当民差，一切供应咸取给焉，力困不堪；请申明律例，严行禁革，其拨贴土官军数，亦须裁酌多寡，著为定式。……一谓近年奸人深入夷巢，构引兴颂，虚词渎奏，宜敕法司详问，严禁治之。'得旨：'俱如议行。'"① "嘉靖八年癸亥，刑部复御史沈教言：'云南番夷杂处，故设土官，使以夷治夷，其干纪者，必绳之以法。倾缘安、凤二贼扇乱，诏惟罪其谋逆，余悉宥原，盖一时之权宜也，非谓自是以后，杀人及盗皆不抵罪，乞敕所司宣谕之。'上曰：'然。肆赦恩命，皆谓颁诏之前，非著令也，今后土官有犯，仍照律例科断，但宜亟为谳决，毋得留狱，以失夷情。'"②

元代，中央王朝设置的土司、土官制度，实质上只是对既存的傣族政权的一种认可，加之元代统治时间较短，尚未对傣族地区进行较为深入的统治经营。明代虽加强了对傣族地区的社会、法律控制，但由于经济、政治、文化诸方面的原因，基本上仍是不得不按"土俗"治理。到了清代，由于傣族地区的社会经济基础发生了变化，封建领主经济逐步形成，阶级分化进一步加剧。清廷趁机改土归流，大大加强了中央王朝对傣族地区社会的控制和干预能力，甚至可直接干预傣族土司内部法律事务。如雍正二年谕："四川、陕西、湖广、广东、广西、云南、贵州督抚提镇，朕闻各处土司，鲜知法纪，所属土民，每年科派，较之有司征收正课，不啻倍蓰，甚至取其马牛，夺其子女，生杀任性，土民受其鱼肉，敢怒而不敢言。莫非朕之赤子，天下共享乐利而土民独使向隅，朕心深为不忍。然土司之敢于恣肆者，大率皆汉奸为之指使。或缘事犯法，避罪藏身；或积恶生奸，依势横行。此辈粗通文义，为之主文办事，教之为非，无所不至，诚可痛恨。嗣后督抚提镇，宜严饬所属土官，爱惜土民，毋得视为鱼肉，毋得滥行科派。如申饬之后，不改前非，一有事犯，土司参革，从重究拟，汉奸立置重典，切毋姑容宽纵，以副朕子惠元元、遐迩一体之至意。"③ 直至清末，西南诸省未改流的土司，云南尚有车里宣慰使，耿马等五处宣抚使，遮放等两处副宣抚

---

① 《明世宗实录》卷九八，台湾"中央研究院"历史语言研究所校印本。

② 《明世宗实录》卷九九，台湾"中央研究院"历史语言研究所校印本。

③ 光绪《钦定大清会典事例》卷一一九，《土司等官卓异》，中华书局1992年版。

使，芒市等三处安抚使，纳楼等三处副长官司，蒙化等四处土府和镇康等四处土州。中央王朝的法律在已改土归流的地区具有法律效力，而对于尚未改土归流的地区，中央王朝的法律只能从法律精神的层面上对这些地区的社会生活发生作用。

2. 傣族土司境内纠纷的解决途径

在傣族地区，傣族土司往往建有一套组织体系完善、严密的政权机构体系，虽然其中也有一些官员如四大卡贞中的怀朗曼轰掌管司法、户籍，召弄西养掌管监督审讯罪犯等，但是并未出现独立于行政系统的司法机构系统，基本上仍属于行政官员兼理司法。上至宣慰使到一般头目，再到村寨头人都拥有大小不等的司法权力。如《孟连宣抚司法规》记载的案例中，具有司法权的官员有：道帕雅（土司及大官的统称）、炸勐（主管地方事务的官员）、混闷（地方行政官员）、召麻哈协纳（首席臣官）等，说明在傣族地区行政机构尚未与司法机构分离。在诉讼的发起中，尚未出现代表公共权力的公诉官员，往往需要当事人自行到主管官员处起诉，诉讼程序尚无一定之规，侦查权与裁判权往往由同一官员承担，主管官员的断案费用也由当事人承担。①

（二）证据制度

自元明清时期起，傣族法规中的证据制度出现了一些重要的变化。首先，文字的出现。从元代傣族的“记识无文字”、“彼等无字母，亦无文字”，发展到明代的“无中国文字”，“大事作缅书，皆旁行为记”，“大事则书缅字为檄”。可见，在此期间，傣族经历了一个由无文字到有文字的历史转变。而文字的出现，不仅使成文法的出现成为可能，也使书面证据得以产生。其次，宗教因素的影响。在这一时期，南传上座部佛教传入傣族地区，并在傣族精神领域中占据主导地位。虽然表面上傣族地区并未出现政教合一的政权，但是佛教深入到傣族社会生活的方方面面，并对其法规产生重要的影响，甚至直接被赋予了法律效力。这种宗教的影响自然也就不可避免地影响到证据的性质及效力。

1. 证据的分类

首先，以证据的表现形式划分，证据可分为：人证、物证、书证等种类。如规定:“若两人发生斗殴，告到官府，须有证人，对证人要查问清楚”②，并对证人的资格做出要求：“凡是信教徒、富人、家族兴旺之人，有名望的绅老，正直的人，儿孙

①② 云南省少数民族古籍整理出版规划办公室编：《孟连宣抚司法规》，云南民族出版社1986年版，第86、10、8页。

满堂的人，农民、商人、诚实不说谎的人，这些人都可以做证人。不能做证人者：第一，说话颠三倒四，记忆力衰退的老人。第二，小孩。第三，乱搞男女关系的人。第四，赌博者。第五，醉汉。第六，疯人。第七，贪财者。第八，憨人。第九，偷盗者及其子女。第十，两面三刀的人。第十一，耳聋眼瞎者。第十二，罪犯及其家族子女。第十三，和当事人有仇怨者。第十四，和当事人有亲戚好友关系者。第十五，喜欢别人破产者。第十六，平时不接受别人的劝告者。第十七，经常犯罪者。上述十七种人，都不能做证人。对双方邀约来的证人，首先要查清，断案才会公平合理"①。物证在诉讼中也是普遍使用的，在《孟连宣抚司法规》中的《坦麻善阿瓦汉绍哈》（即《25种难案裁决法》），在制造假砝码罪中规定了，混官在处理一桩商人制造假砝码案中，最终是以该商人使用的假砝码作为定案的主要证据。② "主审官员在定案时，要慎重考虑自己的断案能力、裁决依据的准确性，弄清双方争执、斗殴的原因，是为了财产继承的争执，还是债务纠纷，所涉及的财物价值高低，新旧程度，数量多少，事情发生的时间、地点，有无人证等，都要落实清楚，如实加以记录，反复查证，方能辨明真相。然后按其情节轻重、事态的大小、案情性质，再依据法规准则作出裁决。"③书证，主要是在土司的政治活动中使用，在诉讼活动中也有规定，如在傣族诉讼法规中规定，丢失了的文书凭据不能作为断案的依据和旁证。④

其次，按照证据的性质，可以将证据划分为世俗证据和宗教证据。宗教证据是指以宗教中的超自然力的意志来证明案情的证据。这里的宗教证据包括原始宗教证据与佛教因素影响的证据。如在《西双版纳傣族的封建法规和礼仪规程》中就规定，在污辱妇女案件中，忠实于佛的人，经常赕佛和施舍给穷人的人以及经常拜佛和学习道理的人是可以做证的。此外，原始宗教对于案件的审理也有一定的影响，在傣族史料中也有许多关于神判的现象。《西双版纳傣族的封建法规和礼仪规程》亦规定，如经过审问也不能判定嫌疑人是否犯罪，"最后就是念经、祭神，烧着火或煮着开水，把东西放到开水里面或火里面，使犯罪的人用手去取，请神来审查，就可以鉴别谁是好人、谁是坏人。这是自古以来的规矩，不这样做，会使犯罪的人成了习惯"⑤。除了宗教证据以外的证据便属于世俗证据，如前所述，可分为人证、书证、物证。

①②③④ 云南省少数民族古籍整理出版规划办公室编：《孟连宣抚司法规》，云南民族出版社1986年版，第8、8—9、107—109、185、214、214页。

⑤ 云南省编辑委员会：《傣族社会历史调查》（西双版纳之三），云南民族出版社1983年版，第27页。

2. 影响证据证明力的因素

在傣族法规中，对于各种证据的效力判断上要受到各种因素的影响。首先，是一种道德标准的判断。如在斗殴案件中，证人资格的积极条件中规定有“正直的人”、“诚实不说谎的人”两项与道德因素有关，在证人资格的消极资格中的17项条件中，也有多项与道德有关，如“乱搞男女关系的人”、“贪财者”、“两面三刀者”、“赌博者”等。其次，是进行宗教标准的判断。由于宗教支配着傣族社会生活中的方方面面，自然宗教因素也要在证据的效力方面体现出来。如在上述污辱妇女案件中可以做证的八种人中，有三种与佛教有关。再次，生理因素对证据效力的影响。如“说话颠三倒四，记忆力衰退的老人”、“小孩”、“醉汉”、“耳聋眼瞎的人”等，均不能作为证人做证。最后，各种社会身份因素对证据效力的影响。傣族社会是一个封建领主制社会，各种封建等级关系森严，在证据的效力判断中也体现着这种等级色彩，如“富人”、“家族兴旺之人”、“有名望的绅老”等就当然可以作为证人做证。甚至这种等级身份关系本身就能决定案件的处理结果，如在《西双版纳傣族的封建法规》中也规定：“徒弟告师父、俗人告僧侣、百姓告召勐、随从告主子、儿女告父母者，不能让他们告赢，因这些人是不懂礼数、不通人性的，炸勐这样判就合了。师父、父母、召勐、祜巴（有如活佛）、纳帕（有学问有声望的人），他们是懂经识礼、有智慧的人，不能得罪他们，得罪这些人，就没有依靠了。

（三）法律责任的免责条件

法律责任的减轻和免除，即通常所说的免责。免责以法律责任的存在为前提，是指虽然违法者事实上违反了法律，并且具备承担法律责任的条件，但由于法律规定的某些主观或客观条件存在，可以被部分或全部地免除（即不实际承担）法律责任。① 在傣族法规中虽然尚未出现“法律责任”、“免责”等概念，但是在目前已知的傣族法规中，可以见到相关的规定。

在刑事法律制度中，规定：“杀人无罪有五：第一，奸夫奸妇在行奸现场被杀；第二，盗窃犯在作案过程中被杀；第三，手持长刀等凶器杀人而被杀；第四，夜半三更闯入他人屋里而被屋主所杀；第五，破坏人家房子，在进行中被杀。但事后寻机杀人报复，就有罪，应依法判处”，“由于吵架，一方手持矛、棒、刀等凶器，到另一家

① 张文显主编：《法理学》，高等教育出版社2003年版，第153页。

中去行凶杀人，反被主人所杀，属于自卫，炸勐不应问罪”，“盗贼来住宿，还给饭吃，区别两种情况，若主人明知是贼不报，而有意包庇者，与贼同罪，应酌情罚款；若主人不知是贼，办案明智的人，应依靠主人提供线索，将案查清，而不应降罪于主人”①。在民事、婚姻法律制度中，同样也可以发现相似的规定。如“丈夫借债不告诉妻子知道，若丈夫死了，妻子可以不赔。祖父母或父母借债，子孙不知道，祖父母或父母在世，由他们还债，若他们死了，子孙只还本不付息。借钱时没有讲利息多少，后来债主要利息，不应该给，若超过定期，借银一两应付息三钱，因未遵照原定期”，“将财物寄留他人家，物主未告诉是什么东西，寄留户也未当面打开看，以后不论水淹、火烧还是被盗，都不应由户主赔”②。在婚姻家庭方面也规定：“男女双方自愿订婚者，如果是百姓，订婚期限以一月为准，一月内完婚。凡超过期限一天者，女方父母有权将男方礼物退还，即算退婚，女方就可以自由选择对象，男方无权过问。”③ 从上述傣族法规中的免责规定来看，首先，虽然傣族法规尚未出现“法律责任”、“免责”等抽象概念，相关的规定虽较为简单，但是已得到一定的发展，适用范围较广，尤其是在刑事、民事法律制度领域。其次，从相关免责规定的适用条件来看，主要是从当事人的主观要件、公平原则、公序良俗等方面加以考虑，具有一定的合理性。

①② 刀光强、高立士译：《西双版纳傣族的封建法规》，载《民族学报》1981 年第 1 期，第 277—278、288、283、287 页。

③ 云南省少数民族古籍整理出版规划办公室编：《孟连宣抚司法规》，云南民族出版社 1986 年版，第 32 页。

第二章

佤族法史

第一节

佤族概况

一、佤族分布及族源

佤族是我国跨境居住的民族之一，他们主要分布在我国云南省西南部边境和缅甸佤邦，人口总计约100万左右，据2010年第六次全国人口普查，中国境内佤族人口有429709人。在中国境内，佤族是云南省独有民族之一，主要分布在云南省西南部临沧市的沧源、耿马、双江、永德、镇康和思茅市的西盟、澜沧、孟连等县，其中西盟、沧源是佤族的主要聚居区，是全国仅有的两个佤族自治县，在1949年以前他们代表着佤族社会发展的不同阶段。

佤族是一个历史悠久的民族，据史料记载，佤族先民属于形成于今天的佤族、布朗族、德昂族等古濮人中的一支。佤族内部在历史上没有统一的族称，自唐朝起，在有关的汉文史料中先后有“望”、“生蒲”、“古剌”、“嘎剌”、“哈佤”、“佧佤”等称谓。佤族的自称，各地略有差异，居住在沧源、双江、耿马、澜沧等地的佤族自称为“布饶”、“巴饶克”，居住在西盟、孟连等地的佤族自称为“阿佤”、“勒佤”、“阿卧”，居住在永德、镇康等地的佤族自称为“佤”。他称主要有“阿佤”、“拉”、“滚拉”、“佧佤”等。1949年新中国成立初期，曾通用过“佧佤族”的族称，但由于“佧”字含有贬义，所以1965年根据佤族本民族的意愿，经国务院批准，正式定名为佤族。

佤族有自己的语言，佤族语言属于南亚语系孟高棉语族佤德昂语支，内部又分为“巴饶克”、“阿佤”、“佤”三大方言。佤族历史上没有自己的文字，过去主要以刻木结绳记事和实物来传递信息，所以他们的历史文化主要通过口头传承，导致很多具有神话与传说的特征。

二、佤族的发展历史

在历史上佤族的分布地域较广，从佤族神话传说看，佤族的先民最早分布于滇西南至缅甸北部地区，汉、晋以后开始迁徙至澜沧江以东和萨尔温江以西的地域。大约在唐朝，由于其他民族的不断迁入，与当地佤族先民形成了交错居住和杂居状态，佤族分布区域则相对较小。清代中叶，逐步形成了佤族目前的分布格局。现在，佤族主要分布在澜沧江和萨尔温江之间以及怒山山脉南段的延伸地带，这些地区山峦重叠，平坝极少，统称阿佤山区。

佤族在长期的发展过程中，形成了一个完全能自治的社会秩序和结构，其中很多道德规范、风俗、禁忌形成了佤族社会中的规范体系，对此，佤族称之为“阿佤理”，即佤族的道理。同时，在他们的社会中还有很多制度设置，由它们来适用和维持佤族的社会秩序，如他们有“窝朗”、“头人”、“魔巴”等村寨首领。这样佤族的传统社会中从实质意义上看是具有一整套类似于“法律”的社会管理体系，从人们的行为方式的规制到纠纷的解决上都有一整套解决的“制度”体系。这些制度体系在佤族的现实生活中起着“法律”的作用，所以本章中的法律制度也正是从这个意义上来使用。

在历史上，佤族属于比较后进的民族，社会经济发展状况比当地其他民族相对滞后。直到18世纪末期19世纪初，由于汉族移民及其他民族的进入，才使佤族社会得到迅速发展，很多制度发生重大变化。但是在1949年，严格意义上是在1957年以前，各地佤族的社会经济发展水平差异很大，大体上形成了三大区域：即阿佤山中心地区、阿佤山边缘地区和镇康、永德等地区。这三个地区反映出佤族社会发展的不同阶段：中心地区，以西盟为中心，加上孟连、澜沧、沧源的部分地区，正处在原始农村公社解体、家长奴隶制和封建领主制形成的发展过程中，这一地区是阿佤山的核心地区，又称为“大佧佤”；边缘地区是沧源、耿马、双江等地，他们的社会已经属于封建领主制的范畴，在地域上处于阿佤山的边缘地区，又称为“小佧佤”；永德、镇康和保山等靠近内地的佤族，则已经进入了封建地主经济阶段，傣族称他们“拉”，汉人称他们为“本人”，该地区的佤族处在傣族土司的控制之下，傣族土司在他们的地区设有相应的组织制度对他们进行治理。这种不同发展水平的社会结构给佤族法律制度的分析带来了困难，因为当讲某一制度时，往往要看该制度所在地区，它不具有适用整个佤族社会的特点，所以佤族社会中的法律制度体现出了高度的地域性特征。

第二节

历代中央、地方政权对佤族的治理

一、中央政权对佤族的治理

佤族地区在1949年以前，大部分仅是间接地受到中央政权的治理，很少有中央政权对其进行直接治理的。汉文记载中，佤族最早受到中央王朝的治理应在西汉武帝时期，在武帝元封二年（前109）设益州郡，其中嶲唐、不韦两县辖内应有佤族的先人。三国时期蜀汉政权的治理曾对佤族有重大的影响。现在西盟、耿马、沧源等地的佤族中都有孔明的传说。佤族在唐宋时期受到南诏、大理国的统治。南诏时由永昌、银生二节度治理，大理国时是永昌府治理。明清至民国时期，佤族在政治上受制于傣族土司。佤族社会受到中央政权的直接治理其实是1950年以后的事。

二、地方政权对佤族的治理

佤族边缘地区受到傣族土司的治理是其社会发展史中的基本特征。佤族边缘地区的一些地方社会由于受到傣族土司的控制比较强，他们的社会发展阶段也较高，所以他们在社会组织制度上已经发生了重要的变化，构成他们社会组织结构的主要是傣族土司设置的相关社会制度。这些地区最为明显的是耿马县的四排山，耿宣的大寨，孟撒的翁达寨，孟勇的芒帕寨、双江、永德等地区。但不同地区在设置形式上又各不相同。在耿马佤族地区，傣族土司主要采用“圈伙制度”，具体是在佤族地区最高设“圈”，“圈”设圈官，称为新爷；圈下设有郎爷；下面再设大伙头；基层设小伙头和白长。圈官是“圈”内最高统治者，百姓称为小土司，全权处理圈内重大事务，调解圈内各类纠纷，有斩杀之权。具体村寨的治理则由大伙头、小伙头和白长负责，其中大伙头一般管辖几个村寨，小伙头管辖一个村寨。民国时期政府在推行保甲制度时，在相应地地区设立了乡镇保甲，但往往是按“圈伙”进行，把圈官、伙头改成相应的乡镇保甲长。如耿宣地区就把当时大寨圈改为三个保，由郎爷或大伙头出任保长，小伙头与白长出任甲长。

耿马四排山地区是佤族集中地区，傣族土司把全区分为八个“圈”，设有“圈官”，寨内设有伙头、布景、家长、管事、白长和保丁，其中伙头以下由佤族担任。伙头主要负责收取全寨门户钱及各项款派，布景和家长收本姓门户钱及管祭神；管事、白长、保丁只收本姓门户钱。这种结构更多是一种税收体系，但相应的他们也有社会组织的功能。孟撒的翁达寨结构是圈官，同时圈官设有属官管事，圈下设有大伙头、二伙头、三伙头作为几个村寨的管理者；各个寨内具体设有小伙头与白长，其中圈官由土司任命；管事由圈官提名，土司批准任命；伙头由圈官自己任命。

双江的佤族地区，傣族土司通过设置布京、管事、白长、伙头和间长进行管理，如勐峨乡就如此设置。他们之间的关系是布京由傣族土司任命，管理整个地区，同时管理管事，管事主管军事、外交；伯长管辖数寨，管若干伙头；伙头为一寨之长，管寨内政治、宗教、婚丧和习俗等事；间长管理十几户人户，协助伙头管理村寨。从这里来看，实质上是圈伙制度，仅是称谓上的不同而已。

孟连县佤族地区傣族土司就在海东设有布岗、布崩和喀厚等官职，民国时期在此基础上设立保甲长。

以上地区的佤族在社会组织上表现出受到傣族土司制度的强有力影响和改造，社会结构中作用也相应地发展变化。

第三节

佤族的社会组织制度

在历史上，佤族并没有形成本民族统一的地方政权，仅班洪地区在19世纪以来形成了相对统一的地方政权组织形式。在漫长的历史发展过程中，佤族社会长期处于部落社会状态，特别是西盟等核心地区的社会发展还处在原始氏族社会的解体与农村公社的过渡时期。他们的社会离母系氏族社会还不长，因为司岗里中说到人类社会最先是由女子领导男子，后来才由男人领导，并认为“女子领导了共三十代，男子才领导了二十代"，因为最先是女人知道的"道理"多。这说明佤族社会从母系氏族社会转向父系氏族社会的时间仅有20代人左右。从20世纪50年代的调查看，在佤族社会中仍然存在着母系氏族社会的一些特点。由于生产水平低下，社会内部尚未发生明显的阶级分化，因此很大程度上不存在政治学意义上的管理体系，社会治理方式上有原始社会后期父权制社会的特征。如在名字上，他们采用父子连名制度等。从父子连名制度看，佤族社会中代数最多的是翁戛科，达到42代，一般的仅有30代左右。在历史上，佤族地区在元明清时期主要属于镇康、孟定、耿马、孟连等土州、府管辖，其自身并没有形成明显的政权结构，但在以村寨为中心的社会组织中却反映出佤族自己社会组织的一些特征。

1957年以前，佤族社会组织结构可以分为三大类：一是村寨头人组织结构。这类社会组织结构在西盟县及与之毗邻的沧源县最为明显。这类社会组织又可以分为农村公社的社会组织结构与部落社会的社会组织结构；二是已经发展成为土司制度的地区。这在边缘地区最为明显，如光绪十七年（1891），勐董的罕荣高（傣族）被封为勐角董土千总，班洪的胡玉山被封为班洪土司，这样沧源就出现了佤族土司制度。其中这类社会组织又可以分为两类，具体是班洪王下的社会组织结构和耿马、双江等地区的傣族土司直接控制下的社会组织结构。

一、农村公社地区的社会组织

在以西盟为中心的佤族社会中，1957年以前还处在农村公社向阶级社会的过渡阶段。他们的社会迅速发生变化是在18世纪以来，特别是19世纪后，由于鸦片的种植和拉祜族宗教头人"三佛祖"的到来，带来了商品经济与新的生产方式，导致西盟等地的佤族社会出现迅速分化，在社会发展中开始产生拥有经济实力与政治影响力的"珠米"阶层①。当然，近代以来，由于新式武器的传入，也改变了他们的一些社会组织结构。所以他们的社会组织制度体现出混合的特征。为了分析方便，下面主要从佤族的社会组织结构、权力组织结构和权力行使机构三个方面进行阐述。

---

① 全国人民代表大会民族委员会办公室编的《云南西盟佧佤社会经济调查总结报告》（一）（1958年）认为"珠米"一般是富裕户，但也有个别富裕户不是"珠米"，而个别中等户则称为"珠米"。"珠米"在社会上有较高的社会和政治地位。（全国人民代表大会民族委员会办公室：《云南西盟佧佤社会经济调查总结报告》（一），1958年版，第19页）从这里可以看出"珠米"阶层其实是佤族村社社会中出现的特殊阶层，其主要形成因素是经济，但同时还存在政治因素。

西盟等地的佤族虽然在明清时期受到孟连傣族土司的控制，但多属于羁縻性质，对佤族社会内部没有产生什么深刻的影响。对西盟等地的社会发展影响最大的是1873年拉祜族宗教头人“三佛祖”带领拉祜族人的到来，在他征服西盟佤族后，他把西盟佤族分为四个“脚马”（行政单位）进行管理，同时还指定了一些佤族头人出任不同的职务，据说有七级，具体是新官、掌爷、客长、管事、伙头等。但从有关记载来看，这种统治仍然是一种间接治理，不能构成有效统治。该地区的佤族社会仍然由本身形成的社会制度在起作用。

（一）社会组织结构

1957年以前，佤族社会结构在西盟为中心的核心区主要由三个单位组成，即家庭、氏族和村寨。当然，有些地区和某些时候也会出现村寨之间的联盟，但这种联盟并没有构成核心区社会组织的基本单元。因为他们之上没有相应的议事机构，往往是随意和功利的暂时联盟，所以这里不进行分析。

1. 家庭

家庭是佤族社会组织结构中最小单元。该地区的家庭结构是以一夫一妻制的核心家庭为中心，成员包括夫妇与子女。在一些家庭中也存在多妻，但不构成主体。多妻时若不同妻子间能够相合就住在一起，否则就分开居住。家庭在佤族社会中构成了他们社会组织的最小因素。

2. 家族或氏族

家族在佤族社会中最为重要，因为它是整个社会中政治权力运作的中心，起到承上启下的作用，即连接家庭与村社。在佤族中家族是指有共同祖先的群体。很多家族往往居住在一起，形成政治单元。有的家族拥有共同的财产。家族有族长，即姓头人管理自己家族内部的事务。西盟等核心社会的发展在1949年以前已经从以血缘为中心的家族结构向以地域为中心的村寨结构转变。但是家族的力量在佤族社会中的作用还十分强大。家族在中心区的社会中仍然起到重要的作用，是调节社会和维持社会的重要力量之一。家族在当时的社会中起到了以下多个方面的功能和作用：禁止同姓通婚，这是基本禁忌；同姓拥有共同的“鬼”，即在做家鬼时所念的咒语与仪式基本相同；有的拥有公共土地；家族内部相互间有帮助与代为还债的义务；家族成员相互间作为最后的继承人，若某个家庭无后时，可以由家族成员来继承；同姓内事务主要由姓头人管理；家族相互有抚养孤寡的义务；因债务或贫穷出卖子女和田产时同姓拥有优先购买权；家族拥有公共的墓地。所以家族在佤族社会中并没有完全失去作用，它往往作为特定的力量发挥作用。

3. 村寨：农村公社

村寨是佤族社会的基本组织形式，它既是一个社会单位，又是一个政治实体。一个村寨往往由上百户人组织，多时达三四百户。佤族村寨具有以下特征：①

首先，村寨由地缘关系构成，已经超越了家族和同姓的关系。因为每个村寨都由不同家族和不同姓的家庭构成。这里起到核心作用的是地域，而不是血缘。所以说佤族社会已经进入了以地域为中心的农村公社时期，而不是以血缘为中心的氏族社会时期。

其次，每个村寨都有各自的领地。在领地内土地所有制是私有与公有的混合。但对外上，却表现出整个村寨领地的共有特征，因为他们共同维护自己的领地。这一点上土地表现出高度的公有特征。

再次，每个村寨都是一个政治、经济、宗教单位。他们共同对外承担责任、共同采用对外政策、共同举行宗教活动，出现问题时往往以村寨为单位进行解决和承担责任。

最后，从村民意识上看，形成了强烈的“我寨子”的观念。相互之间有强有力的联系和认同感。所以说村寨是佤族社会中的政治单位，他们之间通过寨子构成整个社会政治的运作机制。他们没有国家，但有“寨子”，通过村寨完成了血缘向地缘的转变，构成了社会秩序的维持体系。若说凉山地区的彝族社会是通过血缘团体——家支来维持整个社会的秩序的话，那么，西盟等佤族中心区的社会秩序的维持体系就是以地域为中心的村寨。这是在没有分化成专门社会机构时人类社会秩序得以维持的力量来源。

公共权力的产生是从血缘转向地域、从血亲等辈的化分转向职业的化分。任何社会中公共权力的运作必须有一定的整体力量，但这个力量不一定是专门化的组织机构。国家并不是公共权力运作的唯一力量，力量相衡的不同地域组织同样可以让整个

---

① 在1958年编的《云南西盟佧佤社会经济调查总结报告》（一）中认为佤族村寨具有以下特征：1. 是基于地缘性的联系建立的，每个寨子都包括几个家族；2. 寨子有公共的土地和寨地范围，寨子周围有严密的防御工事；3. 政治活动和重大的宗教活动以寨为单位进行；4. 政治军事上头人是管寨子的人；5. 寨民对本寨子的观念很深，寨民间是一种互相帮助、互相保护的平等关系。（全国人民代表大会民族委员会办公室：《云南西盟佧佤社会经济调查总结报告》（一），1958年版，第16页。）

群体获得一种公共权力的运作支持力。佤族的村寨组织就是通过多个村寨的相互关系来获得一个社会中公共权力运作的力量。

（二）社会组织者：头人制

西盟等佤族中心区的社会组织单位是以村寨为单元。但由于村寨具有独立的地域性，并且在构成上不再是单一的某个家族或姓氏，所以必须形成一些相对独立的权力运作的组织者。在历史的发展中，佤族社会形成了自己的权力组织机构，那就是他们的头人制度。头人制度是西盟、沧源等阿佤山中心区的基本组织制度。头人制度本质上是一种村寨首领制度。头人在佤族社会中不仅充当政治上的领袖，而且在社会生活中也扮演着重要的角色。头人制度是整个佤族社会存在的基本保障之一。佤族中心区的头人可以分广义与狭义两种。狭义上仅指姓头人与寨头人两类。广义上的头人制度包括窝郎、魔巴及狭义的头人等。这里我们采用广义上的头人制度来分析整个中心区的头人制度。

1．头人制度的产生及结构

（1）头人的来源

头人是佤族社会中的组织者和领导者。所以佤族社会中有“没有了头人，寨子就会乱”之说。佤族的头人是自然形成的，实质上是通过一种自然比较的过程，逐渐被群众推选出来而产生的制度。被选中的人需要具备一定的条件，具体是经济条件优越、善于讲话办事、勇敢公平等。最早后两条最为重要，但慢慢地发生变化，前一条越来越重要，特别是在20世纪前半期。随着社会的发展，佤族社会中开始出现头人世袭的现象。但是世袭的头人，如果经济条件不好，即使具备会说话办事等条件，其威信也会下降。所以，经济条件在近代是形成头人的主要条件。在中心区和边缘区的很多地方，头人往往仅是职责上的区分，他们与群众一样参加劳动，即他们还没有完全分化成独立的阶层。在1949年以前，佤族社会中一些头人有时会被外来的社会组织授予一些头衔。如三佛祖授予他们客长、新官、管事等，傣族土司封给他们岗孟、波孟、龙孟、叟孟、根孟等，民国时期中央政权还授予他们乡长、保长、闾长和甲长等。但这些头衔多是外来的，对他们本身的社会没有产生什么实质上的影响。

（2）头人的种类

佤族传统社会中头人按不同的标准可以分为不同的种类。佤族社会中头人按产生的特点不同可以分为姓头人、寨头人和村社头人。① 所谓姓头人就是某个姓氏内的长老；寨头人是某个自然寨子的头人，即窝郎；村社头人就是管理整个村社的头人。三者在形成上表现出与血缘的联系越来越少。按管理事务范围的大小可以分为大头人与小头人，大头人称为“扩梯羊”，小头人称为“扩也特”。所谓大头人即威信较高，负责全寨事务的主要头人，他们往往是会讲话、办事能力强、懂得的事多、威信高的人。小头人是具有一定威信的家族长或管理自然寨子事务，协助大头人办事的人。如在贺兰佤族地区，对于负责司法或调解纠纷、判断案件的头人通称为“管事”，对管理小寨事务的通称为“朗家”，小寨有什么事一般不直接找大寨的“管事”，而是先找“朗家”办理或转达。当然，从调查资料来看，这种区分被认为是在 1949 年以后才形成的。② 按管理事务的内容可以分为“函养”与“函恨”，“函养”是管理寨子的人，“函恨”是会讲话、会办事、聪明的人。这两者的区别主要是管理事务上的不同，其实与前面的窝郎与村社头人等大体一致。但两者之间没有隶属关系，两者是平等的。所以在佤族社会中头人制度相对来说是较为复杂的。下面重点分析姓头人、寨头人和村社头人的特点和职能。

姓头人。佤族中心区社会在 1949 年以前虽然很多村社村寨中已经由多个姓氏共同组成，但在村社社会中仍然有一些氏族社会的特征，最为明显的是每个姓一般都有自己的头人，称为姓头人。这种姓头人的特点是由血缘原因构成。佤族社会进入地域性村社社会前，它的社会主要由姓头人和氏族大会构成，即那时社会的主要组织者是姓头人。姓头人与窝郎和村社头人都有区别，窝郎不完全是因为血缘原因而产生，它已经具有地域性内容；村社头人完全是地域性，没有血缘性因素。姓头人的解体在西盟岳宋地区仅有六七代人的时间，③即仅有 200 年左右的时间。1949 年以前，虽然姓头人已经不再是佤族社会中的主要组织者，但姓头人仍然存在于村社村寨中。当然，从现实来看，却出现了一个现象，那就是在姓头人基础上发展起来的寨头人——窝郎反而在后来的发展中消失得更快，究其原因是因为姓头人的存在基础更为稳定。相

① 对于村社头人，在 1958 年进行调查时，调查组认为“目前佤族头人，我们称为新兴头人，因他们不是从氏族长或家族长发展起来的，是随着对外关系的频繁和贫富的分化逐渐从富有者中产生的”（全国人民代表大会民族委员会办公室：《云南西盟佧佤社会经济调查总结报告》（一）第 19 页，1958 年）。笔者认为主要问题在于他们没有用村社头人来称之，其实对他们的称谓，最适合的是村社头人。

②③ 全国人民代表大会民族委员会办公室：《云南西盟佧佤社会经济调查报告》（二），1958 年版，第 27、26 页。

反，窝郎存在的基础消解得快，进而导致它消失得更快。

寨头人：窝郎。在佤族头人制度中，1949 年以后学术界一直存在着把窝郎与头人分开来对待，但在现实中又很难把二者区别开的问题。笔者认为窝郎就是村寨头人，只是这里的“寨”是自然村寨，可以称为寨头人。而一般意义上的“头人”则是村社头人，即由多个自然村寨组成的某个村社的头人。这是因为在佤族所在的地区“村寨”有两种意义：一种是自然村寨，另一种是由两个以上自然村寨组成的“村寨”。

窝郎，是随着寨子的建立而产生的一种管理村寨事务的头人。窝郎的产生有两种方式：一种是某个自然村寨若是由某姓人建立，则由该姓人中选举产生。如果同时有几个姓人建立某一村寨，则由这几个姓人杀鸡看卦，大家公认哪姓好，就由哪姓的人当窝郎。对于窝郎的产生，有两种意见：一种认为是由地缘性村寨产生以前存在的氏族族长转变而来，另一种认为他是随着寨子的产生而出现。① 窝郎一经选定，便可世代相承。一般是由窝郎先提出自己的继承人，在得到氏族和村社成员的同意后，既获通过。如窝郎无子，可以由他的兄弟和养子继任。从窝郎的产生和发展来看，它应该是从氏族族长向地域村社首领过渡时期的产物。所以在一些地区，在一个村社中，若有多个自然村寨，往往就存在多个窝郎。但窝郎不完全是氏族族长，因为在出现自然村寨后，往往出现两个以上姓氏的人共同开创某一个村寨的现象。在发展中，窝郎可以分为大小，主要是在管理“鬼”上出现差别，大窝郎管的鬼多，有五个，小窝郎管的鬼少，仅管一个。具体是大窝郎管“偶普”、“薄由”、“达”、“说敬”、“翁木”等鬼，小窝郎仅管“塔木红”鬼。②

窝郎在产生初期职权较为广泛，负责管理整个寨子生产、生活中的重大活动，特别是有关生产、选举军事领袖、建筑房屋和医治疾病等方面的宗教祭祀。古代窝郎对外代表本寨，在氏族和寨内负责解释和实施习惯法，调解纠纷，主持和决定对外进行抄家、拉牛和猎头等血亲复仇等军事行动。窝郎的家通常就是寨内会议的场所。随着佤族氏族血缘关系的逐渐淡漠和原始村社的没落以及“珠米”阶层的发展，窝郎在佤族社会中的作用逐渐减小，窝郎的职权逐渐由头人所代替。窝郎职权就仅剩下了宗教职权，主要是“管鬼”和“阿佤理”等宗教事务。但由于魔巴的出现，这方面的职权也受到魔巴的侵蚀，导致窝郎的权力更加小。此外，在 1949 年以前，佤族中心区

---

① 云南省编辑委员会：《佤族社会历史调查》（一），云南人民出版社 1983 年版，第 42 页。

② 全国人民代表大会民族委员会办公室：《云南省西盟佧佤社会经济调查报告》（二），1958 年版，第 25 页。

与边缘区社会中窝郎的职权略有不同，中心区窝郎的权力较大，边缘地区窝郎的权力较少。在中心区，人们认为“没有窝郎就生活不下去，寨子就会乱了”。

从窝郎权力消解可以看出，佤族社会已经越来越向地域为中心的村社组织转变，所以传统的自然村寨结构中以某姓或某几个姓氏为中心的结构开始出现弱化。

村社头人就是以某个村社为中心构建起来的头人。在佤族中称为“扩”，即“老人”的意思。村社头人在佤语中又称为“函养”与“函恨”。这类头人产生的时间并不长，西盟岳宋中产生这样的头人仅有六七代人的时间。在这之前主要是姓头人在管理。头人通过自然选举形成，具体有两种方式：一种是逐渐从群众中推选出来。这种人往往是能说、会办事、经济条件优越的人；另一种因为父亲是头人，父亲死后由大家商议由其子继承。虽然很多学者认为村社头人是由姓头人发展而来，但在现实中往往是在同一个村社中，不同姓氏中的事务多由本姓内有权威的人管理本姓内的事务，构成了姓头人。而村社头人则重点管理整个村社内的事务。后者不以血缘集团为中心，而是以地域为中心。并且村社头人另一个重要的特征是开始出现由富裕阶层中选举产生，进而代替了原先从建寨而取得头人地位的窝郎。所以总结上面的分析可以看出，村社头人具有两个重要的特质：首先，它是地域性，而不是血缘性头人；其次，它具有经济性特征，因为它已经出现在富有阶层中。

2. 头人的权利和义务

在佤族中心区，不同种类的头人有明确的分工，他们各自负责，形成了整个佤族社会得以维持的重要力量。

（1）头人的权力与权利

头人在佤族社会生活中拥有很多权力和权利，具体表现如下：

第一，杀猪要送各头人两块肋巴肉，杀牛要送肉一条，打得野兽时要送头人一条腿。

第二，过年过节时每户要送管家糯米一碗，供其舂粑粑。

第三，过年过节每家要送一点谷子做的水酒给头人（水酒多了群众也可以去吃，水酒少了只有头人吃）。

第四，每年撒谷时要杀猪、鸡请头人吃饭（同样也要送肋巴肉）。

第五，凡结婚要送头人半开五角，并请头人吃饭。

第六，群众请头人解决事情，首先请头人吃酒一次或杀鸡请头人吃，解决好一件事情要送头人三两银子。

第七，犯错误请头人解决，除请头人吃水酒外，还要双方各送头人半开一元。

第八，要搬进寨子来的新户或要分家立户的必须先请头人吃水酒，经头人许可后，头人领着去踏房地基，同时由头人叫群众帮助盖房子。

第九，头人帮群众解决事情除照规定送礼外，头人还有罚款的权力，罚款有时由双方负责，有时由犯错误的人负担。

第十，被认为是“琵琶鬼”的人家，头人有权力将其赶出寨子。

第十一，管理村寨的公地，及决定村寨公地的生产顺序及时间；管理村寨的粮食，保管公共开支。

（2）头人的职责和义务

第一，调解村寨内的各种纠纷，这是头人的主要职责。

第二，负责处理与别的村寨之间的外交、军事等事务。

第三，负责本村寨内的婚姻、征收捐税和房屋建筑等事宜。

第四，主持全寨的重大宗教祭祀活动。

第五，决定每年的节时日及耕种的时日。

第六，管理村寨的共有土地、财产，决定村寨住户的迁入和迁出。

（三）魔巴制度

“魔巴”是拉祜语，佤族自称“奔柴”，意思是“祭祀”（主持佤族的宗教活动）的人。他们在其他民族中就是“巫师”，是村寨中宗教活动的主持者。魔巴知识的传承不是专门进行，一般是在村寨日常生活中自然形成和产生。如果有谁既比一般人较多地懂得佤族历史文化，又具有一定处理事情的能力，同时又有心从老魔巴那里学习做鬼的咒语、仪式和道理，谁就具有当魔巴的条件，自然会有人请他去做些小的宗教仪式，天长日久，就形成魔巴。故魔巴的大小之分，主要是看其懂得事情的多少和是否有能力主持较大的宗教活动。

魔巴在佤族社会中严格意义上来说并不是头人。但由于佤族具有万物有灵的宗教观，所以佤族社会在日常生活中许多事都要靠宗教活动来决定，因此魔巴在村社生活中起着重要的作用。同时，因为魔巴是一些对本民族的历史、传说、文化习俗和道德规范最为了解的人群，加上他们与群众的关系很密切，在群众中的威信较高，于是出现村寨中人们认为较为重要的事时，都请魔巴进行宗教仪式和杀鸡卜卦，以决定行止。这样魔巴在佤族社会中自然成为重要的社会组织者，进而在政治上也有一定影响。例如，对外发生械斗或砍头时，由魔巴看鸡卦，卦吉则出兵，不吉则罢兵。审理偷盗争议时也由魔巴看鸡卦决定曲直。

（四）社会组织运作机制

佤族社会虽然随着阶级的分化渗入了阶级的成分和内容，但是原始社会的平等和民主的成分还是相当浓厚的。窝郎、头人、魔巴等表现出双重性，即他们既是社会的管理者，同时也是劳动者。1949 年以前的佤族社会中，并没有形成现代意义上的国家政治制度，仍然以长期形成的社会习惯和传统调整人们之间的各种关系，维持着社会秩序。

头人、窝郎、魔巴等在佤族社会中享有一定的威信，管理着村寨中的一切事务，但是他们之中任何人也不能独断专行，有关村寨的大事，必须召开不同级别的会议，具体可以分为两个层次，即头人会议与群众大会。会议一旦形成决议，大家轮流喝一口酒，就算决定下来，必须执行。所以有“喝过酒的事就不能再变了”的谚语。如果意见不一致，而且争论很大，就得另行开会决定。

1. 头人会议

头人会议是佤族社会中权力运作的重要机制，也是原始民主制度的沿袭与体现。头人会议召开的条件是关涉村寨中重大事务或某个自然村寨中出现了重大的事件。因为对重大事务任何头人没有独断权力，他们得召开头人会议来解决。头人会议召开的参与者主要是各类头人及与事件有关的当事人，其他群众可以自由参加，并可发言。会议一般得做出全体一致的意见，不采用少数服从多数的原则。会议一般由某个头人召集进行，地点多在召集人家里。“头人会议”在佤族社会中起着极为重要的作用，任何重大事情都必须通过它来解决。从佤族传统社会看，头人会议构成了佤族社会中具体权力运作的日常机制。

2. 群众会议

佤族社会中若遇到特别重大的事情和需要全体人户参与执行的头人会议决定时就得召开群众大会。这类会议是不轻易召开的，对于事关整个村社的重大事务召开群众大会时一般由老人参加，并不要求所有的人员都参与；若是执行头人决定，事关每户利益时就得每家都参加。大会通过参会者的自由发言形成决议，最后执行。群众大会体现了权力属于民众的特点，这是人类社会早期公共权力运作的机制。

（五）中心区佤族社会组织机制特点

通过上面的分析可以看出在中心区的佤族社会中，社会组织与权力运作大体出现了以下特点：

首先，佤族社会中社会秩序的维持者是头人，头人制度是他们的基本社会组织制度，即他们的“政治领袖是头人”①。但是头人并没有构成特权阶层，因为在佤族传统社会中“遇有大事，任何头人也不能独断，必须召开‘头人会议’解决之，若遇有全寨性重大问题时，还必须召开‘群众大会’来讨论解决”②。这说明村社的社会结构还具有原始的民主特点。

其次，佤族社会中的头人制度大体经历了三个时期，具体是氏族社会的头人制度；氏族社会向农村公社过渡的头人制及农村公社时期的头人制。这反映出佤族社会结构从血缘性向地域性转变。同时头人的身份也从血族首领转向财产阶层，因为在村社头人中主要来源于“珠米”阶层，而“珠米”阶层是因为财产而获得社会地位与政治地位的群体。这说明人类社会的分层往往是从职能转向经济的。

再次，佤族社会中不同时期的头人制度中有不同的组织者与权力运作机制：在氏族社会中“姓头人”和氏族大会构成了社会的基本组织结构。姓头人是社会的组织者，氏族大会是权力机关。氏族社会与农村公社过渡时期，当地域性村寨出现时，姓头人与窝郎构成了社会组织者，窝郎与姓头人的会议是重要的权力机关，但最高权力机关是寨民大会；农村公社时期，地域性为中心的社会结构出现，出现了以地域为中心、以财富和能力为标准的头人制度，导致姓头人与窝郎的地位出现下降，特别是窝郎地位下降最为明显，社会的组织者转向了村社头人，权力转向了头人会议，群众大会的权力大大减弱。

最后，20世纪前半期，不同头人的作用特点是“窝郎逐渐失去它在政治上的作用，现只剩了它在宗教上的一些职权；魔巴在政治上也起着不少影响；‘珠米’对政治的影响是愈来愈大。头人会议在佤族政治生活中起着极为重要的作用和有着决定性的决议，它可以说是制定决议和执行决议的‘机关’。群众大会虽然保有某些最高权力的物色，但它愈来愈成为执行头人会议的决议的‘机关’了”③。

①③ 云南省编辑委员会：《佤族社会历史调查》（一），云南人民出版社1983年版，第71、71—72页。

② 全国人民代表大会民族委员会办公室：《云南西盟佧佤社会经济调查总结报告》（一），1958年版，第71页。

二、部落社会组织制度

沧源地区的佤族社会中存在超越上面所分析的农村公社社会结构的部落社会结构。这种社会结构在组织上已经有超越农村公社的村寨组织的制度——部落。但这种组织还是一种相对松散的组织结构，没有形成独立的、强有力的公共权力机构。所以有学者认为该地区的社会组织是“部落、干和寨”①。按 1956 年至 1957 年的调查，沧源县当时存在九个有名的部落，如央冷部落、官牙部落、央模部落、央瓌部落、山通部落等。按当时的调查，部落社会结构分为部落、“干”、大寨、小寨、“如布”和家庭六个层次。

家庭，又称为涅，是基层的社会结构，以一夫一妻制家庭为中心构建。他们已经拥有私有的耕地和生产资料，构成了整个社会的基础。

如布，即氏族组织，或说是宗法组织。因为“如布”具有以下特征：每个“如布”拥有共同的祖先，实质上就是同宗群体；“如布”内严禁通婚；每个“如布”拥有专用的、公共的墓地；每个寨内的“如布”聚居在一起；拥有自己的姓头人；“如布”内成员有相互帮助的义务。从这些来看，“如布”其实就是西盟地区社会中的“姓”，是氏族组织。这说明沧源地区的佤族社会中仍然存在大量的氏族社会的残余。但他们在政治生活中的作用，特别是对外关系上已经不是重要的组成部分。

小寨，就是一个自然村寨，每个小寨有自己的一对木鼓，每年单独进行祭祀。小寨可能由一个“如布”构成，也可能由两个以上的“如布”构成，两个以上“如布”构成就没有统一的头人，小寨内公共事务由“如布”头人与老人共同协商处理。这个层次上，沧源地区的部落社会不同于西盟村社社会，因为在西盟村社社会中小寨内由窝郎进行管理，而他们则没有统一的管理者。

大寨，就是一个农村公社。大寨一般是由两个以上的小寨组成，他们有自己的领地，并设有防御工事，但没有统一的头人，大寨内的公共事务由各“如布”头人协商解决。这里与西盟地区的村社社会也不一样，后者是由村社头人管理，而沧源地区的部落社会没有形成此类职员。

“干”，这里的“干”与西盟的村社最为相似，但它却体现出很强的血缘性，或

① 全国人民代表大会民族委员会办公室编：《云南省沧源县佧佤社会调查》，1957 年版，第 5 页。

说是拟制血缘性。因为“干”由多个大寨组成，但联系他们的是以有共同祖先的血缘关系为中心。“干”的特点具体如下：

第一，在血缘关系上，表现出每个“干”有自己的共同祖先，共同祭礼“大神”，其实就是共同的“图腾”，有一对公共的木鼓，一个专职的祭祠，具体由“干”中资格最老的“如布”家族世袭。

第二，在地域上，每个“干”有自己的领地，其他部落和“干”的人到本“干”开荒必须事先得到同意。“干”内的荒地、森林、牧场和水流为共有，任何成员都可以使用。其他新成员的到来必须通过“干”来接受。

第三，“干”内有一个总头人，由“干”内资格最老的“如布”家族成员出任。

第四，“干”是独立的军事、政治实体。每个“干”有宣战、讲和的权力，有接纳新成员的权力。“干”每年定期举行会议，对重大事情做出决定，如下种、猎首、祭谷和收割等事。此外，“干”还可以根据需要召开临时会议，如“干”内成员违反公共利益和习俗时可以召开临时会议。“干”在处罚上拥有最终决定权，可以判处死刑和驱逐出境等。在对外债务上由“干”整体负责。从“干”的职能上看，它是一个独立的政治实体。

部落，每个部落由多个“干”构成。部落的特点有：每个部落有共同的祖先，即有共同的“大神”，每隔几十年会进行一次“大祭”。从这里来看，仍然具有血缘关系。部落有自己的领地，其他部落成员不能到本部落来开荒。部落有一对木鼓，称为“饶格勐”，即“部落木鼓”。部落每隔一段时间要举行“干”首领组织的“部落会议”，但没有形成稳定的部落首领。如央冷部落每隔五六年就召开“干”头人全体会议。若遇到特殊事件需要整个部落出面时，可以临时召开部落会议。本部落中各个“干”之间有无条件帮助另一个“干”作战的义务。

从上面的分析可以看出，在沧源佤族的部落社会组织中表现出地域性与血缘性的交混。社会结构中出现地域性与拟制血缘的相互混合。

三、领主制度地区的社会组织

佤族边缘地区的社会已经发展到奴隶领主制度阶段。这类社会结构的典型代表是沧源县班洪地区形成的“班洪王”和岩帅地区形成的“郎家”制度。但这类制度形成的时间仅有一二百年时间，因为“班洪王”形成传说仅有六代。其中“班洪王”

地区是此类型社会的代表。

班洪王统治下形成了“王”的衙署，大户、部落、乡、保和寨三级组织制度，其中大户、部落、乡、保为一级，村落组织（往往称为寨）为一级。整个“班洪王”下面具体管辖有18个大户，一个部落，即班老部落，两个乡，两个保。此级下面各管辖数寨或者一寨。大户有大户头人，部落有王子，乡保有乡、保长，村寨有头人。其中班老部落，原来管辖12个寨，首领也称为王子。但从政治上看，它仅是班洪王下的一个辖区。

班洪王自称为“勐霍身”，“勐”在佤语中是地方的意思，但在班洪地区却是国家的意思；“霍”是王的意思，“身”是上的意思，整体来看就是“上王国”的意思，这主要是与班弄地方相对称，班弄称为“勐霍涛”，即“下王国”的意思。班洪王的衙署设有不同的机构，官员称为“戏米仰”，具体职名有五个，分别是“班孟”，管理对外事务的机构；“尕钟”，管理王印和贡赋捐派的机构；“怕弄彭”，管理军事；“卡姆亮”和“尧孟”，没有具体事务，但可参加内部事务的讨论。此外，还有不属于以上的官衔系列，但很重要的职官还有“彭勐”，其主要管理的事务是调解地方内部纠纷及内部联系的事务，具有司法功能。上面这些职官都是世袭的。

大户是汉语的名称，佤语是“戈恩”，是一地方或地区的意思。大户一般管有数寨，最少的仅有一个寨，如班洪大户，最多的大户管15个寨。1956年时班洪王共管辖18个大户，它们分别是班洪、班坝、南板、小滚弄、蕉山、贺公、南郎、海牙、扣木、得弄、班莫、蛮帕、纳底、营盘、老厂、南腊、南景和芒老。① 每一个大户都有自己的地界，并设有大户头人管理具体事务。

每个大户的头人构成是从一至三个不等。若设三个头人时，分别称为“给温孟”、“尧相”和“安掌”。三者的关系是“给温孟”管理整个大户内的所有事务；“尧相”协助“给温孟”办事；“安掌”主管祭祀。若有两个时，则是“给温孟”和“尧相”，“尧相”作为副手，同时兼管祭祀。若仅有一个时，就是“给温孟”，负所有的职责。大户头人采用世袭制。

大户头人的具体职权有：调解户内各种纠纷，处理民事案件与一般刑事案件，但若是杀人等严重刑事案件则必须由班洪王亲自审理，这表明在纠纷处理上已经有管辖职权的区分；指挥本户内的武装，即是本户内的最高军事长官；征收各种赋税与捐

---

① 全国人民代表大会民族委员会办公室编：《云南省沧源县佧佤社会调查》，1957年版，第9页。

派；筹办祭祀、看卦等宗教事务；召集各寨头人开会。①

在班洪王辖区内，村寨是最小的基层行政单位，佤语称为“湧”。村寨是地域性组织，多由不同姓的居民组成。整个班洪地区在1956年时共有110个寨。②每个寨内有若干头人，最少的有两人，最多的有五人。头人称谓有多种，如“水相”、“尕布相”、“尧卡木”、“水卡木”、“布彭”和“安掌”等，他们的具体含义不能进行明确区分。头人的主要职权有调解寨内小纠纷，不能调解的上告大户头人处理；指挥本寨内武装；具体负责本寨的各种贡赋的征收；筹办寨内祭祀等。

从班洪王地区的社会组织结构来看，它的社会结构开始出现专门化和职业化。同时在结构上出现层次性，权限上开始区分。可以说是从村社社会结构转向国家式的社会组织的过渡时期。

沧源县岩帅寨内不同的头人的职责具体是：①“布景”是寨内最高的头人，决定内外事务，处理土地纠纷，确定迁来户的居住和耕地，选择播种及耕作时日，全寨先由布景播种后，各户才能随之播种。②达干，管理全寨大小祭祀、办理撒谷以及决定全寨对内外大事。③达不龙，管理水利、道路、婚丧、盗窃、诉讼等民事。④达惹（或百惹），每年主祭一次火鬼。⑤达角，司掌年节时日及下种耕作日期。③

四、社会组织结构特点

通过上面的分析可以看出，佤族传统社会中的社会组织结构表现出了多样性和复杂性，这与他们的社会发展存在不同阶段有关。同时通过对佤族社会组织的不同类型的考察，为我们提供了人类社会发展中原始社会向阶级国家社会转变过程的历程。并且可以从不同阶段的社会发展中发现人类社会发展中的本质原因。分析佤族社会组织结构可以得出以下特点：

首先，佤族社会组织结构在传统中表现出了多样性与差异性。因为在他们的传统社会中，不同地区的社会组织是不同的。其中这种差异性主要表现在他们社会组织中地域性与血缘性的作用不同。

其次，佤族社会组织结构在传统中具有相同的特点。在存在多样性与差异性的同时，认真分析佤族传统社会组织结构，可以看出存在着相同的方面，具体就是他们的

①②③　全国人民代表大会民族委员会办公室编：《云南省沧源县佧佤社会调查》，1957年版，第9、51、49页。

社会都存在以村寨为中心的结构。表现出社会组织中血缘因素还具有较为重要的作用。

最后，佤族社会组织结构体现出人类社会发展中的一些基本特点。如在社会组织结构上体现出了公权力运作的一些特征。同时，也反映了人类社会发展中社会组织结构实质上表现出血缘性向地域性转化的基本规律。

第四节

佤族的法律起源与规范渊源

任何一个民族，不管其是否分化出独立的、专业化的公共权力机构和法律规范体系，在历史的发展中一般都会形成特有的规范观念。这些观念影响着他们对待世界和认识世界的态度。佤族人民也一样，在历史的发展中形成独立的法律起源与法律观。

一、法律的起源

阿佤山的佤族在生息繁衍中开始对自然界和人类本身进行反思和认识，虽然他们对人类的起源认识与他们生活的地理环境紧密联系，但也开始出现自己的一整套认识体系。这些知识体系对他们对法律制度的产生、作用等的认识起到了关键的作用。不同的知识体系往往决定着不同的法律制度，其中最有影响的是佤族神话——《司岗里》，它是关于人类起源的神话。对于“司岗里”的含义与隐喻是什么，学术界多有争议。从含义上看，“司岗”是“石洞”，“里”是出来，“司岗里”就是人类从石洞里出来的意思。但对它的隐喻则是争论不休，有学者认为它是一种生殖崇拜。① 但“司岗里”传说却从另一方面构成了佤族对自然界万物与人类社会关系的基本认识和评价体系。从以“司岗里”为中心的传说和神话来看，佤族在认识世界上从以下几个方面对他们的法律制度体系产生了重要的影响。

---

① 此观点具体可以参见王敬骝、胡德杨的《佤族创世纪神话“司岗里”探析》，王承泽编：《佤族研究50年·王敬骝学术文存之一》，云南民族出版社2003年版，第3页。

（一）万物同源观

佤族神话传说中与其他民族一样认为天地初创时没有什么黑白之分，也没有善恶之分。因为“起初天和地相距很近”，并且人类最初与万物都在一个洞里。这个洞里什么也看不见，即是不分黑白的。① 黑白、善恶都是后来才形成的，并且在人类的发展过程中，在某一个时期，由于“恶”取得了胜利，为此才出现了洪水事件。洪水是人类“恶”带来的后果，所以在人类再生后，为了避免再次出现此问题，人类开始出现善恶之分，并对“恶”进行规范，于是规范产生了。佤族认为人类的再生是“葫芦里来，司岗里生”，这说明葫芦是人类来自的外在之物，“司岗里”才是人类社会得以存在的本质。这个本质就是一些规范和制度体系，其实就是人类获得生命的重生是“司岗里”。所以这里的“司岗里”就是必须要遵循的规范和礼仪，而不再是什么神话传说了。当然，从学术界的研究来看，“司岗里”所包含的内容远远大于以上所说的内容。

（二）万物有灵论

按佤族的司岗里，认为万物皆有生命，即万物皆有灵。因此，佤族产生了万物有灵的原始宗教观，其中主要表现为自然崇拜、祖先崇拜、鬼魂崇拜、神灵崇拜、英雄崇拜、图腾崇拜、动物崇拜等。自然崇拜是佤族最初的崇拜形式，其崇拜对象是天体、土地、山河、水火、雷电、洪水等。这种万物有灵论带来了佤族人对鬼魂的崇拜。他们认为一切事物都有灵魂，即使死了几百年、几千年的祖先，他们的鬼魂还时时和后人在一起，时时保护着每个人。这种万物有灵论导致他们的法律制度出现了新的变化。同时，万物有灵的观念也给他们的社会带来了规范维持的体系，影响着他们的整个规范体系的运作。

（三）报应观

由于有鬼魂，所以它们就会对任何现实中的人的行为进行监视和管理。当人们做坏事时，它们就会通过不同的方式表现出来。于是在他们处理所有相关法律问题时得举行各种各样的与祭鬼有关的活动。“鬼”通过不同的方式表现出来对人的处罚是佤

① 云南省编辑委员会：《佤族社会历史调查》（二），云南人民出版社1983年版，第159页。

族法律制度产生的来源和执行时力量的依据。所以从某种意义上讲，“报应”的价值观，是佤族法律观点最初的起源。可以说所有的法律问题从某种意义上都是为了适应“鬼”的需要，减少“鬼”的发怒而产生。这样，人类把自己的行为规范从自身转向了外在的“他物”上。

二、规范的渊源

佤族称自己在历史上形成的各种规范为“阿佤理”，即佤族人的道理，其实就是历史发展中形成的各种道德、禁忌、制度、礼仪等规范，其中最重要的传统规范是“司岗里”。虽然“司岗里”具有神话与传说的成分，但同时也指出了传统规范的形成过程。因为“司岗里”，又称为洛奔达，按汉语来说就是祖先历史的规范言语，“洛”是言语、话说的意思，“奔”有规范、礼仪、历史等意思，“达”是祖先、尊者、长者的意思。从这里看就是祖先留传下来的规范和言语，或者说是祖先留传下来的传说等。这当中很多就是传统习惯。此外，还有“阿佤理”，即他们传统社会中形成的一些规范等。整体上看，佤族的规范体系是禁忌与道德规范的交混体，并没有分化出单一的法律规范。

第五节

佤族的法律

一、刑事法律

由于佤族社会发展表现出多样性，不同地区的社会发展水平具有很大的差异，所以在刑事法律制度方面存在着较大的差异性。这为分析他们的刑事法律制度带来了困难。但整体上看，佤族社会体现出血缘氏族社会向地域农村公社转变的特征，同时，在最为发达的地区仍然处在领主制下，所以佤族在刑事法律制度方面表现得很不发达。但人类已经拥有的一些刑事法律制度已经出现，主要表现为一些罪名和刑事处罚方式开始出现。从佤族刑事方面的法律制度内容来看，大体反映出人类社会最初的一些刑事法律制度的基本特征。

（一）罪名

对于佤族社会中的罪名问题，若用现代刑法学的要求和标准看，很难说他们社会中存在标准的罪名。同时从处罚方式上看，也存在把刑事处罚民事化的倾向。但从总体上看，特别是从罪名的起源上看，佤族社会仍然存在一些罪名。我们可以称之为现代罪名的起源阶段。

人身伤害罪。一个社会中维护整个社会群体的人身安全是任何社会公共权力出现的基本原因。在佤族社会中已经出现伤害罪方面的内容。从具体内容上看，已经出现区分过失与故意、有因与无因等。根据不同要件采用不同的处罚方式。在佤族社会中对于人身伤害罪大多采用赔命金的方式解决。如发生伤人案件，伤人凶手要杀鸡或杀猪为被伤者叫魂、送鬼，并送酒赔礼道歉；严重伤人致残者要赔偿水牛一头至数头；杀人致死，误杀的需杀猪杀牛谢罪并负责安埋，仇杀者要受重罚。重罚一般有两种：一是赔命金，即根据死者的年龄及劳动能力，赔偿水牛2—10头；二是用人抵赔，如果死者家庭无劳动力，或凶手无力赔偿命价，就要将家人抵给对方做赔偿。

偷窃罪。在佤族社会中偷窃是一个严重的问题。在偷窃方面区分轻犯、一般犯和重犯，同时还区分是偶犯还是惯犯，偷本村寨还是外村寨等。对不同性质的偷窃者采用不同的处罚方式。如沧源县央冷部落中已经把偷盗行为分为一般偷盗行为、严重偷盗行为和惯偷行为三类，① 在处罚上分别对待。如对偶犯，若偷的东西不多，处罚上多是犯者赔还赃物并接受失主和自己亲属的批评教育。对惯犯和偷的数量大、情节严重的，有的被赶出村寨，有的被处死。在偷盗者被处死时，大多是被自己的近亲处死，因为他们负有连带赔偿的义务。如被指控犯偷窃罪，被指控者不能证明自己无此行为，则采取神判方法决定是否是偷窃者。

泄密罪。此罪具体是泄露本寨重要机密，如械斗和猎头等军事行动的机密。由于佤族传统社会中在械斗和猎头时往往是对对方人员的杀掠，所以这种行为若泄露往往会引起严重后果，于是在法律上规定较严。对于由于泄露带来严重后果的将受到严厉的惩罚，轻者被抄家，重者被赶出村寨或处死。未引起严重后果，一般会受到头人和

---

① 全国人民代表大会民族委员会办公室编：《云南省沧源县佧佤社会调查》，1957年版，第29—30页。

群众的严厉斥责。

逃避战争罪。在佤族传统社会中，成年男子在本村寨出现械斗复仇时，若无故逃避的要受到抄家的处罚。

同姓结婚罪。佤族传统社会中认为同姓结婚违反“阿佤理”，会遭到鬼神的严惩，如导致本姓或本村寨出现人死、牲畜死、谷子长不好、旱涝灾害等。这种惩罚，不限于对某一姓人，而是全寨的灾难。所以同姓人不仅不能通婚，即使发生性关系也要受到严惩。如在20世纪前期，马散单身汉布拉哈与同姓女子发生性关系，被发觉后，布拉哈的同姓人抄了他的家，并罚他杀牛一头给同姓人吃，请魔巴做鬼将牛头劈成两半，以示两人永远断绝关系。此罪在传统佤族社会中是重要的罪名之一。

婚前性行为罪。在佤族看来婚前性行为是鬼指使人所为，发生这样的事会给全寨子带来风不调、雨不顺、洪水泛滥、寨子着火等灾难。如果发生了这样的事，当事人必须“洗寨子”，且只能祭鬼，不能敬神。洗寨子时，必须杀一头小母猪，将猪肉分成若干块，男女双方带着这些肉挨家挨户去送，每家一小块，一家都不能漏。各家接到这块肉后不吃，而是用来擦眉头和太阳穴，并要边擦边骂，然后将这块肉扔掉。

通奸罪。如果姑娘已经订婚，其他男子就不能与之有感情目的交往或表示爱恋，否则就视为对其未婚夫权利的侵犯，要受到未婚夫的处罚。如赔猪、拉牛或抄家等。若与有夫之妇私通，或调戏有夫之妇，将受到本夫的严惩。如拉牛、抄家，甚至被本夫打死。若丈夫认为妻子与别人发生了性关系，则一般把妻子遗弃。

犯禁忌罪。佤族在历史上形成了很多禁忌，这些禁忌涉及社会生活的方方面面，包括起居饮食、婚姻禁忌、丧葬禁忌、节日禁忌、生产禁忌等。其中有很多禁忌是强制性的规定，如不能进圣山乱砍树木和捕打野兽、鸟类；禁止砍伐墓地的树木；盖房子，砍伐第一棵柱子前，要杀一只公鸡祭神，并看鸡卦，卜凶吉，否则认为对树不敬。这些禁忌都是属于必须遵守的规定，一旦违反必定要受到严厉的处罚。

不参加公益活动罪。对此行为是否构成犯罪是值得思考的，但在佤族传统社会中，若修水槽、修路、修寨子等等，每户都要派人参加，不参加者，一日出谷子若干，由头人收取，为全寨公用。有时会受到其他处罚。

上面所列的几种罪名是佤族传统社会中最具代表性的罪名，但不是佤族社会中的所有罪名。同时也不可能穷尽所有的罪名，因为佤族社会不同地区发展不同，罪名体系也会存在不同。

（二）刑罚

佤族社会中在刑事处罚方面有自己的特征，那就是在处罚上表现出很强的地域性与民族性，同时也表现出人类社会在每个民族不同发展阶段的处罚上的一些基本特征。如在处罚中采用财物罚、驱除本村寨、剥夺为本寨人的资格。其中最严重的处罚不是死刑，而是驱除本村寨的剥夺资格处罚。这是很多民族在社会发展中在该阶段上通用的方式，即处死并不是刑事处罚的最严重方式，最严重方式是取消作为本群体的资格。

现在从记载看，佤族传统社会中刑事处罚的主要方式有抄家、拆房子、牵牛（猪）、罚物或钱、没收财产、处死、驱逐出村寨等。

罚金或物：此种处罚方式主要运用在偷盗行为和伤害行为，但多是偶犯或者是非故意的伤害行为。

赔命金：此种方式用在人命案件中，具体有两种：一是赔命价，根据死者的年龄及劳动能力，赔偿水牛 2—10 头；二是赔人，如果死者家庭无劳力，或凶手无力赔偿命价，就将他或者他的家人抵给对方①。用人做抵赔时一般是采用成年男性，这与其他民族多采用女性，特别是未成年女性略有区别。从这里看，用人抵赔主要是为了获得劳动力，本质上是通过劳役来获得所要达到的命金。

处死：此种处罚主要适用于惯偷行为和外来偷盗者。对本寨的偷盗者若要处以死刑，则必须取得他的亲族同意。对外来偷盗者则可以处死。在人命案中很少采用处死的处罚方式，而主要采用赔命金。

驱逐出村寨：在佤族所有发展类型的社会中都存在此种处罚方式。此处罚是最严重的处罚，它比死刑还重。这种处罚其实是取消资格。在人类社会发展中，在以群体为单位时，若取消某人为某个群体的资格时，具有两个方面的作用：首先，当事人失去了生存中的基本保障，因为没有群体的保障，个体随时都会被其他群体杀死；其次，当事人不存在于某个群体中，死后灵魂就不能得到安慰。这在万物有灵的时代具有重要的意义。这种处罚方式在西南很多民族传统社会中都存在。

---

① 温益群：《住瓦房的司岗里后人：佤族》，云南人民出版社、云南大学出版社 2003 年版，第 26 页。

二、民事法律

（一）社会分层

在人类社会的发展中分层的出现往往导致社会成员在民事行为能力方面出现区分。虽然在现实中一些民族没有出现民事主体的明确划分。佤族中心区在1949年以前开始出现社会分层，主要是出现珠米阶层、平民阶层与具有奴隶性质的阶层。在西盟佤族社会中他们自己分为四个阶层，即珠米、库普莱、普查和官教克或穷教克。按他们的解释是："珠米"是有吃有穿放债的富裕户，"库普莱"是自种自吃的中等户，"普查"是缺吃少穿的借债帮工的贫困户，"官教克"或"穷教克"是奴隶。① 对前三类阶层，在沧源佤族社会中自己称为："招米"，意思是既富裕又有钱的人，吃、穿、用样样都有，放债、雇有人工；"招色"，意思是比"招米"较为贫困些，基本够吃，不借债和没有帮工的人；"招长"，意思是困难的人，没吃没穿，借债和多靠帮工生活的人。② 其实若把经济、政治、社会地位等因素综合起来考虑，大体分为三个阶层：珠米阶层、平民阶层和具有奴隶性质的阶层。但很难用阶级来化分，特别"官教克"或"穷教克"说他们是奴隶是很难确定的。对此，1958年在《西盟社会调查的总报告》中在"结语"上就认为"目前所称的'奴隶'，是否是奴隶还有问题，说它是奴隶还不如说他是养子"③。

珠米阶层是在19世纪中期才产生的，"珠米"原意是富裕和有钱的意思④。这是因为商品经济进入佤族社会后才出现。珠米在佤族社会中本身不是头人，不是政治领袖，但他们具有较高的政治地位。它的出现标志着佤族中心区的社会开始出现贫富分化，并且有阶级分化的萌芽。

平民阶层包括库普莱、普查两类，因为他们在佤族社会中的政治地位、社会地位表现出很高的相似性，同时没有权力和权利上的限制。这类人是他们的社会主体。

---

① 田继周、罗之基：《西盟佤族社会形态》，云南人民出版社1980年版，第49页。

② 云南省编辑委员会：《佤族社会历史调查》（四），云南人民出版社1986年版，第68页。

③ 全国人民代表大会民族委员会办公室：《云南省西盟佧佤社会经济调查总结报告》（一），1958年版，第99页。

④ 全国人民代表大会民族委员会办公室：《云南省西盟卡佤社会经济调查报告（二）》，1958年版，第28页。

具有奴隶性质的阶层，即“官教克”或“穷教克”，因为他们在佤族社会中的政治地位、社会地位表现出具有很大的限制，即在权力和权利上存在限制。“官”是小娃，“穷”是人，“教克”是购买，两者的含义分别是买来的小娃或买来的人。对于两个术语是否有本质的区别，1956—1957 年的调查者认为两者在本质上不存在区别，佤族人也认为没有区别。但调查者认为存在区别，前者是养子，后者是奴隶。① 其实从记载看，在佤族社会中具有奴隶性质的群体与主人有两种关系，一种是没有形成养子关系的，另一种是形成了养子关系的，两者在社会地位上略有不同。他们在生活中没有完全降为奴隶的地位，因为他们与主人同住、同吃。在现实中说他们具有奴隶性质主要是因为主人对他们人身具有处分权，即主人可以把他们作为家庭财产进行处分，比如买卖、作价偿债，甚至是处死等。从这点上可以看他们具有奴隶性质。但他们还具有特别权利，如可以与主人家同姓、继承主人财产、结婚成家时聘礼与正常的阶层一致等。由于他们的双重性，所以这里用具有奴隶性质的阶层来称之。

当然，在整个佤族社会中，不同地区的社会发展水平不一致，所以在阶层分化上也表现出不同。这里分析的是中心区的佤族社会分层情况。对于班洪、岩帅地区的社会则略有不同，因为他们的社会发展出现了很强的阶级化，出现了一些特权阶层。如在班洪地区大户头在平民迁出时把土地无偿归大户，绝嗣时土地都由大户作为最后的继承人。

总体上看，佤族社会不管是中心地区还是边缘地区，在社会分层上已经出现，但这种分层与阶级社会的分层具有很大的差异性。在不同的社会分层上体现出权力、权利的差别，进而影响到不同主体在社会民事交往中的权利。

（二）所有制度和生产制度

对佤族传统社会所有制度的分析是比较难的，但总体上看，佤族社会已经出现了所有制体系，主要表现为私有制与公有制的混合。这在不同的地区都大体一致。只是在佤族传统社会中还表现出一个特殊的特征，那就是土地，特别是耕地私有制较为显明。

1. 所有制度

1949 年以前，佤族传统社会的所有制体制在不同地区的表现是不同的，但绝大多

① 田继周、罗之基：《西盟佤族社会形态》，云南人民出版社 1980 年版，第 58 页。

数地区佤族所有制体制都是混合型，即出现生产资料核心部分已经私有，但仍然存在着部分公有的土地。从记载来看，佤族社会大量私有制的出现，特别是田产私有制的出现大约在几百年前，形成时间并不长。不同的地区的表现也略有差别。

在中心地区，所有制出现公有制与私有制的混合，所以有学者认为土地制度具有双重性，即土地村寨公有制与个体私有制。① 土地所有上表现出个体家庭私有和村寨公有两部分。如西盟地区的私有制主要出现在耕地、生产工具、牲畜、武器及房舍用具等全部生活资料，其中耕地私有已经很明显；公有部分主要是一些土质及耕作条件差的土地、森林、水流及寨内空地、宅地和园地等。私有土地一般是某一家庭最早开垦并世袭下来的熟地，只有该家庭能耕种，其他任何人不得占有。对于私有的耕地，窝郎、头人等无权对个人的处分进行干预。公有土地为私有土地以外的荒山和山林，由头人占有，但如果哪家有劳动力开垦，只要给头人打招呼，送上一点礼品，既可以开垦使用，但放荒后仍归公有。私有土地可以买卖、抵押、转让，已是私有财产的一部分。虽然佤族社会土地是公有和私有并存，但是私有制基本占主导地位，公有制是原始社会的残余形态，日趋没落。

由于耕地私有较为明显，所以土地所有权的转让主要是通过买卖来进行。在中心区土地买卖中具有自己的一些特征，因为在他们的土地买卖中血缘关系起着相当重要的作用，具体是同姓和亲戚在购买土地上具有优先权。所以出卖耕地时首先得征求同姓和亲戚的意见，没有人购买时才外卖。所以土地买卖的双方以同姓人居多。按 1956 年调查西盟县大马散 79 起土地买卖关系中，同姓关系有 37 起，亲戚关系 18 起，两者占总数的 69.6%②。在土地买卖时，同族内进行土地买卖，一般采用口头契约，但请中间人做证，同时支付“打牙”③ 价。此外，土地买卖关系中虽然没有典卖与绝卖之分，但是土地买卖后出卖人在有能力时可以赎回，并认为是他们的“阿佤理”。这在事实上构成了一种典卖关系。但若出卖与外寨的人时，赎回行为就不存在。所以有学者认为中心区的佤族土地买卖关系具有如下特征：土地买卖尚未脱离民族观念的残

---

① 田继周、罗之基：《西盟佤族社会形态》，云南人民出版社 1980 年版，第 26 页。对此，《佤族简史》上有“土地村寨公有制和个体私有制的两重性，反映了原始农村公社土地制度的特征。结合村寨的地缘性质和社会经济结构的特征，西盟佤族的村寨就是一个原始的农村公社”。《佤族简史》编写组：《佤族简史》，云南教育出版社 1980 年版，第 47 页。

② 全国人民代表大会民族委员会办公室：《云南省西盟佧佤社会经济调查总结报告》（一），1958 年版，第 32 页。

③ “打牙”最初是指为买卖双方议价，或代为过秤，成交后向双方索取一定的报酬。但后来演变成中间人的意思。

余；土地价格极低；可以赎回，所以所有权转让不完整。① 这种土地所有权转让方式的存在是因为佤族社会中的私有制度发展还不完整，私有制的产生受外来因素影响明显，他们土地私有制的出现是由于傣族、汉族、拉祜族的影响和鸦片商品的种植导致，所以导致所有权发展具有不完全性。同时也说明他们的社会中村社公有制度其实还没有完全地消解。同样，在班洪地区因为在一些户迁出本寨或大户时，土地必须无偿转回大户；绝嗣时土地也归还大户。这些表现都说明私有制发展中的不完整。

在土地等重要生产资料私有制出现后，开始出现在所有权上引申出来的用益物权和担保物权等，如出现典权、抵押权等。当然，在这些物权的适用上还受到氏族血缘关系的影响，因为在出典和抵押时本氏族和本村寨人具有优先购买权。

2. 生产关系

佤族传统社会中在生产的关系和分配的关系上有合种、借种、租佃、雇佣、债务和换工等。其中最有特点和影响的是合种，下面对此做重点分析。

合种，在西盟地区又称为“伙种”，佤语是“麻格数亩”，或称为“麻克里姆”，两者仅是音译的不同，其实都一样。“麻”的意思是耕地，“格数亩”是大伙的意思。这种生产关系是佤族社会中重要的生产关系之一，存在于不同发展阶段的佤族社会。按相关学者的调查，认为在西盟佤族中心区合种的户约为70% ~90%；边缘区合种的户数约为40% ~60%。② 从中可以看出，此种产生关系是较为重要的关系。从记载来看，合种者之间多是亲属、亲戚关系，如父子、兄弟姐妹等。在具体合作对象上多为水田等重要生产资料。合种的情况是多种多样的，大体分为以下种类：①土地属于双方，平均出劳动和籽种，收获平分。②地属一方，平均出劳动和籽种，收获平分。③一方出地，另一方出籽种，劳动双方平出，收获扣除籽种（归出种人）后平分。④一方出地和籽种并出一小部分的劳动，收获平分。⑤地属双方，按照所出劳动的不同，分配收获。⑥一方出土地和劳动，另一方出籽种和生产时的口粮，收获平分，等等。从以上形式可以看出，合种一部分属于原始互助形式，不存在剥削关系，但是有些合种形式，由于对生产资料的占有，所以存在有一定的剥削因素。

借种，无地或少地者向有多余土地者借种耕地的情况也较为普遍。借地发生于本寨之间，也发生于外寨间。本寨间借地，一般不给什么报酬，只是在借时送给土地所

① 全国人民代表大会民族委员会办公室：《云南西盟佧佤社会经济调查总结报告》（一），1958年版，第33页。

② 《佤族简史》编写组：《佤族简史》，云南教育出版社1985年版，第51页。

有者少量“礼物”①，得到土地所有者允许后就可以开耕。村社之间借地耕种，要向对方头人送礼请借，得到允许后在指定位置耕种。收获后借者每户交“靠罗”（租额）若干给对方。

租佃，租佃关系在佤族社会还处于萌芽状态，只在部分地区存在。

雇佣，在很多地区的佤族社会中，雇佣关系都较为普遍。如在沧源佤族地区，富裕户每年播种面积中有30%～50%以上的土地靠雇工耕种，其形式有放工和雇工两种。

换工，换工的基本形式有两种：一种是人工换人工，一种是人工换牛工。每到栽秧、点种、撒种、收割等农忙时节，相互换工是普遍的。人工换人工，基本上是一种出于经济利益的互助关系。

（三）与债相关的法律制度

在佤族传统社会中由于出现买卖、借代和侵权行为等关系，于是出现了相关的债权制度。但是整体上看，他们的债权制度并不是很发达。

1. 债的种类

（1）买卖之债

佤族在日常生活中，商品交换除了土地外，还有鸦片、谷子、小红米、红薯、槟榔、芦子和芭蕉等农副产品以及长刀之类的生产工具，大量的买卖关系的存在导致他们社会中出现债权关系。在交换中虽然开始使用货币，如半开，但基本上以物易物为主。例如，若干两大烟换一条牛，一“散因”谷子换若干块槟榔，一张兽皮换若干食盐等。

因买卖而产生的债务关系在佤族社会中是极为普遍的。大马散右寨的90户家庭，在1939—1957年之间，共发生土地买卖33户；发生买卖关系79起，土地买卖在不同阶层中都存在，在大马散右寨买卖土地的33户中，经济较好的富裕户有11户，经济状况较差的有14户。②

由于佤族社会的手工业和副业极不发达，生产生活中所需的许多物品需通过交换而获得，这样因买卖而产生的债权债务关系几乎家家都存在。

（2）生产过程中的债

生产过程中的债权和债务关系主要发生在雇佣劳动方面。雇佣劳动关系，实际上是一

① 一般是茶一包、蜡条一对、半开一个。

② 云南省编辑委员会：《佤族社会历史调查》（一），云南人民出版社1983年版，第78页。

种债的关系。债的主体是雇主和雇工，其内容是债权和债务，即当事人互相以对方的义务作为自己的权利，其标的为工资和劳务。在佤族社会中此种关系是较为普遍的。

（3）婚姻关系中的债

佤族社会中由于婚姻缔结的过程中存在着男方下聘礼的习惯，这样导致聘礼问题往往转化成债务问题。在佤族社会中，男方在结婚时必须给女方家两份彩礼，具体称为“奶母钱”和“聘礼”，聘礼又称为买姑娘钱。由于聘礼数额较大，所以在结婚过程和后面出现婚姻不能缔结和婚姻终止等现象时，就出现聘礼的返还问题，于是出现债务问题。从记载看，聘礼问题转化成债务问题有以下几种情况：首先，是因为男方在结婚时不能完全付清聘礼数量而导致债的产生，这种债务是可以继承的，父母在时不能给付清，得由子孙代偿；其次，是因为下了聘礼后结婚不能而产生聘礼返还的债务；再次，是因为离婚而产生聘礼债务问题；最后，是因男方死亡后，女方改嫁出现的聘礼债务问题。从债的产生上看，婚姻关系中的债务关系在佤族社会中是主要的债务关系之一。

（4）借贷之债

由于生产资料占有的不平等，佤族传统社会中逐渐产生了因借贷关系而产生的债。佤族社会中借贷债务关系主要分为实物借贷之债与货币借贷之债。这两类债的出现主要是由于社会中出现贫富差距，同时又出现大量生产资料私有等原因。一般都是经济情况较好的富裕户作为贷方，借方主要是贫困户。借贷的原因多种多样，如因缺口粮、籽种，或因筹措结婚聘礼、丧葬费用，或因剽牛做鬼等。在佤族社会，债务关系极为普遍，据调查，西盟大马散寨右寨中 90 户中发生借贷关系的就有 79 户，占总数的 88%。① 借贷关系在三个阶层中都存在，但总体上看，富裕户多为放债者、贫困户和部分中等户多为借债者。债务关系不仅发生在本寨和同姓之间，也发生在外寨或外“部落”之间。利息基本上是以年利计算。

2. 债的履行

佤族传统社会中对于债务的清偿一般按约定履行，若不能按期或按约定方式履行时，则可以采用多种方式进行，具体有抄家、拉牛、拉小孩，更有甚者将债务人全家拉来做抵或出卖清偿。在佤族社会中债权、债务人死后，债权债务分别由其继承人继承，所以债务必须履行，否则将产生严重的后果。在债的履行中，特别履行具体可以

① 云南省编辑委员会：《佤族社会历史调查》（一），云南人民出版社 1983 年版，第 81 页。

分为以下几类：

（1）抄家清偿。在西盟佤族社会中，“抄家”偿债是最常用的方式之一，具体是当债务人不能按期清偿债务时，债权人就把债务人家里的粮食、生产工具、枪支、衣服等财产全部强行拿走，作价偿债。

（2）用子女或者自身作价抵偿。债务人若不能清偿债务时，可以把自己的子女出卖或者是用子女作价抵偿，在没有子女时甚至可以把自己出卖或者作价抵偿。具体是债务人可将孩子出卖给同姓人抵债，若后来家境好转还可以将抵债的孩子赎回。债务人还可以将自己的妻子送到同姓人家中劳动，其债务因此而由同姓人偿还。债务人还可以自卖为奴，以身价抵债。

（3）同姓人和同寨人代为清偿。因为债务人不能清偿时会出现“抄家”或以子女等清偿，进而导致某个家庭的完全解体。所以在佤族社会中当某人不能偿清债务时，他的同姓人和同寨人有代为偿还的义务。债务人死后，若其后裔未成年，则其同姓人可将他出卖抵债；若债权债务人无子，则其债权债务按继承顺序由同姓人中的继承人继承。债权人和债务人为同姓，债权人在债务人死后可将其小孩拉去做养子或出卖抵债；若债务人无子，则债权人可占有其全部财产。

（4）劳役作抵偿债。这方面可以分为用子女到债权人家服劳役；让妻子到债权人家服劳役；债权人可令债务人与其合种，收获后将债务人的粮食扣留抵债；或令债务人为其劳动，以债务人应得工资抵押。这些都是采用劳役偿债。

由于佤族人在债务的清偿上存在以上方式，导致当债务不能清偿时出现一个家庭的解体或者出现家族与村寨等力量的介入，于是在他们的社会中债务关系是十分重要和复杂的社会关系。用人作抵偿导致出现大量奴隶性质的群体，于是社会分层的速度加快。同时，抄家、拉牛等行为会导致村寨之间的纠纷，进而出现械斗等。总之，债务关系在佤族传统社会中是具有重大影响的法律关系。

三、婚姻家庭及继承法律

（一）婚姻家庭制度

1．婚姻制度

佤族传统社会中婚姻制度主要体现在以下几个方面：

一夫一妻制。佤族的婚姻制度是以一夫一妻制为主，多妻制为辅。多妻制是个别，并不构成他们社会中的婚姻基本形态，是一夫一妻制派生的或必然带来的现象。因为一夫一妻制下出现不能产育时，为了家庭的延续，就得出现再娶。

同宗不婚。佤族传统社会中婚姻的基本禁忌是禁止同宗为婚，认为同宗为婚是最严重的犯罪，是大逆不道，会触怒“鬼神”。“鬼神”会对全姓人和整个村寨进行严惩，加以各种灾难。所以对违反者采用严厉的处罚，如抄家或者赶出村寨、处死，并要举行做鬼仪式。对此，在“司岗里”是记载说雷神与他姐妹性交，“于是他的地种不好，田也种不好”，带来了灾难，最后是对他进行“抄家”处罚。① 这里用此传说强化了禁止同宗结婚的禁忌。

转房制，即收继婚。在佤族社会中按 1956—1957 年的调查，不管是西盟或者是沧源地区的佤族社会中都存在转房婚姻。他们的转房制可以在兄弟与叔伯之间进行，但转房需得到女方同意，不能强迫。有学者认为，佤族的转房制度主要在兄弟之间，在叔辈之间属于特例。② 根据调查，马散大寨 19 对夫妻中，有 6 对存在转房关系。③妇女在丈夫死后，不进行转房的仅有两种情况：一种是没有或者没有可以匹配结婚的相关人员，如小叔或大伯等年龄偏小或偏大等；另一种是有人愿意娶该妇女，同时能够出高额聘礼给夫家。但假若前夫未曾付过聘礼和奶母钱的，则由妇女再婚的丈夫直接付与妇女的母家后就可以再婚。从上面可以看出，佤族传统社会中寡妇改嫁是正常的事情。

舅权婚姻，即姑舅表兄弟姊妹之间有缔结婚姻的义务。此类婚姻结构是姑舅表亲之间形成世世代代通婚的结构。因为在佤族社会中若是姑姑家的女儿嫁给舅舅家时，就可以抵消“买姑娘钱”。所以有学者认为姑舅表婚在佤族社会中占有50%左右。④当然，对此也有学者认为并非如此。⑤

2. 婚姻缔结程序

从佤族传统社会的婚姻缔结过程来看，大体可以分为以下步骤：

首先，确定对象。佤族男女到十五六岁后就可以自由地相互交往。这种特定的交往活动在佤族社会中称为“串姑娘”，其实就是通过一些公共活动，适婚男女相互寻

---

① 云南省编辑委员会：《佤族社会历史调查》（二），云南人民出版社 1983 年版，第 176 页。

②④ 《佤族简史》编写组：《佤族简史》，云南教育出版社 1985 年版，第 99 页。

③ 田继周、罗之基：《西盟佤族社会形态》，云南人民出版社 1980 年版，第 112 页。

⑤ “未见有赘婿，‘舅父权’没有发现”。（全国人民代表大会民族委员会办公室编：《云南省西盟佧佤社会经济调查总结报告》（一），1957 年版，第 80 页）

找自己中意的对象。在这个过程中是自由的，没有特定的约束。

其次，提亲。当男女双方通过“串姑娘”活动确定了对象后，则由男方家向女方家提亲。女方父母同意后，就举行订婚程序。“订婚”后双方就得停止“串婚”活动，否则会引起婚约关系的解除，严重的还会引起拉牛、抄家等行为的出现。订婚一般要举行特定的仪式，具体是男方杀猪设宴招待相关的亲友。解除婚约很简单，当一方不愿意时，只要双方返还相关的财产就行。

再次，交聘礼。在结婚时，男方家得给女方家支付两笔财礼，即“奶母钱”与“买姑娘钱”。这两者在佤语中分别称为“乌畏波”和“乌畏阿布恩”。两者的数额多少由女方的母亲结婚时这两笔财礼的多少而定。“奶母钱”一般是在结婚后一两年内支付；“买姑娘钱”则没有期限，可以在结婚后支付或者由子孙支付。

最后，举行结婚仪式。佤族结婚仪式比较简单，男方家举行宴餐，请女方父母和近亲参加，同时请双方族姓中有威信的老人和头人参加。结婚当日新婚夫妇到田地中生产，晚上同居，婚姻就完成。

3. 离婚

佤族传统社会中，若夫妻不合，男女双方都可以提出离婚，但不管哪方提出离婚，结婚时男方所支付的聘礼都要归还，一般由女方的新夫偿还。如离婚是由一方过错造成，过错方要向对方进行补偿，否则对方家庭的人可以来拆房子或者牵牛。离婚还要请寨子里的老人杀鸡祭鬼，但是不能敬神。女方提出离婚不能分割家里其他财产，只能带走自己的嫁妆，女方不能将子女带走，由男方家人抚养。

对于离婚，一般要举行特定的离婚仪式。如在央冷地区，离婚时请头人为证，将一只鸡劈为两半，男女双方各执一半抛于外面就标志着婚姻关系的结束。① 男女双方就可以再婚。

（二）家庭制度

家庭上，佤族传统社会中采用的是一夫一妻制的小家庭，成员包括夫妇和子女，或者包括夫妇、父母和子女。家长一般都是由在家庭中承担主要责任的男性担任，妇女处于被支配的地位。在佤族社会，家庭多是核心家庭，因为儿子结婚后一般就分家，另立门户。分家在他们的传统社会中并不禁止。

---

① 全国人民代表大会民族委员会办公室编：《云南省沧源县佧佤社会调查》，1957 年版，第 36 页。

（三）财产继承制度

在佤族家庭，只有儿子才有权继承父母遗产。女儿只能得到出嫁时陪嫁的嫁妆。家庭只有独子的，结婚后不分家，多数同父母居住。如果有两个以上儿子的，则由父母从长子或小儿子中，选择一个他们认为劳动好、心肠好的留下来住在老房子，与父母共同生活。其余儿子，结婚后就分家出去，具体是父母盖给住房，分给田地、耕畜和生产工具。但如果不具备经济条件和由于其他原因，几兄弟结婚数年仍然一起住在父母家的现象也不罕见。

在父母遗产的继承上，与父母居住在老房子的儿子具有一定的优先继承权。这种优先继承权是指他们有多继承某些财产或者是优先挑选父母土地和生产工具的权利。当然，从权利与义务的对等关系看，是因为住老房子的儿子担负着赡养父母的主要责任，所以在权利享受上具有优先权。

无子者可以过继兄弟或收养别姓之子做养子。养子和继子都有财产继承权，即使有亲儿子也要分给养子或继子一部分财产。

若无亲子、继子的孤老，死后财产由本姓人中的近亲者继承。

从佤族的婚姻家庭和继承制度上看，宗法制在这里表现出相应的特征，但与中原地区汉族的宗法制度表现出不同的内容。因为在他们的社会中，宗法制是具有一定的力量的，比如禁止同宗结婚，同宗人作为最后继承人等。但在婚姻家庭上并没有形成嫡长子继承制度。妇女在婚姻中的地位并没有完全成为附属物，她们有离婚与再婚等权利。

四、纠纷的解决

佤族传统社会中纠纷的解决主要是通过本民族内部的纠纷解决机制进行，具体来看，他们固有的纠纷解决机制可以分为世俗与神判两类；此外，还存在外来纠纷解决机制，对这方面的纠纷解决机制，主要是傣族土司的解决机制，因为傣族土司一直是佤族地区的统治者，并且他们的行政机构的设置也较为发达。除此之外，若涉及当地社会安全和边疆稳定等问题时，中央流官政府也会介入纠纷的解决。这种纠纷解决机制在清朝前期很少，清朝中后期开始逐渐增加。

（一）固有的纠纷解决制度

1．世俗纠纷解决机制

佤族传统社会中纠纷根据不同的标准，可以分为不同的类型。如根据纠纷主体的关系，可以分为家庭内部的纠纷、同姓不同家之间的纠纷和寨内不同姓不同家之间的纠纷、姓与姓之间的纠纷、寨与寨之间的纠纷、佤族与其他民族之间的纠纷；根据纠纷的性质可以分为财产纠纷、人命纠纷、山林纠纷、水源纠纷等。这些不同的纠纷种类，在解决机制上也存在着不同层次的纠纷解决机制和解决主体。具体分析来看，主要表现在以下几个方面：

首先，村寨内部的纠纷。这类纠纷可以分为寨内家庭内部、同姓不同家和不同姓不同家之间和不同姓之间的纠纷解决。对于以上这些纠纷，由于内容上多是分家析产、财产确定等，并且都在本村寨内部，所以一般由村寨内部解决，具体是由姓头人、窝郎、村社头人、魔巴根据纠纷的不同，单独或者是组成委员会，按照本民族的习惯法解决。在一些地区，已经分化出专门负责调解村寨内外各种纠纷的头人，称为“达崩”。

其次，村寨之间的纠纷。这类纠纷往往由于山林、道路、水源和田地方面的权属引起，形式上一般发展成为村寨之间的纠纷。所以解决这类纠纷时往往得由第三方介入调解，具体是双方头人与第三方头人组织调解委员会。在具体程序上先由有和解要求的一方或是承认自己理亏要求和解一方提出来，经过与双方友好的第三村寨出面，双方约定时间和地点举行“洗手”仪式，原来的仇家村寨通过相关仪式后化干戈为玉帛，不再进行械斗，纠纷随之解决。

最后，与周边其他民族发生纠纷。这类纠纷的解决往往要通过与其他民族头人组织成联合解决委员会，有时还得请第三者介入。从记载看，主要是请傣族土司或者是中央设在当地的流官政府加入。这类纠纷的解决是比较重大的事件，所以在法律适用上有佤族的习惯法、傣族的法律或者是中央的法律等，具体根据每个纠纷的性质和影响等所定。

2．神判制度

神判主要适用于指控者指控某人，而被指控者又不能证明自己没有该指控行为的案件中。这种案件主要有偷盗案件和指控某人为某种行为的案件。其中偷盗案件是主要适用的对象。如果发生偷盗行为，被偷者不能找到偷盗犯或者对某人进行指控，但对方不承认，可是双方又不能提出有力证据证明各自的主张时，便采取“神判”的方法。

从神判的过程来看，大体可以分为两个步骤：首先，确定被指控者。在偷盗案件中，失主一般是请魔巴杀鸡看卦以确定被指控者。看卦前，失主先怀疑某个人，然后杀鸡看卦。若卦不是，再怀疑一个人，再杀鸡看卦，直到确定被指控者为止。用鸡卦的办法确定“被指控者”后，便告知“被指控者”①，要他赔偿损失。若“被指控者”不承认②，就得采取第二步，即具体的“审判”。这时指控者和“被指控者”，请头人和一些老人为主持人和见证人，然后选择某种神判的方式确定是否如此。从记载来看，佤族传统社会中常用的神判方法有以下几类：

摩手掌，即失主和“被指控者”相互摩掌，看谁的手掌先出血，若“被指控者”的手掌先出血，便是偷盗者；若失主手掌先出血，便认为错怪了人；若双方都出血或不出血，就认为双方都不错。

相互打头，失主和“被指控者”相互打对方的头（自己不打找别人打也可以），哪个被打出血，就认为哪个错了，双方出血或不出血，则认为都没有错。

竹签扎手，双方请公正的老人或头人用竹签扎手，竹签扎下去拔出来时，谁的血急速流出，则认为是错了；谁的血慢慢流出则认为不错；若两者出血的情况一样，就认为都没有错。

捞油锅，烧一锅开水，放入石头或鸡蛋，让双方伸手到开水里去捞。捞出来后，头人或老人立即用布擦干捞者的手，看手起泡与否；起泡者错，双方都起泡则都不错。

站穴顶板，挖一个深半尺左右，大小能容双足的穴，让双方轮流站在穴内，公证人将一块木板放到站者的头上，连放三次，每次几秒。若站不稳板子掉下来，就算错了，站得稳板子没掉下来就不错，双方情况一样就都不错。

爬螺蛳，在一大口铁锅内画上一些方格，装上水，捉一些螺蛳来，放在方格里，认定一个方格内的螺蛳代表失主，其余方格中的螺蛳各代表一个“被指控者”，看代表失主的螺蛳爬到哪个方格里的螺蛳旁，便认为失主旁的这个螺蛳就是错的。按记载，此方法在20世纪20年代时曾在沧源县确定过未婚先孕者的男性是谁。因为该事件中的当事人是一个哑女，不能明确指出与他发生性关系的当事人，所以采用此方法

① 实际是被怀疑者，可能是偷者，也可能不是偷者。
② 绝大多数是不承认的，即便真正的偷者往往也不承认。

确认。①

经过以上某种神判的方式，若"神判"的结果是指控者失败，就判定指控者诬赖好人，即使"被指控者"确实偷了东西或者犯有该行为，也无话可说，接受"被指控者"的处罚，处罚多以拉猪、拉牛为主要方式；若"神判"的结果是"被指控者"失败，即使"被指控者"没有偷东西或者没有犯该指控的行为，也只好忍受指控者的处罚，赔还失主所丢失的东西，或者被失主抄家，甚至处死等。

（二）外来纠纷解决机制

在佤族传统社会纠纷解决上还存在着外来纠纷解决机制。这类纠纷解决机制主要是傣族土司与中央政权设在该地区的流官政府。这两者介入的纠纷往往具有相应的特征，具体是傣族土司介入的纠纷往往是佤族村寨之间的大纠纷或者是与傣族等其他民族的纠纷；流官政府介入的纠纷一般是该纠纷影响到了当地社会的公共安全等重大纠纷，或者是出现不同民族之间严重械斗等。

从以上分析可以看出，佤族社会虽然没有形成成文法，但其长期形成的道德规范是很严格的，是人人皆知的，共同遵守的，违犯这些习惯要受到严厉的处罚。这些习惯调整着佤族社会中人与人之间的关系、村寨与村寨之间的关系，在社会生活中起着"法律"的作用，维护着社会正常的秩序。

---

① 王敬骝：《佤族的神判——螺蛳判》，王敬骝等编：《佤族研究50年·王敬骝学术文存之一》，云南民族出版社2003年版，第122页。

第三章

德昂族法史

第一节

德昂族概况

一、德昂族分布及族源

德昂族是西南边疆现有居民中最古老的民族之一，有悠久的历史和传统文化。清代史籍称其为“波龙”、“崩龙”；新中国成立后仍沿用“崩龙族”之称，1985 年 9 月按本民族意愿，经国务院批准正式改名为德昂族。“昂”是本民族自称，意思是“石岩”，德昂族各支系中 2/3 以上的人自称“德昂”，据说是因为开天辟地时，洪水滔天，德昂族先民躲在葫芦里，漂流至岸上，劫后余生，居住在岩洞里重新生活、繁衍人类，为纪念祖先而以此命名。德昂族是云南独有的、跨境而居的民族之一。它居住地域广泛，是典型的小聚居大分散格局。现聚居于云南省潞西县三台山和镇康县军弄等地，散居在德宏、保山、临沧和普洱地区。德昂族的居住非常分散，大多与其他少数民族，如傣族、景颇族、佤族和汉族等分寨杂居，在缅甸也有较多德昂族居住。德昂族有自己的语言，属南亚语系孟高棉语族佤德昂语支，分“不列”、“汝竞”、“汝买”三种方言。德昂族无本民族的文字，通用傣语文、汉语文。德昂族的支系较多，有十多种之多，在我国的德昂族主要属于绕金、绕尖、绕买、绕奈、梁、只木来等支系。依据 2010 年第六次全国人口普查的统计，德昂族人口数为 20556 人，与十年前的第五次全国人口普查的统计相比，德昂族人口增加了 0. 27 万人，增长率为 15%。

汉代以前的“百濮”（永昌濮）、“濮人”（仆人），西汉时期的“濮夷”，东汉到南北朝时期的“闽濮”，唐宋时期的“茫蛮”、“金齿”、“朴子蛮”，元明清时期的“蒲蛮”或“蒲人”，是今德昂、佤、布朗等族的先民。尤其在清初时，德宏州境内的蒲人分化形成了新的单一民族——德昂族。①

① 方慧：《明代云南广邑州建置考 · 蒲人历史新探之一》，载《民族研究》1985 年第 3 期。

二、德昂族的发展历史

史书对“仆人”的记载较为含糊，但仍然可以推测到其的存在及其影响。《汉书·地理志》记载：“仆水出徼外，东南至来唯入劳。”“牛兰山，即水所出，南至双柏入仆。”“濮水首受青蛉，南至邪龙入仆”里的“仆水”或“濮水”，即指今之澜沧江。有学者认为在很早时候德昂族的先民“仆人”或“濮人”就居住于澜沧江沿岸。

三国两晋时期，濮人有了进一步的发展。但并没有形成统一的政治组织和社会。“濮人”的支系很复杂，尽管每个地方的“濮人”可能有自己的“王”①，因为《华阳国志·南中志》中记载“永昌郡……有穿鼻、儋耳种，闽、越濮、鸠僚。其渠帅皆曰王”，但是就各个濮人村寨来说是各自相互独立的。杜预在其《春秋释例》中写道：“建宁郡（管辖今曲靖一带）南有濮夷。濮夷无君长总统，各以邑落自聚，故称百濮也。”从史料记载上看，濮人的风俗习惯较为独特，除了对其有绣面、绣脚、黑齿、金齿、银齿以及服饰的记载外，母系氏族的痕迹还很明显，《太平御览》引《永昌郡传》记载：“郡（即永昌郡）西南千五百里徼外有尾濮……男女长，皆随宜野会，无有嫁娶，犹知识母，不复别父。俗云，贷老相食，则此濮也。”这说明德昂族先民曾经经历过一段母权制的发展阶段。

隋唐时期，德昂族的先民被称为“金齿”、“茫蛮”或“望蛮”。生活在永昌城（今保山地区）以南，“楼居，无城郭，或漆齿，或金齿，皆衣青布裤，藤篾缠腰，红缯布裹髻，出其余垂后为饰，妇人披五色娑罗笼。”② 其中，“楼居”、“漆齿”，尤其是“藤篾缠腰”，今德昂族仍然保留了这些习俗。

元代，德昂族的先民被称为“金齿”、“蒲蛮”或“蒲满”，与中央政权的联系越来越广泛。元宪宗四年，元朝军队征服大理，随后开始征伐当地各民族。中统初，金齿、白夷等民族首领派遣使者朝贡，归附元朝。在元代，邻国兴起了一个强大的缅王国，该国拥有象骑数万。缅王国为攻取大理，抢掠金齿，与金齿等族发生了激烈的战争，元朝派遣大军予以抵御，并将其击败。为了加强对边疆和金齿地区的控制，《元史·本纪》记载：“至元二十年（1283）三月丁巳，以万户不都蛮镇守金齿。”战争

---

① 常璩著：《华阳国志》卷四，《南中志》，任仍强校注，上海古籍出版社 1987 年版，第 285 页。

② 樊绰撰、向达原校，木芹补注：《云南志补注》，云南人民出版社 1995 年版，第 151 页。

加强了金齿与中央政权的关系，金齿对元朝的朝贡越来越频繁，中央政权也通过设置国家机构、派遣使者、赐予礼物和官职等方式不断加强对金齿等民族的治理。

明代，德昂族的先民被称为“蒲蛮”、“朴子蛮”，主要生活在澜沧江以西的地域。蒲蛮性勇健，兵不离身，能征善战。平时从事采集和狩猎业。风俗习惯上仍保留了金齿、漆齿、银齿的习俗。

清代，德昂族被称为“波龙”或“崩龙”。清代德昂族与中央政权的关系更加紧密。部分原因是力量较弱的波龙人经常受到缅人的侵害，而又无力抵抗。波龙为躲避缅人侵扰，多居山顶，保留有以藤篾缠腰、漆齿、文身的习俗。《乾隆东华录》记载了乾隆三十二年十二月，“明瑞奏：大兵出木邦交界，经过大山所属波龙等处，土司头目均极恭顺，并称伊等被缅蹂躏，不能为敌，今大兵一到，各部落均享太平”。乾隆三十四年四月，“永昌、顺宁所属十四土司……其边外波龙、养子、野人、摆夷等，如有实行投顺者，亦可供向导之用”。在历史上，波龙族与傣族和其他民族发生过很多激烈的战争，尤其在清代，反抗傣族土司的战争很多。嘉庆十九年（1814），波龙族提出“官家不公平，杀死官家解不平”的口号，并且在傣族人景董的带领下举行了大规模的反对傣族土司的起义。起义最终在清朝政府、梁河土司、景颇族山官的联合镇压下宣告失败。被打败的波龙族被迫离开了芒市地区，迁往别处。现今芒市的德昂族是后来才慢慢迁回来的。在很多坝子里至今还可以看到大量德昂族生产生活的遗迹。

第二节

历代中央、地方政权对德昂族的治理

一、中央政权对德昂族的治理

自秦以降，云南少数民族地区开始纳入统一的多民族封建国家的地方行政区划的范围。但秦在云南少数民族地区的开发治理是有限的。西汉中央王朝在云南设置了郡、县两级地方行政区。具体是犍为、越嶲、牂牁、益州四郡。四郡所属的县，有的在云南境内，有的则在今四川、贵州地区。德昂族先民的分布当在益州范围内。东汉时期的地方行政区划分为州、郡、县三级。涉及云南地区的郡有犍为、越巂、牂牁、益州和永昌，这些郡各领若干县，各郡隶属益州。三国时期地方行政体制与东汉相同。后来，蜀占有云南，云南地属益州。蜀国诸葛亮在云南设有七郡，各郡领县不等。后又设庲降都督总摄七郡，以军事首长总领各郡政务。两晋和南北朝时期的地方行政区仍分为州、郡、县三级。自西晋始首次在云南设立了地方一级行政区——宁州。宁州管辖南中七郡中的建宁、兴古、云南、永昌四郡。宁州官吏统治势力在许多境内少数民族地区尚不能深入。隋唐时在云南地区亦设州、县两级。基本上都是按民族地区的部落区划设置。多数州属羁縻州，又设总管府或都督府、都护府，以管理各羁縻州县行政区。羁縻州是唐王朝在少数民族聚居区设置的一种仿中原内地的州的行政单位。以当地少数民族首领为州的长史——刺史，并得世袭，一般内部事务可自治。

元朝建立后，赛典赤到云南建置行省。行省下设路、府、州、县。在大理金齿等处设宣慰使司兼都元帅府。各宣慰使司、宣抚使司领路、府不等。路、府领若干州、县。州有的属县，有的则无属县。明代时，地方行政区划分承宣布政使司、府、州、县等级。府（军民府）、州、县多数设在内地，宣慰使司、宣抚使司、御夷府州、安抚使司、长官司等多数设在边远少数民族地区。府、宣慰使司、宣抚使司领有州、县、安抚使司、长官司等若干区域。有的安抚使司、州也直属于布政使司。清代的地方行政区划基本沿袭明制。云南地区清代除在省下设府、厅、州、县外，还设有宣慰司、宣抚司、安抚司、招讨司、长官司以及土守备、土千总、土把总、土巡检、土驿丞、土都司等职守。宣慰司、宣抚司、安抚司、长官司、土把总、千总、守备则隶属府、厅。土巡检司或隶属于厅，但多数隶属城县。

在云南少数民族地区的行政制度演变中，自秦汉到明清，实际上存在两种地方社会管理制度，一种是“羁縻制”，一种是“郡县制”。可以说，德昂族先民基本是处在中央政权的间接管理下，但始终是生活在中国封建国家的版图之内。

二、地方政权对德昂族的治理

德昂族先民是云南境内世居民族。约在公元前 6 世纪至 4 世纪，云南部分地区已由原始公社制社会向奴隶制社会过渡。到战国末年，云南的一些地区已经进入奴隶社会，一些地区则还处于原始社会。① 正如《史记·西南夷列传》所说，西南夷、靡莫之属、滇以北以及巂以东北君长以什数，而西自桐师以东，北至楪榆，无君长，地方可数千里的情况。与此相适应，一些地区的民族已经建立起国家或准国家，即部落国家，而一些地区还是氏族、部落社会。地方各邑聚也有地方性质的社会管理体制和管理机构。《华阳国志·南中志》记载："南中，在昔盖夷、越之地。滇、濮、句町、夜郎、叶榆、桐师、巂唐、侯王国以十数。"包括了德昂先民的濮人部落应当属于在这些部落国家当中了。

自公元8世纪中叶起，云南出现了南诏、大理割据，形成了相对独立的地方政权，中央王朝已不能对云南民族地区进行有效治理了。南诏的统治制度仿唐制，按府、郡、州、县及部落建置区划。府级地方行政区下辖郡、州、县、部。州、郡属同级，有的州称之为赕。县、部为同级行政区，部基本保持民族地区的原有组织形式。据《蛮书·名类》记载，居住今云南南部和中南半岛的朴子蛮、寻传蛮、裸形蛮、望苴子蛮、黑齿蛮、茫蛮等部落，先后被南诏所征服，"皆为南诏总之，攻战亦召之"。"当阵面上，如有不前冲者，监阵正蛮旋刃其后"。南诏对包括德昂族先民在内的世居民族的歧视和压迫较为明显。如强征一些山区和边疆的少数民族入伍，将其置阵前充当敢死队。大理国的地方行政区划基本与南诏相同。在一些民族地区还建有封国。封国属郡国，通常封当地少数民族首领为国主或王。大理国与景龙金殿国就属于宗藩从属关系。在今德宏、临沧等的金齿百夷的势力范围也随着形势变化在不断发展。南诏异牟寻曾攻取过金齿等地，大理国时金齿百夷又乃尽复故地，"是后金齿诸蛮浸盛"。

在11世纪中期或是后期，由布朗、崩龙和佤族先民建立了"金齿国"，其疆域为"澜沧江界其东，与缅地接其西"；黎崱《安南志略·郡邑》载，"安南沱江路地接金齿"。这个疆界标明金齿国辖区包括我国境内的今保山、德宏、临沧、思茅、版纳等地区及缅甸北部、老挝北部和越南西北部地区。所统属的民族主要有八种，即金齿（佤、布朗、崩龙）、白夷（傣族）、僰（白）、比苏（傈僳）等。② 元代的《马可·波罗游记》里描述了当时的社会状况，"其俗男子尽武士，除战争、游猎、养鸟之外，不做他事，一切工作皆由妇女为之。辅以战争所获俘虏而已"。说明了在元代金齿民族的成年男子已形成一支不事生产，专门从事战争、游猎的"特殊武装队伍"，

---

① 张晓松等著：《云南民族地方行政制度的发展与变迁》，云南人民出版社2005年版，第8页。

② 云南省编辑组：《德昂族社会历史调查》，云南民族出版社1987年版，第5页。

而且把战争所获的俘虏用于农业生产，具有比较明显的奴隶社会的特征。13 世纪中期，金齿路被元朝征服。元军进入后，迅速在此区域“定租赋，置邮传，立卫兵”，推行一整套封建制度，促使金齿地区迅速封建化。元代行省在云南西部南部边疆广为设治，固然取得很大成就，但就某些地区的控制依然有限，甚至就是在金齿地区的统治也不是很巩固。

在元朝后半期，以麓川（在今云南瑞丽）为中心的金齿百夷势力崛起，并逐渐控制了这一地区。至顺元年麓川土官入元贡方物，元廷乃置麓川路军民总管府。后改麓川路为平缅宣慰司。但事实上麓川土官势力并未被遏制。李思聪《百夷传》说，“至正戊子（1348）麓川路（今瑞丽）土官思可法，数有事于邻境……乘胜并吞诸路而有之，乃罢土官，以各甸赏有功者”。这明确记载，麓川傣族统治集团是在元代后期夺取了德宏地区统治权。佤崩民族（金齿）沦为傣族（白夷）土司的属民。

明朝建立后，麓川土司势力继续壮大，终于发展到进攻景东、定边（今云南南涧）等云南腹地。自正统五年至十三年，明朝出兵数十万，王骥“三征麓川”才最终打败了麓川割据势力。三征麓川防止了思氏势力的分裂活动，对安定西南边疆、维护国家统一具有积极意义。同时，内地先进的经济文化随着大量汉人的进入而传入，在当地产生了积极影响。比如麓川的耕作方法在明初还很落后，而到万历时，“自蛮莫以外，一岁两获，冬种夏收，夏作秋成。孟密以上，犹用犁耕栽插”。另一方面，三征麓川的战火也给滇西边疆少数民族带来了灾难，《明英宗实录》就记载了战斗中发生“官军乏食，纵其大掠三日”之事。

直至清朝时，历史文献中才出现了“崩龙”称谓，史料才有“德昂族”的记载。《乾隆东华录》记载：乾隆三十二年十二月“明瑞奏：大兵出木邦界，经过大山所属波龙（崩龙）等处，土司头目均恭顺，并称伊等被缅蹂躏，不能为敌，今大兵一到，各部落均享太平”。乾隆三十四年四月“永昌、顺宁所属十四土司……其边外波龙、养子、野人、摆夷等，如有实行投顺者，亦可供向导之用”。光绪《永昌府志》卷五七记载：“崩龙，类似摆夷，惟语言不同，男以背负，女以尖布套头，以籐篾圈缠腰，漆齿，文身，多居山巅，土司地皆有。”这些史料说明了崩龙（德昂）族是在傣族土司的直接统治之下。

第三节

德昂族的社会组织

一、近代以前德昂族社会组织

史书对德昂族先民所建立的社会组织记载很少，我们只能从一些零星的记载中发现有关的记载。根据汉晋时期的记载，德昂族的先民百濮并没有统一的政治组织，村落是基本社会组织。杜预在《春秋释例》中说："濮夷无君长总统，各以邑落自聚，故称百濮也。"各个百濮支系的首领被称为"王"，"永昌郡……闽、越、濮、鸠僚，其渠帅皆曰王"①。

在唐朝时期，茫蛮部落形成了新的领导者——"茫"，茫蛮人称其为"茫诏"。而且"茫"的管理范围很大，甚至可以组织和领导一个由两三千人组成的军队。"茫蛮部落，并是开南杂种也。茫是其君之号，蛮呼茫诏。……咸通三年十二月二十一日，亦有此茫蛮，于安南苏历江岸聚两三千人队"②。

元代，中央政权为了加强对金齿、蒲满的治理，在当地先后设立了安抚司、安抚使、建宁路、镇康路、六路总管府等机构对金齿、蒲满以及其他民族进行管理。有的金齿还被任命为国家官员。《元史·本纪》记载，至元三十一年"以金齿归附官阿鲁为孟定路总管，佩虎符"。金齿、蒲满的首领仍然称为"酋长"。酋长的产生实行继承制，元朝官员李京在《云南志略》中记载，"金齿白夷，记识无文字，刻木为约。酋长死，非其子孙自立者，众共击之"③。说明当时在少数民族地区进入了奴隶制社会，统治阶级的权力继承已由"禅让"变为由有血缘关系的人，如子女、兄弟等世袭。

明代，"蒲人"的领袖仍然称为"酋长"，为了争夺酋长位置，父子、兄弟之间

① 常璩著，任仍强校注：《华阳国志》卷四，《南中志》，上海古籍出版社 1987 年版，第 285 页。

② 樊绰撰，向达原校，木芹补注：《云南志补注》，云南人民出版社 1995 年版，第 64—65 页。

③ 王叔武校注：《云南志略辑校》，云南民族出版社 1986 年版，第 66 页。

的相互攻伐时常出现。景泰《云南图经志书》记载："争酋位则父子兄弟相攻，邻里不救，受贿乃救云。"

清朝，中央政权在波龙人（德昂族）聚居的波龙山等处设置土司进行管理。为了利用波龙人控制"山头人"，芒市土司曾对波龙人予以很大的优待。如付之兵权、免其赋税、授予爵位等。随着"山头人"的势力逐渐减弱，波龙人的影响力开始变大，以致威胁到了清朝政府和芒市土司的统治，因此被镇压，并被迫迁徙。① 在这一时期，波龙人改变了过去各个村寨各自独立发展的状况，形成了以广弄为政治中心的较为强大的民族，其首领就是广弄老畹。另一个较为特别的社会组织是佛教组织，佛教在这一时期开始从傣族中传播到波龙人的社区，一些波龙族村寨有了自己的佛寺、和尚和佛爷。佛教组织成为波龙人社区中的重要的社会组织。

据说在200年前，黑崩龙族在今天的三台山一带有五个"带头人"，分管引松（营盘）、营拉（长山）、邦外、芒邦、芒牙五寨。"带头人"是一寨之主，负责管理村寨的宗教、生产、纠纷解决、对外战争议和等，同时还存在一个称为"村公社议事会"的民主决策机构。②

二、近代以来德昂族社会组织

近代以来我国德昂族由于人数少，居住分散，大多数德昂族与傣族、景颇族和汉族杂居于山区，也有少量居住在坝区。在近代的德昂族社会里，社会组织分为两种类型：一种是由其他民族统治者，如傣族土司、汉族地主在当地设立的社会组织；另一种是德昂族自身产生的社会组织。前者主要是代表地方政权对德昂族进行治理，也有在德昂族中选择代理人进行管理的；后者则是德昂族在社会发展过程中自然形成或产生的，尽管它们要服从上级统治者的要求，但是毕竟是德昂族传统文化和社会的重要组成部分。

（一）老毗或达岗

在芒市，过去主要由傣族土司进行管理，为了便于治理，芒市土司通常将管辖的区域划分为若干个区域，分别任命老畹进行管理。傣族土司对德昂族的治理主要是通

①② 云南省编辑组编：《德昂族社会历史调查》，云南民族出版社1987年版，第194—195、15页。

过任命德昂族老岘和伙头来实施的。老岘相当于乡一级的组织，伙头相当于村一级的组织。老岘负责管理几个村寨，主要负责征收土司派款、征兵、维持治安、解决纠纷、主持宗教活动等事务。在过去老岘必须由村寨的头人、老人、氏族共同选举产生，报请上级土司批准。老岘为终身制，并且世袭。

在一些地方，德昂族为了避免景颇族以及其他民族头人的侵害和剥削，还得接受景颇族山官的统治，以获得保护。景颇族山官尽管也得服从傣族或汉族土司的统治，但是相对于德昂族而言，它仍是一个居于统治地位的民族。如以芒市三台山邦外村为例。在过去芒市土司将其划归帕底老岘管理，并且在该村设立了伙头。每户每年按照要求得给土司交半开（货币单位）两元做“问户钱”，并交约三斤大瓜，有的地方每家还得送一升豆，全寨送约 30 斤梨。老岘建房、婚丧等事，每户还要出白工，送竹子、礼钱等。邦外的德昂族同时还受石板寨山官的管理，每年全寨要按户向景颇族山官缴纳保头税，多者三箩谷子，少者一箩或半箩谷子。

（二）伙头

在成为傣族土司的属民之前，德昂族村寨的管理者被称为“带头人”或翻译为“王子”，是自然形成的。当德昂族成为傣族土司的属民后，“王子”为傣族土司任命的伙头所取代。最初伙头由村民推选出来后报请土司任命的，后来则大多由土司直接任命。伙头开始向世袭过渡，如当伙头死后，如果其子有能力继承伙头职位的就由其子继承，否则可以通过民主选择或土司重新任命的方式产生新伙头。伙头是在老岘之下负责管理一个村寨。除了负责处理村寨日常事务外，还要为土司、山官以及国民党政府征收各种赋税和劳役，有时也替村民申请减免部分赋税或劳役。担任伙头的条件是家景较富裕、能说会道，有一定的组织能力。伙头和一般的村民一样要参加劳动，并没有成为专门的统治阶层，但相对于一般的群众来说也享有一些特权，土司授权给他们一些叫“白工”的权力，如在农忙的时候全寨每户要出一个“白工”，为伙头栽秧。

（三）头人

在芒市、瑞丽的德昂族村寨，仍保留了自己的一些社会组织，其中就包括德昂族社会自己形成的头人组织。村级的头人在邦外、大岗村称为“达改”，在处冬瓜村称为“布拉迪”。以邦外村为例，德昂族的头人主要是三种：达改、达格来和达崩。达改对全村寨负责，通常由村寨中最大的或最早建寨的氏族成员担任。在德昂族成为傣族土司的属民后，有的达改又被任命为伙头。

达格来是负责村寨祭祀活动的头人，负责祭寨桩、主持婚丧仪式。此外，还经常为村民相面，看手纹、脚纹以预测前途和吉凶。

达崩负责村落的通信，后来还兼任派头，负责派款工作。

（四）宗教组织

德昂族受傣族的影响较大，因此也和傣族一样信仰小乘佛教。云南小乘佛教主要有“润”、“摆庄”、“多列”、“左抵”四个教派。这四个教派德昂族都信仰。其中“润”派为畹町芒棒的德昂族信仰，“摆庄”派为芒市勐嘎镇茶叶箐的德昂族信仰，“多列”派为分布各地的大多数德昂族信仰，“左抵”派为瑞丽、芒市、耿马的少数德昂族信仰。

1. 庄房或佛寺

在不少德昂族村寨都有一座佛寺或庄房供佛爷居住。佛爷在村寨中具有很高的地位和威望。村寨中的大小事务通常都要经过佛爷的认可，村民凡是遇到生病、结婚、建房、丧葬都要邀请佛爷去看日子，念佛经。村民离开村寨或者外人进入村寨也需征得佛爷的同意。有的佛寺经济上很富有，有土地、茶树和牛马等大型牲畜，佛寺经常从事出租、出卖等经济活动。

2. 庄房管理委员会

另一个宗教组织是大多数村寨成立的管理佛寺的专门机构“庄房管理委员会”，它负责一些与佛教活动相关的事务，具体包括：管理佛寺的财政收支、基建、修缮、祭祀、僧侣的生活等事务。另外，庄房管理委员会对佛爷、和尚的晋升、还俗的评议也享有很大的权力。庄房管理委员会的组织机构根据村寨的规模而有所不同，大的村寨由三四个人组成，成员从村中的信徒、头人和家族长中选举产生。条件一般很简单，如必须是有威望的老人，并懂得傣文佛经，热心佛教事业。以盈江松山德昂族村庄房管理委员会的构成为例，委员会设“布占”（安长）一人，负责委员会的所有事务，布占由精通佛教经典，并已还俗的佛爷担任；设保管一人，负责保管信徒赕给庄房的钱物；设行政一人，负责庄房的基建、维修，组织各种庆典活动；设财会一人，负责庄房的土地、财产和财政上的经济开支和保管。委员会还安排 40 岁以上的男性老年人负责庄房内外的杂务，安排信徒每天轮流供应佛爷和小和尚的膳食。① 有些村寨由于规模小，没有僧侣，也不设立庄房管理委员会，而是从懂佛经的信徒中选出“安长”一至二人，负责管理庄房和主持庆典活动。

3. 临时性组织：赶摆领导组织

德昂族社会还存在一些临时性的社会组织，这些组织只在需要处理相应事务时才临时成立，当事务处理完了以后就解散。德昂族做大摆时所成立的领导机构就属于这种情况。做大摆又称为“大贡”、“大赕”、“赶摆”，做大摆是德昂族一个非常重要的宗教活动和节日，一般与傣族一起举行。做大摆的时间不定，通常三五年，甚至七八年举行一次。做大摆的仪式非常隆重，耗费的人力、物力和财力很大，而且通常要准备一两年时间，因此德昂族做大摆时都要成立一个临时性的组织领导机构。这个临时机构由村寨头人和老人共同推选数个领导人组成。领导人通常从大佛爷、安长和有威望的头人中产生。领导机构下设四个组，分别负责接待、膳食、诵经和迎宾的相关事务，具体分工是：

接待组的职责，第一是建盖十余间茅棚于寺院广场四周，铺竹床，供年满 40 岁以上信徒住宿；第二是登记和保管各村社信徒赕佛的谷物、牲畜和赕品；第三是为宾客安排好食宿。

膳食组的职责，第一是负责做饭菜；第二是供应僧侣日食三餐、信徒两餐；第三是削制竹筷两三千双，筹备炊具、土碗等；第四是用膳时，鸣放土炮三响。

诵经组的职责，第一是由辖区内傣族、德昂族的大佛爷、佛爷组成诵经组，共同轮流诵经；第二是做摆五天内要诵完四十余本佛经。

迎宾组的职责，第一是在大摆期间，由乐队整天轮流敲象脚鼓、铓锣、钹等，不能停顿；第二是外村信徒集体前来朝贺时，迎宾组即派出乐队前往村口迎接，迎到佛寺广场前的幡杆下，宾主乐队围绕幡杆，边敲边舞；第三是在举行祭典时乐队必须敲击乐器和舞蹈，以增强大摆隆重气氛。②

（五）家族和家庭

德昂族在近一个世纪以前，盛行大家庭公社（实际上是家族）。每一个大家庭都居住在一个大房子里，少则三五个小家庭，多则十多个小家庭。大家庭组织由于受到

①② 云南省编辑组编：《德昂族社会历史调查》，云南民族出版社 1987 年版，第 65、111 页。

汉族的影响，都有一个汉姓，如镇康县木厂德昂族村“班”汉姓“曹”，“办耐”汉姓大王，“索孟”汉姓小王。大家庭的领导者是家长，家长由年长者担任，家长死后由其弟弟接任，或者由男性长辈接任，如果没有上述继承者则由长子继承。家长负责处理有关生产、生活、祭祀以及对外的一切事务，大家庭内部有非常细致的分工。大家庭是一个共同生产、共同消费的组织。生产资料如土地、农具、种子、牛、猪等都为大家庭共同所有。粮食、布匹等产品也归大家庭所有。整个大家庭的消费和支出在家长的领导下进行分配，如草烟、棉、麻、裙子、衣服、装饰品等都是通过大家庭来分配。但是由于人口的不断增加、内部矛盾的激化以及瘟疫的爆发，大家庭逐步解体并被小家庭所取代。

但是，大家庭的影响还是存在的。如不少具有血缘关系或者没有血缘关系的小家庭仍然共同居住在一栋大房子里。只是每个小家庭有自己的卧房、客厅和火塘，具有较为独立的地位和功能，成为一个独立的经济、生活单元。大家庭之所以还具有一定的影响，一方面是因为传统的影响，另一方面是由大家庭的优越性所决定的。在德昂族社会，大家庭更有利于村民应对天灾人祸，更有利于形成互帮互助的社会氛围和关系，而且也有利于降低村民的赋税和劳役负担，因为傣族土司和汉族地主的赋税和劳役通常是以户为单位摊派的。

（六）男头和女头

男头和女头是德昂族社会中男、女青年的领导者。男头、女头由男、女青年分别选出，选举仪式由老晥主持。担任的条件是：成年但未婚；为人正直公道，热心公益事业，乐于助人；能说会干，有一定的办事能力，并能调解纠纷；劳动技能突出。男头、女头的职责主要是：第一，负责接待外村寨青年到本村“串姑娘”或走访，本村女头、男头要负责准备茶水、草烟、安排食宿等；第二，村寨举行婚礼和丧葬仪式，在老晥的领导和安排下组织男女青年帮忙做事；第三，凡遇宗教节日，负责组织青年敲象脚鼓、跳舞；第四，处理男女青年违反习惯法的案件，调解纠纷。

第四节

德昂族法的起源

从法律人类学的眼光而言，没有一个社会没有法律。不仅每个社会都有法律，而且所有有意义的社会制度，也具有法律意义。换言之，如果要精通一个社会的全部法律系统（实证与程序），则一个人必须对一个民族的全部社会制度有通盘的了解。

一、禁忌

作为初级社会的否定性行为规范——禁忌，是专门告诉人们不做什么的。几乎在每个民族的伦理道德规范中都有自己对人与事的禁忌，德昂族也不例外。德昂族有自身的禁忌规范，也融合了傣族、景颇族等的行为规范。禁忌形式可分为如下几类：

行为禁忌，如不能在德昂族人家中吐痰、放屁；不能随便坐在主人的衣被上；宾客进入室内要脱鞋；家庭成员或宾客不能坐家长的卧床；不能用脚踩火塘；宾客不能从后门出入；不能将镰刀、砍刀等置于谷仓、饭、碗筷之上，否则会被认为给将来带来粮食歉收；忌用红木树盖房，因为红木树有刺人的小毛毛，会使人常年发痒，不吉利；忌用枣树、芒果树等供人们食果的树木做床，认为人们已吃了它们的果子，就不能再拿它们来做床，否则身上就会长毒疮；忌手拉手赠物，在德昂族中，男女之间一般不相互拉手，不相互赠送礼品。实施这种性隔离，被认为是防止和抵御诱惑的措施。为了防止被人猜疑有性行为，已婚男子不能随便跟姑娘开玩笑，男女不能同在一个地方干活或做家务等。

在德昂族禁忌中，有专门针对妇女的禁忌，如忌产妇串门，产妇满月之前，既不能煮饭、炒菜，更不能随便到别人家串门。他们认为，产妇坐月子，晦气最重。如果做饭、炒菜，会“埋下”不吉利的邪气；如果进入他人家门，会带去污秽不堪的“邪事”，意味着这家人将有不祥之兆。坐月子期间，也忌讳他人，特别是多病者进入产妇的房间，认为他人在路上难免会遇着“邪气”，进入产妇卧室，则会把“邪气”带给产妇和婴儿；多病者进入产妇卧室，则会把自己的病痛解脱附于产妇婴儿身上。在德昂族看来，这是不道德的行为。为了防止外人误入产妇卧房，要在家门上方挂上仙人掌或者茅草，一则表示忌邪，二则告知来人遵守有关习俗。在德昂族的禁忌中也存在着一些歧视妇女的因素，如妇女通过男人面前，需弯腰提裙而过；妇女不能跨越生产工具，否则认为不吉利；妇女不能与男客同席、衣饰不能晾晒在男人穿行的地方等。

德昂族禁忌中有言语禁忌，如不能在竹楼内大声喧哗或唱山歌。祭鬼树时不能讲话。祭鬼树是该族传统的宗教活动，一般是在泼水节后的第三天五更时分，由二三十个成年人抬一块画有龙、虎等猛兽的木板，同时敲锣高声念经，把木板送到“鬼树”旁，并摆放饭菜。送饭的必须悄悄回家，不准说话，否则据说鬼会听到声音后跟回家中骚扰。忌唤乳名，德昂人自生下来15天以后，都有乳名，除小孩外，凡青年人都必须以“哥”、“姐”相称，而不能直呼其名，特别是在两人见面打招呼时。在人多的场合，为了区别对某某的称呼，可以在“哥”、“姐”的称谓之前附加乳名。一旦结婚生儿育女成为父母之后，就不能冠以或加上乳名了，而改称某某的父亲或母亲，并在某某父亲或母亲后加“哥”、“姐”，以示尊重。即使是夫妻之间的相称，亦是如此。

饮食禁忌，有德昂族尝新米，先喂牛和狗。在他们看来，田地所以能够犁、耙，全是牛的功劳，而牛从不计较它们所付出的劳动，因此，第一包新米应该让牛先吃；一个家庭所以平平安安，不遭偷盗，是因为有狗不分昼夜地看守，因此，第二包新米应该给狗吃，以此表示酬谢的心意。这一习俗的存在，也引发了不杀牛、不杀狗的习俗。德昂人都说，狗和牛对人有恩有德，杀了它们会短命的。

婚姻禁忌中，忌同姓婚姻。在德昂族的社会生活中，女性对于男性在婚姻方面的依附一直是很明显的，进而基本形成了一套较完整的宗族宗法制度。在这种制度下，婚姻的缔结虽属吉事，亦有许多禁忌。其中最主要的禁忌就是同姓不能结婚。德昂人都严格遵守这一制度的制约，唯恐出现差错而不能得到幸福美满的婚姻。

在丧葬禁忌中，有对死者的禁忌。德昂族人死后，有一套较严谨的禁忌。殓死者的棺材，喜好用松木制作，意即万古常青；也有用杉木制作的，但必须掺上松木，意即大吉大利，不伤后生。寿棺一般都要事先做好，意即死者到了阴间，才不会到处讨债。做好的寿棺须先用生漆漆好，置于干燥处，且不能受虫蛀，据说，这样做死者再托生后可免除疾病。死者入棺时只能穿单衣单裤，棺底垫上草席，意即避免凶祸降临。死者身上不能戴金银铁器（具）入葬，也不能满牙入棺。据说，这样做可以让死人顺利转世，并且不妨碍后代繁衍生息。同时，也不能给死者用枕头。人死后，无论是入棺前或入棺后，一律顺墙停于正堂的墙边，足向西，头向东，意即命归西天，与人世无缘。起棺的时候，足朝前，头在后。死人必须埋在村公共坟地，不得乱葬。若死者是死于外面，须停在离坟地一公里外的地方，不能靠近村寨，更不能抬进寨子，这样可以保护村寨的平安，可以“避其邪”①。禁忌对法律的意义何在呢?《大英百科全书》中的“禁忌”条目指出该词的规范性含义包括三个基本要素：一是具有神圣（或邪恶）特征的人或事物；二是由上述的人或事物的特征派生出来的禁令；三是如果破坏禁令，就会遭到神圣（或邪恶）力量的报复和惩罚。随着文化形态的改变，禁忌成为一种有它自己基础的力量，同时逐渐远离魔鬼、迷信而独立发展成为一种习惯、传统，而最后则变成了法律。

一些少数民族的许多习惯法规则或是条文都直接来源于他们古老的图腾禁忌，或至少受其引导和影响。禁忌图腾的权威性已转化为少数民族习惯法中的权威性。在少数民族地区，禁忌作为一种最原始、最特殊的规范形式，实际上是“人类最古老的无形法律”，最起码也是类同于法律的初级社会控制形态。它在很大程度上扮演着法律的角色，发挥着调节社会关系的作用。它能对人的本能行为进行限制，制止和预防潜在危险，保护原始先民的生存，达到控制危害性自然力的企图。禁忌对法的影响最初是分散的、个别的。随着社会的发展，那些为大多数社会成员所公认的禁忌成为习惯法或法的组成部分，而且有了强制性的权威性，兼具神灵与世俗的双重保障。②

二、宗教规范

佛教传入德昂族地区以后，德昂族人民信奉着南传上座部佛教，同时也尊崇着原始宗教，仍残留着本民族原始宗教的遗迹。如保留着万物有灵的自然崇拜。举行和谷娘有关的祭祀活动。比较盛大的原始宗教仪式中，还有驱鬼仪式、祭亡灵、祭房神、祭寨神等。佛教传入以后，佛教信仰与自然崇拜融合在一起，构成了德昂族复杂的崇拜体系。③

---

①③ 俞茹：《德昂族文化史》，云南民族出版社 1999 年版，第 118、69 页。

② 张冠梓：《论法的成长》，中国社科出版社 2002 年版，第 453—469 页。

（一）宗教派别

云南上座部佛教，即俗称小乘佛教，共分为“润”、“摆庄”、“多利”、“左抵”四个教派。这四派，德昂族都有信仰。

（1）“润”派：自称“绕进”的德昂族信仰。主要居住在德宏州畹町市的芒棒，他们可以饲养猪、鸡，可以杀生。

（2）“摆庄”派：自称“绕可”、“绕枯”的德昂族信仰，潞西县的茶叶箐、早外的德昂族信仰此派。此派佛教传入时间大约距今1700多年前，是传入德宏地区较早的教派之一，其经典、戒律和诵经方式都与“润”教相同，此派可以饲养猪、鸡，可以杀生。

（3）“多列”派：自称“绕买”、“冷”、“布列”、“汝买”等的德昂族信仰。在德昂族的各支系中，以信仰“多列”派占绝大多数。凡德昂族聚居的地区皆有信之者。此派禁止杀生，不饲养猪、鸡，只许养一对报晓公鸡。

（4）“左抵”派：“左抵”一词在缅语中是“诚心”的意思。传说由缅甸僧人于300多年前创立此派。现居住镇康的南伞、军弄的自称为“纳昂”、“绕进”的德昂族各支系都信奉此教派。“左抵”派戒律极严，禁饲养牲畜家禽，禁杀生，禁烟、禁酒等。缅式佛教文化色彩较浓。

（二）德昂族的寺院管理机构

德昂族村寨对寺院的管理都设有一个比较完整的组织机构，称为“庄房管理委员会”，具体管理寺院的财政收支、基建、修缮、宗教祭祀与僧侣的生活安排等。

（三）教规

德昂族各个教派的教规，称“信便”。凡是僧侣必须严格遵守，不得违犯。若是虔诚信徒，不分男女，年满40岁以上，有子女承担家务和劳动生产者，在学会必需的经文和礼仪后，即可受五戒八戒，成为“熬兴”，汉语称为“居士”。凡在宗教各庆典之日，“熬兴”必身着白布衣，头缠白包头，并于每月初一、初八、十五、二十三按时拜佛。从“关门节”到“开门节”的三个月内，每七天为一戒日，须到佛寺住宿一日两夜，由家属送饭，白天主要是礼佛诵经或聆听僧侣诵佛经故事，中午、晚上和午夜三次坐禅。至于一般信徒，也要在各个节日庆典和祭祀中，听取僧侣的教义和教戒宣传，服从教规的条例。

关于教戒的规定，分为“五戒”、“八戒”等，有不偷窃、不欺骗、不污辱妇女、不伤害人命、不喝酒、不杀生、不打人、不骂人等。

（四）僧侣

由于地区和派别不同，僧侣的职称和僧阶也有差别。凡属“润”派的，分八级：一级：帕（沙弥）；二级：都（比丘）；三级：祜巴（都统长老）；四级：沙密（沙门统长老）；五级：僧伽罗阇（僧主长老）；六级：帕召祜（佛师，阐教长老）；七级：松迪（僧正长老）；八级：松迪阿伽摩尼（大僧正长老）。“帕”是傣族对僧侣的一种泛称，年幼出家的儿童，被称为“帕诺”（小和尚）；对年龄较大一些的年轻出家人，只能称为“帕”或“召帕”，或者称“沙门”（即沙弥）。

德昂族的僧侣与傣族、布朗等族一样都有严格的晋升制度。男性儿童一般从10岁左右进入寺院，学到40岁升入大佛爷的各个等级，都要经过严格的考核和批准才能晋升。寺院在吸收学童时，必须根据家庭经济和劳动力状况、本人和父母的意愿而定。然后向佛爷、佛寺管理委员会、“达格”头人和老人提出申请，征得同意后，始能吸收寺院当“学童”。寺院在接收“学童”的当天，由父亲和家族老人带领孩子，手拿鲜花、纸幡旗等贡品前往寺院，先参拜佛像，然后向佛爷跪拜。拜毕，父亲便请佛爷收子为“柯勇”（学童），教育孩子学习经文，遵守戒律。当“柯勇”，仍穿俗衣，白天返家，晚上和早晨在寺院学经，不算出家人。学满半年至两年后，已掌握一些佛教知识和经文，合格者才可以集体或个别在举行剃度仪式受沙弥戒。剃度仪式，必须经过僧侣、佛寺管理委员会、“达格”头人、老人共同组成的评审委员会评审，合格者才能正式转为“召尚”（小和尚）；若经过考核后，未能达到“召尚”条件或因家庭经济贫困，本人又不愿意出家为僧者，可以还俗离寺。“柯勇”（学童）经过考核又愿为僧者，要举行剃度和披“黄单”（袈裟）的仪式。在剃度之日，先给“柯勇”（学童）头戴龙冠，身着新衣，由父亲和族中老人携带赕品、袈裟、鲜花、纸幡旗前往寺院，听取“柯勇”背诵经典，评审委员会认为合格，始同意“柯勇”参拜神位和佛爷，由佛爷提出种种质疑，得到满意答复后，佛爷便正式宣布晋升他为“召尚”（沙弥），当场举行剃度和披黄单。“剃度”实际是一种象征性动作，因在评审“柯勇”之前，父亲便把孩子的头剃光。佛爷每做一次剃头动作，要念一条教戒，“柯勇”须点头答复曰：“额依”（我要遵守），待佛爷念完“五戒”、“八戒”教规时，父亲便将父老所赠的黄单双手捧给佛爷，由佛爷亲手给“柯勇”披上，“柯勇”当即登上佛坛，便可与其他“召尚”、“召门”并排坐禅，共诵佛经，正式取得“召尚”僧职。“召尚”接近成年期，到达20岁时，大多数不愿升为“召门”（比丘），俗称二和尚或二佛爷，经过一定仪式后，可以还俗离寺，回家参加生产劳动。少数人则留在寺院里继续深造。能留寺继续深造者，也要经过评审委员会评议，评委们认为能熟诵一些经典，并对佛经有造诣者，才能晋升为“召门”，即二佛爷。经过比丘戒后，方正式承认为“召门”的僧阶，他即可宣讲教义，并可以进入“水鬼楼”（寺院内一门小佛房），于每月初八、十五、二十三、三十日这四天诵读经典。“召门”在40岁以前，根据家庭境况和本人意愿，经过一定手续，可以随时还俗。若愿意继续在寺里深造，可提请寺院评审委员会进行考核，同时聘请几位其他寺院具有渊博佛学造诣的“希拉多”（大佛爷）主持。评审仪式隆重，评审合格后，正式授予“崩基”（即长老，俗称佛爷），方有资格主持佛寺活动，并担任寺院住持。如果“崩基”（佛爷）年满40岁，并愿终身为僧侣，就请该地区有威望、佛学造诣深的“希拉多”（大佛爷）参加僧职晋升评委会，进行严格审议，评审仪式异常隆重。评审前，要在佛坛前搭三级木梯，晋升的“崩基”（佛爷）每登一级要念一次经，登上佛坛后，盘脚坐蒲团，由各“希拉多”盘问佛经教义，晋升者回答得圆满，并愿终身崇奉释迦牟尼佛，才能取得“希拉多”最高的僧职。取得“希拉多”最高僧职后，若其圆寂，必须成盛葬，并建盖“广母”（白塔）表彰其德。

僧侣的等级依教派的不同有很大差别。这一方面说明了各级僧侣的地位和功能，也说明了各级僧侣在村寨公共事务管理中的不同作用和功能。我们可以大致归纳为小和尚、佛爷和大佛爷三个级别。他们在庄房或佛寺中的职责是不完全相同的：小和尚的职责：第一，学习傣文经典；第二，化缘（收信徒的赕佛用品）；第三，打扫佛院周围和厅堂的卫生；第四，承担寺院一切杂务，如挑水、砍柴、做饭、烧茶水。佛爷的职责：第一，诵经；第二，教授小和尚；第三，主持各种节日、祭祀活动；第四，为信徒疾病、丧礼诵经。大佛爷的职责：第一，主持重大的佛事活动；第二，对僧侣的晋升、还俗有决定之权；第三，管理寺院一切财产经费；第四，严格执行佛教戒律。①

① 云南省编辑组编：《德昂族社会历史调查》，云南民族出版社1987年版，第110页。

（五）寺院

德昂族的佛寺建筑，是根据村寨大小和人口的多寡来建盖的。凡是属于建寨古老的村寨，佛寺的建筑规模较大，并形成中心佛寺的趋势。中心佛寺的僧职亦较其他村寨的高，凡属本地区较大的佛事祭祀活动，前往人数极多，不仅仅是附近所有德昂村寨的信徒前来参拜，邻近村寨的傣族等群众也会来参拜。中心佛寺住持还有对所属各寺比丘的考核、批准、晋升之权力。而村寨较小的基层佛寺、寺院建筑简陋，多数无僧侣。只有识傣文经典的“安长”管理寺院，管理者除祭日礼佛诵经外，主要为信徒讲授佛学并进行文化教育、抄写佛经等。若遇较大的佛教庆典，便组织集体前往中心寺参加盛大的拜佛活动。

宗教对于法的影响在于对宗教教规和神灵的维护，较多地反映到他们的一般性约定中。佛教是一个在神学理论和行为体系上均相当成熟的宗教。其在南方山地民族，特别是在云南孟棉语族中传播与被接受所表现出来的特征是立体深入，全面综合。所谓立体深入，是说佛教作为一种人为宗教在传入西南少数民族地区后，往往会引进一场宗教的革命，使当地原始宗教在佛教的触媒作用下迅速变为“人为”的民族宗教，在宇宙观、宗教行为方式、宗教文化表征、寺院、宗教职业者等方面来一次全面、系统的兼并、结合、提升，并使之彻底地改头换面。所谓全面综合，是说佛教的传入引起了整个社会的革命，并最终导致整个社会文化面貌的一次大改观，其最典型的状态就是产生了政教合一的社会宗教生活体制。在信奉小乘佛教的云南布朗、德昂等民族，内部都有规定：男子满 10 岁到 12 岁，必须到佛寺当和尚，学习傣文、佛经，至 22 岁（或 15—16 岁）还俗后才可以串姑娘、结婚，从事生产劳动。服务于宗教、服务于佛门成了这些民族男子在政治上特有的权利和在法律上应尽的义务。像傣族、德昂、布朗等族居民在平时生活中谨小慎微，严格遵守佛教教义和教律。这些教义教律对这些民族道德规范、法律意识的形成与发展起了极大的作用。宗教不仅是简单的人生信仰，更重要的是一种全面的社会生活方式。它们在一套极具说服力和诱惑力的教义、教规基础上，产生了相应的掌握并运用“知识”、道德、权力的权威阶层，诸如佛爷、牧师等，这些权威又往往与原有的头人、族长合二为一，形成了既有世俗权力又有神权的权威阶层，他们集“立法、执法、司法”大权于一身。同时，宗教的教义、教规被逐渐地纳入世俗的各民族的习惯法之中，变成其法律文化的一部分，并带动原有的习惯法，使之影响力和实施范围更加巨大和扩张，确立和实施时更加符合规范。①

三、民族史诗、神话故事

德昂族人民在漫长的历史发展中，以自己的劳动和集体的智慧，在创造物质财富的同时，也创造了丰富多彩的民族民间文学。其中大部分是流传下来的口头文学。这些民间文学，内容广泛，包括政治、经济、文化、人物等；形式多样，涉及神话、传说、史诗、民歌民谣、故事等体裁，显示了德昂族人民的聪明智慧，表现了他们在不同的历史环境中的思想感情、精神面貌和心理状态。同时，也让我们看到德昂族先民对有序社会秩序的追求和启蒙的法律意识。

《达古达楞格莱标》是德昂族自己的创世纪神话，结构严谨，层次分明，情节复杂，富有诗情，它在叙述德昂族的历史中说：天地之初，洪水肆虐，茶叶把洪水越撵越远，土地伸展得又宽又长。（德昂族）兄弟姐妹正喜气洋洋，帕达然出现在云天上，“天要分南北西东，世界才有方位四向；地要有河谷山川，才有寒热暖凉；帕达然也有闷热的时候，要留个洗澡的地方……”② 从史诗中反映了德昂先民世界观和习惯法意识的蒙昧观念。万物有灵，天地有序，要使人类免受灾害侵袭，必须尊崇信奉超自然的“神”。

《兔子巧计制土司》神话故事向我们表达了德昂先民有趣的法律现象和法律意识。老虎和黄牛交朋友，老虎起了歹心，说它做了一个梦，应该吃黄牛，黄牛请土司判案，土司慑于老虎的凶狠，又看到黄牛很壮，也想吃老虎吃剩的牛肉，就判决老虎应该吃黄牛。黄牛不服，请兔子来判，兔子要先睡一觉才判，兔子睡醒来说：“我做了一个梦，梦见土司应把王位让给我。”于是就要夺土司的宝座，土司说：“做梦不算数。”兔子则问：“为什么老虎做梦就算数?”土司只好取消原来的判决。③从神话故事中，我们看到德昂族人民追求正义、最终战胜邪恶的法律意识，在纠纷解决中，我们还看到有诉讼、有裁判等有趣的法律现象。

---

① 张冠梓:《论法的成长》，中国社科出版社 2002 年版，第 513 页。

②③ 俞茹:《德昂族文化史》，云南民族出版社 1999 年版，第 148 页。

四、生产活动

（一）对林园生态环境的保护

德昂族人民在漫长的人类社会发展中，在长期的生产、生活斗争实践中，逐渐认识到自然生态环境与人类生产、生活互生休戚相关的规律，逐渐加深了对自然生态环境保护重要性的认识。从而逐渐形成了传统的、纯朴的生态环境保护意识，且界定了生态环境保护范围，采取了有效的保护措施，保持了生态环境发展的平衡。“这些措施是以习惯法或村规民约为基础，建立在村民共同认可和共同恪守的基础上，达到保护生态环境的目的。”① 德昂族的林园是水源、宗教信仰的产物。林园是按其在人们宗教信仰及生活中的地位和作用划定，实行全面保护。具体有：①舍林。德昂族每个村寨都有舍林，在宗教俗语中把舍林称为“舍勐”。舍林离村寨一般只有500—1000米左右，面积依据实有面积而定，一般为4—10亩不等，围成一个圈，成为一片独立的禁伐林区。这是因为在这个舍林中建有“舍神”，而“舍神”是保佑全村人畜兴旺的保护神。在镇康县军弄地区的德昂人传统观念中，舍林中的一切植物，包括花草、树木、藤子等一样都不能摘，不能砍，更不能在舍林中解大小便，甚至不能吐唾沫、说粗话；否则，人就会疯，或遭到预想不到的灾难。骑马人路过舍房时，一定要下马，否则会不由自主地从马上摔下来，把手、脚摔断。②防风火林。德昂族的村寨旁，都有一片面积宽阔的防风火林，具体面积各村寨依实际情况而定。森林既是防风火林，又是水源林，在村民中的重要地位和作用是可想而知的。因此，森林中的树木，一棵不能砍；森林中的竹芽，一棵也不能采；森林旁边的石头，一块也不能搬。③德昂人死后，一般实行土葬。所以，各个村寨都有坟地。坟地位置方向一定要选在村子的西边，面积几十亩不等。在坟地周围的树林称为坟林，也是本村公墓林。对于公墓林的保护，德昂族也有着许多相应的村规民约，如，不准砍坟林内的树木，不准修枝砍柴，不准开荒种地，不准扫落叶或铲草做肥料，不准摘果拾菌，不准大小便，不准唱歌，不准吼叫，不准谈情说爱等。这些村规民约德昂人都能自觉恪守，没有人敢越规犯约。④水源地。水源地是为德昂人提供生存的基本保障；水源地曾是德昂人

① 李家英：《德昂族传统文化与现代文明》，云南民族出版社2000年版，第32页。

生命之源重要构建历史，至今人们恪守着传统的规定：水源地方圆 100 米以内的任何一种树木，均在保护之列，不准任何人砍伐；谁砍，就重罚谁。

（二）火塘文化的隐喻

火塘在德昂族发展的历史长河中，被视为一个家庭的象征。在父系大家庭一直保留到现代的镇康县德昂族中表现得特别明显，传统中的火塘观念也特别突出。在他们的大家庭中，只要父母在世，儿女们都不分家，三四代人同吃一锅饭，几对，甚至十几对夫妇同住一个大屋，是非常合理、非常符合传统观念的。如果父母在世时，儿子另立一个火塘，那是大逆不道，要遭到人们的谴责，会被看成是大家庭的瓦解。所以，已婚子女虽然有了自己的寝室，但却没有自己的火塘，他们紧紧守护着父母的火塘，同劳同食，让父母享尽人间的天伦之乐。

传统火塘方位代表着德昂人的礼节及地位的尊卑。德昂族与火塘的长期相伴中，火塘的方位也成代表地位尊卑、表示德昂人礼节的标志，这其中也有着丰富的文化背景，也有着男尊女卑的内涵。德昂人有着优良的敬老传统，在物质条件缺乏的传统社会里，为了使一家之长能睡得温暖些，他们把家长的卧床，安置于厅堂火塘的上方。靠近火塘边平台的座位和中柱，是家长坐和靠的，家人、亲友或宾客不能擅自去坐去靠。凡家庭成员和宾客只能坐于火塘下方，以示对家长和主人的尊重，这是德昂人的传统礼节。用餐时，以男性老年人背靠火塘而坐为礼，餐桌的左边是以长子为先，依次而坐，男客与儿辈们并坐。右边是以女性老年人为先，姑娘、媳妇及女客依次落座。在这些礼节中，大多反映出德昂人的贫困及男尊女卑。因为没有足够保暖的衣服让老人御寒，只有让老人靠近火塘来抵御寒冷。

代表性别的德昂人火塘。在长期生活实践中，形成了火塘也能代表性别的观念。以潞西市三台山德昂族乡为例，表现较突出。德昂人家都有双火塘，一个是内火塘“格那瓦”，一个外火塘“勒”。内火塘代表女性，也为妇女专用。妇女们白天在此煮饭烧菜、取暖，夜晚则围在火塘边睡觉，男客一律不得入座；外火塘代表男性，为父亲及未婚男子专用。男子们在外火塘取暖、待客、睡觉，女人一律不得上座。而结了婚的男子，就有权在单独隔出的小间“格斗”中寝居。澜沧县上允的德昂人也有内外火塘之分，外火塘设于外室，即家长所居或招待来宾的厅堂；内火塘设于内室，用于煮饭。内室为妻室儿女或已婚夫妇的居室。

第五节

德昂族的法律

一、刑事法律

德昂族传统社会没有成文法，但有其民族的习惯法，对严重危害德昂族社区生活的行为给予以下的处罚：

（一）谋叛罪

史料记载：清乾隆五十七年（1792），芒市处在兵戈战乱时代。山头人到处烧杀抢劫，为害当地百姓，民族间也时常发生冲突和战争。“当时司署有个属官，名绍勐老官……他就派人直到山头人的总指挥处佯为两方停战谈判，但协议还未成功”，被怀疑蓄意私通敌人，捉住绍勐老官以狠毒刑法结束了性命。①

（二）偷盗罪

偷盗行为在少数民族传统社会中是被视为最不耻的犯罪。偷窃者被查获，必须赔偿。若系嫌疑犯，在100多年前使用神判，即用沸水中捞铜钱之法来判定，如被怀疑者的手被沸水烫伤，即认为是盗窃犯，要赔偿。到近代演变为群众公断，被怀疑的人是否会偷窃，由大家根据他日常生活及道德品质来判决。当某人被确定为偷窃犯时，即责令其赔偿，如不赔，由全寨公断，加倍处罚或逐出寨子。德昂族中进行偷窃的人很少，人们都认为偷窃是最不道德的行为。

（三）通奸罪

对通奸行为的处罚，在少数民族传统社会中，大多可以用财产罚处理。若与有夫

① 《德宏文史资料选辑》，转引自《德昂族社会历史调查》，第193—194页。

之妇通奸被发觉，奸夫交公众处理，罚款数元，若妇女对丈夫不满，可另嫁，但要赔给男方财礼。

（四）对婚前性行为的处罚

未婚女子怀孕后，男女双方愿意结婚，但要洗寨子，一般出四五元钱请寨中老人进餐即可。①

二、民事法律

（一）土地所有制

新中国成立前，德昂族社会土地所有权形式表现为公有制和私有制并存。以镇康县德昂族为例，②镇康一带德昂人的水田很少，基本上是从事旱地农业。旱地所有权有两种形式：一是私有旱地，即熟地。这类土地一般是距村寨较远，土质较好的缓坡地，即是已经固定了的耕地。当大家庭瓦解时也随之分散到各成员手中，各个小家庭对所分得的土地，不仅可以长期占有使用和继承，而且可自由典当和买卖。二是公有地。这类地距村寨较远，坡陡，森林大，不便于耕作。如果村社成员需要，仍可以进行“圈山”（德昂语称为“邦曼”），即在选定的地边砍一些草或在树上做些“+”字形标记，他人见到这些醒人注目的标志后就不能再去占用了，这些地使用三五年后抛荒仍归村社公有。

村社之间有一定界限，相互间可租用土地，但不论租用公地或私地，都得经村社头人同意方为有效，即外村社成员来租本村社成员的土地，并已取得土地所有者的同意，如果村社头人反对，就不能租用（本村社内租用无此限制），这是村社土地所有权在私有地上的残余表现。不论租种外村社的公有地或私有地，要出地租，德昂语称为“租马”，“马”是土地，“租”是借用汉语词汇。租额与籽种量相等，即是在所租土地上播了100斤籽种，收获时就交100斤租谷，他们认为籽种下得多，说明土地面积大，即多付租，至于土地的肥瘦、路程的远近、耕作上耗费工程量等均不考虑，这是一种比较原始的地租形态。

---

①② 《德昂族简史》编写组：《德昂族简史》，云南教育出版社1986年版，第62、55页。

还有一种村公地，一般都是迁出户或户绝户的产业，没有亲属继承，即由“达吉岗”（又称伙头）管理，如有新迁入户，送一点礼物后，“达吉岗”即可把这类地分一些给新来户，但在这过程中，“达吉岗”总是把好地换作自己耕作，瘦地分给别人。如本村社成员或外村社成员土地不足，向“达吉岗”租种这类土地时，所付租子归“达吉岗”所得。这些村公地也处于逐渐被村社头人吞噬的过程中。

（二）土地租佃制度

新中国成立前，在交完赋税、摊派后贫困的德昂人，在备耕或青黄不接时，就只能向汉族地主、富农或傣族土司头人借贷，俗称“借谷份”或“抬银息”，一般是秋前借钱或粮，秋后还新谷，利率高达百分之百，如到期不还则利上加利，农民称之为“牛打滚”。债务人一旦陷入高利贷的泥坑就很难自拔，不要多久就会倾家荡产。① 德昂人基本上就是地主、土司的佃户和帮工。

（三）典当制度

新中国成立前，德昂人的私有土地可以典当或出卖。但在此之前，首先得征求本村头人及家族的意见，头人和家族成员有优先购买权。这是由于德昂族社会历史的特点，转让土地的方式还保留着一些较原始的遗风，血缘关系在转让土地时还起着一定的作用。但因德昂人长期处于政治上无权和经济上极端贫困的境地，绝大多数均无力购买田地。同时由于傣族领主经济已向地主经济转化，而附近地区的汉族地主经济的实力也渗透到德昂族，因此德昂人的水田基本上是典当和出卖给傣族土司、头人和汉族的地主、富农。典当水田有两种形式：一是以较低的价格典当，事前商定一定的期限，在典当期间可由承典者耕种，也可由原主耕种而向承典者纳租。典当期满后，原主不必偿还典当金额即可收回典出之田。另一种是双方商定典当金额和时间，典当期满，原主归还典价，田地归原主。水田典出期间，如承典人属劳动者，可自己耕种，若是典与距离较远的地主富农，多租还原主耕种，每年向承典者纳租。这种典当常产生严重后果，那就是到期原主无钱赎回，只好长期向承典者付租，或由承典者增加一定的田价，将田卖死，原主永远丧失对这块田的所有权。②

---

①② 《德昂族简史》编写组：《德昂族简史》，云南教育出版社 1986 年版，第 47、44 页。

三、婚姻家庭法律

（一）婚姻规则

德昂族的婚姻制度，是一夫一妻制，基本上按照同姓不婚的原则，镇康地区尚保留氏族外婚的一些特征，这里的婚姻是按固定的氏族（“克勒”）缔结，一个氏族的青年男子基本上固定与另一个氏族女子通婚。若本村互相婚配的氏族无法找到婚姻配偶时，就到外村相配的氏族中去寻找。只要在遵守同姓、同氏族不婚原则的前提下，未婚青年男女有充分的社交自由。德昂族没有严格的等级婚，只要男女双方愿意，百姓与头人家的子女可以通婚，贫富户之间也可以通婚。但男青年在找对象（俗称“串姑娘”）时，凡是不同姓的姑娘，小伙子都可以自由地去“串”，但姐姐未出嫁时，不能去串妹妹，在少数地方还保留着姑舅表优先婚的习俗，即舅舅家的女儿，应优先嫁给姑妈家的儿子，若舅舅的女儿不愿嫁给姑妈家的儿子时，舅父另择婿而嫁，所得彩礼的1/3要送给姑妈。相反，舅父的儿子则不能娶姑妈的女儿，习惯上说是“血不能倒流”①。

在德昂族男女青年的订婚仪式上要斩鸡头，如果鸡头与鸡身分为两半，双方都不能反悔；如果女方不赞同这门亲事，就不许杀鸡。

德昂族的婚礼，一般要出80元半开（银圆），富裕人家可以出200元半开，猪肉、盐巴、茶叶、草烟若干市斤，并送女方父母衣服各一套。结婚时，男家还得给姑娘的母亲15元半开的“奶母钱”，作为其抚养女儿的酬劳。举行婚礼通常要进行三天，三天之内全寨男女老幼要到新郎、新娘家里贺喜，由新郎、新娘的双方家长宴请，并伴以对歌，彻夜不眠。

德昂族的男女，婚后若感情不睦，可以解除婚约。方法是只要男方出一两个半开、一定数量的米送给头人，向其申诉离婚理由，由头人直接通知女方，女方即回娘家居住，就算离婚。若是女方提出离婚，就要退出男方付给的财礼。

---

① 桑耀华编：《德昂族文化大观》，云南民族出版社1999年版，第72页。

（二）家庭制度

德昂族的家庭组织，由于所处各地区社会经济发展的不平衡而有所不同。总的来说，居住德宏州的德昂族，早已进入个体家庭，而居住镇康县、耿马县和保山市潞江坝的德昂族，则在20世纪初期，还保留着父系氏族大家庭公社的基本特征。

德宏州内的德昂族，基本生活单位是父系小家庭。这种家庭多为两代至三代，即祖父母、子女或孙男孙女。长子、次子婚后多数另立新的家庭。幼子继承财产。每个个体家庭，建立一幢竹楼，男子即作为家长，妇女居从属地位。分家时，一般是长次子另建新居，幼子留老家与父母同居，并有继承财产权，但这也不是绝对的，也有幼子分居的。在财产处理上，不论哥哥或弟弟分居，都根据家庭情况分给一份财产，留在本家赡养父母的，可以多分得一点。

居住镇康、耿马和潞江坝的德昂族，在20世纪初期，还保留着父系大家庭，德昂语称为“克勒”。每个村寨由二至五个不同的大家庭。村寨必定有两三个有婚姻关系的“克勒”，德昂语称为“当牢”（婚姻集团），他们有优先建立婚姻关系的权利和义务，只有在本村寨的“当牢”不足以维持通婚时，才与外村寨通婚。德昂族父系大家庭最显著的标志是同一祖先后代的若干个小家庭的成员，共居于一幢“董拉”（长屋）中。“董拉”多数是从祖父到孙子四代同堂，男子娶回的妻子及女儿招赘所建立的各个小家庭都可以包括在内，大家庭成员，多达八九十人，少的也有二十余人。镇康县德昂大寨乡的“达当”家，在20世纪30年代还是一个拥有89人的家庭，所建房屋长47米，宽为17米，占地近800平方米，房内用竹壁隔成三间“格冲”（家长卧室）和12间“格斗”（小家庭成员卧室），排列于走道两边。家内设有三个大火塘，两个用于炊事，一个专烧开水。

德昂族的大家庭由德高望重的长辈担任“格尼阿贡”（即家长），他是由大家庭成员从老一辈男子中推选出来的，领导大家庭的生产劳动、组织消费及宗教祭祀等。同时，也是维系本氏族成员间的团结和生产的象征。除家长外，还得选出两人作为家族长的助手，一人专管粮食，一人专管生产。德昂族男女间有分工，一般是男子承担砍伐森林、犁地、收割等农活，妇女承担栽秧、薅锄、纺织、舂米、挑水、煮饭等家务劳动。炊事由妇女轮流主持，用膳时，男子先吃，妇女后吃，凡食肉类，家庭成员轮流主持，由主妇平均分配。大家庭集体种植的棉花、大麻和烟叶，到秋收后，按个体小家庭的人数平均分配，集体收入的烟草、茶叶、竹笋等，也平均分配给每个家庭成员。

随着商品经济的发展，交换频繁发生，个体小家庭货币和生产、生活资料的增多，小家庭经济迅速发展促使多数德昂族大家庭的解体。德昂族的父系大家庭瓦解后，出现一种过渡性的家庭形态，德昂语称为“关格纠”，即若干个有血缘或亲戚关系的小家庭，同居于一幢长房，他们有义务互相照顾，劳动上互相换工和无偿借贷，共同承担土司派给的赋税，但他们各自都是一个独立的经济单位，不是统一的大家庭了。

四、纠纷的解决

纠纷解决机制是社会控制系统中的一个子系统。在少数民族地区，包括德昂族生活的社区，诉讼只是纠纷解决的一种方式，少数民族地区有着丰富多彩的纠纷解决方式，正如“纠纷解决机制不用诉讼是因为当时很多纠纷解决不仅有司法方式，还有其他方式……纠纷解决机制要比诉讼广，它可以包括社会主体间相互产生的各种各样的社会性的冲突解决机制”①。纠纷解决理论论证了，人类早期的非诉讼程序并不是以代替诉讼为目标的，即使是诉讼率并不高的社会也可以根据主体的选择建立多元化的纠纷解决机制。② 在少数民族地区，各种正式、非正式的制度和规则都会对纠纷的解决做出自己的规定，这一领域也因此成为各种法治资源充分发生关系、展现异彩纷呈的领域。

（一）解决纠纷的主体

1. 傣族土司

历史上，在德宏地区傣族势力逐渐强盛，相继征服了其他地区和民族，形成了封建领主的统治。民族调查资料记载了清朝时一起民族纠纷。当时德宏地区的德昂族信奉“好园地要好篱笆，好地方要好官”，于是从陇川请来了一个姓方的傣族土司来当地做官。起初，土司也不收什么门户捐，德昂族平时劳动，战时就自己组织武装，保卫土司，以抵御景颇族的进驻。后来傣族迁入了该地区，土司就强迫德昂族把好的水田让给新来的傣族耕种，德昂人不同意，土司又用廉价的财物收买德昂族，德昂族仍不同意，傣族土司倚仗权势，强迫德昂族交出水田，引起了极大民愤，纷纷准备去和

① 胡兴东：《生存范示：理性与传统》，中国社会科学出版社2005年版，第314页。

② 江伟：《民事诉讼法专论》，中国人民大学出版社2005年版，第8页。

土司讲道理，遭到拒绝后，就酝酿了一场官逼民反的斗争，起义的德昂族提出“官家不公平，杀死官家解不平”的口号，一夜间就集合起数百名德昂族群众围攻了芒市土司衙门。土司连夜逃跑，并求助其他土司派兵镇压德昂族的起义。据芒市土司家谱记载了德昂族起义的时间是清嘉庆十九年（1814）冬天至二十年（1815）夏天。① 从以上记载我们可以看到，在德昂族生活的地区，土司作为一种强势的阶层，也作为一种象征性的权威，谁冒犯了土司的权威，就破坏了封建领主的利益，会受到惩罚和镇压。

2. 德昂族民间解决纠纷的组织

新中国成立前，德昂族的政权组织仅限乡、村两级，并在傣族土司的授命下由本民族头人直接进行管理。乡级的头人，称为“达岗”，汉族称为“总伙头”。他是德昂族最大的头人，其职权相当于乡长，下辖几个德昂村寨。其职责是负责与土司衙门联系，执行土司及国民党当地政权的法令，另外还负有维持治安、处理民间纠纷、主持宗教事务的职责。村级的头人，德昂族称为“达格”、“布拉迪”、“达吉岗”，汉族称为“伙头”，其职权相当于村长。主要职责是对外代表本村寨参加乡政权一级的会议，承担土司的各种门户款和贡赋；对内具体负责安排群众生产劳动，摊派、征收门户款、杂税，管理宗教事务，维护社会治安，调解民事纠纷。如果出现盗窃、争吵、分家或有奸情之事，皆由“达格”出面解决，并按传统习惯法进行判决。②

在正式的政治机构之外，在民间德昂族还有自己的解决纠纷的组织——“青年组”。它在德昂族社会中占有一定的地位，各个村社的“青年组”都有其职责。凡本村社人家遇到结婚、丧葬、盖新房及村社的公益事宜等，“青年组”都要前往帮忙。并协助“伙头”调解男女青年之间的矛盾，排解婚姻纠纷，处理违反习惯法的案件，宗教节庆时，服从老人和奘房的安排，组织青年男女进行正常的社交和“串姑娘”活动等。③

（二）解决纠纷的方式

和其他民族社区一样，德昂人在日常生活中，难免会发生碰撞，产生矛盾，或者做错事，惹恼或伤害了他人。但德昂人有其独特的请求对方原谅或表示愿意悔改的方

---

① 云南省编辑组：《德昂族社会历史调查》，云南民族出版社 1987 年 12 月版，第 21—22 页。

②③ 汤芝兰、李韬主编：《德昂族——潞西三台山乡勐丹村》，云南大学出版社 2001 年版，第 96 页。

式，以化解矛盾、解决纷争。这时认错方送去一包茶叶作为礼品，表示悔改的诚意。若是送钱或其他物品，反而会把事情弄遭，会被认为是无诚意，不懂得德昂族的礼节。因此，肯定不会得到谅解；或者认错方主动邀请村中长老到家中喝“回心茶”，也可以达到化解矛盾的效果。①

德昂族还有祭家堂、寨神、地神、龙、谷娘等祭祀习俗，其中以祭龙最富情趣。祭日一般选在春季，届时要杀猪、杀鸡，由祭司画纸龙，众人叩拜，然后一起饮酒野餐，醉酒后相互打骂，发泄平时相互之间的不满。此间不许别人劝阻，直到双方斗得精疲力竭为止，第二天再相互道歉，矛盾一笔勾销，从此和睦相处。

（三）德昂族纠纷解决机制的特点

从以上分析可以看到，和众多西南边疆少数民族一样，德昂族传统社会的纠纷解决机制既有外来势力的掌控，也带有其固有的社会传统。具体来说：

第一，德昂族传统社会历史上形成的小聚居大分散的居住格局，使得其更多的时候是处于被压迫、被统治的地位，其表现在德昂族与景颇族、德昂族与傣族或是汉族等的纠纷解决上，不可避免地受到其他强势民族影响。

第二，经比较发现，作为整体的德昂族，其传统社会的纠纷解决机制仍带有自身的特点。追溯原因，我们认为这反映出德昂族传统纠纷解决机制与其传统文化、社会发展程度、自然和地理环境特征的密切联系，从而形成了其独特的民族心理、社会风俗、习惯法规范等。

① 《德昂族传统文化与现代文明》。

第四章

布朗族法史

第一节

布朗族概况

一、布朗族分布及族源

布朗族是我国一个人口较少、历史悠久的少数民族。布朗族无文字，使用布朗语，属于南亚语系孟高棉语族佤崩龙语支，分布朗与阿尔佤两个方言。部分人会写傣文，讲傣语、汉语。布朗族主要沿我国澜沧江流域的山谷分布，现在主要分布于云南省西双版纳傣族自治州的勐海县，思茅市的澜沧拉祜族自治县、景东彝族自治县、景谷傣族彝族自治县以及普洱、墨江、江城等县，临沧市的双江拉祜族佤族布朗族傣族自治县、云县、镇康县以及耿马、永德等县，保山市的施甸县等地区。依据2010年第六次全国人口普查统计，布朗族人口数为119639人，与十年前的第五次全国人口普查统计相比，布朗族人口增加了0.28万人。

布朗族被认为是古文献中所记载的“濮人”或“百濮”的后裔。“濮人”或“百濮”在古文献中经常出现，泛指居住于南部地区，如云南、贵州、四川、广西等地的众多部落或族群。这些部落或族群很早就为中央政权所认知，并产生了密切的联系。史书记载：“伊尹受汤命，于是为四方令曰：臣请……正南：瓯、邓、损子、产里、百濮、九菌，请令以珠玑、玳瑁、象齿、文犀、翠羽、菌、鹤、短狗为献。”① （武王）“曰：磋，我友帮冢君……及庸、蜀、羌、髳、微、卢、彭、濮人，称尔戈，比尔干，立尔矛，予其誓”②。

但是，从古文献所记载的材料看，“濮人”或“百濮”的构成较为复杂，布朗族被认为仅是其中一个分支或部分的后裔。依据一些学者的观点③，“濮人”或“百濮”

---

① 黄怀信、张懋镕、田旭东：《逸周书彙校集注》（修订本）卷七，上海古籍出版社2007年版。

② 熊蓉、华鸣凤、王川注：《尚书·周书·牧替》，云南大学出版社1997年版。

③ 《布朗族简史》编写组：《布朗族简史》，云南人民出版社1984年版，第2页。

主要分为四个分支或部分：汉江以南之濮，“汉世西南之夷，蜀名最大，蜀夷有名叟者；羌在蜀之西；……庸、濮在汉江之南”①。巴蜀之濮，“于东则左绵巴中，百濮所充。”② 黔西南之濮，“姚府以南，古髳国之地。戎府之南，古微、泸、彭三国之地。濮在楚西南。有髳州、微、濮州、泸府、彭州焉”③。永昌之濮，指生活在永昌郡（大致管辖今云南省德宏傣族景颇族自治州、大理白族自治州、保山市、临沧市、思茅市等地）的濮人，“永昌郡……有闽濮、鸠僚，僄越，裸濮、身毒之民”④。前三个分支或部分属于百越族系，是现在傣族、布依族、水族等民族的先民；永昌之濮则属于孟高棉族系，为现在布朗、佤、德昂等民族的先民。

永昌濮人以及他们的后裔在不同时期有不同的称谓，如西汉时称为“苞满”，东汉时称为“闽濮”、“裸濮”，唐宋时称为“朴子蛮”，元明清时称为“蒲蛮”或“蒲人”等。清代以后，布朗族作为古代“濮人”后裔的一支才慢慢分离出来，成为一个独立的民族。新中国成立前，西双版纳、临沧、澜沧、墨江等地的其他民族仍称布朗族为“满”、“蒲满”或“黑蒲”，从中我们可以看到布朗族与其先民的密切联系。

二、布朗族的发展历史

（一）秦汉以前

秦汉以前，永昌濮人的分布地域很广，基本覆盖了今云南省的西南部地区。由于相关资料的缺乏，我们对于当时“濮人”的社会和生活了解不多。但是，我们仍然可以从有限的古代文献中看到：第一，濮人已为国家所认知，并且与中央政权发生了密切的联系，濮人的社会并不完全独立于中央政权；第二，由于狩猎经济和采集经济的生产方式和战争，濮人的迁徙很频繁。

（二）汉晋南北朝时期

这一时期濮人发展的特点主要是：第一，中央政权对濮人地区的控制加强。公元

① 《唐宋注疏十三经》（第一册），中华书局 1998 年版。
② 左思：《蜀都赋》，严可均辑：《全上古三代秦汉三国六朝文》，中华书局 1999 年版。
③ 司马迁：《史记》卷四，《周本记》，中华书局 1959 年点校本。
④ 常璩：《华阳国志》卷四，《南中志》，四川大学出版社 2007 年版。

69 年，东汉为了加强中央政权对永昌地区的统治，设置永昌郡，管辖今德宏、临沧、大理南部等地。这些地区是濮人传统居住地区。第二，濮人的迁徙较为频繁。由于中央政权对濮人地区统治的加强引起了濮人部落的不满，濮人与中央政权之间发生了数次战争。经过数次战争，濮人被迫迁徙①，濮人的分布地域也因此逐渐向南、向东转移，到达云南（今祥云县及其周围各县）、建宁（今滇池地区）、永寿（今凤庆、镇康、临沧等地区）等地。第三，为新的族群的形成创造了条件。频繁的战争和迁徙为族群自身的分化和融合提供了更多的机会和条件。频繁的迁徙使濮人所面临的自然环境和文化环境产生了巨大的差异，一些濮人留在了坝区从事农耕生产，与其他民族相融合，更多的濮人则迁徙到山谷之中从事简单的采猎经济和原始的农业生产，濮人内部发生了分化。

（三）唐宋时期

唐宋时期濮人发展的特点主要是：第一，濮人出现了分化，形成了新的族群。在唐代，云南西部和西南部的濮人分为两部分：一部分称为“望蛮”，另一部分称为“朴子蛮”。前者是今佤族的先民，后者是今布朗族和德昂族的先民。第二，濮人的分布地域进一步扩大。“朴子蛮男悍矫捷，以青沙罗段为通身袴。善用泊箕竹弓，深林间飞鼠，发无不中，部落首领谓酋为上，土无食器，以芭蕉叶籍之，开南、银生、永昌、寻传四处皆有，铁桥西北边沿澜沧江亦有部落”②。据此，“朴子蛮”在唐代已分布于开南、银生（今景东县以南至西双版纳一带）、永昌、寻传（今怒江上游以及以西一带）等地，其分布地域已扩展到了今云南西北部（即怒江上游）和南部地区（西双版纳地区）。

（四）元明时期

元明时期蒲人发展的特点主要是：第一，中央政权进一步加强了对蒲人分布区的控制。元明两代为了加强对蒲人地区的统治和控制，先后在蒲人分布区设置一些路、府、州、县以及土知府。如 1275 年元朝设置开南州（今景东县）、威远州（今景谷县、镇源县），1327 年元朝又设置顺宁府（今凤庆县）。1384 年顺宁归附明朝，明朝即在蒲人地区复设顺宁土知府。第二，蒲人再次出现分化。随着中央政权影响的增强

① 《布朗族简史》编写组：《布朗族简史》，云南人民出版社 1984 年版，第 4 页。

② 樊绰：《蛮书校注》，中华书局 1962 年校注本。

以及民族融合的加剧，蒲人再次出现了分化：一方面部分蒲人开始向汉族和其他民族学习，从事农业生产和商品贸易，以新的生产方式逐渐取代了旧的采集和狩猎经济，如史书记载："蒲人……事耕锄，所种荞麦、棉花、黑豆，知汉语，通贸易。"① 这部分蒲人极有可能已经与其他民族相融合。另一方面大部分蒲人由于民族压迫和剥削，仍然生活在或迁徙到山谷之中，从事简单的采猎经济，保持着原有的生活方式和生产方式。景泰《云南图经志》中记载："居澜沧江以西者，性勇健，髻插弯箭，兵不离身，以采猎为务……有战斗，杀犬分肉为令，击木为号，讲和砍牛为誓，刻木为信。争酋长位则父子兄弟相攻，邻里不救云，受贿乃救。"② 这部分蒲人可能与现在的布朗族、德昂族有更为密切的联系。

（五）清朝时期

清代蒲人发展的特点主要是：第一，布朗族现在的分布状况在清代基本形成。清代蒲人的分布状况基本与现在大体相同。"蒲人即蒲蛮，分顺宁、澄江，镇源、普洱、楚雄，永昌、景东七府有此种。"③ 过去曾经是蒲人分布较多的地区，如德宏、保山、云龙、昌宁等地蒲人已经没有分布或者只有少部分分布。这一点也与现在的情况一致。第二，部分蒲人进一步南迁。清朝在西南民族地区实行"改土归流"政策，该政策一方面削弱了傣族、彝族等民族在民族地区的影响力，导致了部分民族的反抗，另一方面也使大量汉族和其他民族的人口大量进入傣族、蒲人传统的聚居区。随着反抗被镇压下去，随着大量汉族及其他民族人口和文化的涌入，不少蒲人和傣族开始了又一次南迁，部分蒲人迁到了现在布朗族的主要分布地西双版纳傣族自治州勐海县和思茅市澜沧拉祜族自治县。至今勐海县布朗山仍然是布朗族的主要聚居区之一。

---

① 王云：《滇略校考》，云南民族出版社 1999 年版。

② 陈文修、李春龙、刘景毛校注：景泰《云南图经志》，云南民族出版社 2002 年版，第 326 页。

③ 傅恒编纂：《皇清职贡图》，清乾隆二十六年刊本。

第二节

历代中央、地方政权对布朗族的治理

中央政权、地方政权很早以前就对布朗族及其先民进行治理了。布朗族有一则祭词可以佐证："唉，今天是好日子，我们是召王'北京皇帝'、召千（昆明皇帝）的百姓，世代生长在这个地方，今天跟随老祖宗的手迹足印，看上了这块土地，要在这里开地播种谋生。所以我们祭献饭菜给你们，丢阿屋、丢阿拉！（天神地神们）望你们搬个地方，要不将来我们烧地时，你们会被烟熏着，被火烫着……"① 在不同朝代和不同的历史时期由于中央政权和地方政权的政治、军事力量不同，对于布朗族及其先民的治理方式、制度也有很大的不同。

一、中央政权对布朗族的治理

（一）中央政权对布朗族治理的演进史

1. 汉代以前

在汉代以前中央开始发现作为生活在南方的族群"百濮"族群的存在。尽管这个族群归附了中央政权，但是并没有资料证明中央政权已经采取什么措施或方法开始对"百濮"族群进行真正意义上的治理。

2. 汉朝

汉朝，中央政权开始在"苞满"生活的地域设置地方政权机关对其进行直接治理。西汉时期，汉武帝开始开发西南夷，并在今保山市和云县设置巂唐、不韦两县对包括"苞满"在内的民族的治理。两县隶属于益州郡。东汉永平十二年（69），中央政权在今保山市设置永昌郡，管辖今德宏傣族景颇族自治州、临沧市、大理白族自治

① 云南省编辑组：《布朗族社会历史调查》（二），云南人民出版社 1982 年版，第 25—26 页。

州南部各县。永昌郡的设置说明了中央对该地区治理的加强，同时也说明了中央统治力量的增强。公元 76 年濮人部落的武装反抗就可以证明这一点。

3. 魏晋南北朝

魏晋南北朝，中央政权对两汉时期设置的郡县进行了进一步的调整，将永昌郡和云南郡、兴古郡、建宁郡四郡合并为宁州郡，实现了对南中七郡的军事统治。这说明中央对地方的控制进一步增强了。统治的加强也引起了当地民族的反抗，“闽濮”还一度脱离中央的统治。当时，中央另一个重要的治理方式是对包括“濮人”在内的民族进行强制迁徙。迁徙使各民族间的交流和融合加剧，同时也使边疆得到进一步的巩固和扩展。在蜀汉时，濮人就曾被迁徙至云南（今祥云）、建宁（今滇池地区）二郡。

4. 唐宋

唐朝时“朴子蛮”的分布已经非常广泛，在滇西北的中甸维西、滇西的保山德宏、滇南的临沧、版纳等地都有分布。对“朴子蛮”的治理主要是南诏国进行的。南诏国在今保山市设置永昌节度，在今景东、景谷和镇沅设置开南节度，对包括“朴子蛮”在内的民族进行军事治理。在这一时期部分“朴子蛮”还被编入了南诏国的军队序列，成为奴隶兵参加各种征伐战争。宋朝基本上继承唐朝的统治范围，对“朴子蛮”的治理没有大的变化。

5. 元明清

元朝开始在“蒲蛮”分布区设置更加系统的地方政权制度，如设置路、府、州、县。元朝和明朝还在“蒲蛮”分布区委任“蒲蛮”人任土知府、土同知。这说明中央权力开始慢慢渗透到了社会的基层，对“蒲蛮”人的社会产生直接和有效的治理。清代对“蒲蛮”的治理更加细致和深入，这可以从这一时期基层组织机构的设置和发展得到证明：清代咸丰时期在包括“蒲蛮”分布区在内的民族地区建立甲、海、伙头组织，宣统时期又建立保甲组织。

6. 民国

民国对布朗族“蒲蛮”分布区的治理主要是为了获得赋税和劳役，因此一方面它比较重视在“蒲蛮”分布区设置各种更有利于加强其统治和控制能力的基层社会组织，如民国初建立的团、保、甲、排组织，民国二十年以后建立的区保组织以及民国二十年左右建立的区、乡、镇、闾、林组织；一方面民国对“蒲蛮”地区的治理并不像傣族召片领那样日常化、经常化和全面。在很多“蒲蛮”村寨，一般老百姓在新中国成立前对民国的治理除了赋税重、劳役重、派款多外没有什么太多的感受。

（二）中央政权对布朗族治理的特点

中央政权对布朗族及其先民的治理主要有如下特点：

第一，治理的对象主要是布朗族的先民。

如汉代以前的“百濮”、西汉时期的“苞满”、东汉到南北朝时期的“闽濮”、唐宋时期的“朴子蛮”、元明清时期的“蒲蛮”或“蒲人”。这些先民不但包括了现今布朗族的祖先，也包括德昂族、拉祜族等民族的祖先。

第二，治理力度在不断地加强。

尽管在不同的时代，中央政权对布朗族及其先民的治理有强有弱，但总的来说，中央政权对布朗族先民还是存在这样一个从认知到使之归顺中央政权，再到在当地设立国家地方政权进行直接治理的过程。地方政权在不同朝代也存在不断完善和加强其治理能力和水平的发展过程。

第三，治理的方式和制度在不断变化。

最早的治理方式仅是运用朝贡制度使之与中央政权保持一种松散的政治联系，到了汉代以后开始在布朗族先民分布区设置国家机关进行治理，在出现反抗或中央政权力量不足的情况下，又开始运用“以夷治夷”，在“蒲蛮”人或其他民族中任命土官、土司进行间接治理。在中央政权的权力达到一定程度后，又开始运用自己在政治、军事方面的优势“改土归流”，在“蒲蛮”以及其他民族分布区强行建立一系列基层组织，取代过去传统的组织形式。

二、地方政权对布朗族的治理

布朗族的分布地域较为广泛，地方政权对其的治理也呈现出丰富多彩的特点，因此这里仅就新中国成立前傣族召片领和傣族土司对布朗族的治理为例做一些介绍和研究。

据说布朗族村寨最初是完全独立的，并不直接隶属于其他民族和政权，在政治上具有很大的自治权。从社会组织的设置、法律规范的形成和宗教文化等方面都具有很强的本民族特色。新中国成立前 150 年左右傣族统治者的力量才逐渐进入布朗族村寨，对布朗族进行治理。自此，无论在社会组织、法律规范，还是宗教文化方面都受到傣族文化的很大影响。

（一）地方政权对布朗族治理的主要措施

从现有的调查资料来看，傣族政权对布朗族的治理主要通过以下几种措施：

1. 加强基层组织建设

布朗族最早的社会组织产生于本民族内部，头人一般都是通过村民民主选举产生，头人对村寨公共事务的管理受到村民的监督。傣族为了加强对布朗族的控制，以获得尽量多的赋税、礼物和劳役，开始设置各种基层组织，采取各种方式进行统治。

傣族召片领为了加强对边远地域的治理，在各民族地区设置了土司机构间接对包括布朗族在内的各民族进行更有效的统治。同时有了避免土司权力过大威胁自己的权威，有时召片领又会绕开各土司机构直接在布朗族村寨中任命头人大叭或召卷以及老鲊，直接进行治理。这让布朗族人民担负了双重的负担，既要服从于景洪召片领的治理，又要服从各地土司等下一级机构的治理。如勐海县布朗山章加寨是傣族领主的一个负担寨，专门编制竹篾凉台。但是，该寨的负担不仅仅是编制竹篾凉台，还要每年专门到景洪和勐混分别向景洪召片领和勐混土司交纳很多钱物。向景洪召片领纳贡：芝麻油 6 老斤（每老斤合 16 两）、黄蜡 6 老斤、银锭 3 块（重 7 两 5 钱）、半开 15 元。向勐混土司纳贡：芝麻油 6 老斤、黄蜡 6 老斤、棉花 20 老斤、白银 10 两。①

傣族政权对布朗族的治理还有一个制度是很有特点的，那就是设立大头人波朗对布朗族进行统治。波朗最早是景洪召片领任命的管理众多村寨的大头人，后来开始由各土司任命产生。波朗对布朗族村寨的管理较为直接，为了催交担负波朗经常巡视各个布朗族村寨，直接参与布朗族村寨的管理。

但是，傣族政权对布朗族的治理还是较为松散的，目的也主要是获取更多的经济利益，布朗族仍然具有一定、甚至较大的自治权。各个布朗族村寨之间也大多相互独立，互不统属。

2. 施加宗教影响

布朗族信仰小乘佛教源于傣族文化的影响。布朗族村寨之间尽管在政治上相互独立，互不统属，但是佛教信仰却在它们之间形成了非常紧密的关系。宗教权威是有等级之别的，因此不同的村寨之间依据各自佛寺宗教权威的等级差别产生了既相互联系又相互统属的关系。傣族地区的佛寺通常具有更高的权威和影响力，居于较高的宗教地位，布朗族地区的教阶升格、宗教活动和宗教财富在很大程度上要受到这些佛寺的

---

① 云南省编辑组：《布朗族社会历史调查》（二），云南人民出版社 1982 年版，第 17 页。

影响。因此，宗教力量成为傣族政权影响布朗族地区的一个重要手段。如在勐混地区，勐混的曼蚌寨佛寺管辖曼峨寨佛寺，曼峨寨佛寺又管辖曼糯、南东、帕歹等寨的佛寺。曼糯、南东、帕歹三寨佛寺称曼峨寨佛寺为“父亲”，曼峨寨佛寺又称勐混曼蚌佛寺为父亲。曼峨寨属于领头寨，负责替土司向各寨催收负担。与上述村寨佛寺归属勐混管辖不同，章加寨和香广寨的佛寺直属景洪。

3. 纳贡制度

傣族政权与布朗族之间的关系大多是围绕着纳贡活动展开的。按照傣族统治者的要求，傣族召片领和傣族土司分封的布朗族头人及其管辖下的布朗族村寨要向傣族召片领、傣族土司和波朗、头人缴纳各种贡赋和承担各种劳役负担。贡赋的种类繁多，以勐海县布朗山地区为例，贡赋的种类主要有：货币贡赋，如新头人的领封费、买土钱、买水钱、门户钱等等；实物贡赋，如芝麻油、黄蜡、蜂蜜、银子、藤篾席、棉花、木料、野兽肉、柴、篾柜等等。傣族统治者有时也象征性地赐予一些帽子、干肉、盐等给纳贡者。贡赋应当由各布朗族寨在规定的时间亲自解往景洪和勐混。这就形成了一种稳定的、制度化的治理方式，傣族政权不但可以从布朗族村寨获得大量的物质财富，而且也达到了增强政治联系、强化隶属关系的作用。

另一个纳贡的内容是为各级傣族统治者提供劳役。依照傣族统治者的要求，各个布朗族村寨要轮流为景洪召片领和勐混土司提供劳役，如在勐海县布朗山地区布朗族要每年派人为勐混土地建造凉台，而且轮流到土司家为其割马草、煮饭、喂猪、砍柴、劳作、看土司界碑等等。对傣族分封的大小头人也要提供一定的劳役。

（二）地方政权对布朗族治理的特点

地方政权对布朗族的治理主要有如下特点：

第一，统一治理与村寨自治并存。傣族政权对于布朗族的治理也经过了不断强化的过程，但是总的来说绝大部分布朗族村寨还是保留了较大的自治权，二者的关系较为松散。这从布朗族村寨的社会组织的构成可以看出，大部分布朗族村寨既存在着傣族召片领或土司任命的大叭或召卷以及老鲊等大小头人，也存在着村民选举或协商产生的召曼、氏族长等组织，他们在村寨公共事务的处理方面发挥着重要的互补作用。此外，由于交通不便和文化的差异，傣族政权对布朗族的治理也不可能涉及社会关系和生活的所有方面。因此，在农业生产、祖先祭祀、一般日常生活方面，布朗族享有很高的自治权。

第二，经济方面的治理手段要强于政治、军事和法律方面的治理手段。傣族政权把主要精力放在如何通过经济方面的要求和手段从布朗族身上攫取更多的物质财富，而在政治、军事和法律上对布朗族没有太多的要求。尽管也在布朗族地区设置了自己的基层组织，也经常派土司兵进入布朗族地区。但是，其目的仍然是催缴贡赋和劳役，而且波朗进入布朗族村寨大多也是为了催缴贡赋和劳役。这种经济性的，而非政治性、军事性或法律性的统治与被统治的关系是傣族政权对布朗族治理的一大特点。

第三节

布朗族的社会组织

史书对历史上布朗族先民所建立的社会组织的记载很少，我们只能从一些零星的记载中发现一些有关社会组织的记载。根据史书的记载，布朗族的先民百濮并没有统一的政治组织，村落是最基本的社会组织。“濮夷无君长总统，各以邑落自聚，故称百濮也。”① 各个百濮支系的首领被称为“王”，“永昌郡……闽、越、濮、鸠僚，其渠帅皆曰王”②。

到了唐朝，茫蛮部落形成了新的领导者“茫”（是其君的称呼），茫蛮人称其为“茫诏”。而且“茫”的管理范围很大，甚至可以组织和领导一个由两三千人组成的军队。“茫蛮部落，并是开南杂种也。茫是其君之号。……咸通三年十二月二十一日，亦有此茫蛮，于安南苏历江岸聚二三千人队。”③ 朴子蛮的首领称为“酋”或“酋长”。

元代中央政权加强了对金齿、蒲满的治理，如元朝在当地先后设立了建宁路、镇康路、六路总管府等机构对金齿、蒲满以及其他民族进行管理。有的金齿还被任命为国家官员，如史书记载至元三十一年“以金齿归附官阿鲁为孟定路总管，佩虎符”④。

---

① 杜预：《春秋释例》，文渊阁四库全书本。

② 常璩：《华阳国志》卷四，《南中志》，四川大学出版社 2007 年版。

③ 樊绰：《蛮书校注》，中华书局 1962 年校注本。

④ 宋濂等修：《元史》卷一八，《成宗纪》，中华书局 1976 年点校本。

金齿、蒲满的首领仍然称为“酋长”。酋长的产生并不实行继承制，而是通过原始的民主方式推选。“金齿、白夷……酋长死，非其子孙自立者，众共击之。”① 巫师是这个时期史书所记载的另一个重要的社会组织。巫师的功能从史书记载来看，主要有两个：一个是在战争之前进行祭祀活动，另外一个是在人生病时可由巫师作法治病。

明代“蒲人”的领袖仍然称为“酋长”，但是酋长的产生已经不再由村民民主选举产生，而是由有血缘关系的人，如子女来继承。为了争夺酋长，父子兄弟之间的相互攻伐时常出现。一般的人并不介入这一纠纷，除非获得贿赂。史书记载：“争酋位则父子兄弟相攻，邻里不救，受贿乃救云。”②

近代以来布朗族的社会组织较为复杂，布朗族是一个居住分散，受傣族、汉族等民族影响较大的民族，因此布朗族的社会组织因居住地域、发展程度以及统治民族的不同有很大差别。我们大概可以依据社会组织的设立主体是否是国家或地方统治政权，把布朗族的社会组织分为正式意义上的社会组织（下文简称“正式组织”）和非正式意义上的社会组织（下文简称“非正式组织”）。正式组织由国家或者地方统治政权设置，非正式组织由民间社会产生，其中既包括自然形成的社会组织，也包括布朗族人民通过民主选举或其他方式产生的社会组织。

一、正式社会组织

（一）国家设置的正式组织

布朗族大多居住在偏远落后的山谷之中，交通不便，与外界的联系较少。国家的力量并不能全面进入布朗族的村寨，但是统治政权的权威仍然通过在布朗族分布区设置相应的机构和机关得以体现。这些机构和机关尽管不是产生于布朗族社会内部，但是在布朗族村寨公共事务以及对外事务的处理过程中，它们仍然发挥着重要的作用，成为布朗族社会和生活的重要组成部分。但是国家设置的正式组织的存在并不意味着布朗族社会非正式组织就不存在或者被取代。就调查的材料看，新中国成立前布朗族村寨仍在政治上保持着独立地位，众多非正式的社会组织在布朗族的生产、生活、祭祀等方面起着重要的作用。

① 王叔武：《云南志略辑校》，云南民族出版社1982年版，第91页。
② 陈文修、李春龙、刘景毛：《景泰云南图经志书》，云南民族出版社2002年版，第326页。

国家在布朗族地区设置正式意义上的社会组织由来已久，但是依据现有的调查资料和文献，较为完整、系统的正式组织是清代以后才在布朗族地区广泛设置的。因此，这里着重介绍清代以后国家在今思茅市墨江布朗族分布区所设置的正式组织。①

1. 清代咸丰时期建立的甲、海、伙头组织

每甲设总爷一人，负责全甲的事务。甲下设海，每海设大海头（正职）一人、小海头（副职）一人，负责数个村寨的事务。海下各寨设大伙头（正职）一人，小伙头（副职）一人，负责村寨内的一切事务。甲、海、伙头组织为国家在基层设置的政权组织，分别设立在县级政权机关以下的各个级别（相当于现在的乡镇、村委会和自然村三级），为国家力量的进入创造了条件。

2. 清代宣统时期建立的保甲组织

宣统时期清政府废除了甲、海、伙头组织，改行保甲制，设置保甲组织。每个保的管辖范围大体与甲相同，每保设保董一人，负责保内的所有事务。保下设置甲，每个甲管辖的范围大体与海相同，每甲设甲长一人，负责甲内事务。甲下设置排，每10—20户为一排，每排设排长一人，负责排内事务。保甲、排组织的设置起到了两个作用：一方面国家在布朗族地区设置的正式组织越来越细，已触及了村寨内部非常具体的社会单位，如户；另一方面，国家对布朗族社会的控制进一步加强了，保甲、排是一套组织性更强的社会组织体系。

3. 1911年以后建立的团、保、甲、排组织

1911年以后，民国政府废除保甲制，设主团总制，设置团、保、甲、排等组织。团所管辖的范围大体与保相同，有时还要大一些，每团设团总一人。团下设保，保下设甲，甲与保甲制中甲的管辖范围基本相同。每保设保董一人，每甲设甲长一人。甲下设排，每排设排长一人。团、保、甲、排组织的建立导致国家基层政权组织的过分庞大，在赋税、劳役和其他方面加重了布朗族人民的负担。

4. 1931年左右建立的区、乡、镇、间、林组织

1931年左右，民国政府废除团总制，改行区、乡、镇、间、林制，设置区、乡、镇、间、林组织。区的管辖范围与团大体相等，每区设区长一人。区下设乡镇，乡镇的管辖范围与甲大体相等，设乡长或镇长一人。乡镇下设间，每25户为一间，每间设间长一人。间下设林，每五户为一林，每林设林长一人。区、乡、镇、间、林制延

① 云南省编辑组：《布朗族社会历史调查》（一），云南人民出版社1981年版，第73页。

续了庞大的基层社会组织发展方向。

5. 1931年以后建立的区保组织

1931年以后，民国政府废除了区、乡、镇、闾、林制，改行区、保制，设置区、保组织。区的管辖范围与过去相同，每区设区长一人。区下设保，保与过去乡镇的管辖范围相当，每保设保长一人。

（二）地方傣族政权设置的正式组织

1949年以前布朗族不但受到中央政权的管理，而且还要接受地方民族政权机构的管理。以西双版纳为例，位于西双版纳傣族自治州勐海县的布朗山、西定、巴达地区是布朗族的主要聚居地。当地各村寨的布朗族很早就被置于傣族召片领的统治之下。傣族召片领对当地布朗族的管理主要通过三种方式：一种是直接管理，即由召片领直接册封各寨头人，进行直接管理；另一种是在某些地方设立相应统治机构，如设立勐混土司府进行间接管理，20世纪20年代召片领就任命他儿子刀栋才为勐混土司对附近包括布朗族在内的民族进行管理；第三种是任命管理地方的大头人波朗（后改为勐混土司下的议事庭长兼任）进行间接管理。这里主要介绍第一种统治方式所形成的各种正式组织。

1. 大叭或召卷

大叭是傣族统治者在布朗族中册封的大头人，有的地方称为召卷。傣族统治者在西双版纳西定地区设立了三个大叭（即布朗西定、曼卖兑、曼别各一个）、七个召卷。傣族召片领册封老叭后要赐予金伞、铁链、银刀等。大叭或召卷等大头人在西定地区是世袭的，如死后无后嗣，由村寨上报召片领委任其近亲属担任。国民党的势力在抗日战争中深入西定地区后，老叭还被国民党政权任命为乡长。大叭或召卷负责管理和处理若干村寨的事务。大叭还可以册封哈尼族和拉祜族的头人，每册封一次可获得领封费，如布朗山的领封费通常为半开7.5元（一个半开相当于人民币0.5元），两对蜡条，布一块，酒一瓶。

2. 老鲊

老鲊是傣族统治者在布朗族中册封的小头人，协助大叭处理相关事务。傣族统治者在西定地区曾册封了八个老鲊（即曼卖兑、曼别、曼皮、帕勒、曼马、曼邦、曼瓦、西定等各一个）。当国民党的势力在抗日战争中深入西定地区后，有的老叭还被国民党政权任命为保长。

二、非正式社会组织

（一）头人

与负责管理多个村寨的大叭或召卷、老鲊不同，作为布朗族非正式组织的“头人”，不管大小，通常只能管理所属的一两个村寨。在布朗族社会存在着各种各样的头人，尽管不同地方布朗族的头人在名称、数量、任职条件、产生程序、职权及其行使方式等方面存在着很大的差别，但是头人及其所组成的各种会议制度却一直在布朗族社会中起着举足轻重的作用。

1. 头人的名称、数量和职权

布朗族是以村寨为基本政治单位的，每一个村寨基本上都是相对独立发展的。因此，各个村寨头人的名称、数量和职权都有不同。有些布朗族村寨较小、人口不多，历史不长，因此头人数量较少，只有三四个头人，分工也不明显，如勐海县布朗山地区的曼果寨新中国成立前只有达捧、洛西、达呵西、达曼和达占五个头人。有些布朗族村寨具有很长的历史，而且村寨大、人口众多，头人制度相对发达，头人数量较多，达到十多个，分工较为明显，如勐海县巴达地区曼瓦寨新中国成立前就有老干、召曼、朗板、格闷、老先、格朗、布占、呵西等18个头人。

现以西双版纳布朗山地区和西定地区为例介绍布朗族头人的名称、数量和职权。

西双版纳布朗山地区布朗族村寨头人的名称和职权如下①：

格捧：调解群众纠纷，执行叭或召卷的决定。

格报：分配土地，管理生产。

格香：召集会议，主持会议。

格巴：管理财务账目。

火西：负责通信工作。

格弄：管理与外寨的来往事务和纠纷。

格道：管理与外寨的来往事务和纠纷。

乃恩：协助格巴工作。

---

① 云南省编辑组：《布朗族社会历史调查》（三），云南人民出版社1986年版，第49页。

乃道：协助格巴工作。

召曼：管理祭寨神、婚姻、礼俗等。

布占：管理佛寺、念经、驱鬼。

西双版纳西定地区布朗族村寨头人的名称和职权如下：①

族长：教育后代，教他们懂得本民族的历史和氏族家支，决定氏族内土地分配，主持氏族会议等。

老干：领导寨内生产、行政等事务。

召曼：协助老干工作和管理水利、祭鬼等。

朗板：负责结婚拴线。

格朗：召曼的助理。

2. 头人的任职条件

布朗族头人的任职条件并没有明文规定，不同的地方具体条件也有所不同。一般来说头人的任职条件主要包括：

第一，有较高的品格。

如在勐海县巴达地区的曼瓦寨，头人的条件主要是：办事公正，不贪群众的钱财，不欺压人。②

第二，年龄符合一定的要求。

在西双版纳巴达地区的布朗族中通常要求头人的年龄在21—50岁之间，西定的布朗族村寨规定不能超过50岁（包括其妻子）。之所以规定不能超过50岁，据说是因为头人年龄太大会加重村民的负担，因为头人太老走不动路，需要村民派款买马让头人用。但是，在另外一些地方头人通常由氏族中的年长者担任。

第三，具有履行职务的能力。

如勐海县打洛地区曼夕寨的头人达闷要由家境较富裕、能说会道、具有管理能力的人担任；勐海县布朗山老曼峨寨专管赕佛、占卜，选吉日事务的布占要由能背诵经书、会卜卦的人担任。要注意的是，在比较早的时候，财产的多寡并不是头人必备的一个条件。

第四，属于特定的氏族。

如在勐海县巴达地区曼瓦寨头人老干、召曼、朗板、格闷要分别从老干、召曼、

① 云南省编辑组：《布朗族社会历史调查》（三），云南人民出版社1986年版，第49—50页。

② 云南省编辑组：《布朗族社会历史调查》（一），云南人民出版社1981年版，第54页。

朗板和鲁农四个氏族产生；老先三人，要分别从老干、召曼、朗板三个氏族内产生，格朗二人，要分别从召曼、西怀两个氏族产生。

第五，其他条件。

如勐海县打洛地区曼夕寨管理祭寨神和送鬼的头人达曼，要由只结过一次婚、清清白白的人担任；勐海县巴达地区的曼瓦寨的头人要由夫妇双全者担任等；在勐海县布朗山章加寨，召曼的候选人应当是当过和尚，还俗结了婚，并且已经把妻子接回家的成年男子。

3. 头人的产生程序

布朗族的头人产生程序依头人性质和职权的不同而不同。

（1）世袭头人的产生程序

世袭头人的产生程序通常不需要经过民主选举程序，而只需报傣族召片领或土司册封即可。如勐海县布朗山新曼峨寨的主要头人格旁、格香、格奴、格道为世袭头人。他们死后由其子继承头人职务，但应当报勐混土司册封。册封下达的时间一般较长，为一两年左右。在未被册封前，继承者只能称为苏打曼。

（2）主要头人的产生程序

在勐海县巴达地区①，较为重要的头人，如老干、召曼、朗板、格闷、老先和格朗的产生程序相对复杂。因为上述头人的候选人有氏族身份的要求，因此，要经过大致三个程序才能最终产生头人：第一，各氏族召开氏族会议提出候选人，即由特定的氏族选举出若干个候选人；第二，将候选人提交全寨各氏族同意；第三，到佛寺进行抽签选举，最终确定头人人选。以老干的产生为例，如果老干去世，全寨要举行聚会，在该老干氏族内找出三个候选人，并将三个人的名字分别写在三块竹片上，装进一个铜锅里，胡乱摇晃一阵之后，由其他氏族的人来抽一竹签，抽到谁的名字就由谁当选老干。

（3）其他头人的产生程序

一般小头人，如呵西的产生由头人会议产生，程序较为简单。只需要头人带一包茶叶悄悄放在被看中人的火塘上就可，无须特殊的产生程序。

但是，头人召曼的产生较为特殊。召曼（“召”指官，“曼”指村寨，借用傣语）是布朗族早时最重要的头人，由村寨成员民主推选产生。召曼最初的职权很大，负责

① 云南省编辑组：《布朗族社会历史调查》（一），云南人民出版社1981年版，第54页。

土地分配、祭祀、婚姻、丧葬、对外关系等重要事务。后来随着国家权力和地方傣族政权力量的介入，召曼的职权有所萎缩，在很多布朗族村寨已经不属于主要头人。

在勐海县布朗山章加寨，召曼的产生须经过如下几个程序①：第一，佛寺抽签程序。佛寺抽签仪式由布占主持，他事先准备好九根竹签，其中一根写上“当选召曼”字样，将竹签放入铜罐。村寨所有符合条件的成年男子都有权到佛寺参加抽签仪式。抽签之前布占向佛祈祷：“现在我们全寨来抽签选召曼，你在高处看得清，谁管寨子最合适就让谁当选。”随后参加者依次抽签，抽中签的站一旁，没抽中的站到佛寺外。反复几次，最终留下一人当选召曼。第二，滴水拴线程序。当选者手执竹签到大佛爷面前，大佛爷向他滴水、拴线，以示祝福；第三，赠送当选信物程序。召曼选出后，老召曼或者村寨全体村民要共同出一个半开、一块布送给当选召曼作为当选信物。

头人已经选出即可行使头人的职务。但是如果村民对头人的工作不满意或者出现一些特殊的情况，村民就可以罢免或废黜他们选出的头人。如在勐海县布朗山章加寨，如果寨子里面发生老虎、豹子咬人和牲畜，或者猪、鸡等家畜跳进寨心神“再曼”里等不吉利的事情，就得另选召曼。1943 年勐海县巴达地区曼瓦寨村民就曾把包括老干等主要头人在内的 18 个头人全部撤换。起因就是头人在摊派谷子时引起了村民的不满。

4. 头人职权的行使方式

在比较早的时候，布朗族头人职权的行使还是较为民主的，寨内的各种重要事务都要经过头人会议和村民大会讨论、决定。

头人会议由村寨的大小头人组成，讨论、决定村寨的各种事务，在村寨政治、经济、宗教生活中起着重要的作用。头人会议一般在最有权威的头人家举行。早期的头人会议较为民主，一般不允许个别头人把持村寨事务的管理。如在勐海县巴达地区曼瓦寨，以下事项都要由头人会议来处理：第一，对外的公事办理；第二，对外的交涉应酬、纠纷等；第三，对内的生产栽种、宗教祭祀、风俗习惯的维护、调解纠纷、摊派钱粮等。②

如果遇到重大的村寨事务，如选举头人、派粮派款、村寨间纠纷等重大事务，头人会议讨论后还要召集村民，召开村民大会，征得村民的同意与支持。随着布朗族社会两极分化的日益严重，部分头人开始利用头人的特权谋取私人利益，头人职权的行

---

① 云南省编辑组：《布朗族社会历史调查》（二），云南人民出版社 1982 年版，第 19 页。

② 云南省编辑组：《布朗族社会历史调查》（一），云南人民出版社 1981 年版，第 54 页。

使越来越缺乏民主的内容。村民大会的作用也日益微弱，到新中国成立前很多布朗族村寨的村民大会已经名存实亡。

（二）氏族和家庭

在大部分布朗族村寨，其经济、社会的发展并没有完全让其摆脱血缘因素的影响。以血缘关系为基本纽带的社会组织仍然是布朗族社会组织的重要组成部分。从过去的调查资料看，布朗族村寨一般都由一个或多个氏族组成，同一个氏族的人通常认为他们具有共同的祖先。氏族在布朗族中有不同的称呼，有的称其为“嘎滚”，有的称其为“考公”，意指亲属集团。每一个氏族有一个氏族长，在有的地方布朗族称其为“高嘎滚”。在氏族之下，关系较为密切的若干核心家庭又组成了家族，家族在勐海县布朗族中被称为“折甲”或“折赛”。它通常由同一氏族内具有直系血亲关系的数个或一个核心家庭组成。小家庭或者个体家庭，每一个家族有一个家族长，负责族内事物。家族下是主要由夫妻或者夫妻及其子女所组成的核心家庭。氏族、家族和核心家庭是布朗族社会的基本社会单位，在生产、生活和宗教活动中发挥着重要的作用。

1. 氏族

在勐海县布朗山，氏族被称为“嘎滚”，具体是指由同一个父系祖先的所有后裔所组成的亲属集团。在布朗族的语言里，“嘎滚”是指“达、娅、妈、根、德、翁、滚格闷、集纳嘎滚”，直译为“祖父、祖母、母亲、父亲、兄、弟、儿和媳妇所组成的集体，便叫做氏族”。每一个“嘎滚”组织少则包括几户家庭，多则包括十几户，甚至几十户家庭。氏族的名称通常与氏族长的名字一致，当氏族长改变时，氏族的名称也会变化。

在布朗族村寨，并不是每个家庭都有氏族组织，也有一些外来户在村寨里没有氏族组织。以勐海县布朗山的章加寨为例，该寨在新中国成立前共有 17 个“嘎滚”，每个“嘎滚”包括十几、二十几个家庭，但是仍然有岩三恩、岩再恩等十户属于外来户在章加寨没有嘎滚组织。氏族对于非氏族成员也可经过一定的程序而使其成为本氏族的成员。如在勐海县西定地区的曼瓦寨，如果其他氏族的成员想加入本氏族，他只需送酒等礼物给氏族长，并获得氏族长和氏族成员的同意即可。本氏族的成员也可退出氏族，如当这些人迁居外寨时声明断绝关系即可。

氏族在布朗族社会中的功能和地位非常特殊。第一，对社会控制具有重要作用。

布朗族社会是一个政治组织不发达的社会，各种组织形式的制度化水平不高。这就为氏族组织发挥更大作用提供了较为广阔的空间。第二，氏族是土地的主要占有者。在大部分布朗族村寨，土地作为最重要的生产资料，一般由村社、氏族和私人分别占有。其中氏族土地，在布朗族语言里被称作“丕嘎滚”，占有很大的比重。第三，氏族是土地的主要分配者。布朗族大多采用刀耕火种式的生产方式。每年砍新地的时候都要对氏族的土地重新分配一次。土地的分配通常以氏族为基本单位，在族长的主持下进行。第四，在婚姻关系的调整方面。氏族组织对婚姻关系的调整也起着重要的作用。如婚姻的成立应当获得氏族长的同意，婚姻应当执行氏族外婚制原则等。第五，对氏族内无后嗣家庭的财产以及离开村寨闲置的土地，归氏族所有，或由氏族收回，进行重新分配。

每一个氏族都有一个氏族长。氏族长在布朗语里称为“高嘎滚”。氏族长大多数为男子，但也有女子担任氏族长的。氏族长的产生一般有两种情况：一种是由氏族大会讨论决定，如在勐海县的布朗山的曼果等寨。这种方式产生的氏族长通常年纪较大，具有较高的威信。另外一种产生氏族长的方式则是看前任氏族长死在谁的家里。氏族长死在哪家，哪家的人就当氏族长，死在女儿家就由女婿担任氏族长。氏族长一般是终身制，一经产生就不能被罢黜，即使氏族长变成残疾人或得病，甚至变得没有行为能力也不能被新的氏族长取代。氏族长的家中都保存着氏族的象征物“哼而嘎滚”，“哼而嘎滚”是一个存放有祖先使用过的东西的布袋或者篾筐，这些东西有生产工具、小刀、三角架等等。“哼而嘎滚”实质上是氏族长的信物，当新的氏族长产生后，“哼而嘎滚”就得由新的氏族长保管。

氏族长在布朗族社会中具有非常高的地位，本氏族的成员也对氏族长非常尊重。每逢节日都要到氏族长家里去送猪肝、牛肝、脊肉、糯米粑粑等礼物，以获得氏族长的祝福。

氏族长负责氏族内各种事务的处理，并代表氏族与外界发生关系。氏族长的职权和责任通常包括：第一，每年负责氏族内土地的分配，并且在分配土地的过程中享有优先挑选权。第二，主持氏族内的各种祭祀、赕佛等宗教活动。第三，管理氏族成员的婚姻关系，如氏族内成员的婚姻需征得氏族长的同意。第四，负责召集氏族成员相互帮助，当氏族成员遇到困难或者灾害时，氏族长有义务予以帮助；有人患病时，氏族长还要主持宗教仪式祭鬼祭神；氏族长还要召集氏族成员建设凉亭、道路、佛寺等公共设施；当氏族成员在外犯法需要赔款时，氏族长要召集氏族成员协商摊派，予以营救。

2. 家庭

在布朗族社会中，家庭的具体情况差别较大。在受外来经济、文化和政治因素影响较小的地区，如勐海县布朗族地区，家庭作为氏族的基本单位弥补和协助氏族处理各种村寨和氏族事务。在受外来经济、文化和政治因素影响较大的地区，如思茅市和临沧市的某些布朗族村寨，由于氏族的影响力不大，社会的基本单位是家庭，家庭在生产、生活、宗教活动等方面发挥更加重要的作用。

布朗族的家庭通常由一夫一妻制的小家庭构成。在生产和生活中的主要作用是：第一，每年从氏族那里分得一块土地，进行集体的劳作；第二，作为基本的生产和生活单位行使对土地的使用权和对果园、竹棚、猎物等的所有权。

（三）宗教组织

布朗族的宗教信仰较为复杂，布朗族最初并不信仰小乘佛教，只是随着傣族文化在当地的传播和渗透，小乘佛教才逐渐为布朗族社会所接受。在新中国成立前的布朗族社会就有所谓“先有村寨，后有佛教”的说法。在信奉小乘佛教的同时，布朗族还信仰基督教和各种原始宗教，如云南外国教传教士在新中国成立前就在墨江、普洱、镇沅等地传教，部分布朗族家庭开始信奉基督教。基督教在当地禁止教民拜菩萨、吸烟、喝酒。一些原始的宗教形式在当地也很普遍，如在墨江县的圭墨寨，村民们还有祭竜、祭祖宗、祭灶神、祭土神、祭山神、祭雷神的习俗。但是，如果从社会组织的角度看，还没有那种宗教形式能像小乘佛教那样形成了严密的组织形式，并对布朗族的社会生活产生如此之大的影响。

当然，由于各个村寨规模不同、所处的区域不同，布朗族村寨佛教组织的具体构成、人员、地位和影响力也有很大不同，比如说同样在勐海县布朗族村寨，有的规模很大，和尚、佛爷有近百人之多，地位高，影响力大，已超出本村、本地的范围，有的规模则很小，只有几人、十几人，地位低，影响力有限。

1. 教阶制度

布朗族的佛寺、佛教组织及其仪式、节日基本上和傣族的相同。新中国成立前，每一个布朗族村寨一般都有一个佛寺。每一个佛寺都有若干小和尚和佛爷，佛寺的地位取决于其佛爷的教阶高低，佛寺的管理权归于住持，住持则由教阶高的佛爷担任。除了住持以外，每个佛寺还有布占一至二人，负责佛寺日常事务、占卜和做赕时的内外事宜。

以新中国成立前的勐海县章加寨为例，小乘佛教在布朗族社会中的教阶主要分为十个等级①：

第一级是“帕召枯”，系最高教阶，可译为“佛教大师”，章加寨无此佛爷。

第二级是“阿嘎木里”，也称为“沙嘎木里”，可译为“大法师”。章加寨无此级教阶。

第三级是“松溜”，可译为“大法师”。章加寨无此教阶。

第四级是“帕桑”，即长老。

第五级是“帕沙弥”。

第六级是“帕听”，即坎长老。

大佛爷以上的各教级的升格仪式较为隆重，程序也更加复杂，要求也更高。如大佛爷升格为帕听、帕桑和帕召枯，需要 20 个以上的大佛爷和帕桑、帕沙弥、松溜等宗教上层人士组成的升格会议决定，并通过村寨头人会议的认可。最后还要举行隆重的升格仪式。许多村寨的佛爷、头人、群众都会派代表来参加升格仪式。

第七级是“都”，即大佛爷。

大佛爷由二佛爷升格产生，产生程序较为复杂：首先得由十个以上的大佛爷共同商量同意提名；其次，需经得村寨头人的认可；再次，由火头通知全寨，每户出米一筒、半开一个、蜡条一对，由一头人将钱米等拿到佛寺里，举行滴水升格仪式，才能成为大佛爷。

第八级是“都”，也称为“帕朗”，即二佛爷。

年满 20 周岁的大和尚，能诵读一定的经书，并经四个大佛爷的认定就可以升格为二佛爷。

第九级是“竜”，即大和尚。当小和尚三年后，如果能诵读少许经书及佛教格言者，经一个大佛爷确认就可以被升格为大和尚。

第十级是“帕囡”，即小和尚。

按照惯例，男子只要年满 13 岁，即可送入佛寺当小和尚。

教阶的升迁主要考虑如下因素：第一，担任下级教阶的年数以及被升迁者的年龄；第二，被升迁者诵读经书的熟练程度；第三，升格仪式中群众所布施的银钱数目

---

① 云南省编辑组：《布朗族社会历史调查》（二），云南人民出版社 1982 年版，第 38—39 页。

多寡①；第四，较高教阶地位的获得还要取决于村寨头人会议和宗教上层会议的意见。

2. 宗教组织的影响

作为一个组织化水平较高，并且深入布朗族社会生活方方面面的社会组织。佛教组织在布朗族社会的政治、经济生产和文化教育等各方面都发挥着重要的作用。

第一，在政治方面，佛教组织对村寨头人的产生以及村寨重大事务具有很大的影响力。村寨头人是村寨日常事务管理的主要机构和人员，也是村寨与村寨之间相互联系和发生关系的主要中介。因此，村寨头人的选择与任命是村寨政治生活的大事。佛教组织基于宗教上的特殊地位对头人的选择和任命施以很大的影响。以勐海县布朗山老曼俄村为例，宗教组织的代表佛寺通过对该村借捧、借亥、借相、召曼等头人推荐、监选、加委、滴水、拴线等活动，已取得干预村社政治生活的种种权利。如该村借捧、借亥等头人受傣族领主分封后，还必须到佛寺举行拴线、滴水等宗教仪式，并由帕桑、帕沙弥等宗教上层人士向受封头人敬送黄布，再由佛爷将黄布、半开赐给受封头人。借相头人需由大佛爷提名、勐混土司加封，并举行宗教仪式才能产生。召曼的产生则要由大佛爷代表佛祖来监督抽签。此外，村寨重要事务的处理，除了要经过头人会议或村民大会的同意外，还要征得大佛爷的同意。

比较特殊的是，佛教组织在政治方面的影响通常不受村寨或民族界限的限制。布朗族村寨是各自独立的社会组织，村寨之间通常没有隶属关系。村寨社会组织的管辖范围因此具有非常严格的划分。但是，佛教组织则不受地域（甚至国境）和血缘的限制，各个佛寺在教阶升格、赕佛、宗教节日等等方面具有非常密切的联系。有些佛寺还具有一定的隶属关系，如在勐海县布朗山地区曼峨、曼糯、南东、帕歹等佛寺间形成了层层隶属的关系。曼糯、南东、帕歹三佛寺称曼峨佛寺为“父亲”，曼峨佛寺又称勐混曼蚌佛寺为“父亲”。

第二，在经济方面，由于大部分布朗族村寨还处于刀耕火种的阶段，经济生产的整个过程还不能完全摆脱宗教的影响，因此佛教组织仍对生产活动产生重要的影响。以勐海县布朗山章加寨为例，宗教组织在经济方面的影响主要表现在：选地，即在阴历十月份，村寨的召曼头人要去佛寺“打米卦”，先量出七筒米，由佛爷念经，请寨神、地神、勐混神和景洪神共同来决定种哪几块地；祭谷神和地神，即每年村民都要

① 布施银钱数目特大的还可以越级升格教阶，如在章加寨，曾经在一个帕听升格为帕沙弥的仪式中，群众布施的银钱多达1000元，因而该人被越级升格为帕桑。

请佛爷祭谷神和地神，以祈求获得丰收。

第三，在文化方面，布朗族是一个无文字的民族，过去有些地方的布朗族还停留在刻木记事的阶段。因此，其民族传统、文化习俗和社会规范的很大一部分是通过佛教组织的教育和宣传来传承和发扬的。佛教组织通过佛寺教育和其他宗教活动不但充当了布朗族传统知识、文化的宣传者和传播者，而且还在布朗族民族精神、价值观的形成和统一上发挥了重要的作用。在布朗族的社会里，没有当过和尚，没有接受过佛教教育的人通常被认为是没有文化的人、不文明的人或称“半个人”，在社会上地位很低，有的连妻子都很难找到。

（四）老人

在布朗族社会，老人具有很高的社会地位，尽管他们不是政治组织的组成部分，但是仍然对村寨和氏族内部的事务发挥着不可忽视的作用。头人、氏族长如果有重要的事务需要处理，往往要邀请老人们去参加讨论，征求他们的意见。有些老人还是过去的旧头人。

第四节

布朗族法的起源

布朗族法的起源是指布朗族法的发生或来源。从布朗族社会情况看，法的起源是一个较为复杂的问题，因为：第一，布朗族并没有本民族的文字，因此缺乏对本民族以及法的历史发展的客观描述和记录；第二，布朗族法主要以习惯法的形式表现，而习惯法的产生和起源很难确定；第三，布朗族法的渊源较为复杂，各种规范形式和法的界限很模糊，这导致布朗族法的范围难以准确确定，从而为法的起源的讨论设置了障碍。但是，可以肯定的是，作为一个没有专门立法机构、立法程序的规范体系，其并不是在完全封闭的情况下产生的，相反它的起源与布朗族人民的宗教、生产、生活和历史发展有密切的联系。

一、禁忌

“禁忌”是神圣的、不洁的、危险的事物，以及由于人们对其所持的态度而形成的某种禁制。① 禁忌包括两个层面的含义：具有某种特质的事物和因人们对其所持态度而形成的某种禁制。禁忌是一种古老而原始的社会规范，其产生甚至可以追溯到人类社会的早期。它对早期的人类社会起到重要的社会控制和社会整合的作用，因此许多学者甚至称之为“原始人的法”② 或“原始法”③。禁忌通常产生于人类文明发展的初期，但它不仅仅存在于人类文明发展的初期。任何民族，都存在着禁忌，并且禁忌都对人的行为起着重要的规范作用。但是并不是所有的禁忌都是法，很多禁忌由于缺乏强制力，不具有调整社会成员间权利义务关系的功能，因此被排除在法的范畴之外。

禁忌并不一定属于法的范畴，但是禁忌的产生、种类、内容、形式和作用则从一个侧面揭示了布朗族法的起源。依据一般的法起源理论或学说，法是遵循禁忌→习惯→习惯法→制定法的规律产生和进化的，因此禁忌是我们研究和推测布朗族法的起源的重要线索。在布朗族社会中禁忌是非常丰富多彩的。具体而言具有如下特点：第一，种类繁多，内容丰富，涉及生产、生活、宗教的方方面面；第二，禁忌的强制力和约束力往往来自鬼神等超自然力，而非世俗的权威和力量；第三，禁忌是一种以义务为本位的规范形式，目的在于人—神关系的调整，而非人—人关系的调整。作为布朗族最早的规范形式和法的萌芽，禁忌具有的特点其实也说明了布朗族早期的法律状况和思想。

1. 布朗族法产生于长期的生产和生活实践，产生于宗教祭祀实践

作为调整人与人之间权利、义务关系的规范形式，法律最早产生于生产、生活的需要。生产、生活活动使作为个体的社会成员越来越密切地联系到了一起，为了协调人与人之间复杂的权利义务关系，也为了能够在权利义务关系发生时找到解决的办法，法这种特殊的规范形式就产生了。尽管禁忌不是法本身，但是作为法的萌芽，这

---

① 任骋：《中国民间禁忌》自序，花山文艺出版社 1998 年版。

② 王学辉：《从禁忌习惯到法起源运动》，法律出版社 1998 年版，第 92 页。

③ 田成有：《原始法探析——从禁忌、习惯到法起源的运动》，载《质疑与创新——法学边缘处的深思》，云南民族出版社 1999 年版。

种依靠超自然力保证实施的规范形式却并不脱离于布朗族的社会生活，而是存在于社会生活的方方面面。

2. 布朗族法的产生通常与超自然力具有密切的联系

禁忌是一种依靠超自然力保证实施的规范形式，这一特点说明法在产生和发展的早期与万物有灵观念是密切联系的。法一方面从超自然力那里获得权威和合法性，另一方面也从超自然力那里获得实施的保障力量。

3. 布朗族法是以义务为本位的法律

和其他民族早期的法律制度相同的是，布朗族早期的法也是以义务为本位的法律，其主要功能不在于通过法律的形成和发展赋予社会成员更多的权利，而是通过义务性规则的确立形成一个更有利于社会关系稳定和集体利益实现的法律体系。

二、佛教教律教规

布朗族大多信奉小乘佛教，小乘佛教对布朗族的影响巨大。在布朗族法的起源上也不例外，从现有的调查资料看，小乘佛教对布朗族法的影响是广泛而深刻的，既包括对法的形式或渊源等外在层面的影响，也包括对法的理念和价值观等深层次内容的影响。主要表现在：

1. 对布朗族法的形式或内容的影响

小乘佛教不断丰富和完善了布朗族法的形式和内容，小乘佛教宗教戒律或教规已成为布朗族法的重要渊源之一和主要表现形式。小乘佛教的宗教戒律在不同地区和不同民族中间有不同的要求和表现形式。在布朗族地区，小乘佛教的宗教戒律主要分为两种：一种是“星哈”、“星西卜”等经书记载的教规，另一种是“朵巴李”、“朵巴列”等经书所记载的教规。“朵巴李”为梵文版，布朗族能诵读，但不知其意。“朵巴列”经翻译为老傣文，布朗族能诵读，也懂其含义。“星西卜”，即十戒，具体是指①：第一，不准杀生；第二，不准偷东西；第三，不准乱搞男女关系；第四，不准说假话；第五，不准吃酒致醉；第六，不准吃晚饭和过时中饭；第七，过年过节不准舞刀和棍棒；第八，不能带刀、戴花和银饰物；第九，不准同长辈平起平坐；第十，

① 云南省编辑组：《布朗族社会历史调查》（二），云南人民出版社1982年版，第101页。

不能穿戴有银饰物的衣服。“星哈”，即五戒，指十戒中的前五戒。除了上述的十戒、五戒以外，在有些布朗族村寨还有一些特殊的宗教戒律内容，如在勐海县布朗山老曼俄村的佛寺内，还规定了和尚不准用刀砍人、不准和女人睡觉、不准在寺内放屁、不准吵架打闹、不准在寺内泼水和乱扔渣滓。在布朗族看来做到了十戒、五戒的就能上天堂，即“勐发”，做得不好的就要下地狱，即“勐纳喝”。佛爷、和尚对宗教戒律的学习从当小和尚起就开始。按照佛教的要求，和尚每 14 天就要向佛爷纳一次“福”，每一次佛爷都要给他们讲解十戒、五戒和佛教思想。村民对宗教戒律的学习也是在宗教活动中慢慢完成的。每逢宗教节日，村寨都要到佛寺去，听大佛爷宣传佛教思想和宗教戒律。

2. 对布朗族法的理念和价值观的影响

小乘佛教对布朗族法的影响除了形式上的影响外，还包括对布朗族法的价值理念的影响。一方面小乘佛教为布朗族法提供了其本身不具有的价值观和理念，另一方面小乘佛教更强化了一些布朗族传统的价值观和理念。总之，小乘佛教所倡导的一些价值观和理念同时也成为布朗族法所追求和实践的价值观与理念。具体来说这种影响体现在：第一，提供了布朗族社会本身不具备的价值观和理念，如不准杀生。对生命的尊重一直是佛教思想的重要组成部分，因此在众多宗教戒律中具有重要的地位。在布朗族中，通常认为十戒、五戒中的第一条最为重要，如果其他戒律都遵守得好，但违反了第一条也算犯了戒。如果第一条遵守得好，只是违反了其他九条的话，还可以原谅。第二，强化了一些布朗族社会中已有的价值观和理念，如敬老、诚实、俭朴、秩序、保护财产权和婚姻关系等。

当然我们也要看到，宗教戒律对不同的人有不同的要求，对和尚和佛爷的要求通常比一般的布朗族村民严格。入十戒通常是要求佛爷和和尚，违反的轻者罚砍柴，重的则勒令还俗；五戒则是要求村寨中男女老人的。

三、神话传说和故事

布朗族法属于自生自发的规则或秩序。很多法律的起源和发展缺乏明确的文字记载和实物证据。因此从布朗族众多的民间文学作品中寻找法律起源的历史根据就显得非常重要了。这些民间文学作品首先就是在布朗族社会中广泛流传的各种神话传说和故事。

1. 民族平等、民族友爱法律思想的产生

布朗族的一些传说是有关各民族的形成和相互关系的。

如在墨江县有这样一个有关布朗族形成的传说。传说认为人是从天上漏下来的，当时是四兄弟，后来上天发文于鼓凳（家具）上说："佤族是老大，布朗族和拉祜族为老二（双胞胎），汉族是老三，傣族为老四。"因为佤族、布朗族和拉祜族是哥哥，应当让弟弟好过一些，因此让汉族和傣族住到了坝区，自己住到了山里。①

该传说揭示的是布朗族文化中所具有的民族平等和民族友爱的法律观念和思想：第一，布朗族传说认为各民族之间是同根生的兄弟关系，具有共同的祖先和血缘，因此是平等的；第二，各民族间地位的高低并不取决于人数、武力、文化和其他因素，而是上天的命令和要求；第三，之所以有些民族居住在坝区，有些民族居住在山里，主要是出于哥哥对弟弟的照顾和爱护，而并不是武力的强弱和地位的悬殊。这种朴素的民族平等、民族友爱的思想和观念是非常宝贵和难得的。

2. 赋税与劳役法律制度的起源

西双版纳的布朗族村寨大多处于景洪召片领和勐混土司的统治之下，每年要向傣族或其他民族的统治者缴纳一定的钱物和摊派一定的劳役负担。以勐海县新曼峨寨为例，在新中国成立前布朗族仅对傣族波朗的赋税和劳役负担就包括②："①割草：每年每户要给波朗割马草一次或数次，每次两天；②担水煮饭：每年每户担一天，可请人代替；③考寨：每年每户给傣族波朗砍柴两天，另交谷350斤，如不去砍柴则加50斤；④拴线：每年到勐混请波朗拴线，每户出鸡两只；⑤送礼：波朗家嫁女娶亲，每户送礼4元5角；⑥死人要出抬丧费，每户4元5角；⑦封头人大小出款，格旁4元5角；格香3元5角，格奴2元5角等"。

上述赋税与劳役法律制度的形成在该寨具有历史传说的根据。相传有一个叫召发苏脱的傣族土司率领325个武装人员，其中10人带刀，15人拿斧头要到某个地方。在经过帕盆时，因召发苏脱的马有三只脚陷入石岩下，岩上有许多蜜蜂，马不能起来，召发苏脱命老百姓看着马和蜜蜂，并要有蜜蜂窝的曼糯寨和老曼峨寨给他缴纳蜂蜡两斤，从此二寨就要给召发苏脱上缴蜂蜡。到勐昂坝，召发苏脱派五人去打猎，六人去巡逻。打猎的只打到一只老鹰，从此以后，百姓就要每年以一只老鹰折合三个龙扳（花钱）交给召发苏脱。巡逻的看见一窝土蜂，从此每年要百姓给他交六斤蜂蜜，

---

①② 云南省编辑组：《布朗族社会历史调查》（一），云南人民出版社1981年版，第24页。相类似的传说参见该书第110页。

无蜂蜜时折合交三人龙扳。在勐昂坝子逗留了一天，再到了坝头吃午饭，并在那里放马。召发苏脱用饭摆成马和象来祭祀鬼，这种习俗一直到现在都在老百姓中间流传。召发苏脱到勐混曼蚌时天已经黑了，他带着几只狗去打猎，失落了一只，召发苏脱找到老曼峨，要老曼峨赔狗，老曼峨无狗可赔，挖野菜的人便拿五两银子代老曼峨赔给了召发苏脱。从此老曼峨就要给勐混土司交负担了。过了一段时间，召发苏脱回到了老曼峨，对老百姓说："你们就住在这吧，我年纪老了，你们要拿东西给我吃。"自此，老百姓的负担又加重了。①

历史传说对赋税和劳役法律制度的形成及其原因进行了解释，这种解释尽管缺乏一定的历史真实性，但是它所揭示的问题还是很值得思考的：第一，该法律制度的形成与傣族土司强大的军事实力具有密切的关系，布朗族的负担是在武力的威胁下形成的；第二，该法律制度产生于在政治上有隶属关系的傣族与布朗族之间，或者说之所以在布朗族法中产生有关赋税和劳役的内容是与该民族长期受傣族的统治有关；第三，该法律制度的形成通常与历史上的一些偶然事件，如马脚陷入石岩中、打到老鹰、看到土蜂、丢失狗等等有密切关系，这从一个方面说明了该法律制度的产生是符合神的意志的。

3. 婚姻法律制度的起源

在勐海县布朗山有一个有关婚姻法律制度起源的传说。从前有一个男子，夜晚睡觉时用一根树干做枕头，久久不能入睡。半夜，男子起来把树干削成四方形，又睡下去，仍睡不着，又起来把四方木头削成圆形，仍不能入睡，又把木头削成人形，有眼、耳、鼻、口、手和足，然后才睡着了。等一觉醒来，此树干已变成一个女子，即与男子共眠。从此，二人便结为夫妻，生育子女，人口繁衍，即形成今天的布朗族。②

这是布朗族有关其来源的众多传说之一。但是，这个传说还解释了布朗族婚姻法律制度的起源。从该传说我们可以看到：第一，女子为男子的创造物，是男子用自己的财产创造出来的。这种认为男子先于女子出现，男子创造了女子，女子最初是男子自身或其财产的一部分的观点在其他民族传说中也是经常看到的。这种对男子、女子相互关系的看法不利于男女平等观念的形成。第二，女子或婚姻制度的产生首先在于满足男子的需要。女子的产生在于满足男子"入睡"的需要，婚姻制度的产生则在于

① 云南省编辑组：《布朗族社会历史调查》（一），云南人民出版社1981年版，第22—23页。
② 云南省编辑组：《布朗族社会历史调查》（二），云南人民出版社1982年版，第45页。

满足男子生育子女、繁衍后代的需要。这些都是仅从男子的角度看待女子和婚姻制度的价值，女子缺乏主体地位，而仅是男子满足自己需要的工具和手段。

另一个传说则揭示了布朗族最早的婚姻形态是血缘婚，即兄妹之间相互婚配的婚姻形式。

传说在古代，天下发大水，世界上的人都被淹死掉了，只剩下俩兄妹钻进了水牛肚皮里。后来洪水退了，俩兄妹从牛肚皮里钻出来发现世界上已经没有人了，他们都找不到结婚的人。这时，有位神仙为俩兄妹撮合，叫他们各自站在一个山头上，分别滚下一个石磨，如果两个石磨合拢，他们就可以结婚，如果不能合拢他们就不能结婚。兄妹听后，按照神仙的意思做了，但是第一次两个石磨并没有合拢，神仙叫他们再做一次，这次两个石磨合拢了。神仙说“乃天之授意”，兄妹遂结成夫妻。兄妹俩结婚后生下一个葫芦，从葫芦里钻出许多人来，这些人就是各个民族的祖先。①

布朗族是实行严格的氏族外婚制，禁止具有血缘关系的人相互婚配。但是对于布朗族历史上到底存在过什么样的婚姻制度则知之甚少。该传说则揭示了早期布朗族社会婚姻制度的一些内容：第一，布朗族最初的婚姻形式可能是血缘婚。这种婚姻形式排除了具有直接血缘关系的父母子女之间婚配的可能性，但是同胞兄弟姐妹之间的婚配仍然存在。第二，这种婚姻形式是出于“神意”而形成的，尽管与后来布朗族的婚姻制度有很大不同，但是它仍然是合理的、合法的婚姻形式。第三，这种婚姻制度的形成是在特殊情况下的不得已的选择。

除此之外，历史上的某个事件、民族迁徙的历史状况以及生产、生活的特定需要都会导致法的产生。

四、生产活动

布朗族的法都是在长期的生产与生活的实践中发展起来的，长期的生产与生活实践是我们理解布朗族法起源的重要方面。如布朗族土地的氏族公有制的形成就和布朗族早期的生产实践密切相关。

据说在很早以前，在今勐海县布朗山曼兴竜寨一带是一片荒野，土地所有权还没有形成。布朗族迁居到此之后，即划定土地范围，各寨将四周一定范围内的山林和土

① 云南省编辑组：《布朗族社会历史调查》（三），云南人民出版社 1986 年版，第 63—64 页。相类似的传说还可参见该书第 75 页。

地据为本寨所有。各个村寨以氏族为生产单位（这是布朗族生产方式的一大特点）开垦土地，后其开垦的土地就逐渐成为氏族固定使用，并世代继承经营的土地。随着氏族对土地占有的固定化，氏族公有制就形成了。① 比布朗族村寨早迁来的氏族占有更多土地，后迁来的氏族占有的土地较少，这一点印证了法的这一起源。

氏族对土地公有制产生于长期的生产实践说明：第一，布朗族法是社会生活的产物，是社会实践的产物；第二，布朗族法起源于习惯或习惯做法，当一种行为或活动反反复复去做，就有了一定的社会意义，如大家开始认同、模仿等，最终形成一种法律制度或秩序；第三，布朗族法是为满足布朗族人民的生产和生活的需要而形成的，因此其本身也是布朗族传统文化的组成部分。

第五节

布朗族的法律

布朗族法是布朗族传统文化的重要组成部分。从已有的调查资料看，布朗族法具有几个特点：第一，法源众多，既有来源于傣族以及其他民族统治者的法律规范，也有来源于本民族历史和传统的法律规范；第二，诸法合体，一方面布朗族法并没有行政法、刑法、民法、经济法、婚姻家庭法等法律部门的划分，另一方面布朗族法也没有程序法与实体法的划分；第三，布朗族法没有成文法形式，所有法律规定都以禁忌、习惯法的形式体现，只有少量的内容，如宗教戒律以傣文的方式体现；第四，布朗族法都是在布朗族人民长期的生产、生活中逐渐形成的，属于一种自生自发的秩序。

尽管布朗族法具有如上特点，我们还是可以对它们进行仔细的分析和归类，以使我们能够较为系统地掌握布朗族法的表现形式和内容。

---

① 云南省编辑组：《布朗族社会历史调查》（一），云南人民出版社1981年版，第36页。

一、行政制度

行政制度是指调整村寨公共事务管理过程中产生的社会关系的法律规范的总称。村寨公共事务的范围是非常广泛的，其中也包括上文中所涉及的社会组织的成立、制度和职权等等。在村寨公共事务中，对外关系也是重要的组成部分。在古代，布朗族先民已在对外关系的调整方面形成了一些法律制度，蒲蛮“有战斗，杀犬分肉，为令击木为号，讲和则斫牛为誓，刻木为信”①。这说明，蒲蛮对战争和议和已经形成了一套处理制度，发布命令和签订条约、盟誓是解决对外关系的基本法律手段。

近代以来布朗族行政管理制度的内容主要包括：

（一）村籍的取得与消灭

布朗族村寨尽管大部分还是由若干氏族所组成，但是它并不排斥村寨接纳新的成员，也不禁止本村寨的成员外迁到其他地方居住。

1．村籍的取得

一般情况下村籍的取得主要基于出生，当一个人出生在某个布朗族村寨中，他自然获得该村寨的村籍。但是如果一个人本身不是某个村寨的村民，而又想加入进来获得该村寨的村籍的话，就必须经过一定的程序或仪式。否则未经召曼同意迁入村寨，要被赶出村寨。

在勐海县布朗山的章加寨，村寨接纳新的成员需要举行入寨仪式。② 新成员在迁入村社前用一包草烟、一包茶叶、两只鸡、一块布、一元半开送给召曼头人，并向召曼请求道：“尊敬的头人，我愿当你的女儿，听你的话，请你收留我吧。”召曼提出入寨后要遵守的寨规，努力生产，不准偷盗等，新迁入者表示一一接受。然后召曼收下礼物，为迁入者举行叫魂、拴线仪式，新迁入者请召曼吃一顿饭，即被接纳为村寨成员。从前，新成员迁入寨子后，召曼还要叫群众帮他盖房子，让出多余的土地给他耕种。

取得村籍后，新成员就将享有一般村民所享有的权利，并承担一定的义务。享有

---

① 陈文修、李春龙、刘景毛校注：《景泰云南图经志书》，云南民族出版社 2002 年版，第 326 页。

② 云南省编辑组：《布朗族社会历史调查》（二），云南人民出版社 1982 年版，第 22 页。

的权利主要是：每年砍新地时可参加土地的分配，参加集体的劳作；在征得头人同意的情况下开垦村寨荒地并获得继承的权利；参与村寨的村民大会和其他活动，等等。承担的义务有：遵守寨规，分担傣族、汉族统治者的赋税、劳役和其他摊派，等等。

2. 村籍的消失

一般情况下村籍的消失主要是基于死亡，当一个人死亡后他的村籍将自动消失。但是如果一个人没有死亡的话，其村籍的消失就应当经过一定的程序。

在布朗族村寨村籍的消失除了死亡外主要是外迁，有些村民可能基于各种原因单独地或整个氏族一起外迁到其他地方去。这些都会导致村籍的单独或集体消失。在勐海县布朗山章加寨，① 如果要外迁得履行一些简单的程序。有的要口头通知召曼一声，或送小鸡两只，说明举家外迁；有的则只需口头通知一声就可举家外迁。另外也有其他一些原因会导致村民失去村籍，如违反布朗族法的要求娶妾的在该村会被赶出村寨，从而丧失村籍。

村籍消失后，外迁者应当交还原耕作的土地和使用的宅基地、茶园、竹棚等的所有权。

（二）对公益行为的奖励

对有利于公共利益的行为进行奖励是布朗族法的一个重要组成部分。在勐海县布朗山章加寨对猎获老虎者，由全寨群众奖给 12 白工（或折成相当数量的银币），猎获豹子者奖五个白工，猎获飞鹰者奖一个白工。因为根据传说，虎是鬼的哥哥，豹子是鬼的弟弟，能猎获虎豹者，本领强大，为民除害，理应给予奖励。

二、刑事法律

刑法制度是针对较为严重的违法行为设置的法律制度。依史书记载，布朗族先民的刑法制度是非常严厉的，蒲蛮“有罪无分轻重，酋长皆杀之”②。布朗族先民在古代对于犯罪和违法没有区分，一律运用最严厉的处罚方式予以处理。在诸多刑事违法行为中，行贿、受贿行为的出现较早，“争首位则父子兄弟相攻，邻里不救，受贿乃救云”③。

① 云南省编辑组：《布朗族社会历史调查》（二），云南人民出版社 1982 年版，第 10 页。

②③ 陈文修、李春龙、刘景毛校注：《景泰云南图经志书》，云南民族出版社 2002 年版，第 326 页。

近代以来布朗族刑法制度的内容主要包括：

（一）对偷盗的处理①

对偷盗的处理权归伙头，通常由被盗者将偷盗者捉拿交与伙头，由伙头召集卡头在家里进行审问。被盗者上告伙头需要支付铜钱200文、酒一壶以作为伙头的受理费。对于偷盗者的处罚轻重与该人的认罪态度、被盗财物价值的高低有关，通常的处罚方式是罚款，罚款的数额一般少于被盗财物的价值。偷盗者支付的罚款不能由被盗者全部获得，要拿出一部分交与伙头作为酬劳。如果偷盗发生在村寨之间，偷盗者和被盗者还要请吃“讲和饭”，费用由他们平摊。对于无法支付罚款的偷盗者可以采用帮工数年的方式代替或者由氏族摊派为其清偿罚款。有些地方对于偷盗者，除罚款、赔偿赃物外还要吊打，并由偷盗者出半开一个向召曼认罪洗脸。

如在双江县鲍岩沁儿子因抢劫被罚600元半开，将一切家产田地地基卖光后还不够赔，最后去帮了三年长工。②

在有的时候，偷盗行为还会引起更为严厉的惩罚，如在勐海县老曼峨寨小偷索旺英被十几个人杀死在地里，无人过问。③

（二）对违反禁忌的处理④

按照布朗族的禁忌要求，每年二月祭大竜以后，到七月祭小竜以前，全寨人都不能割一切绿色植物及谷穗进寨，寨中也不能盖房子，只有七月祭完小竜之后才行，但仍然不能带茅草、木料进寨子，一直到冬月祭了第一次小竜才行。如果违反以上禁忌，罚鸡一对、水酒一坛，交给竜头在换新年以后祭小竜。

（三）对婚前性行为的处理⑤

未婚男女之间发生性行为一般不予处罚，但对于导致怀孕的，则由伙头来处理。一般是处罚男方，由男方支付一定数额的罚款，罚款一部分给女方父母，一部分给伙头，作为受理费。在另外一些地方也处罚女方，处罚方式有每月罚半开一元，至结婚时为止。二人愿意结婚的，则带一些礼物去见女方父母，征得女方父母的同意。

---

①②④⑤　云南省编辑组：《布朗族社会历史调查》（一），云南人民出版社1981年版，第94页。

③　云南省编辑组：《布朗族社会历史调查》（二），云南人民出版社1982年版，第72页。

（四）对通奸行为的处理

对于已经订婚的女子与他人发生性关系的，处罚通奸的男方，处罚的轻重取决于未婚夫是否愿意娶该女子。对于已婚的妇女与他人发生性关系的，其丈夫可以告诉伙头，由伙头处罚通奸的男子。已婚的男子与他人发生性关系的，有孩子的，罚男子28元，分作三份，女方一份，孩子一份，另一份买酒买肉请讲理的人吃，吃不完归头人。

（五）对违反氏族外婚行为的处理

布朗族实行较为严格的氏族外婚制，不但不允许姨表兄弟姐妹婚配，也排斥姑舅兄弟姐妹之间的婚姻。这些人被认为是兄弟姊妹，属于近亲是不能结婚的，违反者视之为猪狗。对于姑舅表和姨表兄弟姊妹间发生关系，要求结婚的，就要进行一定的处罚。如在屋外空地上举行一种侮辱性的木槽或竹槽吃饭仪式，类似于猪吃食以为惩罚。举行仪式时亲属都不参加。

（六）对误杀、误伤的处理

对误杀他人的，误杀者应当赔偿命金，命金不超过50元半开；有的要赔头钱白银33两。对误伤他人的，误伤者应当负责医治。

（七）对不参加修路、割草等公共事务的处理

对于不参加修路、割草等公共事务的要处以劳役或者罚款。

（八）对不履行头人负担的处理

依据规定，村民猎获野兽应当向头人送礼肉，对于违反者要罚麂子一只。

（九）对说谎者的处理

说谎者被揭穿，要罚说谎者3—5元半开。

三、民事法律

民法制度主要是指调整民事主体之间财产关系和人身关系的法律规范的总称。

近代以来布朗族民法制度的内容主要包括：

（一）所有权制度

1. 土地的所有权制度

布朗族地区的土地所有权制度主要有三种形式：村寨公有、氏族公有和私有。所有制形式在不同的布朗族村寨由于经济发展水平不同，村寨的结构不同，三种土地所有权所占的比重就有不同。以勐海县西定地区为例，有的村寨，如曼皮、帕代等寨土地基本上以氏族占有为主，这是普遍情况。在其他一些寨子，如曼卖兑、西定等寨土地已以私有为主，还有一些寨子，如曼瓦、曼马开始出现土地的私有制，尽管不占主要地位，但是原有的土地所有权制度已经发生了较大变化。第一种情况具体以勐海县巴达区曼瓦寨为例，该村寨公有土地占全寨土地的12%，氏族公有的土地占全寨土地总数的63%，私有土地占全寨土地总数的25%。

（1）土地的村寨公有

村寨公有的土地归全寨所有。村寨所有的土地有两种情况：一种是单一的仅为村寨所有的土地；另一种是村寨所有，但是长期为氏族使用，只有在氏族绝户或离开村寨时才归还村寨的土地。① 单一为村寨所有的土地在布朗族村寨中仅占土地总量很小的部分，主要是一些离村寨较远、不易耕作的山地和贫瘠的土地，还没有被氏族占有的零星荒地以及氏族绝嗣或离开村寨后交还村寨的土地。被氏族长期使用的村寨土地尽管数量很多，占了土地总量的绝大部分，但实质上已经变相为氏族所有的土地。造成这种状况的原因与氏族力量的巨大有直接的关系。

村寨土地的管理权具体归村寨头人。村寨头人代表村寨"买卖"土地、管理土地收益，向外租种土地等。

（2）土地的氏族公有

土地的氏族公有是布朗族土地所有权制度的主要形式。氏族公有的土地有两种情况：一种是单一为氏族所有的土地，另一种是长期为氏族使用，但是在氏族绝户或离开村寨时必须交还村寨的土地。② 单一为氏族所有的土地通常是最早由这些氏族开垦和利用的土地，氏族长期使用的，但实质应为村寨所有的土地可能最早是属于村寨所

① 在新中国成立前有些地方也有不归还村寨，而私自出卖土地的情况。

② 对于这种土地氏族是否具有所有权有不同的争论，有的认为有，有的认为氏族没有，持后一观点的人认为实质对这部分土地只有使用权，而没有所有权。

有的，只是随着氏族人口的增加和生产的不断发展才逐渐固定为某个氏族长期占有、使用。

氏族公有土地的管理权属于氏族长，其具有分配氏族土地、保证氏族土地不外流并向外代表氏族出租或租种土地的职责。氏族长死后，土地的管理权归其弟所有。如果没有兄弟，土地的管理权由其长子继承，长子死后再交由其弟管理。

（3）土地的私人所有

土地的私人所有在布朗族地区并不普遍，① 在村寨土地的所有权制度中也只是起到补充的作用。土地的私人所有在布朗族村寨中主要表现为家庭私有，而非个人的私有。而且最早对于私有的土地家庭或个体成员不能随便买卖，其一旦外迁或绝户就得归还村寨或氏族，恢复其公有性质。只是随着私有成分不断进入，布朗族社会那种以个人所有为基本特征的土地私有制才逐渐形成。这种私有制在布朗族社会的出现较晚，形成的原因主要有：第一，随着生产力的提高，一些较为富裕的家庭可以通过自己的努力从而开垦出属于自己的土地；第二，氏族内出现偷盗者，为了筹集罚款变卖氏族土地给富裕户导致土地私有化；第三，赋税沉重逼迫氏族出卖土地导致土地私有化；第四，为清偿债务变卖土地导致土地私有化。

家庭私有的土地可世代继承，继承者只能是长子，只有在长子死亡的情况下，其兄弟才有土地的继承权。

布朗族实行轮歇耕种制度，因此每年腊月砍新地时都要对氏族所有或使用的土地进行分配。分配以家庭为基本单位，由氏族长主持。土地的分配主要有两种方式：一是按照地位和年龄辈分的高低来分，即氏族长、头人先选，再按年岁的长次依次挑选土地，氏族长和头人不但可以优先选择好的土地而且还能够多分一份土地；一是按照好坏搭配，按每户人口的多少分配土地。两种分配方式一般是以前一种方式为主。分配给各户的土地到秋收之后由氏族收回，待抛荒若干年后再依据以上的方法重新分配耕作。依此反复循环。

2. 宅基地、墓地的所有权制度

在布朗族社会房屋已经属于私人财产，但是宅基地则只是归各户长期占有，尽管可以世代继承，在新中国成立前不久还可以相互转让，但是，当无人继承或者绝户的情况下，就必须归还村寨，成为村寨公有财产。新中国成立前，买卖宅基地的情况越

---

① 不过在镇康县等地，由于受私有经济的影响，土地等生产资料和房屋等生活资料已经基本实现了私有制。有的土地甚至为汉族地主占有。

来越频繁。

墓地也就是“竜山”，布朗语称“隔英”，属于村寨公共所有。凡村寨的人员都可以在死后被埋葬在墓地里。平时，墓地不允许随便进入或砍树、大小便或乱拿供物。

3．茶园、竹棚、森林的所有权制度

茶园、竹棚、森林是布朗族社会中较为重要的财产，其民法制度对这些财产的所有权也有相应的规定。

（1）茶园、果树

茶园、果树在布朗族法里适用自种自收的原则，不进行统一分配。茶园、果树归私人所有。但是，如果绝户或者离开村寨就应当交还村寨，由召曼接管。茶园、果树最早是不能买卖的，后来茶园、果树可以在村寨成员间买卖，但是不能卖予外寨人。

（2）竹棚

竹棚属私人所有，但是在所有权人绝户或离开村寨时，应当交还村寨由召曼接管。最早竹棚是不能买卖的，后来竹棚可以卖给本村寨成员，甚至可以作为陪嫁物随女儿出嫁。但竹棚能卖予外寨人。与茶园一样，买卖竹棚不能涉及土地，土地是不能买卖的。

竹棚也有属于氏族公有的。氏族公有的竹棚外氏族的人不能随意砍伐，除非取得氏族长的同意，并支付一定的费用。

（3）森林

森林为村寨或氏族公有，除了竜山上的森林不能砍伐外，其他地方的森林可以由本村寨成员随意砍伐使用，外寨人不能到本寨内砍伐树木，除非得到本寨头人的同意。在有些地方砍伐别的村寨或氏族的森林需要支付一定的费用，一般是五角两棵。

4．农具牲畜、房屋、鱼塘的所有权制度

农具牲畜和房屋属私人所有，可以自由地买卖、出租和使用。鱼塘一般属村寨或氏族公有，每年只准集体捕鱼两天，个人捕获的鱼归个人所有。

5．猎物的所有权制度

傣历五月份，布朗族村寨都要集体烧地，并且利用烧地的机会进行集体围猎，猎得的野兽平均分配。但是，如果野兽被烧死在某家人的土地上，野兽就归该家单独占有。如果野兽受伤跑到其他村寨的土地上，着地的那部分野兽肉就属于该村寨所有。

（二）债权制度

1. 土地的租佃制度

布朗族的土地可以在氏族成员之间、村寨亲友之间以及村寨和民族之间相互“买卖”，用布朗语称为“开海”（即买地）和“失海”（即卖地）。但是要注意的是，依照布朗族法律规定，上述所谓的买卖行为实质上并不涉及土地所有权，只涉及土地的使用权，买者既不能获得土地的所有权，卖者也不会失去土地的所有权。而且土地的价格很低，平均不超过土地总收入的10%，只具有象征意义，因此实质上是一种土地的租佃制度。如勐海巴达的哈尼族村民小老买一块地花26元，可产大烟80两，可卖480元。① 只是到了新中国成立前不久这种买卖才具有处分土地所有权的意义，价格也才基本体现土地的实际价值，具有现实的意义。

（1）氏族成员之间的土地租佃

氏族成员分得土地后，如果还需要更多的土地，可以向其他氏族成员租佃。只需要氏族长和全体成员同意并支付很少的租金即可。租金通常是一点酒或少许的钱，一般不超过每挑种一元五角。但是，承租人只能获得对土地一年的耕作权，期满要归还氏族。

（2）氏族成员、外来户、新立户与村寨、氏族之间的土地租佃

如果氏族成员、外来户和新立户土地不够耕种，或者根本就没有土地耕作，也可以向村寨租种荒地。租种村寨的荒地只需向召曼头人送一点草烟、茶叶或请吃一顿饭即可，后来也有在草烟内偷偷夹送一两个半开的。租种人对开垦的荒地具有土地的继承权。

（3）村寨之间或民族之间的土地租佃

村寨之间的租佃通常是集体租佃。如果本村寨或本民族的土地不够也可以向周围的村寨或民族租佃土地。在确定了今年租种的土地后，要派代表送鸡、米、茶等物给出租寨，请对方头人吃饭，取得对方同意后交纳一定的租金，这种租佃的费用稍高，一般每挑种的谷地二元左右或一挑谷子。大烟地较高，要花费数十元。然后才能砍地开种。至秋收之后，又以鸡、米请出租寨头人吃一次饭，并交还土地。

土地的租佃依据收益的不同可以分为：货币地租和实物地租两种类型，有的地方还存在劳役地租的情况。租佃土地的收益归属依土地所有权的性质不同而不同，出租

---

① 云南省编辑组：《布朗族社会历史调查》（一），云南人民出版社1981年版，第4页。

的是氏族土地的归全氏族所有，出租的是村寨土地的归全寨所有，出租的是家庭私有或分配给家庭耕作的土地的归该家庭所有。如在勐海县章加寨，1943 年保长岩苏南、副保长岩英叫、火西岩当香带烟草一包、鸡肉五斤、大米十斤到曼斑寨与该寨头人借棒、借亥等四人商定，租种旱谷地 200 挑种的面积（约 500 市亩），租金为半开 400 元，秋后由章加寨农民共同分摊。曼斑寨头人收到租金后，仍按规定头人分 1/3，其余按户平均分给各户。① 1956 年有 15 户因土地不够种在大佛爷指定的方向，集体向南东寨租种土地，租金 35 半开。②

2. 买卖法律制度

（1）商品的交换制度

布朗族社会的商品交换制度分两个时期：第一个时期是以物易物时期。这个时期据说是在当地种植大烟以前，交易的方式是以物易物，一般是和周边的傣族和其他民族用竹器、蔬菜、茶叶和明柴等换取粮食、盐巴、布匹、锅、毯子、针线等物。第二个时期是商品化时期。这个时期据说是在当地种植大烟以后，在这个时期货币得到普遍运用。由于劳动力和土地大部分运用来种植大烟，粮食产量锐减，交易的主要内容变成大烟和粮食。使用的货币主要是一种银锭，布朗族称“满当弓”，另外还有铜板。

（2）土地的买卖制度

在受私有经济影响较大的墨江县地区，土地的买卖较为频繁，而且与勐海县布朗山的土地“买卖”相比更能体现私有经济的特点。如以该县的圭墨寨为例，该寨存在的土地买卖形式主要有两种：一种是“当契”，当地者用一木牌，上面写明当事人姓名、当金等内容。木牌砍成两半，当事人各拿一半。以后当地者依次赎回土地，否则则将土地买断。另外一种形式是“杜契”，即一次性买断土地。如勐海县的新曼俄寨的岩坎章家原有五块山地，新中国成立前他祖父卖了一块，他父亲卖了两块，一块卖 5 元，另一块换得一口锣鼓。土地价格不一致，一挑籽种的面积，土质好的 15 元，一般的 7—8 元。③

3. 借贷法律制度

借贷关系有用刻木记事方式记载的。双方当事人将借贷的状况用各种符号刻在或用木炭画在竹片上，并将竹片砍成两片，一方持一片，债务到期与木片核对无误后，

---

① 云南省编辑组：《布朗族社会历史调查》（二），云南人民出版社 1982 年版，第 9 页。

②③ 云南省编辑组：《布朗族社会历史调查》（一），云南人民出版社 1981 年版，第 18、26 页。

清偿债务，并可将木片烧毁。

布朗族成员之间的借贷关系主要涉及实物如谷子、大烟和半开。比较早的时候，利息很低，大多不超过借贷总额的50%。但是新中国成立前借贷的利息有了很大的提高。一般以实物借贷的利息最高，最高的达到400%、300%，一般是200%，最低也要100%。借大烟的利息最高200%，最低50%。借半开的利息最轻，最高50%，一般20%，最低10%。也有借半开不支付利息的。借贷利息一般以年利计算，没有复利。

如果不能清偿到期债务，一般有几种处理方式：第一，债务人可以把儿女卖出抵债，在父母未清偿完债务之前被卖出子女为债权人的人，为债权人工作，没有收入，只供衣服和吃饭，但不能转让或出卖。债务人一旦清偿完债务，就可将子女赎回。第二，债主可以责令债务人将田地或耕牛变卖抵债，如双江县的李小发借曾家地主25元，一年后因还不起，算成50元，曾家就将李小发的水田四亩夺去①。第三，以儿子、女儿去帮工抵债，至债务还清为止。第四，债务人生前不能还完债务的，死后由其子继续偿还。第五，自己为债权人提供劳役，如1915年墨江县的村民熊正帮向景星街汉族地主王维周预支了30元半开的挑脚钱，由于没有帮地主挑完，后来被拴去当了三年长工。②

4. 雇工法律制度

雇佣劳动力为自己服务，并支付必要的费用，是产生债权债务关系的一种重要的原因。在布朗族社会佣工现象是很多的，在长期的生产过程中形成了一套调整雇工与雇主关系的法律制度。

雇工通常有长工、短工两种：

（1）长工

长工除供饭食外，一般每年可得衣服一套、谷子500斤，有的只给饭食和衣服，不计工钱。

（2）月工

月工按月结算工钱，一般是除提供饭食外还得谷子250斤。

（3）短工

短工在布朗族地区最为普遍，通常是在农忙的时候雇用一些劳动力帮助从事农业生产，工钱按日计算，一般一个短工日除了提供一顿或两顿饭以外还给谷子，少则两

①② 云南省编辑组：《布朗族社会历史调查》（一），云南人民出版社1981年版，第88、72页。

斤，多则6—10斤，也有给现钱的，一般是一个短工日五角半开。

5. 换工法律制度

在布朗族社会除了存在雇工现象之外还存在着换工的情况，而且在某些村落还非常普遍，如勐海县巴达区的曼瓦寨共有203户，1957年全寨换工户有51户。换工是一种具有互助性质的活动，一般是在他人遇到农忙、砍树、盖房等活动时，村寨各户出劳动力相互帮助的活动。换工并不以实物、货币的取得作为目的，但的确是一种互助互惠的法律制度，因为在提供劳动力和接受劳动力的家庭之间会形成一种长期的相互提供劳动力的权利义务关系。这种关系对于双方都是有约束力的，一方对于义务的违反，如不为他人提供劳动力，也会受到处罚，如没人再去为其提供劳动力，并被社会孤立。

6. 合伙法律制度

在勐海县布朗山地区，也存在一种合伙制度。如当一些家庭缺乏土地导致剩余劳动力时，可以和有土地但缺乏劳动力的家庭协商，承担部分耕作工作，待秋收后双方平分收获物。也可以一起去租种他人土地，在收获后平分收获物。如勐海县老曼峨寨的岩乌英、岩当帕、岩温英三人共同分种借棒的土地一块，收获大烟30两，每人分得大烟十两，这种情况在该寨并不少见。①

另外一种合伙发生在傣族土司与布朗族和其他民族之间。傣族土司往往把牛、马、猪等牲畜放养在山上，让山上的民族包括布朗族管理。下崽三窝内双方平分，第四窝则全归主人所有。

四、婚姻家庭及继承法律

（一）布朗族婚姻家庭法律制度

婚姻家庭制度是指调整婚姻关系、家庭关系的法律规范的总称。布朗族的婚姻家庭制度经历了一个不断发展的过程。史书对布朗族先民曾经有记载："郡（永昌郡）西南千五百里徼外有尾濮……男女长，皆随宜野会，无有嫁娶，犹知识母，不复别父。"② 另有史书记载："蒲人，即古百濮，一名普蛮，一名朴子蛮。……婚，令女择

---

① 云南省编辑组：《布朗族社会历史调查》（二），云南人民出版社1982年版，第68页。

② 李昉：《太平御览》卷七九一，《永昌郡传》，中华书局1960年影印本。

配，葬用莎罗裹尸而焚之。”①《景泰云南图经志书》记载：“男子外出，其妇杜门绝客，禁杵臼，静坐以待其至。”②

可见，古代布朗族先民的婚姻家庭制度有以下内容：第一，结婚有年龄上的要求，只有达到一定年龄，待男女成年之后才能婚配；第二，婚姻达成的方式较为随意，由男女双方自由选择结婚对象，无须经过严格的嫁娶程序；第三，婚姻家庭制度经历了一个从母系家庭向父系家庭发展的过程，较早的时候属于母系家庭，子女只知其母，不知其父。后来丈夫在家庭中的地位得到了提高，妻子依附于丈夫，形成了父系家庭。

近代以来布朗族婚姻家庭制度的内容主要包括：

1．婚姻关系的成立

（1）结婚的条件

布朗族实行一夫一妻制，子女结婚之后一般可另立门户，并有权每年砍新地时从氏族那里获得一份土地。布朗族婚姻关系的成立需要满足一些条件：

第一，符合结婚年龄的要求，只有举行了成年礼的青年男女才有恋爱结婚的权利；

第二，符合氏族外婚制的要求，堂兄弟姐妹、姨表、姑表不能通婚；

第三，符合一夫一妻制的要求，已有婚姻关系的人不得再次结婚；

第四，符合民族内婚制的要求，在一些地方布朗族不允许与哈尼族、拉祜族通婚。

镇康县的布朗族由于受汉族的影响比较大，因此有所不同，他们可以与任何民族的人结婚，同姓之间、姑表兄弟姊妹之间皆可通婚。这一地区存在转房的现象，再婚不受限制。只不过离婚再嫁时续娶的男方要给前夫一定数量的赔偿费用，按照习惯最多给100元半开，一般给70—80元，最少也须付40—50元。

2．结婚的程序

一般来说婚姻关系的成立要经过三个程序：

（1）订婚

布朗族青年有自由恋爱的权利，如果男女双方有意结成夫妻，男方就请一位老人到女方家说亲，说亲时要带一包烟、一包盐、一包茶送给女方父母。女方父母如果同意就请其亲友和头人来吃茶，说明自己的女儿已经订婚了。如果不同意就婉言拒绝老人的

① 檀萃辑：《滇海虞衡志》，《小方壶斋舆地丛钞》，杭州古籍出版社1985年影印本。

② 陈文修、李春龙、刘景毛校注：《景泰云南图经志书》，云南民族出版社2002年版，第326页。

说亲。男方可以过一段时间再去说亲，如果女方父母再次拒绝，就意味着不可能了。

（2）从妻居

双方父母都同意结婚的，新郎的朋友就在约定好的时间将新郎送到新娘家，此后新郎可以在新娘家居住。新郎到新娘家要带两只鸡、草烟一包以及盐米等礼物请女方家亲友吃饭，同居两三年后如果有了孩子，或者两人的感情仍然很好就可以举行正式的结婚仪式了。新郎居住在新娘家时并不参加新娘家的生产劳动，而是白天回自己父母家参加生产劳动，夜里回新娘家住宿。

（3）从夫居

从夫居前需要举行正式的婚礼，新郎和新娘家要准备杀猪宴请双方亲友、寨上老人以及头人，寨上每户还可以分得两三两的猪肉一块。婚礼的花费一般男方负担60%，女方负担40%。此外新郎还要送头人半开一元，送召曼铜币15枚，送媒人半开15元。举行完正式的结婚仪式，新郎就可以将新娘带回自家居住。女方在男方家居住三五年，再分家成立新的家庭。

婚姻关系的成立实际上开始于订婚，从订婚开始男女双方就产生了夫妻之间的权利义务关系，这种关系也在社会上进行了公告。从妻居和举行正式的仪式更像是为了协调男方与女方家庭相互权利义务关系的制度安排。

（4）抢婚

在镇康县还存在着抢婚的习俗。如果男女双方同意结婚，但是女方父母不同意的就可以不经过订婚的程序，而是由男方在男女双方约定的时间、地点将女子抢到男方家，再把聘礼补送女方家。女方家通常就会承认二人的婚姻关系。

3. 婚姻关系的解除

婚姻关系的解除方式一般为离婚，一方的死亡也会导致婚姻关系的消灭。

（1）离婚的方式或程序

离婚如果双方都同意的，一般不需要找原媒人解决，也不需要支付额外的费用，只要父母头人认可，口头上说一声①，各自回家就算离婚了。再婚也很容易，只是如果是寡妇再婚的需要请人杀鸡祭祀后进行。但是如果只是一方提出离婚，另一方不同意的就得找原媒人主持解决。只需要将猪杀后将猪肉分每户一点，送每个头人各一甩（两三斤）即可离婚。离婚时也可以找头人，双方都同意离婚的不出钱，一方提出离

---

① 也有男方给女方一对蜡条就算离婚的。

婚，对方不愿意的则要支付一定的费用。

在勐海县曼散寨，结婚和离婚都要在“达官”主持下进行，结婚要经过一定的宗教仪式，如用酒、饭、菜祭祀寨子的象征物——寨桩，并且到佛寺里拜佛。离婚也在寨桩处举行，时间是黄昏。女子不参加离婚仪式，而由其父兄代替。主动提出离婚的一方要杀猪分给各家，各家只能由儿童来领取并只能由儿童食用，在儿童领取猪肉时要在寨子中大声宣告某某某与某某某已离婚，离婚自此便正式生效。

（2）离婚的赔偿

在布朗族社会离婚的提出者是要承担一定的赔偿责任的，因此在较早的时候，对于离婚的处理要看是谁提出来的。如果是男方提出来离婚的，男方就必须把女方打扮成年轻时的样子，并赔偿女方的一些损失和衣服。如果是女方提出离婚的，则要给男方一头牛。后来一般是谁提出离婚谁就出三元至九元半开给对方。

在勐海县布朗族山的新曼峨寨，男方提出离婚女方不愿意的，由男方出 25 半开，1/3 给头人，2/3 给女方；女方提出离婚男方不愿意的，由女方出 48 元，1/3 给头人，2/3 给男方。

在布朗山的另外一些地方，离婚还会因提出时间的不同而有所不同。如是在订婚阶段提出解除婚约的，彼此互送一串槟榔就算解除；如已举行了正式的结婚仪式的话，男方提出的要赔女方一头黄牛，女方提出的要赔男方一头水牛。

（3）离婚后的子女抚养和财产的分割

在布朗族社会子女的抚养问题没有统一的规定，有的地方女孩归女方，男孩归男方；有的地方则由父母协商解决子女的抚养问题。从调查材料看，孩子大多归母亲抚养。对于举行正式的结婚仪式之前生养的非婚生子女，男方一般不承担任何责任，而归生母抚养。非婚生子女尽管一般不受歧视，但是不属于亲生父亲的氏族，而是属于舅舅的氏族，并且可以继承舅舅的嘎滚和财产。有的还成为舅舅氏族的氏族长。

双方离婚财产一般是平均分配。在勐海县布朗山地区如果女方从夫居未满三年的，女方有权将原来的财物全部带回，已满三年的，财物才平均分配。

4. 收养法律制度

布朗族社会中的收养主要有三种：

（1）滚格

这种养子是不同嘎滚之间或亲戚之间的孤儿自幼投靠或被收养的。这种养子的权利和地位同养父母的喜爱与否有很大关系。如果父母喜爱在正式收养之后可以通过一定的程序后使其正式成为养父母氏族的成员，并享有部分财产继承权。程序主要是请氏族成员吃一顿饭，并请氏族长替养子举行拴线、滴水仪式。当养父母没有亲生儿子时，还可继承养父母的土地财产。布朗族称其为“张格”。如果父母不喜爱，养子在家庭中与收养人的亲生儿女就会有一些不平等，主要表现在养子女要从事更多的家务劳动，而且无权继承家产。

如在勐海县布朗山，岩叫棒曾收纳一个养子，名叫岩坎诺，岩坎诺的母亲是岩叫棒妻子的姐姐，因家中有三个兄弟，相处不和睦，便投靠岩叫棒为养子。在家里岩叫棒视岩坎诺如亲生，后来替他娶妻后，才分家单过。分家时岩叫棒还分给他土地、房屋和牲畜等。①

（2）嘎赕钵

当夫妻双方年纪较大且无子嗣时，可向子女多的人家要求收养一儿子，如果对方同意，就请布占打米卦，向家族神祷告“请你高瞻远瞩，他如能做我的儿子，祝愿七筒谷子多起来，如不能做我的儿子，七筒谷子少下去”。根据米卦的情况决定能否收养。如果能收养再请布占择日举行迎送仪式，养父母必须向亲生父母赠送衣服、裤裙各一件，作为对亲生父母养育之恩的补偿。养父母还要用三对蜡条请巫师向家族神滴水祭祀，并举行拴线仪式，最后改换名字。这种方式收养的养子有财产的继承权。

（3）鲁林

鲁林是被收养的无家可归的孤儿和为父母抵债的子女。鲁林与收养人的关系严格说不是养父母与养子女的关系。这种养子女为收养人从事繁重的家务劳动和田间劳动，而且被收养后也不更改名字，不具有财产继承权。

除了以上三种收养的情况外，在一些地方还存在类似于过继的收养情况。在布朗族社会里有一些人一生都独身生活，布朗语称为“恩克衣冠”（未婚女子）和“沙拉冠”（未婚男子）。为了养老送终，这些人有从自己的兄弟姐妹的子女中过继一个来作为自己养子女的习惯。这种被收养的子女不受歧视，并且有财产继承权。

（二）布朗族的继承法制度

继承法律制度是指调整遗产继承关系的法律规范的总称。

近代以来布朗族继承制度的内容主要包括：

---

① 云南省编辑组：《布朗族社会历史调查》（二），云南人民出版社 1982 年版，第 30 页。

1. 继承的主体

继承的主体是指遗产继承权的享有主体。在布朗族社会有权继承财产的人包括：

（1）儿子

儿子对财产当然具有继承权，有些地方众儿子平均分得死者遗产，有些地方留在父或母身边的多分，分家另立门户的相对少分点。儿子的继承权要优先于女儿，如果有儿子财产由儿子继承，女儿只能分得一些生活用具。正如一首民歌所唱的“姑娘接替母亲的背箩竹筐，儿子接替父亲的土地、茶树、竹棚”。

（2）女儿

女儿继承遗产是有条件的，如在勐海县布朗山章加寨只有死者没有儿子，女儿才能继承全部遗产。在布朗山新曼峨寨，只有未出嫁的女儿有和男子一样的继承权，以作为出嫁时的嫁妆，已出嫁的女儿无权继承父母的遗产。在勐海县曼瓦寨，女儿尽管有继承家产的权利，但是只能分得银首饰、银子、生产工具、槟榔盒等，不能分私有土地。如在勐海县的老曼峨寨，女儿对于“丕开”即个体小家庭的土地也是有继承权的，如新中国成立前岩英甩父母死后，姐妹不合，闹分家，经嘎滚内长老评断，其姐分得丕开 4 块 20 挑种，妹分得丕开 3 块 15 挑种，他本人分得丕开 3 块 12 挑种，而且姐、妹两人的土地都带到夫家去了。①

（3）女婿

在施甸的布朗族社会，若招婿上门，女婿可以继承岳父母的家产。

（4）被继承人自己

在一些地方被继承人也可在死后分得一份自己的遗产，只是他的那一份要赕给和尚或佛寺。

2. 遗产分割的原则

（1）平均分配原则

在勐海县布朗山地区，当父亲死后，儿子即将父亲遗留的财物分成几份，每个继承人分得一份。

（2）户绝财产归氏族原则

当一个家庭户绝无人继承财产就归氏族公有。

① 云南省编辑组：《布朗族社会历史调查》（二），云南人民出版社 1982 年版，第 63—64 页。

五、纠纷的解决

纠纷解决制度是指解决各种纠纷的主体、方式、制度和机制的总称。布朗族先民解决纠纷的方式最早曾通过复仇或战争的方式解决，“蒲蛮有底弄者长蛇山，与猛猎（现阿昌族先民的一支）有隙，袭而杀之，灭尽其族……”①“时蒲蛮居东山，蒲贼双邈，迫于土役，纠蒲夷五十余人，将杀土官，夜渡江，屯蛇山”②。

近代以来布朗族纠纷解决制度的内容主要包括：

（一）纠纷解决的主体

1．景洪召片领、勐混土司

重大刑事案件均得报景洪召片领或勐混土司，由相关部门予以处理。

2．头人和氏族长

头人和氏族长是村寨的管理者，如果是较为严重的违法行为或者涉及村寨之间、氏族之间的矛盾、纠纷就得由头人或者氏族长予以处理。

3．老人

老人在布朗族社会中具有很高的地位，对于氏族内的纠纷可以调解。

（二）纠纷解决的方式

1．调解、裁决

在布朗族社会解决纠纷的最普遍方式就是头人、氏族长和老人解决纠纷时运用的调解方式，他们通常以中立者的身份居中协调双方当事人的立场和要求，从而以尽量和平的方式使纠纷得到解决。

裁决是头人、氏族长等具有公共管理权的人使用的一种方式，就现有材料看，这种解决纠纷的方式通常不完全取决于双方的意志和要求。相反在解决纠纷的过程中，解决纠纷的头人和氏族长不但要认真了解当事人双方的要求，让他们满意，而且也要从管理者的角度对违反布朗族法的行为进行严厉的处罚，以实现法律的要求。

---

① ［清］董庆善撰：《云龙记往·阿昌传》，云南史料丛刊。

② ［清］董庆善撰：《云龙记往·段保世职传》，云南史料丛刊。

而在具体案件的处理上，这两种方法是交替使用或一起使用的。

2. 械斗

械斗是一种运用暴力解决纠纷的方式，这种方式通常在利用其他方式无法解决的情况下才运用。械斗在布朗族村寨一般要经过全寨大会的讨论和决定。

如1946年，在勐海县布朗山有一个布朗人与一个哈尼人因交易发生冲突，布朗族头人又发动群众进行威胁，试图将对方压服，哈尼族人不服，与布朗族人发生了大规模的武装冲突。①

3. 神判

神判是指当遇到一些疑难案件依靠人的能力无法解决时，就通过一定的仪式由神鬼来予以解决。在勐海县布朗山章加寨，如果遇到不易判断的纠纷就采用神判的方式来解决。

神判的具体做法是②，当事人双方请召曼或布占主持念经宣誓后，双方同时量七筒米，各放一边，然后又重量一次，如果谁的米不满，谁就输，如果双方都满，即为平局，互相和解，如果双方都不满，双方都要受罚。神判后双方当事人要向召曼或者布占各送半开一元为酬劳，布朗语称为“嘎索失尼”，即费工钱。

（三）纠纷解决费用的收取

1. 对于吵架、打架和其他纠纷请头人解决的，无理者需要多出一定罚款，一般纠纷一元，大事出二元五角半开。

2. 对于偷盗行为，被盗者上告伙头需要支付铜钱200文、酒一壶以作为伙头的受理费。

3. 发生纠纷需要请头人调解时，一般需送草烟一包、半开一个给头人；如果是处理命案，则需备米12斤、肉4斤请头人吃饭。

4. 请头人解决纠纷不同地方收取的礼物、钱财有很大不同，但是最基本的费用支出是请头人吃饭。

---

① 云南省编辑组：《布朗族社会历史调查》（一），云南人民出版社1981年版，第33页。

② 云南省编辑组：《布朗族社会历史调查》（二），云南人民出版社1982年版，第22—23页。

第五章

景颇族法史

第一节

景颇族概况

一、景颇族分布及族源

景颇族是云南省跨境居住的少数民族之一，在中国称为景颇族，在缅甸称为克钦，在印度称为新福。他们主要分布在中缅交界的边境地区，东起高黎贡山、怒江，西至更的宛河及印度阿萨姆边境，北起喜马拉雅山麓的坎底、岔角江，南至腊戌、摩哥克山的广大地域内。在中国主要居住在德宏傣族景颇族自治州下的潞西、陇川、盈江、瑞丽、梁河等县，其次还有少部分散居在怒江傈僳族自治州、临沧市、思茅市、西双版纳傣族自治州的一些县中。2010 年第六次全国人口普查时约有 147828 人。中国境内的景颇族按方言的不同分为景颇（大山）、载瓦（小山）、勒期、良俄、布罗①五个重要的支系，其中景颇支使用汉藏语系藏缅语族景颇语支，其他四支属于汉藏语系藏缅语族缅语支，在语支上略有不同，但在族源上，特别是起源溯源上都指向同一祖先。

“景颇”是景颇支人的自称，对于“景颇”（Jinghpo）一词的含义有两种说法：一种说法认为是从景颇语中“董颇”（Dumhpog）一词演化而来，“董颇”为“文明”之意，古代景颇人认为自己的文明高于其他群体而使用它，今天德宏州西部的景颇人依然自称为“董颇”；另一种认为是源于景颇语中的“种颇”（Jumhpo）一词，“种”（Jum）在景颇语中是“盐”，“颇”（hpo）是“开”，“种颇”就是“开采盐矿的人”，这是因为景颇族传统说他们的祖先在青藏高原的穆珠新亚崩山下开采盐矿，因而有“种颇”之名，而“景颇”就是由“种颇”演变而成。② 当然现在景颇族作为一个民族的称谓，它是各支系的总称。

---

① 又译为“布拉”。

② 对此，可以参见《中国景颇族山官》一书。德宏州政协文史委：《中国景颇族山官》，德宏民族出版社 2001 年版，第 1 页。

对于景颇族的族源，从他们相关的迁徙路线和地区看，应属于古代氐羌集团，后来经过向南迁徙，最后形成今天的分布格局。景颇族先人有相对明确记载是唐宋时期，因为这个时期很多史料中记载有“寻传蛮”，而“寻传蛮”的情况与明清时期记载的景颇族情况有很高的相似性。最早出现“寻传”名字是在南诏国的《南诏德化碑》中，该碑有“寻传、禄郫、丽水、祁鲜”等族群名称记载，学者多认为“寻传蛮”应该就是景颇族的先民，当然也有一些学者持否定态度。此外，在《蛮书》中记载有寻传城西面有裸形蛮、野蛮等。按记载寻传蛮、裸形蛮和野蛮居住的地区应是澜沧江以西至缅甸克钦邦境内，与现在的景颇族的分布地区大体相符。元明清时期景颇族被称为峨昌蛮①、寻传蛮、野人、野蛮、结些等。“清初，中国境内的景颇族主要分布在永昌府所属地区，即今德宏傣族景颇族自治州境内。他们自称为景颇、载瓦、勒期、浪峨等，但史书上仍沿用清代‘峨昌’、‘野人’等称呼，因其居住高山，又有‘山头人’之称”②。清朝时“山头人”和“野人”成为景颇族的重要他称。

二、景颇族的发展历史

景颇族的发源地按景颇族的创世记“目脑斋瓦”和发展诗史“根如根萨”和祭祀时送路经的指向都一致，最后到达的地方都是“木砣省腊崩”山（有时又称为“毛吐阿松崩”山），汉语是“天然平顶山”的意思。现在多数学者认为“木砣省腊崩”山应该在今天的青藏高原上，但具体是指哪座山没有统一的看法。对此，现在景颇族各支系都是相同的，但分支时间具体在什么时期却有不同的说法，共同点是景颇支、载瓦支、喇斯支、浪峨支等都认为有共同的祖先。在景颇族先人迁到江心坡以前，其社会应属于原始社会时期，这个时期传说中的主要人物是彭甘寄伦，说那时人还没有衣服穿，以树叶为衣；不会种庄稼，以石头、木棍打野兽吃；没有火，打来野兽生吃。后来他们的祖先经过怒江、澜沧江、伊洛瓦底江南下，到达片马和江心坡地区。③ 到传说中崩用景颇时期景颇族人的社会开始发生变化，现在景颇族人认为崩用

---

① 对于元明时期称为“峨昌蛮”的群体，学术界一般认为它们是现在阿昌族与景颇族先民的总称。因为至今一些地区的傣族仍把景颇族中的浪峨支、茶山支、载瓦支称为“峨昌”、“阿茶”、“阿昌”，而“峨昌”与“阿茶”是同意异译。

② 龚庆进:《景颇族》，民族出版社1988年版，第21页。

③ 江心坡是指恩梅开江和迈立开江之间的狭长地带。景颇族称为“卡枯”、“卡苦戛”、“里麻”，所以景颇族人常自称为“卡苦人”，即江头人。

景颇是他们的直系祖先。这个时期已经迁到江心坡一带，所以现在景颇支的各个姓氏都认为自己的“老家”在江心坡，其他支系也认为自己的“老家”在片马一带。有学者认为景颇族先人自青藏高原分支南下到片马、江心坡一带时，各支的分布情况大体是“恩梅开江以西为景颇支；载瓦、喇斯、浪峨三支则居恩梅开江以东，载瓦居其北，喇期在其南，浪峨则在东北部”①。景颇族进入德宏州的时间，根据20世纪50年代调查时多数景颇族人相关家族的家谱、墓碑、世系记载约在300年前左右，即明末清初时期。如石婆坡隘的木日·道光督（雷氏山官）山官家族是在康熙年间迁到石婆隘地区，因为他的第一代山官木日·布强斋佤约任山官时间是在康熙六十年到乾隆十九年（1721—1754）之间。当然，“木日”家族作为五大景颇族贵族官种之一，他的老家是在江心坡，这一点也是得到他们证实的。② 但景颇族大量迁入德宏、腾冲等地则是在清朝乾隆年间，特别是中缅战争以后，乾隆《东华录》记载乾隆三十四年（1769）八月庚午傅恒在奏疏上提到“查盏达以外，均系野人地界”。对此，王昶在《征缅纪闻》中在同年七月十八日也有记载：“有野人早立来献瓜菜。野人散处诸山，人多少不一，各自为头目统率。”而胡启荣的《腾越屯防记》中还有“腾越有野人一种，向在八关、七隘之外。因乾隆年间，进攻缅甸，各土司利用转粟，招入关内，迨军务告蒇，野人不顾回归，遂分住各土司山头，猎兽为生。数十年来，呼朋引类而至，更难以数计。”③ 这与现在德宏地区景颇族各村寨建寨后的世系相推出的时间是相符的。所以现在中国境内的景颇族其实多是清朝中前期从江心坡、片马等地迁来的。景颇族开始出现阶层分化④时期大约应在瓦切娃（又时又称为宁贯杜）时代，也就是迁到江心坡以后。

景颇族在历史上属于相对后进的民族，社会经济比迁入到德宏地区的傣族、德昂族相对还要落后。但景颇族社会在长期自我发展中已经形成了一个能够“自足”的社会制度支持体系和秩序维护体系。所以说从景颇族本身来说仍是一个有相对完善的制度规范体系的民族，其中最有特点和具有基本制度功能的就是它们的山官制度。此制度为景颇族社会提供了它们社会自我存在的制度保障。在这个制度下形成了一个完全

① 云南省编辑组编：《景颇族社会历史调查》（四），云南人民出版社1986年版，第4页。

② 德宏州政协文史委：《中国景颇族山官》，德宏民族出版社2001年版，第72页。

③ 刘毓珂：光绪《永昌府志》卷六五，《艺文志》，1936年重印木刻本。

④ 这里用阶层分化不用阶级分化，是因为这时景颇族社会中的山官很难说是一个阶级，因为他们很多生产活动其实都与百姓差不多，在权利与义务上表现出相对的一致，没有多少特权，所以更多是一种职能上的分化。

能让他们的社会存在于稳定结构体系的制度。此外，在历史的发展中景颇族形成了以禁忌和习惯法为主要内容的规范体系，又称为阿公阿祖的规范，或称为“督德拉”法。从功能的角度看，这些规范构成了景颇族自己的一整套完整的“法律”制度体系①，因为从对社会主体的行为规范到纠纷的解决机制上景颇族都有自己的“制度”体系。下面具体来看景颇族社会中的“法律”情况。

第二节

历代中央、地方政权对景颇族的治理

一、中央政权对景颇族的治理

中央政权最早在景颇族地区设置行政机构和土司是元朝，当时设的金齿等处宣抚司和孟养宣慰司辖区内就有景颇人，因为金齿宣抚司下有土蛮八种，其中就有“峨昌”，而峨昌是现在景颇族与阿昌族的先人；而孟养宣慰司所辖地区是片马及恩梅开江流域的浪速、江心坡等地区。这样景颇族地区纳入了中央政权的治理之下。同时景颇族地区也有外来的制度设置，改变了他们的传统社会结构。明清时期，景颇族在中国境内多由傣族土司所辖，也就是国家对其治理处于间接状态。但明清时期设立了一些由景颇族出任土司行政地区，最有名的是茶山与里麻长官司。从相关史料看，由景颇族出任的土司最早应当是永乐初年的茶山和里麻长官司。而两长官司属于景颇族人所在地应是从相关人物与地理位置所证实的。如乾隆《腾越州志》中有“茶山外有一种野人……前明有里麻、茶山两长官司管束。明季，两长官司为野人所逐，遁至内地。今其土司子孙有早姓者，古勇、乌索尚有其裔也”②。说明两长官司所属是景颇族。

---

① 这些规范是能够让景颇族社会完全有能力对自身社会主体的行为进行规整的，并且同时能对产生纠纷后提供纠纷解决的准则。从这点上看，法律是一个社会中让这个社会能够有序存在的维护系，在功能上看法律不外是让一个社会有行为模式和纠纷解决机制的保障体系。当然，这里所用的“法律”一词也是在以上意义上使用，并不是指主权国家下出现的“法律”。

② 乾隆《腾越州志》卷一一，《杂记》，腾冲光绪二十三年刻本。

茶山长官司是在永乐五年（1407）设置，长官司由早章（又写为早张）出任，现在公认早章属于片马景颇族山官。从此茶山长官司由早章后代世代承袭，传至早玉时再次被中央政权“授正长官”，茶山长官司所辖地区相当于今天德宏西北部、腾冲西北、片马、拖角一带。①

里麻长官司设于永乐六年（1408），由刀思放出任。刀思放，又名为早干、昭刚，是景颇族中“木然”氏贵族中“里麻”支山官。“里麻长官司，永乐六年设，隶云南都司，以刀思放为长官。时思放为里麻招刚。招刚者，故西南蛮官名。思放籍其地来朝，请授职事，遂有是命，仍赐印章、冠带。八年遣头目贡马。”② 说里麻长官司是由景颇族人出任可以从天启《滇志》记载中得到证明。按天启《滇志》记载，里麻长官司“东与茶山接，西北皆野人……部夷皆峨昌蛮……永乐三年，孟养叛，土酋早姓有拒贼功。六年，颁印，世授长官”③。明朝人吴宗尧在《腾越山川封土形势道里通论》中指出里麻长官司“其人皆峨昌蛮也”④。这些说明里麻长官司属于景颇人地区。

瓦甸长官司，“瓦甸长官司，初隶金齿，永乐九年改隶云南都司”，在永乐年间由刀帕赖出任，而刀帕赖是腾冲瓦甸景颇族山官，其后人早贵于明朝正统五年授为按抚使，瓦甸长官司改为瓦甸安抚司。

以上是中央任命景颇族为土司的最早记载。永乐十五年茶山长官司早章推荐其头目早瓮为副长官司，所以同时设茶山副长官司；明朝万历年间封早奔为里麻长官司副长官，这样里麻也同时设里麻副长官司。

这样明朝时期在景颇族地区设了三个正长官司、两个副长官司及安抚司。

清代晚期还授陇川雷陇寨山官为铁壁关副抚夷；授尚早乱为石婆坡隘副抚夷等。此外，明清时期还授予了一些不是官种的百姓种寨头为中央任命地方各种职务，如甲长、伙头等。明清时期，景颇族在中央任命的各种土官的管辖下进入了中央控制时期。这在一定程度上让他们的社会出现了新的制度。

民国时期一些景颇族地区开始推行乡保甲制度，于是山官地区开始出现相应的转

---

① 关于茶山长官司的情况可以参见天启《滇志》卷三〇，《属夷》；康熙《云南通志》卷二七；雍正《云南通志》卷二四，《土司》；乾隆《腾越州志》卷十；《滇略》卷九，《夷略》；《读史方舆纪要》卷一〇九，《茶山长官司条》等相关内容。

② 《明史》卷三一五，《土司传二百三·云南土司》，中华书局 1974 年点校本。

③ 刘文征：天启《滇志》卷三〇，《属夷》，云南教育出版社 1991 年点校本。

④ 乾隆：《腾越州志》卷九，《杂记》，腾冲光绪二三年刻本。

变。如邦角山官尚自贵就任过石婆坡乡乡长，各寨大小山官、头目、寨头出任保甲长。但是民国时期在景颇族山官地区推行的保甲制度仅是外在制度，内在制度没有发生相应的转变。其实是一套人员两种不同的称谓体系而已。

当然，中央势力的进入改变了他们的社会结构，主要是若出现重要影响社会公共安全的事件，中央政权会进行干预。

二、傣族土司对景颇族的治理

景颇族居住地区与傣族土司的关系最为特殊，在明清时期，特别是清朝，很多景颇族山官在形式上都受制于傣族土司。但土司不能对山官辖区内的事务进行干预，不能任命山官，形成所谓山官与土司的“服管，不服调”的关系，即土司仅对山官拥有形式上的管理权，但不能调配山官内部的事务。如邦瓦寨地区的载瓦支景颇族在清中后期回民起义后就在制度设置上受到傣族土司的直接控制和影响，傣族土司直接设置昿头和头目对其村寨进行管理。景颇族受制于傣族土司最重要的形式是纳门户钱、霜降钱、柴火钱或其他一定物品。在现实中山官与土司的关系是相当复杂的，有相互支持、相互利用和冲突等方面的关系①。但从政治上看，山官是土司统治区内的一种特殊制度，从属于土司，是土司管理下的异民族的特别制度。

第三节

景颇族的社会组织

景颇族在历史发展中形成了独特的、具有相对完整体系的山官制度。山官制度是景颇族在社会主义改造前的基本社会制度。可以说要了解景颇族的固有社会制度或社

① 如陇川的厅子房山官就与陇川土司多戈生土司有冲突，起因是雷氏土司的儿子雷春明年轻时到邦冷寨给岳母家驮谷子，被陇川土司的家兵打死，于是两家产生纠纷，拉事事件不止，最后是经过十多家土司进行调解，多戈生土司家赔偿人命后才了结（德宏州政协文史委：《中国景颇族山官》，德宏民族出版社 2001 年版，第 65 页）。

会运作机制必须了解山官制度。山官制度有自己的起源和发展历史，在历史发展中，特别在景颇族人民迁到德宏地区后，由于受到傣族和汉族等周围民族的影响，一些地区的山官制度开始向封建社会性质转变，但多数地区山官制度到社会主义改造时还仍然存在①。若说人类社会文明中基本的特征就是拥有一个相对完整的结构化的制度体系的话，那么可以说景颇族人在自己的文明中完全拥有了一个完整的结构化制度体系。

一、景颇族山官制度起源和结构

山官制度是景颇族社会中基本的社会制度，此制度构成了景颇族整个社会存在的制度保障。在整个景颇族社会中都有山官社会制度。景颇族社会是以村寨为单位构成、以山官制度为政治权力中心组成的一种社会政治体制。所谓山官制度就是景颇族人民在长期的历史生活中形成的以村寨为地域的、以世袭首领为承袭的社会政治制度。其实山官制度的产生说明人类社会从氏族社会转向阶级社会之间存在着一个过渡时期，这个时期社会已经出现分层，但这种分层更多的是一种职能分层，而不是阶级分层。② 但是山官制度的官种与百姓种的严格区分又具有阶级分层的特征。所以说山官制度是阶级分层与职能分层交混状态的产物，因为山官从权力结构上看更多是一种职能分层，山官在职责上是高度的一致性，并没有形成明显的特权和越职百姓种的权力结构。但从来源上看，其又具有身份特征的阶级分层，因为山官必须从官种中来选任，表现出世袭的特征。对于山官的作用，景颇族有这样的谚语："没有屋脊，盖不成房子，百姓没有官，成不了寨子"；"野兽中没有豹子不成，百姓中没有官不成"③。可是从这里看，山官在景颇族社会中更多的是以组织者、领导者的身份出现，也就是

---

① 学术界对景颇族的山官制度研究已经取得了不少成绩，最主要的有龚佩华著的《景颇族山官制社会研究》，此书对山官制度的产生、组织等方面进行了讨论。此外，还有桑耀华的《景颇族山官问题初论》（载《民族学研究第五辑》，1983 年），龚佩华的《景颇族的山官和山官制度》（载《民族学研究第八辑》，1986 年），华世的《试论景颇族山官制度》（载《云南教育学院学报》1996 年第 3 期）等论文。但这些研究都存在一些不足，主要是在分析方式上不注重对此制度的内在体系的分析。

② 职能分层是指社会中结构组织的主导者不是来自于身份，而是来自于某种职能的需求，社会主体只要能满足这方面的需要都可以出任，即社会结构中的职能要求决定着人员的来源；阶级分层是指社会中权力的分配受制身份，权力来源于承袭，而不是来自社会主体的才能。

③ 全国人民代表大会民族委员会办公室编：《云南省德宏傣族景颇族自治州社会概况：景颇族调查材料之五》，全国人民代表大会民族委员会办公室编印，1958 年版，第 61 页。

职能的需要是山官出现的本质。

“山官”是其他民族对景颇族中这种特殊制度下的一种称谓，景颇支系中自己称“山官”为“督”、“都瓦”；载瓦支系中自己称为“怕藻”，即“山的主人”。按景颇族的传统“贡萨德拉”，“督”必须由出身于“瓦乾”的贵族木日、勒佗、勒排、恩孔、木然五姓出任。这五姓被尊为“正宗山官”，在景颇语中称为“督阿谬”①，其他姓的山官是“傍门”，不是严格的官种。其中勒排、勒通是载瓦支山官的官种大姓；恩孔、木然、木日、勒佗是景颇支山官的官种大姓。五姓贵族的山官在名字上使用“早”、“扎”、“南”等词作为与其他百姓种区分标识。每个“山官”都有自己的辖区，但在辖区上可以分为直辖区和保头区。现实中每个山官必须有自己的直辖区，但并不是必须有保头区。保头区是山官对外族人村寨进行保护的地区。“所居或数户一寨，或数十户一寨，寨各有长，称为头人或山官”②。

关于山官制度的起源，按传说起源于瓦切娃的儿子勒排娃·腊章时期，即永乐年间。学术界一般认为若勒排娃·腊章是明史所载的早章，这样说明山官和山官制度至少产生于明代永乐年间。因为“勒排娃”是姓勒排的人，“腊”是“男子”，“章”（或为“张”）是名字，而“早”即为“官”或“山官”的意思。③ 这一切都能很好地说明两人的一致性，同时也说明可靠性。《明史·云南土司三》中有“茶山长官司，永乐二年颁给信符、金字红牌。八年，长官早张遣人贡马。宣德五年置滇滩巡检司”④。对此，《民国腾冲县志稿》中有“茶山长官司，土司早张，旧属孟养。永乐三年，孟养纠上江刀猛永叛，夷目早章（按即早张）愤其不忠，遂不附。五年诣阙下，赐印授早张为茶山长官司”⑤。此外，一些学者进行保守的推断，认为景颇族的山官制度产生的时间最迟可以推定为明末清初时期。⑥ 当然，也有认为产生更早的，至少在公元8世纪，即唐朝就已经出现了山官制度。⑦

---

① 又译为“杜阿缪”。

② 云南省编辑组：《景颇族社会历史调查》（四），云南人民出版社1986年版，第154页。

③ 参见龚庆进著《景颇族》，民族出版社1988年版，第31页。有学者认为山官制度产生于景颇族生活在江心坡时期。在茶山景颇族的世系中提到“峨罗章“，传说此人是掌印，到过北京受封。所以有人认为此人就是茶山长官司的长官早章（云南省编辑组：《景颇族社会历史调查》（四），云南人民出版社1986年版，第9页）。

④ 《明史》卷三一五，《传二百三·云南土司传》，中华书局1974年点校本。

⑤ 李根源、刘楚湘：民国《腾冲县志稿》卷二三，《第十五·种人·野人》，云南美术出版社2004年点校本。

⑥ 德宏州政协文史委：《中国景颇族山官·序一》，德宏民族出版社2001年版，第1页。

⑦ 德宏州政协文史委：《中国景颇族山官》，德宏民族出版社2001年版，第3页。

在山官起源的原因上，按景颇族传说《战争的起源》中认为“有了战争，才出现了杜瓦”，这里的“杜瓦”其实是“督瓦”的不同翻译，也就是战争导致山官的出现。① 从这里可以看出景颇族山官制度的起源其实是由于在发展中出现不同部落之间的征战，为此各部落必须有首领来领导部落群体进行抵抗，同时对本部落内部进行管理的需要下产生。从《景颇族传统祭词译注》来看，山官的出现是由于宁贯杜为人类造福，而得到了人们的尊敬，把他尊为山官。后来因为其他人的反对，他采用洪水毁灭了人类，并回到了天上。人类再生后因为缺少领导者，出现了无序的社会状态，为了获得秩序，人类只好再次去接他来出任山官。“远古，发了洪水后，宁贯杜住在赛如山，大地上的人们因为没有王子，天下不稳定，人心不安宁，大地上的人们，商量着去接宁贯杜。”通过多次的迎接，说当“宁贯杜骑着马回到戛昂王宫后，天下稳定了，人心安宁了”②。这说明山官的产生主要是来自景颇族社会发展后秩序需要的产物，是一种功能主义的解释。这也进一步说明当时氏族社会出现后，不同部落之间出现了战争，氏族内部也需要秩序的维持者，所以才出现新的领导群体。当然，在景颇族传说中还有一种说法，说山官最早称为“龙独”，即主人之意，后来才称为“都瓦”。“龙独”就是征服了其他人的人，即主人，也就是山官起自主奴关系，有学者认为这是一种家长奴隶制度时期③，到后来才发展成山官关系。但这种说法认真分析后存在一定的问题，因为百姓与山官的权力结构上并没有表现出征服者与被征服者的关系。

山官的职位和身份传承上采用严格的幼子继承制度，只有幼子才是正统的山官继承者，威信较为容易获得。只有幼子死亡后，才能由其他兄长继承。若幼子年幼时，可以由官娘代理摄政，到幼子成人后转给他执政。按记载仅在陇川地区历史上就出现过多名官娘，如早诺东之妻、邦瓦早汤之妻、邦掌尚成年之妻等。幼子继承制度可能与景颇族在结婚前采用公房制度交往有关，因为在这种制度下长子的身份往往得不到保证。

山官衙门称为“督荣”，一个完整的山官组织机构具体分为“督荣”、司朗荣（长老议会）、诗瓦达（群众院）、片达（军事部）、钦曼达（总管部）等部分。这是山官衙门的官署结构，具体人员分为钦曼，即总管，负责衙内事务；董萨，负责祭祀

---

① 龚佩华：《景颇族山官制度社会研究》，中山大学出版社 1988 年版，第 27 页。

② 石锐：《景颇族传统祭词译注》，云南民族出版社 2003 年版，第 628、634 页。

③ 中国科学院民族研究所云南民族调查组、云南省民族研究所民族社会历史研究室编：《云南省德宏傣族景颇族自治州社会概况：景颇族调查材料之九》，中国科学院民族研究所云南民族调查组、云南省民族研究所民族社会历史研究室编印，1963 年版，第 61 页。

的祭师，在景颇族社会中董萨分为大董萨和小董萨两类，其中大董萨的权力很大，在景颇族社会中拥有特殊地位，同时是山官的高参，为山官提供各种咨询和建议，特别在万物有灵论的社会中，他们掌握着人神之间的通道，所以在山官政权中具有十分重要的地位。山官制度下山官没有特权，他往往仅是做大事件处理的召集者和主持者，在具体事件的处理上受制于百姓种的各类头人。苏温，即寨头、拉事头、家丁等。对此，民国初年编志时陇川地方上报的地方志资料中有“各以山官、头目自为部落，然遇事酋长不独裁，皆谋之野”①。对于山官的组织，不同山官地区组织不一，如陇川最大的山官邦瓦山官的组织就是山官之下设戛堵、管、苏温和董萨等再次的组织结构，由这些人负责具体事务，遇到重大事件时，召集他们商量。

山官辖区内往往有直接辖区、保头区。在直辖区内多是景颇族。山官辖区是以村寨为单位，连同周围的山岭、土地，辖区之间一般以山岭、河流等自然标志作为界限。各山官之间是一种互不隶属的关系。一些大的山官，特别是同一官种家分出的山官之间往往存在着一些特殊的关系。每个独立的山官最大的特征是能建立一个官庙，载瓦语称为“能尚”，一般是在山官所在村寨附近，是辖区内宗教性活动的中心。而保头区内一般则是汉族村寨、傣族村寨、傈僳族村寨、德昂族村寨。保头区主要是向山官交纳一定的粮食、官工或大烟等物品，山官则保证他们免受其他人的掠夺等，或者说是提供一种公共安全。

二、景颇族山官制度的类型

山官制度在历史发展中形成了两类：一类称为贡沙，又称为贡晶贡萨，意为“老道理”、“陈腐”之意；另一类是贡龙，又称为贡荣贡咱，意思为站起来之意。当然也有另外一种解释，认为“贡沙”是平静、无争夺、世代相传的幸福社会；“贡龙”是不平静，争权夺利，平地起峰，而不是世袭的多事社会②。这两类山官制度在权限和

① 德宏州志编委会办公室：《德宏史志资料》（第一集），德宏州志编委会办公室编印，1985年版，第165页。

② 中国科学院民族研究所云南民族调查组、云南省民族研究所民族社会历史研究室编：《云南省德宏傣族景颇族自治州社会概况：景颇族调查材料之九》第81页，中国科学院民族研究所云南民族调查组、云南省民族研究所民族社会历史研究室编印，1963年版。在《景颇族社会历史调查》（四）中认为“贡萨”是压迫统治的意思，“贡龙”是大家起来、大家平等、相互帮助的意思。第19页。

权力的取得上略有不同，所以两者在很多方面具有很大区别。贡沙山官制度是传统的山官制度，它的基本特点就是山官的权力较大、山官官位具有世袭、特权相对明显和严格的社会等级制度。而贡龙山官制度则是通过革命的方式推翻了传统的山官制度后建立起来的新山官制度，其最大特点就是山官的权力被极大削弱，山官不再世袭，没有特权和严格的等级制度。关于贡龙山官制度有的认为是产生于缅甸六莫附近的耐陇耐瓦寨，后来才发展到卡枯地区，即江心坡地区。① 但也有人认为这种制度据传说开始于江心坡地区，即景颇族主要居住地区，发生的时间大约在18世纪末到19世纪中前期，是百姓和奴隶通过推翻旧有山官制度后建立起来的一种民主制度。这种制度主要存在于支丹山区，那里18个景颇族寨子中有14个寨子实行“贡龙制度”，仅有四个寨子实施“贡沙”制度。② 这两种山官制度的分布大体是贡沙山官制度主要存在于德宏州南部的陇川、潞西、瑞丽三县，大部分属于载瓦支系；贡龙山官制度主要分布于德宏州北部的盈江县，多为景颇支系。③ 它们的区别具体表现为：

第一，贡沙山官制中的山官必须由五大世袭官种的后代出任，一经出任采用严格的幼子继承制度，即“乌玛”制度。贡龙山官制中的山官则是在世袭的前提下表现出更多的灵活性，山官出任上有世袭或推选两种方式。

第二，贡沙山官制中山官有固定的村寨辖区，辖区内的村寨与山官具有隶属关系。贡龙山官制中山官辖区内各个村寨没有隶属关系，相互间是平等的。

第三，贡沙山官在辖区内具有很多特权，如收取“宁贯”的权力、具有特别的祭祀权等。贡龙山官在辖区没有传统山官的特权。

第四，贡沙山官制下的村寨土地实行村社公有制度，各家庭不能把耕地出卖到寨外，只有出租或出典的权利。贡龙山官制度下各民户可以随便买卖土地，山官无权干预他们的土地交易，也就出现了土地私有制。

第五，社会等级上，贡龙山官制下严格区别官种和百姓种，相互间不能通婚，在婚姻上严格遵守“木育—达玛”婚姻，即采用“丈人种”与“姑爷种”的婚姻；在贡沙山官制下没有此种严格的区分。

第六，在贡沙山官制下百姓不能自由地迁徙，迁入与迁出都必须得到山官同意后才能进行，迁出者要向山官交“夺沙木脱”后迁出；在贡龙山官制下百姓有自由迁徙

---

① 云南省编辑组：《景颇族社会历史调查》（四），云南人民出版社1986年版，第32页。

② 云南省编辑组：《景颇族社会历史调查》（三），云南人民出版社1986年版，第13页。

③ 龚佩华：《景颇族山官制度社会研究》，中山大学出版社1988年版，第56页。

的迁徙权。

第七，在宗教上，贡沙山官供的鬼是载奔娃；贡龙山官供的鬼是乌干娃。这两者有不同的含义，贡沙山官在祭祀时念的祝词是“早龙能布，早发腾努”，意思是官家像磐石一样稳固；或“早龙木戛，早发木戛”，意思是保护官家，保护寨子。贡龙山官在祭祀时念的祝词则是“勒门贡陇，拱扎木戛”，意思是一个地方的人共同负责，保护地方；或“拱劳灵布，拱扎腾努”，意思是我们百姓像磐石一样稳固。从两者的祝词上可以看出这两种制度的区别主要在于官种与百姓的关系和官家权力的来源上。

其实从传统和不同的权力看，贡萨相对封闭、传统，贡龙则是开放、非传统多一些，但要指出的是这仅是两者的比较结果，对于贡萨制度中，山官的权力其实并没有形成绝对特权。

三、景颇村寨山官的来源

景颇族社会中，每一个村寨都必须隶属于某一山官，而不同村寨的山官来源也各不相同，根据相关记载主要有以下几种方式：

1. 建寨取得

若某个山官种的后代到一个新的地方建立村寨，他就取得了该山寨山官的地位，并且可以让后人世代继承。

2. 承袭取得

承袭是取得山官地位的主要方式，因为在景颇族中存在着相当严格的等级制，官种和百姓是不能混淆的，有“南瓜不能当肉，百姓不做官”的原则。在山官的官位继承上，在正常情况下采用幼子承袭制，这种继承制度称为“乌玛”，如果幼子无能可以由长子或其他儿子承袭，但很少。

3. 分出建寨取得

这种主要是官种家的长子们分出后在新的地方建立村寨，在送给弟弟一定礼物后，如一头牛、一面铓，经弟弟召集原山官辖区内的头人商量后，弟弟给哥哥一定象征性物品后，如一把刀，因为建寨要铲草，砍地基；一支矛，意为柱子，哥哥就取得了新建村寨中山官权力。

4. 通过战争或其他征服方式取得山官

这类具体就是某个山官通过战争或其他方式征服了某个村寨或山官，取得了山官的权力，成为新的山官。

5. 被邀请来当山官

这种是当某地山官出现无子承袭，或某村寨由百姓种先建立，建寨后没有山官时，他们到其他地区邀请具有官种身份的人来做山官。在现实中，往往是一些百姓种的人到某地开荒建寨，当发展到一定程度后再去请具有官种血统的人出任山官，即先有百姓后有官。如支丹山五寨的山官死后无子继承，便到缅甸新娃请一个山官来任；同地区省断寨山官是由腾腊拱请来。按《中国景颇族山官》一书记载，这种方式在德宏地区是比较普遍的，因为迁来建寨的往往是百姓种。

6. 用钱买山官

这种方式是在社会对外交往频繁后才产生，现实中比较少。这方面的例子是盏西李家山的山官普冠家是通过向傈僳族买来熊家山后才做了山官，所以后来改熊家山为李家山。

以上六类山官的取得必须由具有官种身份的人出任，百姓种不能出任山官，即只有山官才是“压平房头竹竿”的人，其实是管理好村寨的人。

四、景颇族山官制度中山官的权利和义务

（一）山官的权力或权利

山官作为一个或者几个，乃至几十个村寨的政治中心，在辖区内拥有各种权利或权力，具体来看可以分为政治权力、经济权力、宗教权力、司法权力等。政治上山官有保护本辖区内百姓不受侵犯、抵抗侵略等方面的权力；经济上拥有收取“宁贯”、“拾瓦戛”（官工、公众工）、“章贯”和“夺沙木脱”等权力，这是山官的主要权力；宗教上山官有建立官庙、供献“木代”鬼和举行“目脑纵歌”等特权。因为按山官制度，这方面权力仅有山官才拥有；在司法方面，山官有调解辖区内各种纠纷的权力。下面具体来看山官制度下山官的各种权力和权利。

1. 收取“宁贯”（又称“恩贯”）的权力和权利

这是山官最基本、古老的特权，“宁贯”具体是指山官辖区内百姓在杀牲祭祀或狩猎获到大猎物时得送给山官所杀牲畜或猎物的一条后腿。这是重要的传统规范之一，属于“贡萨德拉”法。一般情况下，山官在接受百姓的“宁贯”时得还礼，具

体是还一面铓和一支枪，以表示对狩猎英雄的奖励。按《天神木代斋瓦祭词·洪水泛滥》记载，“宁贯”在宁贯杜瓦时就出现，原因是他创造了新天地，受到百姓的爱戴，于是百姓向他交纳官腿、官工与官谷三种。“只因打出了新的天，造出了新的地，宁贯杜瓦，深受百姓的拥戴。美味的官腿，只献给宁贯杜，无偿的官工，只出给宁贯杜，如山的官谷，只交给宁贯杜”。从这里看“宁贯”有三种，但从景颇族的社会发展来看，“宁贯”最基本是官腿才对，其他两个并不是，是后来社会发展中才出现的。从当时社会来看，只应该有官腿，因为景颇族出现山官制度时起码应在父系氏族社会后期，那时他们主要以打猎为生，还没有进行种植，所以应是官腿，而不是官谷、官工。官谷应是到德宏地区后才出现，起码是学会种谷类后才出现，即他们的社会进入了半猎半耕后才出现。其实从这里看，“宁贯”的出现是景颇族社会出现分化后，相互之间出现战争，必须有相关组织者后才出现。① 当然，从记载看，当时宁贯杜收取官腿、官工与官谷时曾受到他哥哥诗瓦鹏的九个儿子的极力反对，最后宁贯杜是采用发洪水的手段获得了此权力。说明这个社会权力出现时的斗争十分激烈。“九兄弟不听劝告，宁贯杜愤怒了，再也不能原谅了，准备发洪水了”②。

2. 享有“拾瓦戛”，又称为“拾瓦约”

即“官工”的权力，即山官家有各种重大生产、祭祀、婚嫁等活动时，百姓必须无偿提供一定的劳役帮助官家。其中为官家进行无偿的农业生产是最重要的义务，劳动时间多为三天，即付劳役三天，具体是砍地、除草和点种各一天。山官家盖房时百姓要为山官家建造，特别是要为山官抬“夺朋”大柱子。因为在传统中山官家住房的中柱“夺朋”必须大于百姓家，反过来就是百姓家的中柱不能大过山官家，否则属于“同艾”，即造反，要受到处罚，会被驱出寨子。山官家子女结婚时百姓要担负三日的劳动。以上这些百姓为山官进行的无偿劳动统称为“官工”。

3. 享有“拾瓦约”，即官谷

在进行种植水稻和旱谷后，有的山官地区还有“拾瓦约”，即公众田，又称为“官谷”，对于这类公共田由百姓出劳动种植和收割，但收入最后归山官所有。

4. 享有“章贯”

“章贯”是指山官结婚或山官家子女结婚时，山官辖区各寨百姓得交牛一头、谷子一驮，每户出水酒一筒。

---

①② 石锐：《景颇族传统祭司译注》，云南民族出版社 2003 年版，第 616、621 页。

5. 山官有建立官庙、祭祀“木代”和举行“目脑纵歌”等方面权力

其中只有正统官家才能供“斯跌”鬼，又译“拾滴鬼”，所谓的正统官家是指按“乌玛”继承的山官家。这三个方面的祭祀权只能由山官专有，所以山官家举行这三方面的祭祀时辖区内的百姓要出一定的猪或牛，山官所在的村寨以姓为单位，其他以村寨为单位送一头牛。

6. 收取百姓家婚、丧、建房时一定礼物

百姓家有婚、丧、建房等大事时必须向山官禀告，并送一定的酒后才能进行，否则山官会进行处罚。

7. 收取百姓迁出或迁入时礼物

百姓迁出或迁入村寨要向山官送一定的礼物，得到许可后才可以迁出和迁入。特别是迁入时必须得到山官的同意，迁出时得交“夺沙木脱”（意思是拔去竹楼下的木桩），具体是一头牛或一面铓，并拔掉迁出者过去家里的拴牛桩。

8. 拥有辖区内土地最后处理权

山官对辖区内的土地有最后处理权，当百姓迁出或户绝没有近亲继承时土地（水田）由山官管理或处理，并且不允许把水田向辖区外出卖。有些地区，山官对旱地可以自由决定使用任何一块，即可以把百姓的旱地拿来使用。当然，正常情况下山官不会过多干预百姓使用的土地的。

9. 山官有任命各村寨头人的权力

山官在治理辖区时往往任命“苏温”和董萨，特别是董萨中的大董萨权力，大董萨的地位特殊，因为只有他们才能吟诵一些特定的祭祀词，而山官家在举行重大祭祀时又必须吟诵这些祝词。所以山官的一项重要权力就是任命各寨的苏温和董萨。山官任命苏温时一般要举行仪式，往往是山官送给任命者一把长刀，表示授权他帮助管理寨子。

10. 分享百姓家出嫁聘礼的1/3

百姓家嫁女儿获得的聘礼山官有权收取1/3。

（二）山官的义务

山官在景颇族社会中特权不明显，因为他们的社会还没有演化到正式阶级分层和治理者职业化的程度，山官更多显示出的是公共事务的提供者和公共秩序的维持者的功能。从记载看，山官主要职责有两个方面：首先是维持本辖区内的社会秩序；其次

是维持本辖区内的安全。就是对内对外两个方面的职能，这些职能具体分为以下多个方面：

1. 调解辖区内的各类纠纷

从各类记载看，这是山官的基本义务和职能。山官辖区内百姓出现各种纠纷时，不管是民事、刑事纠纷，重大的或苏温等不能解决的，山官必须出面解决，若山官不能有效地解决辖区内各类纠纷，就会失去其存在的基础，导致山官权力丧失。现实中，很多村寨往往是先由百姓种开建，当人口多了，民事纠纷等增加后，为了有更好的解决者，就去请具有官种身世的人来做山官。勐秀棒达寨最初就由百姓种雷氏家族建立，后来去请陇川广瓦山官种的人来做山官，目的是更加有效地解决各类纠纷。对此，王莲芳在工作回忆录中也认为“山官的主要职责是解释习惯法，处理裁决纠纷”，并且山官处理纠纷的能力往往是他获得权威的基本要素之一。“山官必须熟悉习惯法，对习惯法作出权威的解释，按景颇族的说法就是会‘讲事’。否则山官就没有威信，甚至会被撵下台。”在1949年以前就在弄坵寨出现过一个官种有人请他去做山官，因为自己不会讲事不敢出任山官的事件，成为一个笑柄。① 反之，能干的山官往往成为新村寨的治理者，如在清朝乾隆年间邦瓦山官邦中腊死后，其妻子委堵执政，她就因为王子树的弄丙寨百姓出现打猎误伤人命案，本寨山官没有能力解决，由百姓请她去解决后，因为百姓对她处理结果满意，而转向她的管辖下。② 在解决纠纷后山官会向请求调解者收取一定的调解费用，但这不是特权，因为在山官家里解决纠纷时，吃住是由山官负责的，若解决纠纷花时很多，则山官支付是很高的。

2. 保护辖区百姓生命、财产安全

保护辖区内百姓生命、财产的安全和维护社会治安。这也是山官基本义务之一。山官必须维护辖区内的社会治安，查处偷盗、抢掠、强奸、杀人等案件。当有外敌侵犯时山官必须领导百姓进行有效抵抗。

3. 资助百姓家各种重大家庭支出费用

百姓家因各种纠纷出现赔偿，或婚、丧、祭鬼有经济困难时山官得给予适当的帮助，对寨内没有生活来源的各种人也得帮助，特别是百姓没有粮食吃后，往往到官家

---

① 王莲芳：《王莲芳云南民族工作回忆》，云南民族出版社1999年版，第89—90页。

② 德宏州政协文史委员会：《中国景颇族山官·邦瓦山官》，德宏民族出版社2001年版，第89页。

吃。“民食既尽，仍往食官，官家亦无可食，始入山觅食，以至新粮登场而后已”①。这样山官在现实中出现对全体百姓生活负责的现实。

4. 资助百姓家娶亲聘礼

百姓家娶亲时山官得出一头牛做聘礼，到生了儿子后再归还山官。

5. 资助百姓家做“木脑”

百姓家在做“木脑”时，山官得出牛一头资助百姓。

若把上面山官的权力与权利与山官对百姓的义务相比较就会发现，山官并没有多少特权，甚至他们享有的很多权利往往被义务抵冲。所以对山官进行分析时，不能仅从他享有的权力和权利来看，一定要考察他的义务。

（三）山官在对外关系上的职责

由于景颇族各村寨往往有自己的山官，各山官构成了相对独立的政治实体，但各山官区又得进行相互交往，所以山官往往作为本辖区内的代表人物履行对外交往的职责。总体来看山官主要有以下几个方面的对外职责：

首先，山官作为本辖区的对外代表，当出现辖区间纠纷时作为代理人进行调解和负责接受或支付赔偿。

其次，当出现拉事等械斗和战争时，决定是否对外发动战争或进行抵抗及议和等。

再次，决定是否让本辖区内的人迁出或辖区外的人迁入。

最后，对本辖区内人受到其他辖区人侵犯时决定是否出面保护以及如何保护等。

（四）山官的管理机构

在山官的统治下，各个村寨一般还设有“苏温”，汉语称为寨头。现实中很多山官一般都同时辖有几个、十几个，甚至几十个村寨，所以在山官直辖的村寨下设苏温负责本寨内各种日常事务和小纠纷的解决。由于景颇族是多神崇拜，特别是无事不“鬼”的崇拜，于是无事不祭祀，所以在各村寨中还设有专门负责祭祀的人，这种人叫“董萨”，是整个宗教活动的中心人物。董萨是景颇族中传统知识的载体，社会中的知识群体，所以具有特殊的地位，特别是能吟诵特定经的董萨，往往称为大董萨，

① 李根源、刘楚湘：民国《腾冲县志稿》卷二三，《第十五·种人·野人》，云南美术出版社2004年点校本。

具有很高的地位。董萨往往是山官的参谋人物，在山官制度中具有重要作用和地位。这两类人加上山官是景颇族社会组织中的核心人物，构成了整个社会的支柱。此外，村寨的大姓长者在山官制度运作中发挥着重要的作用，山官在解决各种事务时往往要听取长老们的意见。由于景颇族社会中存在大量的拉事，一些勇敢、有智慧的人就会成拉事头，但他们在山官制度中并不是关键人物，他们的地位更替也很快。山官、苏温、董萨和拉事头构成了山官制度中的政治活动人物。据新中国成立初期的调查统计，德宏州以景颇族为主的山区共有山官、苏温、董萨、拉事头四种人物1444人，其中大小山官433人，占总数的29.98%；寨头人①，占35.38%；董萨318人，占22.02%；拉事头182人，占12.62%。② 这些人构成了山官制度社会得以维持的组织人员。

在景颇族山官制度下，山官可以任命三类人协助自己处理各种具体的事务，他们具体是：

苏温，其语是载瓦语，景颇支系称为“司郎”，汉人称为寨头。设在山官管辖下的村寨，主要是协助山官解决山官辖区内的各种纠纷，小纠纷可以由苏温单独解决，大纠纷必须在山官参与下解决。苏温可以由百姓种中的人出任，但得由山官认可并任命，不能世袭，但一般由开创某寨大姓中有能力者出任。苏温有大小之分，在一些地区，大苏温的权力往往很大，甚至可以与山官抗衡。山官与苏温的关系很特殊，山官可以责骂苏温，苏温也可以批评山官，但百姓是不能评论山官与苏温的。出任苏温的条件是经济条件好、能说会讲、办事能力强、能解决各种纠纷、效忠山官。苏温的权利和义务是：协助山官调解命盗案，如抢人、偷盗、拉事等大纠纷；处理寨内因债务、婚姻、偷盗、口角所引起的纠纷及土地纠纷等，在处理纠纷时分享或独享“嘴钱”；帮助山官向百姓收各种法定财礼，领导百姓祭官庙，免出官工。这是山官制度下都存在的一个职务。苏温在贡沙与贡龙两种山官制度下的地位不一样，贡沙制度下权力相对低，贡龙制度下权力较大。有些山官地区有“苏温田”，如弄弄乡峨穹寨苏温有三箩“苏温田”，相当于“薪俸田”。从权力结构上看，苏温构成了对山官权力的牵制。

“戛堵”是景颇支语，“戛”是地，“堵”是官的意思，“戛堵”是地官的意思，是专门负责山官家的地鬼祭祀的宗教人员。当山官家做“总戈”时，由戛堵及大巫师

① 李根源、刘楚湘：民国《腾冲县志稿》，云南美术出版社2004年点校本。

② 德宏州政协文史委：《中国景颇族山官》，德宏民族出版社2001年版，第415页。

负责，别人不能承担。戛堵由山官委任，可以世袭。戛堵不能说谎和偷盗，否则他就没有应有的职能。他有自己的权利和义务，主要有以下几种：

第一，在宗教上，主持官家的总戈和祭祀官庙，官家有四个鬼，即地鬼、水鬼、官庙鬼、山鬼。每年祭鬼时要出一定的财物，因为祭鬼的东西往往由戛堵承担。所以他们免出官工。

第二，在政治上，参加山官举行的各种行政活动，在山官不在时可以处理山官职权内的各种事务，但人命案除外。他们与山官互称兄弟。山官或戛堵死时相互送牛。但有这种职务的山官地区很少，陇川县在20世纪50年代调查时仅有邦瓦山官、瓦慕山官、撒丁山官有戛都。①

“管”是山官为了处理好各种事务而设立的助手式职官，主要是由于山官管有多个寨子，在不是山官直辖的寨子上就由任命的“管”来管理。山官在选定“管”的人选后往往举行授职仪式。在授职仪式上山官授予“管”牛一头，表示让其带领群众耕地、种庄稼的意思；长刀一把、犁头一个，表示开荒种地；枪一支，表示授予其管理村寨，对外反抗侵略，保护生命财产安全的意思。由于“管”是山官从百姓中选，所以一般选经济条件较好，本姓氏在寨内人户多，有威信，能说、能办事，与山官关系好的。“管”位可以承袭。“管”有自己的权利义务，具体有：管家持有日月牌，就可吃牛腿，叫管工。处理本寨的一般事务，调解纠纷，管理官庙，给百姓讲道理。遇有重大命盗案件和事件时，如杀人、纵火、战争时与山官一起处理。山官家有婚、丧事及总戈时，负责在本寨内收礼。每年种谷子时，先种，然后百姓才种。有新来户时，“管”有帮助的义务，如借给牛，分给一定的田地，三年内不收任何财物。免出官工。不能养奴隶。这种职务也不是每个山官辖区都设立的。陇川县在20世纪50年代调查时邦瓦山官有“管”的寨子是曼街寨、背熊寨、撒定寨、曼窝寨、曼冒寨、弄丙寨、岗巴寨、关外寨、弄浪寨和街册寨。②

上面分析了景颇社会在社会主义改造以前的社会组织，从中可以看出在景颇社会中虽然没有现代意义上的国家政治制度，但在社会秩序的制度供给上有它自身完整的、自足的制度体系。

---

①② 云南省编辑组：《景颇族社会历史调查》（四），云南人民出版社1986年版，第68、70页。

第四节

景颇族的法律起源及规范体系

一、法律起源

神话传说与祭祀祝词所体现出来的是一个民族对自己过去历史的一种记载和对自然界、人类社会的一种感性的认识反映。通过一个民族的神话，特别是创世记等神话往往可以看到一个民族对人类社会起源与形成的理解和法律制度等制度性体系起源和作用原初解说。同时，这些文化也反映着每个民族对法律文化的理解和价值取向，影响着他们在法律制度上的选择。景颇族也不例外，他们的神话传说与祭祀祝词同样反映着他们对法律的理解，反映着他们法律文化内容的体系形成与组成。

（一）世界起源于混沌

这是景颇族的主要世界本原观，当然从现在来看，很多民族都有这样的传说。这是景颇族中所有创世神话和传说中共同认可的。如在《始祖宁贯娃的故事》、《创世记》上都有共同的记载。同样，在祭祀祝词《天神木代斋瓦祭司》也有同样的记载。“远古，大地还没有形成，天空还没有产生的时候。在朦胧和混沌里，有一个朦胧的皮能帕拉，有一个朦胧的迷能玛木占”①。这种不分善恶、黑白的一体观反映出社会中善恶两种品质的不可缺失性，同时也为人类社会发展中善与恶的斗争提供了原初的依据，或者说善与恶是人类发展的两个因素，它们是同源的，不可缺少的。

（二）恶与善共存，但善必须获得主导

在《创世记》中记载着人类始祖宁贯娃与代表“恶”的神高佐洛雷是同时从混沌中产生出来，并且他在宁贯娃第一次创造成物和人类时曾毁灭了整个人类，因为出

---

① 石锐：《景颇族传统祭词译注》，云南民族出版社2003年版，第583页。

现人类以恶为基本的品质，只有两兄妹生存下来。① 这类传说祭祀祝词《天神木代斋瓦祭司》中同样反映出来，仅是具体内容上略有差别。洪水让“恶”彻底地消失，但人类也为此付出了代价。在人类再生后，为了生存，人类重新制定了新的规范，让“恶”得到了遏制。这一事件隐喻了人类社会的发展中人类要得到维持必须把“恶”压制，不能让“恶”成为社会的主流，否则人类必须付出代价。于是，在洪水事后，人类知道了必须通过规范来维持善，否则“恶”就会取得胜利。这样，规范体系的出现其实是人类为了自身存在的必要代价。对此，很多传说中就把自然界最基本的现象白天与黑夜的关系与善与恶的关系进行了类比。同时也是人类对太阳崇拜的原因，因为太阳代表了善。景颇族的木代神就是太阳，目脑纵歌主要就是对太阳的致敬，其实就是对“善”的致敬。

（三）承认法的至上性，即阿公阿婆的规矩至上

对此，在景颇族的传统中有所表现，说外国传教士刚进入中国境内传教，曾出三个问题考景颇族的智慧，其中一个是：“世界上什么最大?”景颇族的穆如早巴回答是：“世界上最大的是法，即家法、地方法、国法。人管天和地，法则管人，人在法律管辖之下。因此，法最大。”② 这一传说体现景颇族人民对待法律规范的态度。

二、规范体系

从相关材料看，景颇族社会中的规范体系主要由禁忌和可以称为习惯法的两大规范体系构成。这些规范体系对景颇族社会产生了相当于现代社会中“法律”的功能。对于习惯法的内容，在景颇族传统社会结构——贡萨山官制度下被称为“贡萨德拉法”，又译为“督德拉”法，“督”的意思是“官”，“德拉”的意思是“法”、“法律”，“督德拉”，就是“官法”。对于“督德拉法”传统说是山官制度的创始人——瓦乾娃创立，所以又称为“瓦乾德拉”，有时又称为阿公阿婆的道理，它们构成了山官制度结束之前的主要规范体系。其实，从“督德拉法”的相关内容看就是景颇族对本民族传统习惯法的一种专称。从相关调查材料看，在山官制度下不管是百姓还是山

① 陈庆浩、五秋桂：《中国民间故事全集·云南民间故事集》（二），（台湾）远流出版事业股份有限公司 1989 年版。

② 勒排早甘：《景颇族古今轶事》，德宏民族出版社 1988 年版，第 16 页。

官，都必须遵守“督德拉法”，若山官不遵守“督德拉法”会导致百姓的反抗，百姓不遵守会受到相关的处罚。关于督德拉法的具体内容没有一个完整的总结，在历史上也没有一个法典式的东西，这是因为景颇族一直到近代才有文字，过去主要是通过口头传承，特别是通过“董萨”来传承这种规范。在文字创建以后，按记载20世纪30年代，垒良山官曾用景颇文颁布过“景颇文波德拉”法，但文本现在不能见到，但多认为实际上就是“贡萨德拉”法。① 从景颇族的各种记载和调查资料看，督德拉法在不同地区虽然具有一定差异性，但还是存在一些整体一致性，如对山官的权力、权利和义务上等。总体上，他们的一致性可能高于特殊性。

现在在德宏州文史委员会主编的《中国景颇族山官》一书中对“督德拉”法的基本内容进行了一次汇编，列出了一些基本条款，从内容上看主要有山官的权利和权力、百姓的义务、婚姻、偷盗和祭祀等方面的规范。为了方便读者了解，现在把它们全录于下：

（1）山官只能由瓦乾娃的后代木日、勒佗、勒排、恩孔、木然五大官种担任。

（2）山官位由“乌玛”幼子继承。非幼子要当山官需另建新寨。

（3）只有贵族官种的男女才有权取名“早”、“扎”、“南”。

（4）只有山官才能建数十间的高楼“斤努”瓦房，百姓等级无论多富不能盖瓦房，只能建“恩达”草屋，奴隶等级只能住茅棚。“夺朋”中柱只能小于官家的“夺朋”中柱。百姓的中柱如果大于山官的中柱，便是“同艾”造反，要严惩，烧其房。人也要逐出寨子。

（5）只有山官才能骑马，百姓等级的村寨头人要骑马，必须先送一匹马给山官。

（6）百姓及未当权的贵族要服从山官，敬畏山官，不服从者赶出寨子。

（7）百姓每年必须出4—6天官工，不出官工者罚谷两箩。

（8）山官有权杀死违反督德拉法的人。

（9）山官有红白喜事，辖区村寨要贡牛、猪，百姓每户要贡鸡、蛋、酒、米等。

（10）百姓杀牛祭神、猎获野物，要向山官交“宁贯”，即一条牛腿或兽腿。

（11）百姓要建房、开荒、娶妻，要呈报山官批准。

（12）同姓男女禁止通婚，违者烧其房，没收其土地并赶出寨子。

（13）贵族只能与贵族通婚。

（14）丈夫有权杀死与妻子通奸的奸夫。

---

① 德宏州政协文史委：《中国景颇族山官》，德宏民族出版社2001年版，第18页。

（15）凡偷盗者要重罚。

（16）只有山官才有权立“龙尚”神庙。

（17）只有山官家才有权祭天神木代跳“目脑”。①

从上面第8条可以看出督德拉法是必须遵循的，违反时山官有权力处死违反督德拉法的人。这说明这些习惯法具有强制执行力。当然，从笔者现在所了解来看，上面这17条法规仅是众多法规中的基本性、少量的内容。

根据拱东山官地区的人回忆，拱东地区在第一世山官排早诺（1835年出任）时制定过法规，主要有：

（1）偷人必惩，杀人偿命；

（2）不骗人，不欺弱，不夺人所爱；

（3）兄弟间团结相处，共尽赡养老人义务；

（4）不犯上作乱，违者必究；

（5）官家跳“目脑”纵歌，全村人要停业三天以示庆贺；

（6）寨中有老人去世，要请董萨念咒，将死者之魂送往祖源地，要跳东龙舞、崩动舞。②

在陇巴邦外山官木阳都任山官时也制定了一些规范，主要有：

（1）在处理寨子上的大小问题时，各寨的头目统一思想。

（2）凡是有人耕种过的山地，只要耕种过的人还在，其他人不能随意耕。

（3）官庙周围的一切大小竹木不准砍伐，凡违者都受到罚款，罚款最重的是一头牛，轻的一头猪，祭献官庙。

（4）不准调戏有夫之妻，违者将受到严厉的惩处。

（5）每年春种前，都要祭献那坡鬼，未祭献那坡鬼前，任何人都不准动土耕种。

（6）山官家起盖屋时，全村寨男女老少，敲锣打鼓，给山官拖“夺朋”大柱子两根和割茅草、贺新房等。

（7）每年全村寨人出义务工，给山官耕种旱谷地，从砍地整地撒种直到收割。

（8）村寨百姓祭献自己的家堂鬼，杀猪、牛的时候，送给山官后腿一只和思木介

---

① 当然，按《中国景颇族山官》一书记载，在20世纪30年代垒良山官曾用景颇文制定过“景颇文波德拉”法，但该书没有引出原文，仅指出此法律是“贡萨德拉法”，其实也就是“督德拉”法，即景颇族习惯法汇编。（德宏州政协文史委：《中国景颇族山官》，德宏民族出版社2001年版，第17—18页。）

② 德宏州政协文史委：《中国景颇族山官》，德宏民族出版社2001年版，第149页。

一包。所谓的“思木介”就是猪、牛的五脏六腑等，重量大约两公斤，用芭蕉叶包，用两对篾子按照一定的规矩捆成的肉包。

（9）每年杀献官庙，由山官主持。山官家拿出猪一头、鸡两只、水酒一罐外，大部分由辖区内百姓出。祭官庙这天每户要去一人。

（10）枪走火打死人或无意杀他人的时候，当事人要用一定帕丝给山官，同时要出一条牛洗寨子，董萨的工夫钱也由当事者出。凡出现类似事件的时候，全寨子都要举行一天的“那那”。如果有人不参加“那那”，后来寨子里出事就由该人负责。

（11）寨子里的姑娘嫁到比较远的地方，全寨子“那那”一整天，表示祝贺。①

陇川县拱瓦山官排早盾在继任山官后也曾制定过一些规范，具体有：

（1）辖区内的任何寨子和任何人都不准偷盗。

（2）不准当强盗，抢劫他人的财物。

（3）青壮年不准吸食鸦片。

（4）不准参与拉事、闹事活动。

（5）同族同姓男女不准发生性关系。

（6）官工、官租、官烟、官腿的贡不得缺欠。

（7）祭献官庙时各家各户有钱出钱，有力出力，有物出物。对违反以上规定者惩罚各寨头人，同时每村、每寨和每户都将受到惩罚，重者赶出寨子，轻者要杀猪、杀牛洗寨子。②

从上面这些习惯法来看，一些基本内容是一致的，但也有一些是根据时代需要制定的，比如禁止青壮年吸食鸦片等。

此外，景颇族社会中还有各种各样的禁忌，如史书上记载有：“惟门前可以出入，其后有一鬼门，不可犯也。距寨里许，于路口植立木桩，谓之寨门，往来之人，至此必须下马。”③ 这就是说不能从鬼门出入，骑马不能过寨门。还有不能触动人家门前鬼桩，也不能在其附近大小便。他们认为鬼桩上附着鬼，鬼会咬人、怪人，使人遭灾害病。不能随便摸男人身上的佩刀。不能指人为鬼开玩笑等。因为景颇族人最忌鬼。此外，在景颇族中最忌讳骂妇女“朗当死”（生小孩时死的女人）。④

---

①② 德宏州政协文史委：《中国景颇族山官》，德宏民族出版社 2001 年版，第 155—156、167 页。

③ 云南编辑组：《景颇族社会历史调查》（四），云南人民出版社 1986 年版，第 148 页。

④ 若被骂者正好是生小孩时死，那就会认为是最严重的口舌，因为这种人要被火化，死者的灵魂不能回到老家祖先那里，往往引起大规模的械斗等事件。

禁忌与习惯法一起构成了景颇族规范体系。通过笔者的研究发现，在很多民族的规范体系中，禁忌是很多规范的来源，但并不是绝对的，因为一些规范体系是来自人类自己有意识的创制。这种创制完全是功利性的，没有有神论的前提。而禁忌多是在有神论的前提下产生的，并且内容多是人与自然的关系，而不是人与人的关系。当然，景颇族中禁忌与习惯法的区别是很困难的，因为两者常常混在一起。但是这些规范是任何人都得遵守，不管是山官或百姓。当山官违反或触犯时要受到处罚。因为山官不遵守这些形成的规范，轻者会导致百姓离去，严重的可能导致百姓起来反抗。在现实中山官误杀了百姓，也要进行赔偿。潞西市东山乡弄丘山官曾无意打死了一个百姓，后来是在山官赔了一口棺材、一头猪祭死者家鬼、一头牛洗寨子、五亩水田后此事件才得以解决。① 所以景颇族的法律规范在整个社会中虽然没有阶级分化后的国家机构来强制执行，但相应规范仍然通过其他的一些社会力量得到强制适用。

第五节

景颇族的法律

一、刑事法律

从刑事方面的法律制度上看，景颇族没有形成十分完备的规范体系与制度体系，但一些基本的罪名体系和处罚体系已经形成。下面就对此方面进行简单的描述与讨论。

（一）罪名

杀人罪。这是最严重的罪名。在景颇族传统社会中已经开始区分故意和过失两种犯罪。对于过失杀人者在处罚上仅处于故意杀人的一半或1/3的赔偿金数额。景颇族传统社会中对于杀人案上一般不使用死刑，而是采用以财物作命金赔偿。这是人类社

---

① 德宏州政协文史委：《中国景颇族山官》，德宏民族出版社2001年版，第191页。

会中对杀人案件从同态复仇向其他方式转变时最初通用方式。

偷盗罪。在生产力低下的社会中偷盗行为是对社会秩序破坏中仅次于人命案的重案，所以人类在法律调整中最早出现的就是人命案和偷盗案。这是任何发展类型的社会都必须解决的问题，除非这个社会是在“变态”下存在。起码在群体内部一定反对偷盗，但对外上可能会出现不同的规定。对偷盗行为景颇族也一样的把它们当作法律调整的重点，对偷盗行为一般是返回原物，同时罚一定倍数的赔偿物，如偷牛就按价罚三四头牛。

通奸罪。在通奸上已经区分已婚和未婚，两者在法律后果上是不同的。对已婚者来说是对丈夫权利的侵犯，所以丈夫当场打死或打伤奸夫不必负任何责任。事后知道的可以要求赔偿，赔的数额各地区不同，最重的是赔牛、铓、帕西、枪、刀等物。当丈夫不要妻子时，奸夫可以在赔偿原夫娶妻时所用聘礼后娶通奸的妇女。通奸有了小孩的可以在支付一定财物后由奸夫领回扶养。对于未婚者，在法律上没有什么违法。但若女方生了子女，男方须为女方家祭祀家鬼，同时赔偿，如赔一头牛，为女方家洗家，赔一面铓作为女方家洗家用的铜盆。若男方不娶女方，则所生孩子归女方家，若男方要则要出牛作为赔偿。

强奸罪。对于强奸行为，男方得向女方家祭鬼，给该女全身一套新装，作为洗脸钱。若该女能嫁出去就没事，否则以后该女就得由男方养老。

伤人罪。在伤人案上最主要的是区分打人者的意图是故意还是无意，是有仇还是没有仇。对于故意的在付医药费后还得支付处罚；对于过失的，只要付医药费就行。

犯禁忌罪。景颇族在历史上形成了多禁忌的文化传统，“禁忌之多，不可思议者”，如房屋有两个门，称为猪嘴，嘴是生门，尾是鬼门，客人必须由生门入，若从鬼门入则犯大禁。入村寨时有一空房，是为鬼房，客从远处来，到此则下马，否则就以犯鬼论处。入人家屋必须重步行走，否则以贼论处；房内有吊笆多架，但不能把物品放在上面，因为那是他们祖宗灵魂所栖托的地方，若犯忌，则必重罚。对于犯禁的处罚是“有犯其禁者，重则罚以牛，轻则猪羊。”①

诬陷罪。诬陷他人为盗，若查明后诬陷者不仅要恢复他人名誉，还必须赔偿实物，同时还要出牛举行“洗脸”祭祀。

违反公共利益。侵占外辖区的土地、砍伐、出卖官庙附近的林木、私自砍伐公共

① 李根源、刘楚湘：民国《腾冲县志稿》卷二三，《第十五·种人·野人》，云南美术出版社2004年点校本。

山林、随便放野火等违反公共利益的行为，都会出现处罚。

以上这些罪名是最常见、通用的罪名，当然，还有一些不是常见和通见的罪名，这里就不再一一列举。

（二）刑事处罚

在犯罪后，往往会进行一些刑事处罚，主要有罚金、象征性赔偿、罚祭鬼和赶出村寨，也有处死、监禁等。但前四种是传统社会中最常用的，处死是近代以来才发展起来的，因为景颇族传统社会中不认为处死是最好的处罚方式，过去严重的犯罪行为是采用赶出村寨。当然，在景颇族社会中刑事处罚与民事赔偿往往交织在一起，让人难以区分，表现出很强的民事刑事化的特征。

1. 罚金

在景颇族中对相当于现在犯罪的行为的处罚基本是采用罚金。在处罚时通常采用罚赔牛猪等物。这不管是人命案件还是偷盗案件上都采用。如在人命案上往往采用罚赔8—10头牛，偷蜜蜂时罚赔2—3头牛，偷谷被抓时要处罚十倍。

2. 象征性赔偿

景颇族在整个处罚体系中最具特色、最普遍的是进行各种象征性赔偿体系。这种赔偿体系不仅适用于人命案中，还适用于各种偷盗行为、财产纠纷等方面。对于象征性赔偿的起源现在笔者还没有得到相关景颇族文化中的说明，这是笔者所见到的最具独特性的处罚体系之一。象征性赔偿的基本特征是赔偿物要与所侵害的对象的形态具有相似性，其实是一种简单类比性赔偿。如生命赔偿按人的各个器官形态进行赔偿。这是一种形象性分类，同时也是一种整体性的转化。象征性赔偿是景颇族法律中基本特点之一。对偷行为的处罚上最有特色的是根据偷盗物所在的位置来区别对待。如在家内偷盗分在屋内还是屋外，在屋内又分是否开柜或开箱，根据不同的情况进行不同的处罚。当然，这说明处罚上具有很大的连带性。通过此种赔偿，让犯罪者的处罚加重，进而达到威慑作用的目的。

（1）人命案中的象征性赔偿

在象征性赔偿中最全面的当是人命案，在人命案的象征性赔偿中不同的地区略有不同，但基本的特征是相同的，就是用不同的物象征人的不同部位进行赔偿。这种象征性赔偿在各个景颇族地区有不同的规定。如在梁河县邦角乡盆都地区是：赔羊毛三斤当头发，一定数量的棉花象征脑，20个矛当作人的手脚指头，一支铜质火枪象征腰骨、两到六头牛、一到两个帕西、一到两个铓赔偿当生命。[①] 在梁河县芒东区邦歪寨是：头赔锣一面，牙齿赔钱，眼睛赔钱（前二者数目不清），脑子赔花布一件，骨头赔铜炮枪一到两支，手赔长刀，身体赔牛，脚赔大刀，脑壳赔铓一面。赔不出要用杀人者的水田等财物抵押。[②] 盈江县大幕文乡宝石岭岗地区是：头发赔二三斤羊毛，脑髓盐一筒，眼睛赔黄金一两，身体赔牛三五头，肋骨赔矛子，腰骨赔铜炮枪一支，肠子赔玛瑙珠一串，两手两脚各赔铓一面。此外，杀人者还出洗山牛一条，洗寨牛一条，洗家牛一条。[③]连山县乌帕乡乌帕寨地区是：头发赔羊毛，脑子赔银子，眼睛赔宝石两颗，耳朵赔"培石"两个，手脚赔四把大刀，肋骨赔八把矛子，肚子赔甕一个，肠子赔克基一串（妇女颈上挂的料珠），腰赔一个三脚架，脊骨赔一支枪，头皮赔一口锅，全身赔有银子装的衣服两件。[④]从以上可以看出在景颇族中对杀人行为的处罚是相当重，这使各个社会主体必须在一个群体中才能够存在，这当中山官制使个人或家庭有了一个更大的防御网，这对维持个体到群体的生存都是一种较好的制度选择。同时，高额的赔偿也起到对人命保护的作用。

（2）偷盗案中的象征性赔偿

在对偷盗行为的处理上一般在返回原物的同时处罚赔一定的象征物品。如偷牛中就得赔一支枪，表示关门棒，外加铓一面。偷鸡的就赔龙袍一件象征鸡毛，克基一串象征肠子，犁头一个象征鸡嘴，烟斗一个象征鸡头，铁矛一个象征鸡足，另外还有锅一口、铓一面、毯子一条。偷蜜蜂在罚牛 2—3 头外还得象征性赔偿，具体是铜锣一只象征蜂巢，银币象征蜂眼。在偷屋内东西时象征性处罚加上铓一面、枪一支，以示关门。若是开柜子或箱子的，要加赔一面铓，杀猪、鸡献鬼。[⑤] 此外，还得对被盗人家的鬼进行祭祀，这样还得出祭祀品等。

3. 其他方面的象征性赔偿

此外，在别人"号"的地上进行偷盗的，也采用象征性赔偿处罚。如偷了别人"号"的土蜂也要进行同样形状的赔偿。

（1）罚祭鬼

祭鬼的方式多种多样，景颇族中最常用的方式就是通过猪、牛等方式进行洗寨

---

① 云南省编辑组：《景颇族社会历史调查》（一），云南人民出版社 1986 年版，第 202 页。

②③④ 云南省编辑组：《景颇族社会历史调查》（三），云南人民出版社 1986 年版，第 161、126、15 页。

⑤ 全国人民代表大会民族委员会办公室编：《云南省德宏傣族景颇族自治州社会概况：景颇族调查材料之六》，全国人民代表大会民族委员会办公室编，1963 年版，第 98 页。

子。这种处罚多采用在认为破坏了寨子“洁净”的违法行为上。如强奸未婚女子的，奸者须赔“洗脸牛”一头，并给女方杀牛祭鬼；砍伐官庙附近的林木竹子、在官庙附近大小便的，要杀牛、猪杀献官庙的地鬼和寨子里的公共鬼等。偷谷子的在处罚后还要罚杀鸡由董萨祭祀“谷魂”。

（2）赶出村寨

景颇族在处罚上传统的最重的处罚是赶出村寨，而不是死刑。这一处罚比处死还严重，因为赶出村寨对景颇族以山官为中心的安全保障机制的社会结构来说不仅是一种对生存权的剥夺，同时也是对归属人格权的剥夺，让你成为没有任何身体和灵魂归属的个体。因为在没有群体的力量保护下，个人常常会被掠杀。同时死后灵魂也不能回到祖先所在之处，因为没有人为自己的灵魂指路和送经。“如果大家认为罪犯太可恶，个别的会被逐出寨外，这样，其他寨子也不会收留他。这对一个景颇族人来说，是最耻辱的事情”①。这在当时的社会结构下是具有肉体与灵魂处罚并用的方式。

（3）处死

处死这种处罚方式并没有构建景颇族传统社会中刑事处罚的主要方式。处死在封建化较明显的地区表现得更为明显。但从适用上看，处死处罚方式适用范围比较小。最常用的处死是已婚女子与人通奸，丈夫有权当场处死奸夫。其他的形式上一般不适用处死。在人命案中景颇族认为已经有人死亡，若再处死人是不适当的，所以在人命案上主要采用赔偿。但在现实中也有处以死刑的，主要适用那些严重违反习惯法的人，如违反同族为婚的男子一般会被处以死刑；累犯偷盗者也会处死。勐秀棒达山官区最后一代山官线诺罕在1952年时还下令处死该辖区内具有累犯偷盗、抢劫等行为的夺石勇。② 但从记载看，这种方式的适用可能是近代以来才大量出现的。以前社会中很少出现此种情况。此外，死刑的较少适用还有保护人口的目的，因为景颇族社会中拉事较多，若某人犯了就处死，会导致人口的减少。

二、民事法律

景颇族社会在法律制度的分化上，若用现在西方式的法律制度分类体系来看是没有形成民事法律制度，但从功能上看，却有了这方面相应的一些制度设置。所以这里还是采用这种方式进行分析，主要是为了分析的方便。

---

① 王莲芳：《王莲芳云南民族工作回忆》，云南民族出版社199年版，第92页。

② 德宏州政协文史委：《中国景颇族山官・序一》，德宏民族出版社2001年版，第371页。

（一）社会主体的分层

人类社会发展中最初的权利分化是出现社会的分层，不同阶层拥有不同的权力和权利，同时社会分层也导致社会中民事制度出现不同设置的原因。如景颇族社会中出现社会分层后，在婚姻上就出现不同阶层之间的等级内婚，继承上官种采用严格的幼子继承等制度。所以分析社会主体的结构情况对了解他们的民事法律制度的设置是有利的。

景颇族社会在山官制度下开始出现分化，具体分为三个阶层或说等级，即官种、百姓和奴隶。官种称为“督阿缪”或“督阿妙”，百姓称为“达然达瑞”，奴隶称为“木央”、“木祥”（景颇支语）或“准”（载瓦支语）。由于景颇族山官制度下社会主体是官种与百姓种两类为主体，而奴隶等级的人数很少，特别是到清末以后，奴隶人数大减，加之在景颇族社会中只有官家才能蓄奴，所以有时认为景颇族社会仅有官种与百姓种两个阶层。如《民国腾冲县志稿》中认为“野人分官民二级”，即认为分为官种与百姓种两个阶层。百姓称官为“都瓦”，“都”是官，“瓦”是尊称；山官称百姓为“得热”或“阿作肯忙”，即为小人或被使的人，百姓之间称为“孟木沙”，地方上的人。在官种与百姓的子木命名上有区别，官种男子用“早”字，女子则用“喃”或“扎”字，而百姓子女则不能用以上三个字。在婚姻上实行百姓与百姓通婚，官种与官种通婚。只有官家的后代才能成为山官，现实中没有山官的村寨往往到其他有山官的地区请山官。山官具有一些特别的权利，如只有山官家才能供“木代”鬼、建立“龙庙”和举行“目脑纵官”仪式。

百姓种的人可选拔为“苏温”、“戛都”、“官”等，或成为董萨等，百姓不能成为官种，不能成为山官。在载瓦人中百姓不能蓄奴，仅有官种人家才能蓄奴。在景颇族社会中，百姓种是人口主体，是主要的社会阶层。

奴隶的来源有掠夺、买卖、陪嫁和人身抵债。一般只有官种家才能蓄奴。在奴隶上分为两类：一类称为“星南墨牙姆”，即为家内奴隶，多为女奴，常作为主人聘娶或陪嫁女儿的礼物，他们没有姓氏，没有任何财产，称主人为“父母”，主人可以任意转卖。另一类是“昂墨牙姆”，他们主要是为主人耕种山地、族牧牛羊，可以成家，与主人分住。在婚姻上自由人不与奴隶通婚，但自由人的男子可以赎买女奴后成亲，即“女子不嫁奴隶郎，男子娶女奴理应当”①。主要是奴隶可以自由转让。按1949年

① 龚庆进：《景颇族》，民族出版社1988年版，第34页。

以后的调查来看，奴隶制度主要流行于江心坡一带，现在属于缅甸，而德宏地区在1949年以前山官蓄奴的现象就很少，并不构成他们社会的重要阶层，因为“全州山官蓄奴的约有十余户”①。当然，有的书上却认为景颇族中奴隶制度还是比较普遍的。

在景颇族传统社会中官种与百姓种的分层在意识上非常明显，因为他们的谚语中有“南瓜不能当肉，百姓不能当官”，“河虾不能一日无水，百姓不能一日无官”。当然，这种分层更多是一种世袭权力和身份上的认同，从经济划分上看并不明显，因为很多官种阶层仍然得从事生产，并没有分划成独立的某种职业阶层，甚至可以说官种这种分类出现主要是适应景颇族村社制度，让村社制中有稳定的组织群体来源而产生。官种分类仅是一种身份分类，不是权利和权力的分类。按《德宏州概况》记载，在潞西县东山、西山两个区23个寨的调查中，23个山官中，小山官有12人，占山官总数的52.3%，这些小山官全部参加劳动，生活贫困，全年粮食不够吃。中等山官八人，大部分参加劳动，大山官二人，自己脱离了劳动。②这里说脱离劳动仅是山官本人，山官家里的人仍然得进行劳动。

（二）所有制度

景颇族在所有制上根据财产类别看，属于现在不动产的田产、地产是村社公有制；家庭拥有的财产，特别是相当于现在动产的已经采用了家庭所有。对于田产、地产，在山官制度下，主要实行村社公共制，即一个山官辖区内所有地产属于村社公有，村民仅有使用权，没有处分权，并且各山官的辖区是固定的，不能超越辖区，辖区内的民众不能越境开田，否则会引起纠纷。潞西遮放西山区邦谷寨有68户，分属于三个不同的山官管辖，即木爱支山官辖有16户、崩瓦支山官辖20户、龙准支山官辖31户。其中崩瓦支土地不足，要求使用龙准支土地，对方要求崩瓦支并入龙准支。此外西山区项球寨山官区内土地不足，到弄丙山官辖区开地，但弄丙山官不同意。但对于水田则是有不同情况，如在贡沙山官制下田产所有权属于公有，各个家庭有使用权，因为这些水田不能外卖到山官辖区之外，家庭离开村寨后水田就得交还山官。在沙龙山官制下水田已经私有化，各业主可以自由处分自己的田产，甚至可以外卖给其他民族。在买卖水田上若卖给族内，一般请山官、寨头做证，刻木为凭，并由卖方出一矛（或一把刀）给买方，表示和土地断绝关系；在与外民族（汉族或傣族）进行

①② 《德宏傣族景颇族自治州概况》编写组：《德宏傣族景颇族自治州概况》，德宏民族出版社1986年版，第114页。

买卖时，一般要立汉立或傣文契约。

景颇族通过“号”获得对某无主物的占用、使用权或者是所有权，是景颇族社会中最主要的方式之一。在“号”的形式上，田产和地产多数仅获得占有权和使用权，而动产等就可以获得所有权。如在景颇族中“号”的占有方式还及于一些土特产，如土蜂、野生菌等，这时“号”就获得了所有权，而不是占有权和使用权。

从土地等所有权上看，景颇族土地所有制在本质上是村社公有制，因为不管山官还是百姓都有权进行“号田”和“号地”，在景颇语中称为“依墨坦短埃”，即“这块土地已被号定”，或者是“这块土地已经有主了”①。通过“号田”与“号地”形成取得田和地的占有权和使用权。这种占有权和使用权在没有违反本民族习惯法时是具有排他性的，因为任何人不能随便取得他人号了的田与地，除非有相应的条件让先“号”者失去优先权。“号”的方式获得占有权和使用权按王莲芳的记载分为两类：水田一般在“号”后要告诉山官，山地则不必告诉。取有“号”的方式获得占有权和使用权时有一定的限制，对于旱地，若“号”三年不开垦，或者是丢荒后他人得重新“号”②。对于重复“号”的，先“号”者必须提出证据证明自己已经“号”过，否则不能对抗后来者。若因重复“号”等问题产生纠纷时则由山官进行裁决归所取得相应的权利。20世纪初期，德宏州一些经济发展较快的景颇族地区，“号”的占有获得使用权已经转向所有权。此类现象在支丹山的景颇族地区较为明显。其实“号”地就是民法中占有权与所有权取得的人类原初方式，是我们人类所有权形成的初期形态。

山官制度下的土地村社公有制有自己的制度体系和运作机制。这种制度主要表现为山官在对村社的土地上有一些特定的权利，同时百姓也有特定的权利，这两类权利相互构成了一个完整的运作机制。

1. 山官对村社土地具有的权力

（1）土地的分配与调整权。这方面的权利主要是在有新户迁入时，在山官同意后，若村社内有多余的或者是迁出者的土地，山官可以在与苏温、长老商量同意后把土地分配给迁入者。当然没有多余土地时，也可以不给。若是请有特长的人，特别是董萨之类的人来村寨时，山官必须给迁入者土地，没有就征收村寨内其他百姓的。

（2）收回土地。一般情况下山官不能随便收回百姓的土地，除非百姓违反了重大

---

① 德宏州政协文史委：《中国景颇族山官》，德宏民族出版社2001年版，第284页。

② 王莲芳：《王莲芳云南民族工作回忆》，云南民族出版社1999年版，第87页。

的习惯法，如不务正业、不听山官的话，或不通过山官而买卖土地。山官收回土地的原因有：调整土地给新来户，开田时没有山官同意或过后不给山官送“礼”，种田户因病或死亡而丧失劳动力的。

（3）山官将水田陪嫁姑娘。这往往是山官家嫁姑娘时采用的。弄丙山官就两次把田陪嫁姑娘。

（4）赠送土地给官家。

（5）接受辖区外的百姓“礼物”而送水田。这种水田可以收回。

（6）山官可以把土地出租给本辖区百姓或辖区外的百姓租种。

（7）山官可以同意辖区外百姓到辖区内砍伐树木。

（8）山官开垦土地，亦必须经过“号田”、“号地”。

2. 百姓对村社内的土地拥有以下权利

（1）可以自由通过“号田”、“号地”开垦没有人号过的田地。号过田地后可以在一定时期内拥有开垦权。如一年内拥有排他的优先开垦权。

（2）百姓的水田、旱地使用权正常情况下拥有继承权。

（3）百姓可以把拥有使用权的水田典当，典当不必通过山官同意。

（4）本寨内百姓之间可以自由交换所使用的耕地。

（5）迁外辖区时自动丧失田地使用权，但在园地种植的贵重果树和竹木可以出卖。

（6）百姓可以出租自己使用的田地。

（7）百姓可以自己砍伐辖区内的木材，但无权允许外寨人砍伐。①

景颇族社会中，近代以来，随着汉族移民的影响，出现了典权、佃权等各种物权，但这些权利主要在田产方面。这些物权是在汉族的影响下出现的，最初多发生在景颇族人与其他民族之间，后来才慢慢地在景颇族内部出现。

（三）与债权相关的法律制度

债权，在债上也有契约之债和侵权行为之债。因为借贷关系和租佃关系的发达，债的关系也开始大量出现。负债不还，父死子还，可以用家畜抵偿，甚至可以用小孩抵偿。对于牲畜吃了他人的稻谷等庄稼，多要赔偿主人损失。此外，由于在景颇族

---

① 全国人民代表大会民族事务委员会办公室编：《云南省德宏傣族景颇族自治州社会概况：景颇族调查材料之五》，全国人民代表大会民族委员会办公室编印，1958 年版，第 7—8 页。

中，很多相当于现在的刑事案件在处理上也采用赔偿，这也构成了债的关系。

1. 契约形式

景颇族在自己的发展中形成了三种形式的契约，即口头契约、木刻契约和书面契约。

（1）口头契约。这种契约主要适用于即时、小额的交易，也是最常用的形式，即债权人与债务人通过问答方式，确定各自的权利与义务。除了小额交易外，还适用于租佃、雇佣、借贷等民事关系。

（2）木刻契约。由于历史上景颇族一直到近代才有文字，在1949年以前认字的人又不多，所以在契约形式上木刻契约一直是景颇族传统契约的主要形式。因为木刻契约有自己的特点，那就是易于保留，可以长时间存在。当然木刻契约一般适用于重大的契约关系上。具体是当有重大债务关系时，双方请中人做证，取一木块或竹块，刻上刀痕，剖成两片，债权人与债务人各持一片。这在1929年江心坡山官到腾越府要求进行保护时就以木刻作为信物，其木刻“为薄木片一，上有十一刻。土人不识文字，记大事则用木刻。此木刻乃该地势力较大之十一寨山官所刻，表示该地人民誓属中国不叛之意”①。其实是没有文字时期采用的一种契约形式。

（3）文字契约。这种契约方式主要是在与其他民族发生土地买卖关系，特别是买卖水田时采用，主要文字有汉文或傣文两种，近代有景颇文后，在本民族内部买卖水田时也开始有景颇文契约。在买卖水田时，除有一两人做证人外，必须有山官在场。契约签订后，一般卖方要送给买方一把长刀，以示卖方与出卖的水田一刀两断，或送给买方犁头一个，确认水田已经绝卖。有时也采用共吃舂生姜，以示永不悔。现在存下来13份民国时期的卖、典、当契约，主要都是水田和旱地。下面是盈江景颇族排早山官卖田的契约。

实立杜官田契文约人本村排早山官，情因家中正用不敷，将先祖遗留本田一段，布种三箩。坐落在南木河，东至齐尚老四男为界，南至齐大河，西至尚弟大田裕垦（隔埂），北至齐小岭。其田四至开载在契。情愿请凭中证立约，杜断到杨成富君员下为业，实接受杜价英洋一千二百三十五盾净整入手。自杜之后，任随银主耕种管理，杜主不致异言。此系二比甘情意愿，于中并无逼迫相强等情。日后有力不赎，无力不通过问。如有内外人员于中争竞，有杜主一力承挑。恐后无凭，立此杜契，永远为

① 云南省编辑组：《景颇族社会历史调查》（四），云南人民出版社1986年版，第158页。

据。是实。

中华民国三年（1914）七月初五日①

2. 契约种类

在清代，特别是清中后期，景颇族契约种类上主要有土地典当和买卖契约、租赁契约和借贷契约。

（1）土地典当和买卖契约。这方面的契约并不多，而且多出现在与傣族、汉族邻近的地区。土地契约主要有三种，即绝卖契约、出典契约和出当契约。上面所提到的13份契约中就有出典契约、绝卖契约、出当契约三类。

（2）租赁契约。这方面的租约主要有人身雇佣、耕牛出租、水田租佃三种形式。雇工有长工、季工、零工和童工等。出租牛一般是按牛体力强弱和耕作量计算租金。水田租佃租率多是平分，即50%。

（3）借贷契约。借贷契约从借贷标的上可以分为金钱借贷与实物借贷两类；从有无利息上可以分为有息借贷与无息借贷。有息借贷利息很高，年率通常是100%，有时到150%～200%。若不偿还时可以用债务人家的牛、马、猪或小孩作抵。若债务人死亡，由其子孙代偿。

三、婚姻家庭及继承法律

（一）婚姻家庭制度

景颇族在婚姻方面的法律规范可以分为以下几个方面的内容：

1. 等级内婚

景颇族传统婚姻中严格采用等级内婚，具体就是官家种与官家种等级内通婚、百姓种与百姓种之间通婚。若官家种与百姓种通婚，则官家就会失去官家种的地位。当然，官家种不能与百姓种通婚主要是指官家种男姓不能娶百姓种家女性为妻，但百姓种男子可以娶官家种女性为妻，仅是出的聘礼较重而已。在景颇族社会中还存在一种称为“准”的等级，这类人是家庭奴隶，在景颇族社会中若一个非准等级的男性或女性与准等级的女性或男性结婚后，非准等级的男、女就成为准等级，所生子女也是准

① 杨一凡：《中国珍稀法律典籍续编》（第十册），黑龙江人民出版社2002年版，第761页。

等级。所以在现实中百姓种或官种很少与准等级的人结婚。过去景颇族中在婚姻上是“惟种之界限最严，官民不婚，乱则杀无赦”①，所以在未婚男女社交的公房中有两种，即“有官家宴房，有民家宴房，不相混也。民不敢入官之宴房，官亦不屑入民家之宴房”。这也是景颇族官种与百姓不同之处，“此外，则官民一体，无他阶级焉”②。等级内婚在贡沙山官制度下得到严格的执行，但在贡龙山官制度下发生了一些变化，不再严格地执行。在1949年前后，官家种与百姓种结婚的现象已经较为普遍。与潞西县的邦瓦山官早堵的哥哥早拉结婚的就是遮放西山弄丙寨的吉下木果，此人是百姓种；早堵的女儿囊瑞嫁的就是猛丙寨的增通当，此人也是百姓种。③

2. 同族不婚

这种婚姻就是说有同一血亲男性祖先的不能通婚。这里的同族其实是同宗，这不全按支系来区别，若两个支系是同宗的也不能结婚，或者说虽是不同姓，但是同宗的也不能结婚。违反此原则的婚姻一律无效，往往要受到习惯法的制裁。比如大山支中的龙俊排与小山支内的陆促排认为是同宗，所以禁止通婚。这是严格规定的，若有人违反往往要被严厉处罚。同宗血亲发生性关系，在载瓦支中称为“台克来”，犯“台克来”的男女双方常被处死，或男方处死，女方卖到远方为奴。1949年以前在中寨发生过此方面的案件，最后是男方处死，女方被卖到帕官家为奴。同族不能通婚还表现在不是同姓但是同宗的两姓也不能通婚，如陇川邦瓦寨的石姓和唐姓、董姓与雷姓之间就不能通婚，因为他们是同宗。④ 景颇族社会中那些是不同姓但是同宗是确定的，如泡戚、奴多、郭陆；勒通、梅荷、泡戚；多西、勒彦是兄弟不能通婚。

3. 特殊的“木育—达马”⑤ 婚姻关系

这种婚姻也有译为“梅尤—达马”婚姻关系，即丈人种和姑爷种的稳定通婚关系，具体来说就是当两姓男女一成立婚姻关系，女方姓氏就构成了男方姓氏的“丈人种”；相对称的男方姓氏就构成了女方姓氏的“姑爷种”。这样的婚姻关系是能“姑爷种”家男子才能娶“丈人种”家的女子为妻，即“丈人种”家的姑娘生来就是

① 李学诗：《滇边野人风土记》，云南省编辑组：《景颇族社会历史调查》（四），云南人民出版社1986年版，第154页。

② 李根源、刘楚湘：民国《腾冲县志稿》卷二三，《第十五·种人·野人》，云南美术出版社2004年点校本。

③ 云南省编辑组：《景颇族社会历史调查》（四），云南人民出版社1986年版，第97页。

④ 全国人民代表大会民族委员会办公室编：《云南省德宏傣族景颇族自治州社会概况：景颇族调查材料之五》，全国人民代表大会民族委员会办公室编印，1958年版，第92页。

⑤ 有的书中译为“木育—达马”婚制，或者是“木育—打玛”婚姻。

"姑爷种"家的媳妇。不能出现"丈人种"家的男子娶"姑爷种"家女子为妻，意思是"血不能倒流"。对此《民国腾冲县志稿》上有记载，"惟此欠户之子孙，长成时须先入舅家宴房，不得任意他往，违则须将阿公阿祖之欠项缴清，否则亲戚割断，即成仇恨，而相见以兵矣。故有丈人种之称焉"①。这其实是一种单向的舅表婚。

景颇族此种婚姻形式非常具有文化渊源。在"婚嫁诵词"中就有"你们是姑爷种家，我们是丈人种家。丈人家的女子，愿意嫁给姑爷家的伙子"，并认为"火烤卦竹问婚事，欲娶的丈人家女子，是长寿有财有福的女子，是多子多孙的女子"②。为了说明这种婚姻的神圣性，景颇族人民认为此婚姻产生于宁贯杜时期，因为他在娶妻时首先向"天"的木代提亲，但天神木代认为"木代女与宁贯杜，还属于兄妹关系，他不能娶木代女为妻，木代女也不能嫁给他"，此处反映出景颇族这时开始出现族外婚。后来宁贯杜向迈立开江龙王提亲，龙王认为"宁贯杜是姑爷种家的儿子，龙女是丈人种家的女儿，宁贯杜能做姑爷，我的女儿扎圣可以嫁给他"。这样景颇族把此类婚姻的形成神圣化。所以景颇族人认为"从宁贯杜娶龙女开始，就有丈人种家，有了姑爷种家。丈人种家的女子，嫁给姑爷家的儿子。姑爷家的儿子，娶丈人家的女子为妻……宁贯杜的子孙后代，遵循先人传下的婚俗，娶亲和出婚，繁衍兴旺"③成为婚姻的基本法律形式。景颇族此种婚姻制度非常重要，成为其婚姻制度中基本的分类方式，同时也是其社会构成方式之一。因为在各种与家族有关的文化中都有相关的记载。如在"丧葬祭词"中就有"丈人家祭蓝"和"姑爷家祭蓝"。按记载最基本的婚姻丈人种与姑爷种结构是：木日瓦贡扎（丈人种）——勒托瓦诺乱（姑爷种）；勒托瓦诺乱（丈人种）——勒排瓦勒壮家；勒排瓦勒壮家（丈人种）——都昆都散家（姑爷种）；都昆都散家（丈人种）——木然当念家（姑爷种）；木然当念家（丈人种）——拥昆典家（姑爷种）；拥昆典家（丈人种）——卡叔卡莎家（姑爷种）；卡叔卡莎家（丈人种）——崩南诺瑞家（姑爷种）；崩南诺瑞家（丈人种）——木日瓦贡扎家（姑爷种）。这样形成了一个完整的相对开放又闭环的婚姻结构，让整个景颇族社会中不同家族尽量通过婚姻形式构成集团。

这种婚姻制度导致舅父权在婚姻中的作用很大，就是说外甥得娶舅舅家的女儿，不娶时，外甥得送给舅父一定数量的礼物作为赔偿。如一瓶酒、一个锃、一块花布，

---

① 李根源、刘楚湘：民国《腾冲县志稿》卷二三，《第十五·种人·野人》，云南美术出版社2004年点校本。

②③ 石锐：《景颇族传统祭词译注》，云南民族出版社2003年版，第656—657、669、671页。

这些礼物叫“抛皮则”①，意为抵钱的东西；或送一头牛，称为“抛堂皮落”，意为最后的礼钱。外甥女出嫁也得送给舅父一头牛，称为“门省诺”。如舅父家有几个女儿得先娶长女，若要娶次女，则表兄弟必须给其未婚的表姐送一头牛作为赔礼，妹妹也得给姐姐一种特殊项链（价值相当于两三头牛）作为赔礼。

这种婚姻形态要能正常运作，从现实来看，必须要有三个以上的姓氏才能基本运作，否则就无法进行。这可以从调查材料中得到证明，如梁河县邦角文化站邦角乡盆都在婚姻关系上就由勒西、嫩木皆和木然三个姓氏组成基本的婚姻关系，即木育与达玛关系，加上泡韦和恩孔等姓氏为补充，进而让这种婚姻得以正常运作。当然，景颇族在社会发展中也提供多个姑爷种家，为婚姻提供灵活的选择空间。于是，现实生活中往往是某姓某家有几个女儿就可有几个姑爷种，即“讨媳妇不限于一家，嫁姑娘不限于一户”，“丈人种不在一家，姑爷种不在一户”，“有几个儿子，就有几个丈人种；有几个女儿，就有几个姑爷种”等已经成为结婚的一些习惯。这种婚姻关系在现实中加强了景颇各姓氏之间的关系，成为团结、联系本族人民的强有力的纽带。这种婚姻关系到20世纪70年代还得到遵守，如某某县景颇族木日卜家是藏包家的“木育”，所以藏包家的儿子虽然有了其他的女友，但仍然被家人逼娶了木日卜家的姑娘。后来出现木日卜家的男子喜欢上臧包家的女子，即出现丈人种家的男子喜欢上姑爷种家的女子，所以双方家庭一致反对，因为它违反了“血不能倒流”的原则②。由于此制度，在现实中每一个姓氏都有稳定的丈人种姓氏与姑爷种姓氏，如木土姓的丈人种姓氏有：勒排、梅荷、梅普、恩裤；他的姑爷种的姓氏有：增通、泡戚；增通姓的丈人种姓氏是：木土、江莫、梅荷、多西、吉下、勒排、泡节；他的姑爷种姓氏是：梅普、勒通、泡戚、恩裤、金有、各仁、金泡、各诺。③ 可以看出，现实中为了让这种结婚形态能正常运作，每个姓氏都有两个以上的丈人种与姑爷种。

若认真分析这种婚姻制度，可以看出他有两大功能：首先，它保证不会出现过度的近亲结婚，能够提高生育的能力和质量，这是景颇族在社会发展中的一种自然选择；其次，通过这种婚姻形式，可以维持庞大的姻亲集团。这在景颇族长期迁徙而不得不与其他民族群体进行战争的状况和内部不同群体拉事频繁的情势下，这种婚姻形态能够让各个支系有相对强大的能力来维持自己的战斗能力，获得生存下去的基本保

① 有时又称为“阿黑董”，即征得舅父同意的意思。

② 龚佩华：《景颇族山官制度社会研究》，中山大学出版社1988年版，第109页。

③ 云南省编辑组：《景颇族社会历史调查》（四），云南人民出版社1986年版，第97页。

障。

4. 收继婚或说转房婚姻制度

在景颇族中存在着收继婚形式，就是说当哥哥死后嫂嫂由弟弟收为妻，相反或弟弟死后则由哥哥收弟媳为妻，有的地区存在异辈间收继的现象，即子承父妾、侄娶寡婶等。对此，《天启滇志》中有“今永昌有罗古、罗板、罗明三寨，皆阿夷也。其俗：父兄死，则妻其母嫂。近年，罗板寨百夫长早正者，病且死，其妻方艾，忽持刀欲杀之。妻惊问故。曰：我死，汝必属吾弟矣”①。李学诗在《滇边野人风土记》上这样描述景颇族人的收继婚姻。“父死，所遗妻妾，除生身母外，子均须纳之；子死，孙幼子之妻妾，翁亦纳之。不尔，女家必兴师问罪，以为破坏亲戚，不俗相好矣。有猛拱玉石厂官名干习者，本人有十四妻；父有十六妻，父殁，不能不纳，后其子早万死，遗十三妻，又强而纳之。”② 考察相关的记载和调查资料，景颇族在收继婚上，1949 年以前存在有弟收兄嫂、兄娶弟妇、侄娶婶母、叔娶侄媳、子承父妾等。这种收继婚不仅适用于女性，而且还适用于上门女婿，若上门女婿死后，则由其兄弟继承做上门女婿。

5. 招赘婚

由于景颇族家族沿袭上已经以男性为中心，所以容许招赘婚姻的存在。一般情况下招赘有两种情况：一种是女方家有男性，但由于年纪小，缺少劳动力，这时往往由姐姐招赘，到弟弟成人后再另外居住；再一类就是没有男性，招赘是为了继承家业，这种就不再回去。这是真正意义上的招赘婚姻。

6. 婚姻形式以一夫一妻制为主，但也存在一夫多妻制

景颇族在婚姻的基本形态上是一夫一妻制，但由于转房制度的存在和妻子不生育时再娶制度的存在，所以在现实中往往由于这两种婚姻制度导致一夫多妻制的出现。在传统社会中妻子不能生育男孩时可以再娶，在事实上造成一夫多妻；此外，当弟弟结婚后出现哥哥死亡时，转房制度会造成一夫多妻的出现。

景颇族的结婚方式具体可以分为以下几种：

(1) “奴帕劳拉”，载瓦语称为“迷确”，意思是娶妻子。就是某男子选定对象后，放出消息说要娶某女，试探女方父母反应，如不反对，即为默许，男方就选定日期，通过媒人娶回，或在夜间将姑娘诱出，藏于媒人家，然后通知女方父母，议定聘

① 刘文征：天启《滇志》卷三〇，《属夷》，云南教育出版社 1991 年点校本。

② 云南省编辑组：《景颇族社会历史调查》（四），云南人民出版社 1986 年版，第 154 页。

礼，择日举行婚礼。

（2）“奴色包”，载瓦语称为“迷奔”，意思是“女子出嫁”。这种婚姻就是按一定程序礼仪，由男方家向女方家提亲，女方家同意后明媒正娶。此种婚嫁形式主要适用于山官家族之间。

（3）“奴少”，载瓦语称为“迷鲁”，意思是“抢妻子”，即一般意义上的“抢婚”。景颇族社会中存在两种抢婚：一是形式上的抢亲，二是实质上的抢亲。形式上的抢亲就是姑娘与抢的人合谋，其实仅是一种仪式或者应对父母对婚姻的反对。实质上的抢亲是姑娘和姑娘家不知，由男方进行突袭式抢。但不管何种形式的抢亲，发生后都得请媒人到女方家提亲下聘礼，若女方家不同意，往往会发生拉事。

（4）“奴庇”，载瓦语称为“迷董”，意思是“订婚”。男方欲娶某女，但女方年幼，男方先下聘礼订婚，此后别人就不能再娶该女。

（5）“奴勒古”，载瓦语称为“迷考”，意思是“偷妻子”。男方欲娶某女，经过正常提亲，但女方父母不同意，男方就通过媒人偷取女子身上的东西，进行卜封，若吉，就采用抢亲形式，抢出女子，藏于媒人家，然后通知女方父母，议定聘礼再娶。这种婚姻形式与前面的抢亲略有差别。

（6）“卡嗝奴”，载瓦语称为“尤依迷”，意思是自由恋爱，怀孕而结婚。这种婚姻方式聘礼极少。

1949 年以前景颇族中主要的结婚形式是“奴帕劳拉”、“奴色包”和“卡嗝奴”三种形式，① 其他婚姻形式并不构成主体。

景颇族在婚姻上多采用下聘礼定亲方式，在定亲下聘礼时往往数量很大，若不能提供相应的聘礼时，甚至在结婚不能交付聘礼时就得出现欠聘礼现象。“于是集二家之尊长以讲聘礼，其礼维何？大都蟒袍、鸟铳、长刀、铜铓、腰鼓、牛、羊、猪、鸡各若干。倘男家无力置办，作为欠项，俟富有时酬之，甚有欠至三五代而未偿者”②。按潞西县遮放西山弄丙寨木惹家在 1952 年时结婚聘礼就为九头牛，而仅支付了五头，还欠四头。而同寨排列砣家在同年婚姻聘礼中送给女方家的两头牛、一个大铓，而这个大铓就是他姐夫补给的聘礼。③

① 以上参见《景颇族简史》编写组：《景颇族简史》，云南人民出版社 1983 年版，第 85 页。

② 李根源、刘楚湘：民国《腾冲县志稿》卷二三，《第十五·种人·野人》，云南美术出版社 2004 年点校本。

③ 云南省编辑组：《景颇族社会历史调查》（一），云南人民出版社 1986 年版，第 84、87 页。

景颇族由于在婚姻上聘礼太重，所以定亲下聘礼后，若出现不能结亲时就会涉及聘礼的处理问题。这样由于结婚时聘礼的相关问题出现纠纷的现象很频繁。为此景颇族形成了一整套解决此方面的习惯法，具体是：定亲后，女方毁约的必须加倍退还聘礼，若男方毁约的女方只还聘礼的一半。在离婚上，当有子女时，子女由双方决定归谁。在离婚上若是男方提出，女方没有退还聘礼的义务；离婚后的女子可以自由决定是否再嫁。若女方提出就得加倍偿还聘礼。离婚时由山官、头人和老人出面处理，双方同意离后，男方须给女方一把刀、一杆枪，意思是“今后各奔东西，绝不反悔”。

结婚后景颇族采用不落夫家的方式，即婚后妻子不居在丈夫家，而是回到娘家居住，丈夫不定期到岳父家与妻子同居，直到有小孩后，丈夫通过特定仪式把妻子接回家，从此妻子才到丈夫家居住。这种不落夫家的婚姻形式在景颇族传统婚姻中具有强制性，若违反，女方反而会受到社会的责难。其实，这种婚姻形式是把结婚的目的锁定在传宗接代上，若女方不会生育就不能实现结婚的目的。

在家庭上，景颇族的家庭多是父系下的一夫一妻制家庭，但也有一夫多妻的家庭，但不是主体。在家庭生活中妇女的地位低下，没有处理家庭中重大事务的权利。景颇的家庭结构不大，因为它们是采取男子结婚后另立家的方式，这与幼子继承是相互适应的。这也决定了他们的家庭不可能是大家庭制。此外，景颇族社会中婚生子与非婚生子在家庭生活中没有差异。

（二）继承制度

景颇族在身份继承上采用严格的幼子继承制，在本民族中称为“乌玛”或“乌麻”继承制。这种继承制度就是一个家庭中最后继承父亲家长权的是幼子而不是长子，特别是在官种家庭中山官职务的合法继承者是幼子而不是长子。对此，排启仁曾指出“按照我们的规矩，官职是由最小的儿子承袭”①。当然，幼子继承在南方不少少数民族都存在，但景颇族的继承制度比较有特点。景颇族传统社会中继承上有财产继承或身份继承两类，身份继承主要是山官家的官位及相关特权的继承，一般百姓家是家长权的继承。由于景颇族传统社会中采用幼子继承制度，整个宗法结构是由幼子构成，即形成所谓的“老家”谱系结构。这种结构影响着他们的山官制度结构，导致山官制度在拥有稳定性的同时，还具有扩张性，因为长子为了获得生存的空间和权

---

① 中国人民政治协商会议德宏州委员会文史组编：《德宏州文史资料选辑》（第四辑），中国人民政治协商会议德宏州委员会文史组编印，1985 年版，第 97 页。

力，必须开辟新的村寨来获得。这样导致景颇族社会在发展中即有扩张性。这种继承制度在20世纪50年代以前在贡沙社会中得到严格执行，成为继承法的核心，但在贡龙社会中这种继承方式已经不是很明显。

分析景颇族的“乌玛”继承制度，具体表现为以下几个方面：幼子守老家，继承父母的财产；幼弟主祭家里“木代”鬼；哥哥在家祭鬼时得给弟弟送去祭礼中最大的一块肉，弟弟和哥哥同吃祭牲中剩下的一条牛腿；分家的哥哥得几年回到老家祭鬼；哥哥得帮助弟弟；在没有分家的家庭中弟弟成人后家务由其主持，哥哥必须听从弟弟；哥哥必须尊重弟弟，不管弟弟能力如何。在山官家庭中，长子分家后到其他村寨做山官时，得到幼弟那里送的一份厚礼，向幼弟分“捡滴”鬼，幼弟分给哥哥“捡滴”鬼后，哥哥才能成为正式的山官。

景颇族的幼子继承制度可能和他们在结婚前采用“公房”社交有关。在景颇族传统社会中，成年男女往往是通过公房进行社交，而这种交友形式让长子不能保证是结婚夫妇双方真实的子女，而结婚后进入了稳定的关系，特别是幼子在血缘上一般能够保证是自己的儿子。这也是他们特有社会结构下的一种制定再适应。此外，还可能与他们的生产能力有关，因为在生产能力较低的社会中，成年子女很快分家可以减少家庭的生活压力。

在没有儿子的家庭中，未出嫁的女儿拥有继承权。亲生子与养子在继承权上是平等的，非婚生子如果通过“指腹认父”，或“抱子认亲”，并举行杀牛祭家鬼等仪式领回家里的，与婚生子一样具有相同的继承权。上门女婿若没有另立门户的，在岳父岳母死亡后拥有继承权。在丈夫死后，若子女年幼的，母亲不改嫁时，对丈夫的财产拥有继承权，若改嫁就没有继承权。

四、纠纷的解决

山官制度作为景颇族特有的社会组织制度，对它的纠纷解决产生重要的影响。同时，在历史的发展中，景颇族传统社会纠纷解决机制不仅有自己固有的纠纷解决机制，还有傣族土司衙门、中央流官政府等纠纷解决机制。这三者在1949年以前构成了景颇族传统社会的纠纷解决机制体系，它们有各自的运作机制，适用不同的法律习惯，相互之间有互动的影响。随着中央政府对景颇族地区统治的深入，三者的地位也产生相应的变化。这三者在1949年以前一直存在，为景颇族传统社会提供不同的作用和功能。

（一）传统山官制度中纠纷的特点

景颇族在传统社会中把纠纷称为“拉事”。“拉事”有报仇抢劫等意思，在景颇语中称为“鄂吉”，意为“拴牛”，“拉事”是汉族人的称谓，是由于发生婚姻纠纷、财产纠纷、民族之间纠纷、历史仇恨后产生的一种报复形式。从广义上看纠纷的范围要比“拉事”的范围大得多，虽然“拉事”从本质上看还具有解决纠纷的特征。所以“拉事”本身具有双重含义：一方面它本身是纠纷的一种，因为它导致不同家族、村寨、山官之间更大纠纷的出现；同时“拉事”也是纠纷解决的一种方式，即被人“拉事”后进行报复性的行为，或产生纠纷后进行“拉事”，以获得纠纷的平息，若被拉事方取用容忍方式，它就构成了纠纷解决的一种方式。

景颇族传统社会中的纠纷种类可以根据不同的标准进行多种分类，如按纠纷涉及的范围和民族，可以分为：不同山官辖区之间的纠纷，山官辖区内部的纠纷，村寨内部的纠纷，村寨内部民众之间的纠纷，此外，还有与其他民族之间的纠纷等。根据纠纷的内容不同可以分为民事纠纷、刑事纠纷等类别，如民事纠纷有婚姻纠纷、财产纠纷，刑事纠纷有杀人、伤人等纠纷。

根据不同种类的纠纷，在解决上有不同的解决机制，如有山官辖区之间的纠纷解决机制、山官辖区内部的纠纷解决机制、村寨内的纠纷解决机制、傣族土司的解决机制和中央流官政府的官方纠纷解决机制等。这主要是看纠纷的性质和涉及的范围，若按纠纷解决主体和效力可以分为正式纠纷解决机制和传统社会纠纷解决机制、官方纠纷解决机制和非官方纠纷解决机制等。

在景颇族传统社会中，对于现在我们归为各种犯罪的行为在传统纠纷解决机制下一般都不适用死刑、劳役刑等，而主要采用赔偿不同财物和金银等。在解决纠纷时当双方同意解决方案后，各自按约定支付赔偿金后就完成了。因为不同地区的景颇族对不同的案件都有相应的赔偿习惯法，所以解决时只要认定了事实，就可以按习惯法的标准来赔偿。当然，当事人在纠纷解决后要送一定数额的财物给参与解决纠纷的人。这种费用多数由山官统一收取和分配，有时山官收1/3，寨老、长老收1/3，参与群众1/3。没有群众时由山官和寨老分配。按调查山官解决纠纷时，大纠纷时要送牛一头，一般纠纷时送卢比10文或20文，最少送一文或一筒酒。但是山官收到的费用其实很少，因为解决纠纷时吃饭都在山官家，山官还得供给大家各种物资。这样若大的纠纷需要几天时，山官的开支也就相当大。① 所以对山官在调解纠纷时收取当事人的费用的理解上不能简单认为是一种剥削。当然，在少数山官中调解纠纷的收入可能成为主要收入之一。如潞西县遮放西山的湾丹山寨山官排早荡家在1953年1月到7月的收入调查，发现他因为“讲事”收入的粮食达22箩，占全家收入95.2箩中的23.1%。②

（二）传统山官制度中的纠纷解决机制

景颇族中解决纠纷的过程通称为“讲事”（排解纠纷）。“讲事”是解决各种纠纷的具体机制，它具有特殊的组织形式。“讲事”可以根据纠纷的大小、范围、涉及的人数、民族的不同而不同。这与传统景颇族社会中的纠纷种类有关。传统山官制度中的纠纷解决机制若按程序的方式不同可以分为世俗的纠纷解决机制和神学特征的神判纠纷解决机制。前者如山官主持的解决方式，后者如董萨主持的神判等纠纷解决方式。

1. 山官的纠纷解决机制

景颇族传统社会中世俗纠纷解决机制主要可以分为山官纠纷解决机制、土司衙门纠纷解决机制、中央流官政府纠纷解决机制。在这三者中对于一般景颇族民众的纠纷解决主要是在山官纠纷解决机制中进行，只有很少的在土司衙门纠纷解决机制和中央流官政府纠纷解决机制中进行。后两者主要解决的是涉及山官与山官之间大的纠纷，景颇族与傣族、汉族等不同民族之间的纠纷，其中中央流官政府纠纷解决机制主要是对属于政治性的案件进行处理。当然，到了清末民国时期也有一些一般景颇族民众的案件引入流官政府中进行解决，但一直没有构成主体。

山官是景颇族传统社会中纠纷解决机制的中心，可以说山官在景颇族社会中存在的一个基本前提就是对自己辖区内的民众提供纠纷解决的功能。山官在景颇族社会中是纠纷解决的主要主体，因为景颇族认为若没有山官，纠纷很难得以有效解决，即社会中没有能“压平房头的竹竿”，即没有一个能让大家信服的权威人物。对此，景颇传统社会中有这样一种说法，山官在解决纠纷中是“山官办错的事找不着，竹子酒筒的裂缝看不见”③。这可以说是山官在景颇社会中解决纠纷主体最为形象的表达。当

①② 云南省编辑组：《景颇族社会历史调查》（一），云南人民出版社1986年版，第51、97页。

③ 德宏州政协文史委：《中国景颇族山官》，德宏民族出版社2001年版，第93页。

然，从现实来看，一个山官若不能有效地解决本辖区内的民众纠纷，就会导致百姓脱离自己的管辖。

山官纠纷解决机制若仔细地划分又可以分为几个不同的层次和形式：

首先，苏温（又称为波勐）与长老①纠纷解决机制。因为一个山官辖区内往往由多个村寨组成，当某个村寨内民众之间出现轻微的刑事和民事纠纷时，并不是都提交给山官解决，往往是先由寨头和各姓长老出面解决。从记载看，这类纠纷多数是各村寨内部民众因债务、婚姻、偷窃、口角及土地等引起的纠纷。当然，此纠纷解决机制不是终局，当事人不服时可以申诉到山官那里，由山官做出终局裁定，同时山官也可以直接进行受理。所以说它仅是山官纠纷解决机制的一个重要组成部分。

其次，山官与寨头、董萨组织的辖区内解决委员会。山官亲自处理辖区内的纠纷时很少单独进行，往往是在山官主持下，加上相关纠纷所在的村寨寨头、董萨等人组成一个委员会。山官处理辖区内的纠纷有两类：一是必须由他主持处理的纠纷，如抢人、命案和拉事等；二是已经由苏温等人处理过，当事人不服提到山官那里的纠纷。此外，有时山官还会被其他山官和其他山官民众邀请参与处理辖区之外村寨内部的民众纠纷。如乾隆年间邦瓦山官一世山官邦中腊的妻子委堵执政时，就被请去处理过王子树地区弄丙寨百姓打猎误伤人命的案件。原因是本寨山官不能解决。此案中由于委堵处理得当，导致弄丙寨转入邦瓦山官②。此案例说明景颇族传统社会中山官对管辖内的村寨百姓的纠纷解决是本职工作，若不能有效处理，会导致百姓离去。反过来说明景颇族村寨中山官的基本职责就是为百姓解决纠纷。

最后，山官纠纷解决委员会。在景颇族社会中若纠纷出现在两个不同山官辖区之间时，就得由纠纷双方所属的山官、寨老组成纠纷解决委员会，有时还得请没有利害关系的第三方山官参加到纠纷解决委员会中来。此外，若山官头人犯法时对其进行审理时也得请附近各寨的山官头人组成审判委员会进行审理，而不是由民众自己进行。这时纠纷委员会的主持者往往是通过大董萨占卜决定。1936 年弄丙李家在罗朗官家的田头开得一小块新田，导致罗朗官家不满。为此，罗郎山官纠集辖区内数百人准备转攻弄丙寨，此事是由拱瓦、垒良、邦瓦、邦角等山官及土司多永安等人主持下进行解决，最后让弄丙寨李家赔偿给罗朗官家三头牛。③此纠纷就是通过山官组织成调解委员会进行解决。

---

① 长老指各村寨中有势力的家族长辈。

②③ 德宏州政协文史委：《中国景颇族山官》，德宏民族出版社 2001 年版，第 89、117 页。

在景颇族传统社会中，由于对不同的案件，特别是偷盗案件有不同的赔偿标准，所以在产生偷盗纠纷后，解决时主要是对事实的认定，只要事实认定后就可以按标准进行赔偿，当事人也只好按标准赔偿。景颇族在整个赔偿体系中最有特点的是名目繁多和完善的象征性赔偿体系。这种赔偿体系不仅适用于人命案件中，同时还适用于各种偷盗等行为中。在象征性赔偿中最全面的当是人命案，在人命案的象征赔偿中不同地区略有不同。如在梁河县邦角乡盆都地区是：赔羊毛三斤当头发，一定数量的棉花象征脑，20个矛当作人的手脚指头，一支铜质火枪象征腰骨，两到六头牛、一到两个帕西、一到两个锃赔偿当生命。① 在梁河县芒东区邦歪寨是：头赔锣一面，牙赔钱，眼睛赔钱（前二者数目不清）；脑子赔花布一件，骨头赔铜炮枪一到两支，手赔长刀，身体赔牛，脚赔大刀，脑壳赔锃一面。赔不出要用杀人者的水田等财物抵押。② 所以在解决纠纷时若事实无法认定，当事人又要坚持进行时就只能适用神判认定事实。

神判认定事实法就是当出现某些争议时，双方当事人又不能提供有效的证据证明自己的主张时而采用的一种非理性但却严格形式主义的事实认定方式。因为只要纠纷中的争议事实一经认定，纠纷就可以解决。为此，景颇族传统社会中除了采用各种调查方式外就是采用人类社会中最普遍的外力调查方式——神判。所以神判在纠纷解决中主要是对事实认定，而不是对具体方案的解决。这在任何有神判的民族中都一样。因为神判只能解决事实部分，而不能解决具体要确认的各种责任问题。对于责任主要是按各民族固有习惯或调解双方达成可以接受的责任分配方案进行。

景颇族通过神判认定事实的纠纷主要集中在偷盗案件上，具体的方式有捏生鸡蛋、煮米、捞开水、砍鸡头、烧线香、闷水等。

（1）捏生鸡蛋：当发生偷盗时，对某人仅是怀疑，嫌疑者不承认又不能证明自己没有偷盗时。双方就用此办法。进行时请山官和寨头等人到场做证，先由董萨（景颇族中从事神职的人）念咒，然后由嫌疑者捏生鸡蛋，捏破了就认定嫌疑者是有偷盗行为，按偷盗物的赔偿标准赔偿。

（2）煮米：当失主和偷盗嫌疑人对偷盗事实争执不下时，各用同样大小的米包，用线系好，同时投入一个锅中煮，到一定时间后同时取出，若谁的米煮不熟谁就输。也就是说当嫌疑者的米没有煮熟，就认定其有偷盗事实，就得按偷盗行为处罚赔偿。

（3）砍鸡头：失主在物品不见后先叫唤两夜，没有人还就请董萨念恶咒，念后把

① 云南省编辑组：《景颇族社会历史调查》（一），云南人民出版社1986年版，第202页。

② 云南省编辑组：《景颇族社会历史调查》（三），云南人民出版社1986年版，第161页。

鸡头砍下埋于地下，诅咒偷东西者死去。这是相信神鬼有明察事实的能力，同时也有让偷盗者受罚的能力。

（4）捞开水：失主和嫌疑者对事实争执不下时，请山官和寨头主持，把特定东西投到滚开的水中，让双方用手去捞，以手是否灼伤为输赢。也就是说当嫌疑者的手灼伤就认定其有偷盗行为，否则就没有。

（5）烧线香：当失主嫌疑者对事实争执不下时，请董萨来念咒语后，用烧线香来决定事实。标准没有说明。

（6）叫天：失主与嫌疑者对事实争执不下时，双方把长刀横在头上，请董萨念咒语。谁错就让雷打死。

（7）闷水：当失主与嫌疑者对事实争执不下时，在山官等主持下，看谁在水里待得时间长，长者取胜。具体过程王莲芳有过记载，“塘里站着三个人，左右两人分别扶住一根插在塘内的竹竿，相互对骂，而中间一人横拿一根竿子，压住左右两人的脖子，喊了一声，便将两人同时往下压。左右两人闷在水塘中，大约一分钟，左边的人先冒出头来，一脸沮丧，右边的后冒出来，指着左边的叫骂，对方一声也不敢吭”①。

神判必须以人们相信外在神灵的存在为前提，也就是说相信这些神灵会在巫师们念咒语后给人们以相应的报应和明示。由于当时人们对神灵的坚信不疑，往往偷盗者无法承受这种可怕的结果而承认自己的罪行。若没有神灵观就不会有此种事实认定形式。因为任何结果的出现都意味着一种事实的再现：你有这种事实或没有这种事实。所以说神判是一种事实的认定方式，其以神灵报应观为前提。

景颇族传统社会中一般属于寨内或同一山官辖区内民众之间的纠纷多可以在以上解决机制中得到解决。对当事人相关纠纷解决后，对裁决的结果当事人可以通过一定仪式表达是否接受。在这种接受仪式上主要看纠纷的大小。小纠纷在处理方案达成后，双方要喝协议酒，景颇语叫“液课”，喝过后不能反悔；拉事、械斗等大纠纷解决方案达成后，主持人要从火塘中抽出一根燃烧着的木材，用水熄灭并将其用长刀砍断，双方各持一截，景颇语叫“木克斯”，通过此仪式后当事人不准反悔。若反悔会受到其他“拉事”处罚。对此，勐秀棒达地区最后一代山官线诺罕曾说在他那个时代还同样如此。②“如果死了人的一方觉得裁决结果不能接受，便当众将火塘里的火种

① 王莲芳：《王莲芳云南民族工作回忆》，云南民族出版社 1999 年版，第 89 页。

② 德宏州政协文史委：《中国景颇族山官》，德宏民族出版社 2001 年版，第 370 页。此外，王莲芳在《王莲芳云南民族工作回忆》中也有同样的记载。

埋起来，表现还要复仇”。所以并不是所有裁决都会被当事人接受。这也让裁决能够很快反映出效果。当然，从景颇族社会纠纷解决机制设置来看，其实对纠纷是以尽量解决为目的。同时，在内部解决纠纷后，特别是山官主持解决的，当事人若不执行，主持解决的山官会组织民众进行“拉事”，对不服裁决者进行处罚。如在1947年邦瓦山官早堵被邀主持背兄寨的李勒丁与芒岗寨的董干木之间土地纠纷案件。裁决后李勒丁不服，砍伤董干木的牛脚，于是早堵山官就派人到背兄寨“拉事”，该寨受损严重，其他人对李勒丁恨之入骨，导致李勒丁无法立足而出走他乡。① 此案说明在山官制度下虽然没有专门的强制机制来完成纠纷解决的强制执行，但通过其内部特有的制度，山官内部的纠纷是可以得到相对有效的解决的。

2. 土司衙门的纠纷解决机制

景颇族地区在元朝以后开始出现土司，这些土司多数是傣族，但也有少量的景颇族土司。这些土司衙门构成了他们社会中的纠纷解决机制之一。

中央政权最早在景颇族地区设立行政机构和土司是在元朝，当时设了金齿等处宣抚司和孟养宣慰司，因为金齿宣抚司下有土蛮八种，其中就有“峨昌”，而峨昌是现在的景颇族与阿昌族的先人；而孟养宣慰司所辖地区是片马及恩梅开江流域的浪速地、江心坡，这一地区是景颇族居住地区。明清时期，景颇族在中国境内多由傣族土司管辖。但明清时期也设立了一些由景颇族出任的土司。从相关史料看，由景颇族出任土司的最早应当是永乐初年茶山和里麻长官司。这是为后来史料所证明的。如乾隆《腾越州志》中就有“茶山外有一种野人……前明有里麻、茶山两长官司管束。明季，两长官司为野人所逐，遁至内地。今其土司子孙有早姓者，古勇、乌索尚有其裔也”②。瓦甸长官司，按记载设于永乐年间，最初由刀帕赖出任，而刀帕赖是腾冲瓦甸景颇族山官，其后代早贵于明正统五年被授为按抚使，瓦甸长官司改为瓦甸安抚司。以上是中央任命景颇族为土司的最早记载。清代光绪年间还授陇川雷陇寨山官为铁壁关副抚夷，授尚早乱为邓石婆隘副抚夷等。明清时期，景颇族在中央任命的各类土官的管辖下进入了中央的控制。民国时期一些景颇族地区开始推行乡保甲制度，于是山官地区开始出现相应的转变。如邦角山官尚自贵就任石婆坡乡乡长，各寨大小山官、头目、寨头出任保甲长等。

景颇族居住地与傣族土司的关系最为特殊，在明清时期，特别是清代很多景颇族

---

① 德宏州政协文史委：《中国景颇族山官》，德宏民族出版社2001年版，第102页。

② 乾隆《腾越州志》卷一一，《杂记》，腾冲光绪二十三年刻本。

山官都受制于傣族土司，但土司不能对山官内部事务进行干预，不能任命山官，形成所谓的“服管不服调”的关系。当然，在产生特定的纠纷时，往往由傣族土司组织解决。从记载看，提交到傣族土司衙门来解决的纠纷主要是景颇族与其他民族产生的纠纷，如与汉族、傣族人之间的重大纠纷，当然也有景颇族内部的纠纷。在陶思曾的《藏輶随记》中有“野人……归我国辖者，均分隶于干崖、南甸、陇川诸土司，但许理其词讼，而禁其收税”①。这里说干崖、南甸、陇川等地的傣族土司对景颇族有“理其词讼”的权力，没有征收税收的权力。对此，可以从相关调查资料和具体案例中得到证明。在20世纪50年代民族大调查时陇川邦瓦乡的景颇族人说当本辖区的山官对辖区内的民众纠纷不能解决时，民众可以请傣族土司管爷出面解决，但得送给管爷30—50背柴。② 在调查中也有一个案例，一位名叫董老四的人指称邦瓦人梅普盖偷牛，双方争执不下，各自送给早堵山官一头牛，山官早堵不能解决，于是他们把纠纷提到司署请土司解决。③此案中就把纠纷提到土司衙门来解决。清末时瑞丽勐典地区景颇族人邦达人与勐典人因争水田而产生纠纷，由于山官通过“讲事”解决不了，告到土司那里要求解决，还是不能解决，最后是通过神判闷水解决。④ 这里也说明当时傣族土司拥有对景颇族纠纷解决的权力。当然若纠纷是出现在两个山官之间，土司在解决纠纷时往往会邀请山官参与。在清末弄龙山官与峨琼山官在章巴附近发生土地纠纷案件，最后是由土司邀请邦掌山官与王子树山官出面解决。⑤ 若是景颇族与傣族发生纠纷时土司往往成为纠纷解决者，如在陇川城子磨水山官第五世与第七世时期都发生过景颇族与附近傣族产生人命案的纠纷，最后都由土司出面解决。具体是第五代山官早其和头目因到城子街办事，在找水喝时处理不当，被傣族民众打死，后山官家族与傣族发生“拉事”，最后是土司出面把傣族与景颇族召集在一起，经过长时间的争论后进行和解，具体是傣族村寨用1000亩水田作为命金赔偿后才了结。为此，双方还写了相关和解文书，各自保留一份为凭。第七代山官早用时期出现两位景颇人到南田傣族寨奘房偷铓，被发觉后打死。于是景颇族进行“拉事”烧了奘房。陇川土司出

① 云南省编辑组：《景颇族社会历史调查》（四），云南人民出版社1986年版，第150页。

②③ 云南省编辑组：《景颇族社会历史调查》（一），云南人民出版社1986年版，第164、169页。

④ 云南省编辑组：《景颇族社会历史调查》（三），云南人民出版社1986年版，第99页。

⑤ 德宏州政协文史委：《中国景颇族山官》，德宏民族出版社2001年版，第131页。

面解决，因为景颇族人偷铓被打死，而傣族人焚房被烧，两下扯平。① 当然，要指出的是不是所有景颇族山官辖区内的人都有这种权力，主要看景颇族山官与傣族土司之间的关系，也就是傣族土司对山官地区的控制力度有多深。

从各种记载和调查看，景颇族与坝区的傣族土司在纠纷解决上往往是进行一定程度上的管辖和解决。土司在景颇族的纠纷解决中占有重要的作用。当然，这种解决在强制性上相对来说是较弱的。

3. 中央流官衙门纠纷解决机制

元明清以来，随着中央对这一地区控制的加强和深入，导致中央流官政权在景颇族社会纠纷解决中开始有影响，进而慢慢取得强势权位。按排启仁讲述，“明朝后期，我家（南甸土司）与卯兆土司争土地，双方告状到朝廷，我家告败，从瓦甸迁到了滇滩关”②。从这里看，在明朝时期，德宏地区的景颇族土司就开始把纠纷，特别是土地纠纷提到中央政权来解决。这在清朝末年和民国时期最为明显。德宏地区景颇族受到中央流官政权的干预主要来自腾越府。在中央流官政权进入景颇族生活地区以后，流官政权由于具有强大的中央力量作为支持，成为在景颇族纠纷解决机制中最重要的机制之一，主要是它具有最高的权位。当然，中央流官政权对景颇族传统社会的纠纷解决是有限的。按记载，陇川勐约拱东山官的第一世山官排早诺（1835 年任拱东山官）时，由于他发展过快，导致他叔叔乱莫的不满，于是乱莫把排早诺告到腾越府，知府把两人找去进行调解。③此案说明在景颇族中有一些案件是由流官政权来审理，同时说明流官政权也有这个权力来处理。此外，盈江县支那石分山官荣氏山官在清咸丰时期与当地傣族发生争土地纠纷，相互之间仇杀了三年，傣族本想请求南甸土司来主持解决，但由于战乱，于是傣族把纠纷提到腾越府。最后腾越府派人到地那坝来解决，此案也是在流官政权的主持下解决的。④ 对此张家宾在《滇缅北段未定界境内之现状》中记载茶山地区的景颇族时有“其地之土人，旧时词讼在保山控诉，尚有道光年间之卷可以查参”⑤。这说明流官政权在清朝以后对景颇族的纠纷管辖在扩大。

---

①③ 具体参见德宏州政协文史委：《中国景颇族山官》，德宏民族出版社 2001 年版，第 159—160、149 页。

② 中国人民政治协商会议德宏州委员会文史组编：《德宏州文史资料选辑》（第四辑），中国人民政治协商会议德宏州委员会文史组编印，1985 年版，第 98 页。

④ 云南省编辑组：《景颇族社会历史调查》（一），云南人民出版社 1986 年版，第 303 页。

⑤ 云南省编辑组：《景颇族社会历史调查》（四），云南人民出版社 1986 年版，第 147 页。

（三）传统山官制度中的纠纷解决机制特点

通过上面的分析，可以看出景颇族传统社会的纠纷解决机制是受到自己固有传统社会、所在地区的其他社会和中央流官政权的影响，三者构成了景颇族社会纠纷解决机制的主要特点。总结景颇族纠纷解决机制的特点，具体可以分为以下几点：

（1）多种多样的纠纷类型共存。景颇族传统社会虽然是以村寨为中心的集族而居，但整体上却表现出受到傣族、汉族等其他民族的影响很重，相互之间的关系十分复杂。所以在纠纷上表现出来的不仅仅有山官辖区内部的民众一般纠纷，还有山官之间的纠纷，甚至出现纠纷超出了山官辖区，扩大到族群与族群、山头与坝区、中心与边缘区之间。在纠纷上出现景颇族内部之间的纠纷、景颇族与傣族等少数民族的纠纷、景颇族与汉族之间的纠纷等。多种类型的纠纷导致景颇族传统社会必须有多元纠纷解决机制来提供不同的解决需要。

（2）多元的纠纷解决机制并存。这表现在两个方面：首先，在景颇族传统的社会中除了世俗的纠纷解决方式还存在神判的纠纷解决方式。其次，在景颇族传统的社会中在纠纷解决机制上存在以山官为主、傣族土司和中央流官政权相结合的“山、土、流”的多元纠纷解决机制。三者都有不同的地位和作用，如山官制度在景颇族社会秩序的形成过程中起到关键作用，但政治权位上拥有绝对力量的是流官政权。

（3）多元的规范体系共存。景颇族传统社会中，自元朝以后，在规范体系上虽然一直以本民族的传统规范为中心，但也存在傣族土司的法律规范和中央政权的法律制度的影响。在纠纷解决时，不同层次上存在适用不同法律规范的现象。但到了明清，特别是清朝中后期，随着中央政权法律适用的扩大和深入，导致国家层次上的法律在景颇族传统社会中的作用得到加强。

（4）三种不同的纠纷解决机制在历史的发展中相互消长、相互影响。在景颇族传统社会中，上面分析的三种纠纷解决机制相互之间在历史的发展中在对景颇族社会的影响上出现变迁和转变，最为明显的是三者的权位和影响力在不同时期具有不同的作用和地位。同时三者的变化反映了景颇族社会受到国家控制的强弱的变化。

第六章

阿昌族法史

第一节

阿昌族概况

一、阿昌族分布和族源

阿昌族是云南省独有的跨境而居的少数民族之一。“阿昌”，在古代汉文献中写作“峨（娥、蛾、莪）昌”或者“萼昌”，虽然各类史书所用的译词不同，但都出于“阿昌”这一族称。① 史籍称其先民为“寻传蛮”、“峨昌”、“萼昌”等。阿昌族人民因其居住地区不同，还有不同的自称，“蒙撒”、“傣撒”、“蒙撒掸”、“衬撒”、“汉撒”和“阿昌”等。

云南向伸展余脉的云龙、兰坪等县的山间平坝及其边缘山区地带，是历史上阿昌族主要聚居地。阿昌族现在主要分布于云南省西部地区，大约东起大理白族自治州，北抵怒江傈僳族自治州，西至德宏傣族景颇族自治州与缅甸接壤。②据 2010 年的统计数据，阿昌族人口 39555 人，③ 主要聚集在德宏傣族景颇族自治州的陇川县、梁河县、盈江县和潞西市，保山市的腾冲县、龙陵县和大理白族自治州的云龙县等地也有少量分布。关于阿昌族的族源，有“东来说”、“北来说”、“南来说”和“内地来说”四种主要的说法。根据学者的调查研究，阿昌族的语言属汉藏语系藏缅语族的彝语支，表明阿昌族与彝语支各民族有共同的起源，即阿昌族出自氐羌支系。④

从史料记载分析，一般认为，唐代以前的阿昌族先民居住在怒江流域及以西广大地区，源于古羌人南迁的一支，《后汉书·西羌传》记载：

西羌之本，出自三苗，姜姓之别也。其国近南岳，及舜流四凶，徒之三危，河关

---

①② 阿昌族简史编写组：《阿昌族简史》，云南人民出版社 1986 年版，第 2、1 页。

③ 德宏傣族景颇族自治州志编撰委员会编：《德宏州志》（综合卷），德宏民族出版社 1994 年版，第 227、11 页。

④ 有的学者主张阿昌族属于藏缅语族的景颇语支。从阿昌族的语言系属性来探索其民族族属源流只是考察阿昌族来源的一个方面，不是其全部。阿昌族语言发展十分复杂，其语支归属尚有争议，这里采用的是 1986 年国家民委组织编写的《阿昌族简史》一书中的观点。

之西南羌地是也。滨之赐支，至于河首，绵地千里。赐支者，《禹贡》所谓析支者也。南接蜀、汉徼外蛮夷，西北鄯善、车师诸国。

西汉时，羌人部落虽已南向流徙至“蜀、汉徼外蛮夷地”，但大量羌人南迁进入西南地区，是东汉以后的事。《后汉书·西羌传》记载有：

和帝永元六年（94），蜀郡徼外大牂夷种羌豪造头率种人五十万余口内属，拜造头为邑君长，赐印绶。

安帝永初元年（107），蜀郡徼外羌龙桥等六种万七千二百八十口内属。

明年，蜀郡徼外羌薄申等八种三万六千九百口复举土内属。

羌人部落迁入西南地区后，与“蜀、汉徼外蛮夷”长期杂处，频繁往来，以致互相融合，从而引起西南地区民族结构的变化。③司马迁在记载中把当时为数众多的西南民族部落划为夜郎、滇、邛都、白马、嶲和昆明、徙（斯）和筰、冉駹七个集团，后人将其划为氐羌、濮两大系。至唐初，出现了许多不同名号的部落，其中与藏缅语族彝语支各民族有渊源关系的有僰、叟、摩沙、爨等。阿昌族作为彝语支民族之一，其民族来源当与唐代以前的这些古代民族有渊源关系，其族源要追溯至古代氐羌族系。

二、阿昌族的发展历史

在古代汉文献中，我们至今所能判明有关阿昌族先民的记载，最早是在唐代。①唐代，叟、爨等部落集团进一步演变，分化为许多部落，阿昌族先民就是其中的一个部落，唐代文献中所称的“寻传蛮”即是阿昌族的先民，《蛮书》卷四“名类”说：“寻传蛮，阁罗凤所讨定也。俗无丝绵布帛，披波罗皮。跣足可以践履榛棘。持弓挟矢，射豪猪，生食其肉，取其两牙双插顶傍为饰，又条其皮以系腰。每战斗，即以笼子笼头如兜鍪状。”② 唐代寻传蛮的分布区域辽阔，绝大部分集中在南诏的西南部，即汉、晋时期的永昌郡内。《蛮书》卷三“六诏”说，阁罗凤“西开寻传，南通骠国”③（骠国，在今缅甸中部的曼德勒地区一带）。显然，寻传蛮在唐代的分布是在今澜沧江上游以西至缅甸克钦邦境内伊洛瓦底江上游的恩梅开江和迈立开江地带。还有

① 杜国林：《阿昌族族属溯源》，载《思想战线》1989 年增刊。

② ［唐］樊绰撰：《蛮书》卷四，聚珍版丛书刻本。

③ ［唐］樊绰撰：《蛮书》卷三，聚珍版丛书刻本。

少量的寻传蛮散居在澜沧江上游以东的雅砻江与金沙江合流地带。大概南北朝以后，寻传蛮的绝大部分已迁移到澜沧江上游以西至伊洛瓦底江（当时称“丽水”）上游地带，极少部分仍留在雅砻江与金沙江合流地带。①

从史料看，阿昌族现在的族称“阿昌”之称确定于元代。元代的文献中已明确将过去的“寻传蛮”称为“阿昌”，或者写作“峨昌”、“萼昌”。《元史·地理志》说：“其地在大理西南，澜沧江界其东，与缅甸接。其西土蛮凡八种：曰金齿、曰百夷、曰僰、曰峨昌、曰骠、曰繲、曰渠罗、曰比苏。”又记载：“南赕，在镇西路西北，其地有阿赛赕、舞真赕、白夷、峨昌所居。”② 这里的八种“土蛮”是元代金齿宣抚司辖境内的民族部落，分布于澜沧江以西至缅甸相连接地带。在元代金齿宣慰司所辖区域内，阿昌族祖先主要居住于今保山、腾冲、梁河一带，并且由于这一地区的阿（峨）昌、金齿不少，有一定的实力，才使得元代大理路蒙古千户忽都奉命伐阿（峨）昌、金齿之未降部族，引起元代统治者的重视。

元代，云南省西部阿昌族先民居住地区大体有大理等处宣慰司都元帅府所辖大理路、永昌府（今保山）、腾冲府（今腾冲）、镇西路（今盈江县）、芒施路（今潞西县芒市）和麓川路（今陇川、瑞丽两县，潞江县之遮放地区，兼及瑞丽江以南一部分地区），普遍与“金齿”、“白夷”等杂居在一起。这一地带大体与南诏时期“寻传蛮”生活和活动区域的范围相同，其北至怒江以西、高黎贡山地带，其余没有大的变迁。《大元混一方舆胜览》说：“麓川江（今龙川江）出萼昌，经越赕（今腾冲）傍高黎贡山，由芒施孟乃甸入缅中。”③ 澜沧江以东也有部分阿昌族居住，即元代丽江路所领北胜府（今永胜）、永宁州（今永宁境）、蒗渠州（今宁蒗境）、兰州（今兰坪境）等地区都有阿昌族祖先分布。

明代，有更明确的文献具体记载阿昌族的祖先。《百夷传》记载：“百夷在云南西南数千里，其地方万里……俗有大百夷、小百夷、漂人古剌、哈剌、缅人、结些、吟杜、弩人、蒲蛮、阿昌等名，以其诸夷杂处，故曰百夷。”“阿昌，《云南志》作峨昌蛮者。”④ 景泰《云南图经志书》卷五“云龙州”记载了阿昌族居住的区域为“东至潞江安抚司一百四十里，南至南甸宣抚司七十里，西至里麻长官司四百九十里，北至

---

① 尤中：《云南民族史》，云南大学出版社1994年版，第180页。

② 高文德主编：《中国少数民族史大辞典》，吉林教育出版社1995年版，第1210页。

③ 刘应李编理，詹友谅改编，郭声波整理：《大元混一方舆胜览》（上册），四川大学出版社2003年版，第481页。

④ 钱古训撰，江应樑校注：《百夷传校注》，云南人民出版社1980年版，第33页。

大理府云龙州三百五十里；东北到金齿军民指挥使司二百七十五里，东南到南甸宣抚司大蒲窝寨一百里，西南到干崖宣抚司一百八十里，西北到茶山长官司五百里”① 的辽阔区域内。卷六“腾冲军民指挥使司”又记载“境内多蛾昌蛮，即寻传蛮，似蒲而别种，散居山壑间。”居山野间，形状颇类汉人，性懦弱。……善孳畜佃种，又善商贾。……比之诸夷之强悍，则此类而易制也。”②可以看出，明代初期，除分布于今户撒、腊撒一带的部分阿昌族祖先“阿昌”外，其余的阿昌族祖先可能因坝区大百夷、小百夷的兴起及其统治者（土司）的压迫而逐渐退居山谷地带。明后期至清前期，由于各地“峨昌”的社会发展程度不平衡加剧，产生分化和融合，西部的“峨昌”开始向近代阿昌族与景颇族载瓦支分化，东部的“峨昌”开始融入当地彝族、白族或纳西族之中。腾冲军民指挥使司内所居住的“峨昌”逐渐形成近代的“阿昌族”。

清代，文献中所记载的峨昌，已经专指近代的阿昌族，其分布区域在大理府属云龙州及其以西的永昌府全境，包括保山县、腾越州和府属各“百夷”土司③地。雍正《云龙州志》卷五“风俗·附种人”记载，“阿昌，俱以剌为姓，受土官约束。……秋末农隙，腾（今腾冲）、永（古指永昌，今保山）背盐者多此类”。表明今云龙县境内仍有阿昌族居住，且清王朝的治理已经渗到当地阿昌族社会中。云龙西北部澜沧江上游地带，即今云龙、兰坪和泸水三县交界的地方，以及靠北的兔峨和大峨地，再往西至泸水的赶马撒和老窝，这一大片地区一直被称为浪宋诸村，也就是有名的古浪宋地，留下了许多用阿昌族语言命名的村寨，如早阳、柯立、老末等。④ 乾隆《腾越州志》卷十一记载：“阿昌，一名峨昌……今户、腊撒、陇川多有此种。”在保山县西境阿昌族由东怒江沿岸居住，旧时所称的“十五喧”、“二十八寨”之中，“早纳喧”、“蛮旦喧”和“罗古、罗明、罗版”等三寨，都属于阿昌族向西迁移过程中的定居点。清代以来，阿昌族在迁移的过程中形成了今德宏傣族景颇族自治州境内户腊撒地区的主要居住民族。

---

①② 陈文修、李春龙、刘景毛校注：《景泰云南图经志书》卷五，《云南州》，云南民族出版社 2002 年版，第 341 页。

③ “土司”称谓最早出现在明嘉靖中期的史籍文献中，是历史发展中出现的特殊土官形式。由于明代将宣慰司、宣抚司、安抚司等作为专设的土官之职，记载中也就将由土官管理的衙门包括土府、土州、土县等称作土司；后来其内涵扩大，也指担任此类职位的土官个人。参见方铁主编《西南通史》，中州古籍出版社 2003 年版，第 648 页。

④ 阿昌族简史编写组：《阿昌族简史》，云南人民出版社 1986 年版，第 20 页。

第二节

历代中央、地方政权对阿昌族的治理

一、中央政权对阿昌族的治理

（一）唐代以前

先秦时期，阿昌族的先民还未从南迁的氐、羌部落中分化出来。秦、汉以后，南迁的羌人经过不断的分化组合，终于组成了彝语支的彝族、白族、纳西族、哈尼族、傈僳族、拉祜族和阿昌族七个民族。关于阿昌族的先民“寻传蛮”的记载，始见于唐代的汉文献。探究中国历史上国家对阿昌族的治理，可从唐代开始。

清人倪蜕《滇小记》中记载了阿昌族主要聚居地永昌郡的建制沿革，从中反映出历代中央政权对阿昌族地区治理的大体概况。

永昌府，汉明帝永平十二年置，统不韦、雟唐、比苏、楪榆、邪龙、云南、哀牢、博南八城，盖即哀牢国也。其王柳貌，于章帝建初元年复内属，以其地并永昌郡，玉衡第二星丁亥为永昌。班固《东都赋》曰：“绥哀牢，开永昌。”汉刘安世、霍弋，三国吕凯皆永昌太守，是永昌自明帝后俱为名郡，迨晋、魏不能远有，而哀牢之裔，至唐太宗时徙大理，灭五诏，僭号改元，蒙、段二氏据有500余年，至元世祖时取其地，亦羁縻，以段氏为云南世袭土官。明洪武十四年平云南，仍汉旧，为永昌府，即以元行省右丞李观为守，未几观死，胡渊代之。渊，御前牢子，控马有功，见知于上，故来代观，遂奏革府治，以永昌府立为金齿军民指挥使司，胡渊任使职。其意盖以元勤远略，通缅甸、八百，每为金齿夷人所抄略，乃于银生甸据蒙乐山立通西府治之，后以不可守，仍初设大理、金齿等都元帅，治永昌，而汉之永昌府固如旧也。至渊，因移李观指挥所，筑西城于山上，省子城，省官军，夜则哨望屯聚守御，如南京城包钟山之制，画图以进，嘉之，渊遂以粮不及数为名，承府有金齿之名，革府而尽归司治，虽永平县官亦属指挥管束。直至嘉靖二年，始准巡抚请，复设永昌军民府，二十八寨尽服府县，其指挥、千、百户尽归永昌卫，而后民夷皆安于政教，不失为2000余年之名郡矣。按：永昌所统之二十八寨，上江、潞江之夷，惟大伯夷最多，其次即僰人，其次即蒲蛮，其次阿昌。阿昌，志名娥昌，今只呼为阿昌。唯去永昌一程，有罗古、罗板、罗玉三寨而已，其人亦不如他寨之多，识字、伶俐不如僰，强力不如蒲，诈伪不如大伯夷，无文字，刻木为信，耕种为生，兄死弟妻其嫂，皆同各夷。此其大略也。①

上述记载虽不是正史，但从中可以探寻国家对阿昌族居住地区的治理状况及其变迁。阿昌族先民居住分布地区永昌，自汉代开始纳入国家的治理范围内，但汉代阿昌族先民是否已经形成统一的族称、成为独立的古代民族，尚无确切的记载。上述记载中对唐代至明代国家对阿昌族居住地永昌郡（永昌府）治理的记载则可以参考。

（二）隋唐对“寻传蛮”的治理

唐代天宝战争以前，中央政权在今云南设置了都督府和羁縻州县，以当地酋长为羁縻机构的都督、刺史等官吏，并允许世袭，羁縻府州的贡赋版籍多不上户部，在设置地区实行轻徭薄赋。中原统治者对边疆少数民族所采用的“羁縻府州制度”，是通过“蛮夷君长”统辖本族人民的方式对民族地区实行间接统治，对“蛮夷君长”加官晋爵，以示恩宠；授以印信，使之有职有权，管理其辖区内的一切事务。羁縻之治是一种对少数民族地区较为松散的治理，国家的政令和法律客观上并不能深入这些地区，中央王朝也并不过多干预其内部的社会政治经济结构，在法律制度上认可各民族的习惯法，“仍以其俗治”，只要少数民族首领表示臣服、定期纳贡即可，所纳贡赋多是象征性的，主要是该民族或该地区的土特产。

唐代在西南边疆地区设置的都督府和边州都督府带有明显的军事统治的性质，对所辖的羁縻州和少数民族部落，负有抚慰和征讨管束的职责。因此唐代前期对“寻传蛮”居住地区的治理较之前代已有所深入。“寻传蛮”在唐代的分布地域辽阔，包括澜沧江以西，至缅甸克钦邦境内伊洛瓦底江上游的恩梅开江和迈立开江一带，当时主要受姚州都督府治理。姚州都督府管辖的范围，东与戎州都督府辖地相接，西至今保山，北达今维西，南部达今云南元江。《旧唐书》卷四一《地理四》记载，“武德元年，开南中置南宁州，乃立味、同乐、升麻、同起、新丰、陇裾、泉麻、梁水、降九

① 倪蜕撰：《滇小记》，《永昌郡》，《云南丛书》民国戊午（七年）抄本，云南大学图书馆藏抄本。

县。……姚州，武德四年置。……安抚大使李英，以此州内人多姓姚，故置姚州，管州三十二。麟德元年，移姚州治于弄栋川。自此朝贡不绝。”① 国家在当地设置了都督府后，开始对“寻传蛮”居住地区课以赋税，但唐代中央政权对“寻传蛮”的治理，军事统治、控制边疆少数民族、征集壮丁和巩固边疆的目的胜于获取贡赋，国家收取的只是象征性的贡赋。唐王朝的法律和政令开始传入云南，从而对“寻传蛮”长期以来约定俗成的习惯法发生影响。另一方面，唐王朝采取的羁縻政策还不可能对“寻传蛮”居住的地区进行深入的治理，“寻传蛮”部落亦未形成自己的政权组织机构。所以，唐王朝前期对“寻传蛮”居住地区的法律采取了认可其习俗的方式，适用“寻传蛮”的习惯法。

唐代天宝战争后，唐中央政权失去了对今云南大部分地区的控制，“寻传蛮”居住的地区由南诏国取而代之进行治理，“寻传蛮”亦处于南诏的统治之下。

（三）元代对“峨昌”的治理

元代对“峨昌”的治理经历了以武力统治，设万户、千户和百户进行军事管制以及设土官②进行统治三个阶段。

据《元史·郭宝玉传》的记载，蒙古贵族在发兵灭南宋前，计划首先征服“西南诸藩”，从西南各民族中汲取兵力，再东北向出师，配合北下蒙古兵两面夹击南宋。蒙古贵族在率军征讨大理国初期，对云南西部的各族群采用武力征讨、镇压的方式，降服之后仍以驻军镇守。蒙古宪宗三年（1253），忽必烈率师攻灭大理，结束了西南一隅南诏、大理500多年的地方统治政权。《元世祖平云南碑》说：“兀良合台经略进军，金齿、白夷、缅中诸蛮，相继纳款。”③ 中统三年（1262），澜沧江以东的各民族地区，为元朝所统属，当地的峨昌也被纳入元政权的统治之下。至元八年（1271），元朝把大理时期以金齿、白夷为主的地方，分为东西两路安抚使，以怒江为界，东路为镇康路，即今镇康、永德县一带，统辖怒江以东的白夷以及蒲蛮等部；西路为建宁路，即今德宏州一带，统辖怒江以西金齿、白夷、蒲蛮、峨昌、裸形蛮等部。元统治

① 刘昫：《旧唐书》卷四一，《地理四》，中华书局1975年点校本。

② 土官之称始见于汉代，后来将由官府任命而以“土人”担任的世袭地方官称作“土官”，其义与外来而有一定任期可以随意调动的流官相对。元代只使用土官一词。方铁主编：《西南通史》，中州古籍出版社2003年版，第648页。

③ 程文海撰：《元世祖平云南碑》，刘文征撰、古永继点校：天启《滇志》，云南教育出版社1991年版，第815页。

者在这一时期对峨昌采取了武力征服和军事镇压的政策，峨昌曾对这种武力镇压政策进行反抗。

万户、千户和百户，本是蒙古军队的一种组织形式，其实质是一种军事管制组织。攻灭大理国后，蒙古贵族为稳定其初期进入云南的统治政权，施行军事管制，在云南西部白人、罗罗、末些、卢蛮、峨昌、野蛮、金齿、百夷等地区设置了19个万户府，各万户府之下又分设数量不等的千户、百户所。当时峨昌部落中的一部分已经分别统属于大理上万户府（段氏国外直辖领地）领辖下的永平千户所、永昌三千户所、腾冲千户所，还有一部分统属于谋统二千户所（高氏诸侯领地）。万户、千户、百户的设置，起到了“抚恤已附之民”的作用。

忽哥赤事件后，元朝在云南的统治已形同虚设，无法对峨昌居住地区进行深入的治理，元世祖忽必烈遂决定在云南建行省，并广泛设置土官对各少数民族进行治理，委任各少数民族中的上层分子充当各级土官，“诸蛮夷长官司。西南诸溪洞各置长官司，秩如下州，达鲁花赤、长官、副长官，参用土人为之。除袭替土官外，急阙久住者，依例以相应人举用”①。元代实行的土官制度，其职有宣慰使、宣抚使、安抚使、招讨使和长官司，以及总管、土知府、土知州和土知县，并对土官的名号、官职、任命、升迁、承袭和奖惩，以及土官的责任、义务、与朝廷的关系等做了相应规定。②土官一经授职，即为世袭，不领朝廷俸禄。其世袭之法主要还是“从本俗”，即按照“子侄兄弟”及“妻”的次序袭替。③ 元代授予土官的官职多为虚职，没有多少实权，宣慰司以下的土官是有实权的，但要根据云南行省的指示来行事，其权力受到一定的牵制。总体上，元代对土官的管理总体较为宽松，“诸内郡官仕云南者，有罪依常例，土官有罪，罚而不废”④，不轻易废除其世袭的土司地位。同时，又对土官的权势多方加以限制，保证了元中央王朝制度和法律在当地的贯彻和推行。

至元十一年（1274），元朝在原大理国的基础上建立云南行省，赛典赤·赡思丁出任云南行省第一任行中书省平章政事，在行省下重新建立了一套政治统治制度，将已设置的万户所、千户所和百户所等军事管制组织改为路、府、州、县，行省下为路，路下为府，府下为州、县。各路皆设达鲁花赤（“亲民官”），由蒙古人担任，掌

---

① 宋濂等修：《元史》卷九一，《百官志七》，中华书局1976年点校本。

② 方铁主编：《西南通史》，中州古籍出版社2003年版，第648页。

③ 吴永章：《中国土司制度渊源与法制史》，四川民族出版社1988年版，第138页。

④ 宋濂等修：《元史》卷一〇三，《刑二》。

管并督察辖区的行政。行省下分设若干宣慰司，每一宣慰司领若干路府。宣慰司的职权是“掌军民之务，分道以总郡县，行省有政令则布于下，郡县有请则为达于省”①，掌握军政大权。当时的峨昌主要居住地区处于金齿安抚司统辖之下，至元十三年（1276），赛典赤将金齿安抚司升级为金齿宣抚司，立金齿六路，即柔远路（今保山县之潞江区，俗称怒江坝）、茫施路（今潞西县芒市）、镇康路（今镇康县）、镇西路（今盈江县）、平缅路（今梁河县境并其西部一带地区）、麓川路（今陇川、瑞丽两县，潞西县之遮放区，兼及瑞丽江以南一部分地区）。六路的辖境正是峨昌在澜沧江以西分布的中心地区。对六路中未归附的当地之各族，元朝统治者继续使用武力。至元十四年（1277），六路范围内的峨昌已经完全统属于元朝统治政权之下。《元混一方舆胜览》记载：“麓川江出萼昌，经越赕傍高黎贡山，又茫施孟乃甸入缅中。”《元一统志》记载，“丽江路，蛮有八种：曰么些、曰白、曰罗罗、曰东闷、曰峨昌、曰撬、曰吐蕃、曰旷，参错而居。”从上述记载可以看出，元代国家在云南行省峨昌居住区域设置的政权机构大体有大理等处宣慰司都元帅府所领大理路、永昌府、腾冲府、镇西路、茫施路和麓川路以及澜沧江东部丽江路所领北胜府、永宁州、蒗蕖州、兰州等。国家通过对阿昌族地区的治理，明确了元朝统治所及之地，巩固了元朝在云南西部边境的统治，加强了内地与边疆的联系。

（四）明代对阿昌族的治理

明代是阿昌族社会发展的重要历史阶段。阿昌族地区有历史记载的土司产生于明初期，土司制度的确立对阿昌族人民的政治、经济和生活发生了深远的影响。较之前代，明代是中央王朝对阿昌族地区进行经营和治理较为深入的时期。

明代初年，国家对云南的治理发生了较大的调整，云南省设“承宣布政使司”、“提刑按察使司”、“都指挥使司”三司，分别掌管行政、司法和指挥用兵之权，并在边远少数民族地区建立宣慰司、宣抚司、安抚司、长官司等特殊政权治理机构，同时实行“土流兼治”、“府卫参设”等措施以加强对少数民族的治理。明代的土官土司制度是在元代的基础上设立和完善的。土官土司制度基本的特点是封建王朝对边疆少数民族控制的程度大为加强，并将协助统治的当地少数民族首领全部纳入国家官吏管理的系统，授予代表封建王朝进行统治的权力，给予其与流官大体相同的政治和生活

① 宋濂等修：《元史》卷九一，《百官志七》，中华书局1976年点校本。

待遇，在管理制度方面也趋于完善和严密。明代的土官、土司，原是土司制度的两个土职。土官、土司是有区别的：凡是其地划为正规的府、州、县，官名职称也与内地正规制度相同，只是不设流官，仍沿用原土酋治理地方，准其世袭任职，凡被称为土知府、土知州、土知县及其佐贰的，属于土官一类。凡是其地不建为府、州、县，而另有一套不同于内地的官名职称，最大的是宣慰司，主官为宣慰使，官阶从三品；次为宣抚司，官阶从四品；再次为安抚司，官阶从五品；下为长官司，长官正六品，皆有副职；另外还有不常设的招讨司，全部都称为土司。土官只有政权，不掌握军权，只能由吏部委任；土司则掌握其辖境内的军政大权，由吏部和兵部会同委任。

阿昌族地区的土司机构及其变迁与历代国家对阿昌族的治理和经营紧密相关。元代以前，国家对阿昌族的治理为羁縻之制，其社会外部管理组织经历了唐代前期姚州都督府治下的永昌府，南诏和大理时期的节度等机构。随着西南少数民族地区社会经济文化的发展和西南边疆地理位置的战略意义日趋明显，国家对西南地区的开发和经营逐渐加强，中央王朝统治势力在西南边疆少数民族地方不断深入，对阿昌族地区社会生活的记述也更详细。景泰《云南图经志书》卷五“云龙州”即说明代云龙阿昌族地区“州无赋税，惟岁办差发小白布而已”①，卷六“腾冲军民指挥使司”对其境内阿昌族的记载则说“善孳畜佃种，又善商贾”，“比之诸夷之强悍，则此类而易制也”②。明代，国家对阿昌族地区的治理主要是依靠沐氏家族和当地的土官土司。

1．设立和完善土司制度

从明代开始，国家把阿昌族居住地区划归土司管辖，国家对阿昌族的治理主要通过土司来实现。阿昌族地区土司来源有两类：一类是来自阿昌族本民族的土司，如茶山长官司长官早章，里麻长官司副长官早奔，云龙漕涧土千总早纳，腾冲明光地区土守备左大雄，茨竹寨土把总左能臣。一类是来自其他民族的土司，如统治梁河阿昌族的南甸土司为傣族，统治户腊撒阿昌族的两长官司赖氏和盖氏为外来汉族。③ 在由其他民族土司治理的阿昌族地区，再通过授以阿昌族头人以低级职位的方式以便约束。

明代在阿昌族居住地区建立的土司制度是在元代峨昌所居住的金齿安抚司所辖的六路这一羁縻土司制机构的基础上建立起来的。明初居住于云南西部和西北部的“峨

①② 陈文修、李春龙、刘景毛校注：《景泰云南图经志书》，云南民族出版社2002年版，第283、341页。

③ 杨浚：《阿昌族补充调查资料》，载云南省编辑组《云南少数民族社会历史调查资料汇编》，云南人民出版社1987年版，第12页。

（阿）昌”已分别置于土官、土司这两类土职的统治之下。明朝对阿昌族居住地区设立的土官土司中，属于土官类的有：丽江军民府所辖丽江军民府土知府木氏、兰州统知州罗氏等，北胜州所辖土知州高氏、土府同知章氏、土知州同知高氏、土判官高氏等，大理府所辖云龙州土知州段氏、云龙州顺荡井巡检司土副巡检李氏等，永昌府所辖永昌军民府土同知申氏、腾越州土知州张氏、腾越州古涌二关巡检司土巡检郭氏等。属于土司类的有：麓川宣抚司、南甸宣抚司、干崖宣抚司、陇川宣抚司、盏达宣抚司、潞江宣抚司、蛮莫宣抚司、猛卯宣抚司、芒市御夷长官司、茶山长官司、里麻长官司。在这些土官土司中，阿昌族本民族的土司如茶山长官司长官早章，里麻长官司副长官早奔，云龙漕涧土千总早纳，腾冲明光地区土守备左大雄等对阿昌族地区的统治，可以起到深入治理阿昌族地区的社会政治和“以夷治夷”的作用，有利于明朝廷的统治。这类土官土司的存在多少象征着本民族处于被统治民族的地位，在当地遭受外地入侵时，土官土司对百姓起一定的保护作用，其剥削程度较为缓和。来自其他民族的土官土司如统治梁河地区阿昌族的南甸土司为傣族，统治户撒腊撒地区阿昌族的两长官司赖氏和盖氏对阿昌族地区的统治反而是凭借外来的势力来进行，其剥削较为严重，导致阿昌族不断地反抗。

根据史料的记载，在阿昌族地区设立过土司，具体是漕涧土司左氏（早氏，黔国公沐英上奏朝廷，朝廷赐姓左），是阿昌族地区最早建立的土司政权。明洪武十六年（1383）来自茶山的阿昌族酋长早纳率部归顺明朝，明朝封之为漕涧土千总。漕涧土司在漕涧地区统治达475年，沿袭至清咸丰年间，后因滇西回民起义的冲击而瓦解。腾冲北部明光地区土司左氏，是由云龙漕涧土司分支出去管理的。明万历八年（1580年）朝廷调云龙漕涧土司左万相之子左文伟前往明光防守，后被封为明光千总，直承袭至清道光年间。茶山长官司于明永乐二年（1404）明王朝在腾冲西北，高黎贡山以西的小江流域的峨昌蛮地区设立，以阿昌族酋长早章为长官司长官。里麻长官司于明永乐六年（1408）在茶山西北恩梅开江和迈立开江上游的峨昌地区设立，刀思放（傣族）为长官司长官，早奔（阿昌族）为副长官。至明万历末，茶山、里麻两地土司皆为野人所杀掠，尽弃其地，明中央政权放弃对此两地的治理。

从明代国家在峨昌居住区域所设置的土司状况看，明代在阿昌族居住地区已经形成了一套成熟完备的土司制度，但是上述土官土司的设置，是一种权宜之计，其目的是要进行改土归流。国家对土官土司的任免、承袭、奖惩、权利和义务均做出规定，以加强对土司及土司辖地的统治。

（1）阿昌族地区土官土司的产生和任命

明代阿昌族地区的土官土司是由国家任命产生的，即承袭土司职位仍然要由国家加以正式任命。如上文所述，阿昌族地区土官的来源有两种方式：一种是来源于本民族的酋长或头人中。《明史·土司传》说：“西南诸蛮……历代以来，自相君长。原其为王朝役使……沿及汉武，置都尉县属，仍令自保。此即土官土司之所始欤。迨有明踵元故事，大为恢拓，分别司、郡、州、县，额以赋役，听我驱调，而法始备矣。然其道在于羁縻。彼大姓相擅，世积威约，而必假我爵禄，宠之名号，乃易为统摄，故奔走唯命。”① 另一种是来源于其他民族。这两种土司都要由国家加以任命，土司土官一经任命，朝廷即赐予印章、冠带及诰敕等信物，作为朝廷命官的凭证。阿昌族聚居地区处于明王朝的西南边界，明王朝还发给其土司土官符牌，作为彼此联系的信物。据载，“永乐二年，制信符、金字细牌给云南诸蛮”②。

（2）阿昌族地区土官土司承袭之法

土司承袭是明代土司制度的核心内容，明政府对阿昌族地区土司承袭人的范围与承袭手续做了一些规定。《明史·职官制一》记载，“土司之官，其子弟、族属、妻女若婿及甥之承袭，胥从其俗”。《新纂云南通志·土司考五·世官二》记载：“腾越厅户撒长官司土官赖天福，其先赖罗义，四川巴县人，……传子玉，玉传弟汉，汉传子猛弄，猛弄传子镇，镇传子豪，豪传弟罕，罕传子详，详传子送，送传弟迁，迁传子洪猛，洪猛传子国宣，凡十二传。”阿昌族对土司的承袭也有习惯法进行规定，清代董善庆《云龙记往·阿昌传》中记载：“祝美者，阿昌种也。喇乌灭，摆夷之种或逃或死，自此渐尽。……慨率众追之，残杀之。夷众悦服，推慨为众酋长。慨掘地得铁印，夷众益畏服，以为天授。前此酋长任人自立，慨定以铁印券为凭，不得擅立，又定酋长以长子继。”③ 可以看出阿昌族地区土司的承袭实行主要“父死子继”、“兄终弟及”的制度。土司的职位一般由土官之子继袭，而且多由长子继袭。土官无子则由土官之弟继袭土司职位。在土官土司发生绝嗣、内讧、外患、离境时，明朝廷亦可借故撤职或降等袭职。明初对土司的承袭手续进行了规定，根据《土官底簿》的记载可知，土官承袭时，须赴京受命，由官员查核和作保，并要有“宗支图本”；阿昌族习

① 张廷玉：《明史》卷三一〇，《土司一》，中华书局 1974 年点校本。

② 张廷玉：《明史》卷六八，《舆服四》，中华书局 1974 年点校本。

③ 董善庆撰：《云龙纪往》，《阿昌传》，李春龙、刘景毛点校：《正续云南备征志精选点校》，云南民族出版社 2000 年版，第 169 页。

惯法则规定以“铁印券为凭”继袭土司职位。

（3）阿昌族地区的土司机构组织

土司机构是土司辖境内的政权机构，代表国家处理当地的内外事务。阿昌族居住地区的土司机构各地状况不一，这里以户撒腊撒和南甸土司机构组织的状况为例来说明阿昌族地区的土司机构组织。

户撒腊撒土司机构组织：户撒腊撒土司机构系明代正统年间设置，其司法职能与行政职能合一，司法不独立。户撒腊撒土司机构是三级组织：衙门——皖——作借，这套组织和阿昌族固有的村社组织相结合，形成一套完整的社会管理组织，管理阿昌族社会的内外事务。土司衙门是土司制度的最高政权机关，司法行政合一，土司衙门既是行政机关又是审判案件的司法机关。除了设土司以外，下设团总、师爷、保准、队长等，协助土司管理对内对外事务。土司是掌印官，封建王朝授予印信、号纸，掌握政治、经济、财政、司法，并拥有兵丁，是该地区的最高统治者。户撒衙门有团总，腊撒衙门没有团总之职。户撒团总掌握军事大权，与土司共同计谋政事、判案，权势仅次于土司。师爷即土司司书，有时也协助土司处理事务。保准是专管收钱粮赋税的官员，由土司属官充任。队长是土司下面的武装头目，管理土司衙门内的土司兵及地方兵丁的征派。土司衙门设有监狱及脚镣、手铐、木靴、链条等各种刑具。皖是土司机构的二级组织机构。① 皖一级组织有皖头一人，管理全皖的事务。皖头隶属土司，由土司任免，不世袭。皖头管理几个或者十几个村寨，有处决本皖辖区一般事务的权力，并免交官租和杂派。“作借”② 本是土司制度未进入阿昌族地区前阿昌族农村公社的领袖，进入土司统治后，“作借”被任命为土司制度下的村寨头人，成为土司制度的基层官员，由土司任免，不世袭。“作借”管理村寨，统领所属村寨的百姓，负责完纳钱粮及履行一切土司所规定的封建负担，处理寨内的民事纠纷。③

南甸土司机构组织：南甸土司（正印土司）署是明代设立的，是其辖境内最高的政权机构，设正印土司一人，是其辖境内最高的政治、经济和军事领袖。下设护印一人，协助正印土司处理公务，由正印土司同胞兄弟中年长者担任。族官，亦称属官或族目，均是土司的亲属，根据其资望、年龄与亲疏关系分盂、准、印三个等级，其职

① 在皖与村寨之间，有的以两个或者几个村寨联合形成“作”组织，但“作”的性质和作用尚不清楚，还有待进一步研究。

② “作借”，有的资料中又称“作基”，意为土司的好孩子，汉话叫头人。

③ 阿昌族简史编写组：《阿昌族简史》，云南人民出版社 1986 年版，第 70—73 页。

权为管理村寨或任土司署内高级职务。土司署内还置职官差役，如库房、夷书办、汉书办、教读等是属于土司直接领导下的土司署内的公职人员。

南甸土司署统辖下的阿昌族地区，又在土司统治下有一套地方职官，以村寨为行政单位，分为三种类型，由土司依次分别委任“管爷”、“撮”、“八档”三级地方官员。管爷由土司亲属充当；撮，阿昌族叫“岳尊”，多由汉人充当，也有土司信任的阿昌族乡老来担当；撮下设八档，每档设一个头人，由阿昌族各村寨的乡老们共同议定后呈报土司署备案。每档包括几个自然村，由阿昌族头人统一管理，按照土司意旨办事。①

明朝廷利用上述这套完整的土司机构组织实现了对阿昌族人民的直接治理，并使国家的政令和法律贯彻到阿昌族地区。

（4）阿昌族地区土司的权利和义务

阿昌族地区各地土司的权力体现方式不一致，概而言之，土司是其辖境内的最高权力者，掌握政治、经济、财政、司法大权，并拥有兵丁，是该地区的最高统治者。以户撒腊撒和南甸土司为例，土司的权力主要包括以下几个方面：征赋役、操杀夺、拥兵自卫、在辖境内行使司法权，收取办案费用②、征派无偿劳役、对富商豪绅授予衔名并收取答谢费（至少 100 文以上）、收取任命新畹头的谢任费（至少 100 文以上）、任免畹头和作借、拥有赎罪特权（除严重触犯明律的土司不许赎罪外，土司犯了罪，明政府允许其“照蛮俗”、“土俗”，以牛、马、粟、金赎罪）、征收经常性的杂派和临时性的杂派权（经常性杂派包括：团兵款、开印、做斋、干旦、赶摆、衣裳费、帽子费、裙子费、门户钱、大修、小修、霜降钱、年节礼、献粮等近 20 种，临时性的有土司丧事、土司家娶亲、招待费、土司家生孩子、土司家嫁女、脚钱、学费钱、旅行费等十余种）。在梁河县丙盖乡，土司可以向每户每年征纳地基银子（后改为地丁款）、官租（后改为“大粮”）和官烟；全寨每年向土司交六七十斤新鲜竹笋，土司家有婚丧事，要交猪及杂款。可以看出，阿昌族地区土司享有的权力虽然表现方式不完全一致，但其实质都是可以从百姓身上大肆搜刮。

土司的义务：臣属中央王朝，国家有重大作战活动，征调士兵参加，服从中央对士兵的征调，自备士兵粮饷；朝贡，即向朝廷缴纳贡物，每三年差人到京城朝觐，进贡一次，入贡后期、贡物不及数或者朝贡人数违例，均受罚；缴纳额定税额；维护本

① 阿昌族简史编写组：《阿昌族简史》，云南人民出版社 1986 年版，第 68—69 页。

② 凡案件告到土司衙门，土司可收取扫堂钱、铺堂钱、送案钱、送礼钱等大笔费用。

地统治秩序，巩固云南西部边防；承袭土司职位时，须赴京受命，接受查核，提供宗支图本。

另外，明代阿昌族土司与其他土司一样，虽有品级，但并不按官秩取俸。《明史·职官志一》载，“凡土司之官九级，自从三品至从七品，皆无岁禄”，故遇有犯罪行为，还需输米赎罪。①

2. 卫所制和建军屯对阿昌族的军事管制

明代阿昌族分布地区的范围包括今天的大理白族自治州、丽江地区以西直至德宏傣族景颇族自治州，以及保山、腾冲和泸水等县境，其地理位置对于边防十分重要。为巩固西南边防，明初派驻了数目庞大的军队到云南。为解决军粮的供给，明洪武十九年（1386）在云南始建军屯。明初实行卫所制，卫所的设立与军屯紧密相连，卫所所在地皆为军屯。出于军事目的，卫所遍布西南各地，卫所对其治下的各族人民进行军事管制。这一时期阿昌族居住地区分别属于大理卫（十千户所，在大理府治南）、永昌卫（十千户所，在永昌府治西南）、腾冲卫（六千户所，在腾越州治南）、澜沧卫（五千户所，在北胜州南）、永平守御千户所（二千户所，在永平县治北）统辖。另外，阿昌族聚居地户撒腊撒初为腾冲卫屯的一部分，后来沐氏将其占为自己的“勋庄”，该地区成为沐氏的庄田，沐氏在此实行军屯，至明末朝廷在该地设立土司后，户撒腊撒又处于土司的统治之下。

（五）清代对阿昌族的治理

清代前期对阿昌族的治理与清代对云南西部少数民族的治策紧密相关。沿袭明代的土官土司制度进行统治和改土归流变土官为流官进行统治是清代对云南少数民族进行统治的两种治策。但清代的土司制度较之明代更为完备，对土司的处罚较为严格，土司的权力受到极大的限制。

清初，对澜沧江以东及怒江以东的地区，国家主要采取改土归流的办法，陆续将土官、土司撤废，改置县和厅，设流官。永昌府、大理府、丽江府以及永北直隶厅等大都设流官。如阿昌族居住比较集中的云龙州当时隶属大理府，大理府设流官，朝廷对阿昌族的治理通过大理府而进行统治。对澜沧江以西以及怒江以西的地区则沿袭明代土司制度进行统治。云龙州漕涧阿昌族土司左氏就是被保留世职的土官之一，该土

① 吴永章：《中国土司制度渊源与发展史》，四川民族出版社1988年版，第162页。

司是澜沧江两岸云龙州辖境内对阿昌族进行直接统治的政权机构，一直沿袭至清咸丰、同治年间。

清康熙二十一年（1681）灭吴三桂后，边境土司均已降清，清廷仍封以旧职，边境金齿、蒲蛮、阿昌等各族分布地区，置“十土司”：南甸刀氏、干崖刀氏、陇川多氏三宣抚司、盏达思氏、遮放多氏二副宣抚司、芒市放氏、潞江线氏、猛卯衎氏三安抚司、户撒赖氏、腊撒盖氏二长官司。其中直接统治阿昌族的主要是南甸、户撒、腊撒三土司。

近代在德宏地区，阿昌族受南甸、干崖、户撒、腊撒诸土司的统治；在腾冲、云龙一带，受明光、漕涧诸土司的统治。但这里的土司统治不同于其他地区的土司制度，各土司没有统一的最高领袖（宣慰），而是各自独立，互不统属。如南甸宣抚司在德宏地区的土司互不统属，户撒、腊撒二长官司隶属腾越、龙陵二厅管辖，直至清末。清代后期对西南边疆的统治松弛，致使土司异常跋扈。

二、地方政权对阿昌族的治理

（一）南诏、大理对“寻传蛮”的治理

阿昌族先民“寻传蛮”的绝大部分在南诏的西南部，即汉、晋时期的永昌郡内。唐王朝初期，今云南洱海出现了浪穹、施浪、蒙舍（今巍山县境，位于其他各诏之南，又称“南诏”）等诸部，互不统属，史称“六诏”。随着蒙舍诏的兴起和唐初中央王朝对蒙舍诏的支持，唐代后期蒙氏建立了南诏地方政权。异牟寻时期，南诏的领地迅速扩张，形成了《新唐书·南诏传》所言的“东距爨，东南属交趾，西摩伽陀，西北与吐蕃接，南女王，西南骠，北抵益州，东北际黔巫”① 的广大领土。《南诏德化碑》表其四疆为：“邛泸一扫，军群双灭；观兵寻传，举国来宾；巡幸东爨，怀德归仁；碧海效社，金穴荐珍。”② 南诏脱离唐朝之后，将原永昌郡之地再行统一，把“寻传蛮”重新纳入统治的范围之内。从贞观二十三年（649）细奴罗建立大蒙政权，至天复二年（902）南诏灭亡，“寻传蛮”居住地区一直置于蒙氏建立的南诏统治之

① 欧阳修等撰：《新唐书》卷二二二《南诏上》，中华书局1975年点校本。

② 郑回：《南诏德化碑》，［明］刘文征撰，古永继点校：天启《滇志》，云南教育出版社1991年版，第814页。

下，主要属南诏属下的永昌、丽水节度①辖境。南诏政区划分中的节度，属于军事机构，其辖区是军区而非政区，节度使在其辖区内实行军事首长的军事统治。在怒江以西“寻传蛮”居住的丽水区域，南诏设丽水节度以对该地进行军事统治。《蛮书》卷六“云南城镇·越礼记”说：“自寻传、祁鲜已往，悉有瘴毒，地平如砥，冬草木不枯，日从草际没。诸城镇官，惧瘴疠，或越在他处，不亲视事。南诏特于摩零山上筑城，置腹心，理寻传、长傍、摩零、金、弥城五道事云。”② 同时，在澜沧江以西至今德宏境地区，南诏设永昌节度以便对包括寻传蛮在内的当地各部落进行军事统治。出于军事上的需要，南诏的兵役制曾在永昌、丽水节度贯彻执行，遇有战事，就大量征调包括永昌、丽水节度军事统治下的寻传蛮壮丁，编入军籍。《蛮书》卷六“云南城镇·永昌城”说：“通计南诏兵数三万，而永昌居其一。”③ 咸通三年（862）十二月二十七日，在安南都护府的战场上，便有100多个“寻传蛮”的奴隶兵被唐朝军队俘获。“臣本使蔡袭咸通三年十二月二十七日以小枪镖得一百余人。臣本使蔡袭问梁轲见有竹笼头猪皮系腰，遂说寻传蛮本末。”④ 在没有战事的时期，南诏地方政权则允许“寻传蛮”保留自己的社会组织以管理生产和生活中的事务。

可以看出，南诏在摆脱唐中央王朝的支配并建立自己的政权后，对“寻传蛮”的治理多仿效唐朝，在治策上仍采用唐朝的羁縻统治。同时南诏也根据自身的特点采取了军事统治，按照南诏兵役制的规定，战时各蛮部丁壮被征调入伍，须自带军粮和兵器，这就使得“寻传蛮”在南诏统治时期除承担兵役和其他贡赋之外又增加了一种经济负担。总而言之，南诏对“寻传蛮”的治理在战时是军事统治，无战事时为羁縻统治，其目的是加强对“寻传蛮”的控制和补充兵源。

大理国时期，阿昌族处于大理国的治理范围之内。《云龙记往·阿昌传》记载：“又四五世，有早疆者，大理王段氏遣人抚之，疆降，受其诰命，岁有长贡。……自臣僰王，始知岁月，复以十二月为岁首。”继南诏兴起的大理，其政区划分与治理在主要方面与南诏并无二致。“寻传蛮”地区仍属永昌、丽水节度的统辖范围。不同之处只在于“丽水”之名，在大理国时期改称“敕化”。永昌、敕化节度在职权上仍主要行使军事统治。至于政治及其他方面，因限于有关“寻传蛮”部落的史料缺失，不

① 节度之制，显然移植于唐朝。唐制，节度为地方军事长官，同时也兼行政长官。《蛮书》云：“云南、柘东、永昌、宁北、镇西及开南、银生等七城，则有大军将领之，亦称节度。”

② 木芹补注：《云南志补注》，云南人民出版社1995年版，第91页。

③ 樊绰撰：《蛮书》卷六，聚珍版丛书刻本。

④ 樊绰撰：《蛮书》卷四，聚珍版丛书刻本。

知其详。

（二）外族土司政府的治理

阿昌族在历史上还受到外族土司的治理，其中主要是傣族土司。根据调查资料，南甸宣抚司土司刀氏，始祖为刀贡猛，明初以百夫长起家，迁千夫长驻防南甸。明永乐十一年（1413）贡猛之子贡罕入朝，乃改南甸为州，贡罕之子落埂因从征麓川有功，明正统九年（1444）时南甸州改为南甸宣抚司，以落埂为宣抚使，子孙承袭此职位。① 户撒、腊撒两长官司土司赖氏和况氏（后改为姓盖）是明正统年间随明将王骥三征麓川的汉族，因征麓川有功而被王骥封为“把总”，分别驻防户撒、腊撒，后来成为当地土司。由于户撒腊撒在明初为“沐庄”，明朝廷当时没有在此设立土司，但为了边防及监视干崖、陇川诸土司而设有武职，其中一些武职之后在明正统年间成为该地区的土司。《新纂云南通志·土司考五·世官二》记载：“腾越厅户撒长官司土官赖天福，其先赖罗义，四川巴县人。明正统时，兵部尚书王骥征麓川，罗义为左哨把总，随师有功，令守户撒。”从此赖氏世代承袭户撒土司之职位。

第三节

阿昌族的社会组织制度

在阿昌族社会进入国家的有效治理之前，阿昌族社会主要是村社组织承担着对社会全方位管理的职能。在司法行政合而为一、司法行政化的中国封建社会中，社会组织是法律得以实施的载体。阿昌族的社会组织与阿昌族习惯法的实施和实现密切相关，探析阿昌族社会组织结构及其变迁，主要是为了弄清在漫长的历史发展过程中阿昌族人民如何管理自己的社会事务及其习惯法如何被实施。

---

① 杨浚：《阿昌族补充调查资料》，载云南省编辑组：《云南少数民族社会历史调查资料汇编》，云南人民出版社 1987 年版，第 14 页。

一、村社组织

阿昌族的村社组织是阿昌族固有的社会组织，建立在血缘团体和地缘共同体的基础上。根据调查资料，村社在阿昌族历史上是由几个氏族组成，每一个氏族推举一个“吾曼作”（寨老）共同商议村社的事务。村社首领称为“作借”，“作”是儿子，“借”是“好”之意，即能较好地为村社成员办事的人。“作借”和“吾曼作”组成了村社的议事集团。阿昌族的村社组织在历史发展中逐步发展成为大部分由地缘共同体中几个家族长老组成的，或者是以血缘关系为纽带形成的家会组织。村社组织管理着阿昌族村社成员和家族、家会成员的生产、生活事务。在阿昌族外部社会组织不断变迁及国家对阿昌族地区治策不断变化的情况下，村社组织仍然被保留了下来，表明了其在管理阿昌族社会事务中不可替代的作用。

唐代以前阿昌族先民的村社组织状况缺乏记载，只能从唐代以后的文献来推断其状况。《蛮书》卷四“名类”说：

“寻传蛮，阁罗凤所讨定也。俗无丝绵布帛，披娑罗笼。跣足可以践履榛棘。持弓挟矢，射豪猪，生食其肉，取其两牙双插顶傍为饰，又条其皮以系腰。每战斗，即以笼子笼头如兜鍪。”

从以上记载可以看出，阿昌族先民“寻传蛮”已进入了父系氏族阶段，形成了原始农村公社，但还没有形成较大的社会管理组织。由村社首领运用习惯法处理村社及其成员在生产和生活中的事务，对违反习惯法者进行惩处。到后来随着各村寨间对土地的占有而发生的战争，各村寨又共同选举军事首领来指挥战争，军事首领拥有越来越大的实权，甚至超越了村社首领的职权来管理阿昌族社会。清代董善庆《云龙记往·阿昌传》中记载：“祝美者，阿昌种也。喇乌灭，摆夷之种或逃或死，自此渐尽。惟阿昌、蒲蛮二种，亦各立酋长，不相属。惟阿昌有僳作者，居今松牧村，号象山酋长。……慨率众追之，残杀之。夷众悦服，推慨为众酋长。慨掘地得铁印，夷众益畏服，以为天授。前此酋长任人自立，慨定以铁印券为凭，不得擅立，又定酋长以长子继。后又能揲蓍三十三根，九变以卜吉凶，夷人服其神明，呼为‘阿弥’。阿弥者，华言天人也。寨立牛山，其雪山、马山、鹿山、鹅山、卯山、凤山各益皆拱服，听其择立酋长，岁贡物产以为常。”根据这一记载，公元6—7世纪之间，阿昌族在云龙地区境内势力日益强盛，“雪山、马山、鹿山、鹅山、卯山、凤山各益皆拱服，听其择立酋长，岁贡物产以为常”，且已经形成部落联盟，部落首领选举制被打破，改为世袭制，阿昌族社会开始进入奴隶制社会。村社组织以及“作借”和“吾曼作”等组成的村社议事组织仍然存在，但部落首领获得了原来由“作借”和“吾曼作”组成的村社议事集团的职权，对部落享有军事、行政、司法决定权，对部落及其成员的生产和生活进行管理，收取赋税，维护部落内部的秩序，裁决纠纷并对违反习惯法者进行裁处。

南诏、大理国均把阿昌族纳入自己的统辖范围内，实行军事统治。在没有战事的时期，统治者让阿昌族留居原地，保留其村社组织不变，以解决生产生活中所产生的纠纷，“作借”和“吾曼作”这一原有村社首领和管理者仍然被保留，但其职能已经发生变化，村社成为节度统管下仅仅处理村社内民事纠纷的组织。

元代仍然保留阿昌族原有的村社组织，村社组织在土官统领下仍然承担处理其村社内民事纠纷的职能。明代，随着土官土司制度的确立和完善，在阿昌族主要居住地区，村社组织为土司所利用，成为土司的基层组织，承担保证村社成员缴纳赋税及履行一切封建义务的职能。尤其是沐氏家族统治期间，对于阿昌族原有的村社组织，并不需要加以如何的改变，只要派上几个管事，对原来的村社首领“作借”和“吾曼作”① 加以委任，村社组织便为统治者所利用。村寨中事务由“作借”邀请“吾曼作”参加共同商议处理，而本家族的大事则由本家族的“吾曼作”邀请本家族老人共同商议处决，其处理事务和适用习惯法时以不违背土司制度为原则。清代至民国初，在土司和设治局统治势力直接深入阿昌族地区后，村社组织便失去了其原有的意义和作用。

综上可知，在阿昌族的历史发展中，村社是阿昌族社会固有的基层组织，虽然其作用和性质在阿昌族社会中随着不同的历史时期有所变化，但一直发挥着处理阿昌族社会内部日常事务的功能。尤其在明代以后，阿昌族的村社组织与“作借”和“吾曼作”发挥着明显的“司法”职能，村寨中的习惯法即由“作借”或者“吾曼作”主持司法，这种状况在阿昌族社会中一直被延续下来。

---

① “吾曼作”虽然不是土司机构的正式成员，但他在村寨中起一定的作用，协助村寨的“作借”为土司收派各种钱粮赋税，处理寨内的一些事务。

二、家会组织

梁河地区阿昌族的村寨组织主要表现为家会组织形式，家会是村寨的基本单位。在阿昌族社会的政治生活中个体成员往往通过家族家支表现出来，离开家族家支，个体在阿昌族社会中很难得到相应的权利保障。清代以后，阿昌族社会形成了有组织有规模的家会组织。家族是一个以血缘为纽带的联合体，家会是在家族基础上形成的家族管理组织。家会是阿昌族社会固有组织中最重要的形式。家会的家规对其成员的行为有约束力。要了解阿昌族社会的家会组织，首先应当了解其家族形态。

阿昌族社会基层单位是一夫一妻制个体家庭，家族对个体家庭有一定的约束力，家庭成员也有较强的家族观念。家族形态表现为两种：一是直系宗亲，一是旁系宗亲，各自成族系，二者结合，形成大家族。有的还按族系而居，成为单一姓氏族系的村寨。如腊撒海朗寨，虽然是阿昌族的村寨，有雷、许、曹、熊四姓，但寨子却分上、中、下三片，分别为雷、熊、许三姓所居，只有曹姓一户独居其间。有的是按直系本支祖父以上的宗亲关系联系在一起，有的还是旁系宗亲关系，以宗亲为纽带，形成家族。在家族中，又划分出各个家支。如梁河芒展寨的赵姓家族内部，又分化出亲疏不同的三个支系，各个支系内部联系比家族内部的联系更为紧密。有的家族有自己的“吾曼作”，如腊撒海朗寨雷、熊、许、曹四姓各姓均有一个“吾曼作”，本家族有什么大事，由本家族的“吾曼作”邀请本家族老人共同商议处决。没有“吾曼作”的家族，家族中的事务由家族长老或者家会处决。

在同一家族内部，还有家会组织。如梁河地区的阿昌族有赵、郎（梁、囊、风）、王（石）、曹、张、孙、杨、李、马、们、萧、范等姓氏，一般都有家会。家会组织情况有两种：一种组织比较严密。这种家会中设有正副族长、总务、管事、纠察、财务、文化、监察、文书等。如梁河丙盖阿昌族家会，有成文（汉文）的家会会章，共10章43条，其中包括定名、宗旨、会员、职员、会员大会、职权、会员之权利与义务、会议、家规、改造、信条等。另一种组织不是很严密。这种家会只设管事两人，管理内部事务，没有正式选举产生的族长，也无成文的会章，但有严格的家规。族内有威望的年长者在家族事务中起着决定作用。另外，比较大的家族，设总家会，之下设小家会。

根据调查资料，阿昌族家会的功能主要有两个方面，对内：“团结家庭，振兴家业”；“图谋家会公益事宜”；保护家会成员人身安全，维护家会成员的财产安全；根据习惯法调解纠纷；惩处“族内子弟忤逆不孝者”、未婚先孕者、偷盗牛马者、小偷小摸者等以维护伦理道德的严肃性和习惯法的权威性。家会对内的功能可以概括为行政管理职能、司法职能和强化家族意识的职能。例如，梁河地区的阿昌族对偷盗牛马的盗贼，由寨老、族老们出面，将盗贼捆来后审讯，若认罪态度好，处予罚跪、罚款、修路，如果屡教不改，可以当众施予吊打、剥指甲（俗称“将军剥蒜”）等刑；①梁河县丙盖乡芒展村的阿昌族姑娘在出嫁时要给家会交1.6两银子（后来银子折钱交纳）。对外：“保护族间法律范围内之自由”②，即对家族成员与其他家族成员产生纠纷时支持本家族成员进行调解，组织族内成员与其他家族的械斗，维护本家族全族的整体利益等。例如，腊撒地区的阿昌族对绝嗣户土地的出卖有决定权和优先购买权；绝嗣户如果不赎回出卖的土地，其家族有权赎回，如果家族无人赎回，经家族同意，本寨其他异姓方能购买。家族家会以这种方式使本家族成员与异姓相比获得优先权，保障本家族的土地和其他财产尽可能地在家族范围内流动，以维护全家族的利益。

家会通过家族会议、会员大会等来解决各种家族内部事务及外部事务。家会的族长或者有威望的年长者在家族生活中十分重要，家会的族长、会长与村社组织中的“吾曼作”和“作借”相配合一起实施阿昌族习惯法。尤其近代以来，阿昌族的许多族长、会长又充当了土司署、设治局的岳尊、头人或者乡长、保长、保甲长，家族、家会的乡老、族长、会长成为各类纠纷的调解者与仲裁者、习惯法的执行者、日常行政事务的管理者、与其他家族械斗的组织者和指挥者。但同时，随着阿昌族社会生产力的发展和阶级的进一步分化，以及土司、设治局统治的加强，家会演变为土司、设治局的基层统治机构，家族、家会的乡老、族长、会长把家会组织变为自己谋求私利的工具，家会失去了其维护全族利益的作用。

---

① 刘江：《阿昌族文化史》，云南人民出版社2001年版，第200页。

② 《阿昌族简史》编写组：《阿昌族简史》，云南人民出版社1986年版，第77页。

第四节

阿昌族法律的起源

法律是调整人与自然和人与人之间关系的规范①。最早的法律是在生产、生活中形成的习俗制度，具体表现为约定俗成的习惯、盟约、宗教禁忌等。阿昌族法律规范是阿昌族为了满足生存和繁衍的需要，为维护其民族的共同利益，维持正常的生产生活秩序而逐步形成的。阿昌族法律规范经历了远古阿昌族先民原始社会法的萌芽，到阿昌族古代法的产生和发展，是阿昌族先民在政治、经济、文化、宗教等各个领域的规范总和。阿昌族没有本民族文字，长期使用汉文和傣文，有关法律规范主要表现为禁忌、习惯，并主要记载在汉文古籍文献中以及体现在民族调查资料中。探寻阿昌族法律规范的起源，必须解读阿昌族的神话和传说。

一、和谐与秩序的维护

人类在早期为了生存与繁衍的需要而与自然进行着不屈的抗争，由此而产生的诸多神话与传说都反映出一个共同的认识：法律规范是形成秩序的条件，是人类社会存在的前提，是人类发展的基础。阿昌族长篇神话史诗《遮帕麻和遮米麻》② 的内容包括造天织地、人类起源、补天治水、降妖除魔和重整天地等几个部分。该神话叙述了在天地产生以前，世界一片混沌。没有天，也没有地，只有“混沌”，混沌中无明无暗，无上无下，无依无托，无边无际，虚无缥缈。后来，在混沌中忽然闪出一道白光。有了白光，也就有了黑暗，也就有了阴阳。阴阳相间便产生了天公遮帕麻和地母遮米麻。接着天公遮帕麻和地母遮米麻带领 30 名神将、30 名神兵造天织地。在遮帕麻和遮米麻造天织地的过程中，出现了一个魔王腊訇，在山头造了一个大火球，冒充

① 这里的法律除特别说明是国家法之外，均是指在一定地域内通行，由一定公共权力机构制定，依靠公共权力机构的强制力保障实施的规范。

② 阿昌族简史编写组：《阿昌族简史》，云南人民出版社 1986 年版，第 88 页。

太阳，颠倒了世界，混淆了阴阳，使整个世界一片混乱，人们得无休无止地劳作。遮帕麻和遮米麻为了铲除祸害，拯救万物，把被腊訇颠倒了的世界再颠倒过来，与腊訇展开斗争，通过“斗法”、“斗梦”，终于消灭了恶贯满盈的魔王腊訇，世界恢复了宁静。从此，整个世界获得了新生，无比光明温暖和安宁幸福。

从这部神话史诗所描述的内容可以看出阿昌族神话中世界的原初是混沌的、和谐的，万物一体，人与万物同源。这是阿昌族先民人与自然同源理念的体现，人与自然是和谐的，无所谓人支配自然或者自然支配人类。这种世界观影响到了阿昌族先民对法律起源和性质的看法。后来世界的和谐被打破了，在混沌中出现了白光，世界分成了对立的两极，意寓随着阿昌族先民在长期的生产生活和迁徙过程中，要获取土地、食物等生存空间，必然要与自然做抗争，人与自然的对立开始出现；另外反映出阿昌族先民在迁徙过程中与其他古代民族发生着融合和战争，为争夺土地、水源等生产资料以求生存，阿昌族先民与其他古代民族的纠纷乃至战争出现了。世界的和谐和原有秩序被新出现的矛盾和纠纷打破了，新的秩序必须形成，人类才能继续生存下去。为形成新的社会秩序，求得世界的和谐，就要求阿昌族先民制定出相应的规则和机制。这些解决问题的规则、机制在起初是针对个别人和个别事物的，即对阿昌族成员的个别调整，后来则约定俗成地形成一整套的规范，不再针对具体的人和事，而是对整个阿昌族社会进行规范性的调整。对和谐的追求与秩序的维护成为阿昌族法律产生的动因。

二、公平正义的追求

正义是法律的化身。阿昌族法律规范的确立不可能离开阿昌族社会公平正义观念的形成。阿昌族法律规范起源于人们对公平正义的追求。在《遮帕麻和遮米麻》中，由于混沌中出现白光，世界产生了阴阳。这种阴阳观念进而衍变为正义与邪恶的观念，“阳”演变为正义的象征，“阴”演化为邪恶的象征，阴阳相对，展开较量。有造天织地、造福万物的天公遮帕麻和地母遮米麻，象征着正义；给世界带来无穷灾难的魔王腊訇，象征着邪恶。正义与邪恶势不两立，展开较量，最终正义战胜邪恶，世界恢复应有的秩序与宁静。从上述神话中可知，阿昌族认为人类要存在，必须分清正义与邪恶，维护正义，扼制邪恶，使世界有秩序可循，人类才能长存和发展。为维护正义，就需要裁决者判明是非，惩治邪恶。

另外，在阿昌族神话的基础上逐步发展演化而来的传说故事中也反映了阿昌族朴素的正义观，认为正义必然战胜邪恶，只有“正义者”能存留下来，“正义者”能维护世界的秩序，给人们带来安宁的生活。阿昌族历史人物与事件传说《早概》① 中的早概出生不久即失去双亲，他的父母被恶人底弄残忍地杀害。早概后来膂力过人，得到神力的帮助，报了父母被杀之仇，灭了扰民作恶的底弄，为民除害，众头人与百姓都拥戴他，推举他为酋长。“恶有恶报”、“善有善报”的报应观念推动了阿昌族法律规范的产生；对和谐与秩序的维护促进了阿昌族先民对正义的追求，正义的观念不仅促动阿昌族先民形成自己的习惯法，而且是阿昌族先民判断是非的标准。

三、利益调整的需要

利益在人类社会中普遍存在，法律规范本身就是社会中利益冲突的产物，法律规范就是通过权利和义务双向调整机制对利益进行调整。土地是一种重要的生产资料，对土地的占有当然是一种利益，对土地的争夺实质就是利益纠纷。阿昌族处于原始农村公社时期，对土地的占有和争夺是以战争的方式来解决。传说中户撒腊撒地区早期阿昌族曾有七个集团互相混战了九年之久，以后才安定下来。② 长期的战争会导致社会财富耗尽和人口减少，乃至使社会成员无法生存下去。用其他的方式来解决利益纠纷成为阿昌族社会持续发展的需要。解决利益纠纷就必须首先确认利益，这一现实需要促动了阿昌族法律规范的产生。阿昌族历史故事《户撒定居》讲述了阿昌族到户撒定居的经过。“先前，阿昌族并不是户撒腊撒最早的居民，当阿昌族到户撒腊撒时与当地的主人发生了纠纷，双方争持不下，最后约定以比赛砍树定胜负，胜利者即可以做户撒腊撒的主人。③ 从该故事中可以探寻阿昌族法律规范的起源，即阿昌族对（土地）利益纠纷的解决已经不再采用战争、械斗等方式，取而代之以某种双方同意的规则，如故事中双方约定的砍树即是一种规则。这些人们共同认可的规则渐渐演变成阿昌族的法律规范，被阿昌族成员所遵守并对他们产生约束力。阿昌族法律规范的产生也源于对确认利益的现实需要。

---

① 董善庆撰：《云龙纪往》，《阿昌传》，李春龙、刘景毛点校：《正续云南备征志精选点校》，云南民族出版社 2000 年版，第 169 页。

② 《民族问题五种丛书》云南省编辑委员会编：《阿昌族社会历史调查》，云南民族出版社 1983 年版，第 29 页。

③ 攸延春：《阿昌族文学简史》，云南民族出版社 1995 年版，第 33—34 页。

│第五节│

阿昌族的法律

阿昌族虽然没有自己的文字，没有成文法，但却在生产生活中形成了具有约束力的习惯、禁忌等规范，即阿昌族习惯法。《云龙记往·云龙记》中说：

“男女婚配无媒，听自择，不计同族尊卑。有奸淫者，妻必告其夫，夫鸣于酋长，长索其物百件，与众瓜分，以示罚。其物不计精粗、大小，牛等于鸡，针同于釜，以足百数为准，不足则杀之，故俗少淫。酋长名曰头人，凡一山所居，或十余家，内有膂力过人、善射善走者即为之。不相属统，无官职，亦无赋役。其地不知岁月，耕种皆视花鸟。梅花一开以纪年，野靛花十二年一开以纪星次，竹花六十年一开以纪花甲。名杜鹃花雇工，此花开则宜耕也。摆夷兴自阿苗，计其世当东周之末。”①

上述记载反映了阿昌族先民在明代之前习惯法的适用和执行状况，涉及阿昌族先民的社会组织制度、婚姻习惯法、民事纠纷和刑事纠纷解决机制等。可以推知，阿昌族在进入王朝国家治理之前，其社会中所发生的纠纷是由阿昌族先民居住地区的部落酋长予以处置，酋长从“膂力过人、善射善走者”中推选产生，不世袭，酋长不属于“官员”，没有特权，其重要职责是运用习惯法调解阿昌族成员的纠纷，并对违反习惯法的人予以惩处。而且，明代以前，对阿昌族社会起调控作用的主要是习惯法。

唐代，阿昌族被纳入国家的治理范围，唐王朝国家的法律制度开始进入阿昌族居住地区；南诏、大理地方政权也曾将阿昌族地区纳入其治理范围，且南诏为加强其对西南地区的统治，多次强制少数民族群体大规模迁徙，客观上使阿昌族法律制度与其他少数民族群体的法律制度发生交融，对阿昌族固有习惯法产生了深远的影响。元代以后，中央王朝对阿昌族居住地区的直接统治不断加强，国家法开始逐步适用于阿昌族社会，形成中央王朝和地方政权以及土官土司的正式法律制度与阿昌族习惯法多元并存，共同调整阿昌族各种社会关系的状况，并带来阿昌族固有习惯法的变迁。随着

---

① 董善庆撰：《云龙记往》，《云龙记》，李春龙、刘景毛点校：《正续云南备征志精选点校》，云南民族出版社 2000 年版，第 169 页。

阿昌族与其他民族相互间的不断交往和融合，傣族和景颇族的一些法律规范也融入阿昌族的法律规范中，使得阿昌族形成了自己的法律思想和制度。

一、法律思想

阿昌族在历史发展中形成了关于法律的认识和观念，这些认识和观念与阿昌族所处的自然条件、社会生产、宗教信仰以及外来法律文化和法律制度的传播紧密相连。阿昌族习惯法中的法律思想主要体现为以下几方面：

（一）神权法思想

法律在产生初期往往与宗教、道德混合在一起。宗教禁忌和生活禁忌与法律的产生紧密相连。多种宗教并存是阿昌族文化形态的重要组成部分，宗教信仰对阿昌族早期法律思想的形成直接产生了影响。阿昌族除了在其社会早期发展中形成的公平正义观念外，其最早的习惯法源于对神灵的敬畏，其习惯法中体现出鲜明的神权法思想。阿昌族认为不尊重神灵的事情都不能做，冒犯了神灵将会被神灵惩罚制裁。今梁河、潞西一带的阿昌族主要奉行鬼魂崇拜和祖先崇拜，这种对神明的敬畏思想进而演化为当地习惯法的内容，保留至今。例如，阿昌族请媒人到女方家求婚、订婚前，要在祖先神位前祝告，请祖宗保佑媒人去说亲途中不要听见麂子叫、马鹿叫。听见麂子叫、马鹿叫称为“破口”，被认为是凶兆，不吉利，不能缔结这桩婚姻，即使订了婚也必须退了。如果硬要成婚，将来也会离婚。

除了对神明的禁忌，阿昌族法律制度中的神权法思想更多地体现在“占卜”这种纠纷解决的习惯法上。“占卜”，阿昌语称为“拍甲培”，是阿昌族社会从古至今治疗疾病、解决各种疑难困惑、问运途、卜吉凶、求钱财、找失物的一种手段，在阿昌族社会中普遍盛行。① “占卜”作为阿昌族解决社会纠纷的重要手段，常见的有“刀卦”、“鸡卦”、“米卦”、“阴阳卦”等。通过“占卜”，案件的审判和裁决成了神意的体现。

（二）注重和谐的法律思想

阿昌族先民在其早期的生产和生活中，形成了对自然神灵的崇拜、图腾崇拜和祖

---

① 刘江：《阿昌族文化史》，云南人民出版社2001年版，第132页。

先崇拜。阿昌族先民认为自然界中存在太阳神、月亮神、土主神、山神、水神、树神等自然神灵，他们对各种神灵都给予极高的尊重。在今户撒、腊撒地区，村寨每年集体祭献“招先”① 两次，一次在春耕时，祈求“招先”保佑春耕生产；一次在秋收，祈求“招先”保佑五谷丰登。一些阿昌族村寨还盛行祭祀太阳神，祭祀由各家自行主祭，目的是祈求太阳神保佑寨子的安全及各家的幸福。从这种原始信仰中可以看出阿昌族先民认为人要与自然和谐相处，人的生存、社会的生产和村寨的发展都与自然分不开，这种对自然神灵的崇拜使得阿昌族人民对自然充满敬畏，由此产生了保护自己居住地的土地、山林、水源等资源的习惯法。

（三）严格维护家族利益的法律指导思想

自唐代开始，对“寻传蛮”地区的治理即实行程度不同的“因俗而治”原则，国家基本认可阿昌族社会组织对其成员所适用的习惯法及裁处。在阿昌族社会中，个人的权利义务是通过家族来体现的。家族由家规、族规来调整其成员的行为和维护家族的利益，个人的行为基本纳入了家族的管理之中，个人依附于家族。同一家族成员间发生的纠纷多由家族之族长或者头人进行调处，不同家族成员间的纠纷由双方家族的族长或者头人进行调处，调处不成才由官方进行裁处。整个家族的利益与个人利益紧密相关，家族要对个人的许多行为负责。所以，在阿昌族习惯法中，首先强调了对家族利益的维护。如在处理阿昌族绝嗣户财产时，绝嗣户的土地出卖，要经过家族同意。在出卖时，首先要考虑出卖给本家族内，若家族内无人购买，方可出售给本村寨其他异姓；土地出卖后，若卖主不赎回，其家族有权赎回，若家族无人赎回，经家族同意，本寨其他异姓方能赎买。又如阿昌族婚姻制度中的转房制度，其主要目的就在于尽可能保持家庭状况不变，解决家庭的实际问题，防止本家族财产向外流失。根据阿昌族习惯法，如果寡妇不愿在夫家转房，也不愿意外嫁，仍然可以留守亡夫家；若寡妇不愿转房，而另欲他嫁，则丧失亡夫的财产继承权，只能带走自己的嫁妆，所生子女也归亡夫家抚养，有的地方允许寡妇带走女儿。这些习惯法的规定，均以维护家族利益为前提。

---

① “招先”是阿昌话，汉语意为“寨神”，一般是在村寨附近树木长得高大、茂密的地方竖立一块石头作为“招先”的标志。参见《阿昌族简史》编写组《阿昌族简史》，云南人民出版社 1986 年版，第 94 页。

（四）严格维护男性在家庭和社会中的支配地位

在阿昌族家庭中，父亲是一家之长，子女从父姓，家庭和家庭世系按父系计算，夫妻在家庭中的地位一般是平等的。但从阿昌族的禁忌看，妇女在家庭中的地位实际低于男子。如在梁河县丙盖乡芒展村阿昌族的家庭中，父亲是家长，家务由父亲掌管，父亲年老就把家务交给儿子中能干的人去管理，不分长次，妇女不能过问家庭内的重大事件和经济事务，有“女人当家家不富，女人犁田田不肥”之说。在财产继承上，只有男子才能继承财产，寡妇如果要外嫁，则不能带走亡夫的财产，只能带走自己的嫁妆。另外，阿昌族对妇女规定了较多的禁忌，对妇女在家庭中的自由和权利进行种种限制，如已婚妇女不能住在楼上；吃早饭前妇女不能到别人家串门（除到外寨走亲戚）；家中有客人时，妇女不能同男人同桌进餐等。

在阿昌族社会中，妇女的地位低于男子，妇女不能担任公职，也不能参与社会公共事务的处理。在社会交往中的某些场合，妇女只作为丈夫的辅助角色出现，不得参与男人们商谈大事。阿昌族禁忌规定，妇女忌从犁耙、拴牛的绳子等所有与犁田有关的农具上跨过，否则耕牛不听话，犁耙翻不动土；妇女忌从刀、枪上跨过，否则刀、枪会伤着自己。这些习惯法反映了阿昌族自进入农耕社会以来男子在社会中占支配地位的观念和男女不平等的思想。

二、刑事法律

（一）阿昌族地区的国家刑事法律制度

刑事法律制度的内容是规定什么是犯罪以及对犯罪如何惩处。唐代以前，中央王朝对阿昌族先民居住的地区实行羁縻制度，国家的刑法并未进入当地社会，在当地起作用的是习惯法。唐代，阿昌族先民“寻传蛮”处于唐王朝的统治范围之内，唐王朝的法律制度开始传播到“寻传蛮”地区，但起主要作用的还是“寻传蛮”自身形成的习惯法。《唐律疏义·刑名》卷六记载：“化外人同类自相犯者，各依本俗法；异类相犯者，以法律论。”当时“寻传蛮”居住地区虽已处于唐王朝的羁縻统治之下，但在法律适用上，是依本俗法治理，参照对化外人的规定按各族的习惯法从事，只有各族间的纠纷，才按国家法律处理。

唐代天宝战争以后，“寻传蛮”处于南诏地方政权的统治之下。南诏法律制度深受唐律影响，南诏王异牟寻在“答韦皋书”中说“先祖有宠先帝，后嗣率蒙袭王，人知礼乐，本唐风化”①，唐律中的一些内容仍然适用于南诏或者被南诏移植采用。从《云南志》记载看，由于南诏国境内各地区和各少数民族的社会经济、文化发展严重不平衡，南诏国对其统治下的西南各少数民族在法律制度上采取区别对待的原则。在南诏统治中心的“十睑”地区，严格实行南诏的刑事法律制度，对所发生的犯罪以南诏正式的刑事法律制度处理。对滇池、洱海之外的“以家支制度为特征的民族地区，以溪洞为其社会组织特征的地区和以火西制度为特征的民族地区”② 的重大犯罪，则进行武力征伐或者变通适用南诏国的刑事法律。可以推断，“寻传蛮”地区在重大刑事纠纷上适用南诏国的刑事法律制度。

元代，在阿昌族地区逐步适用国家的刑事法律制度。至元十四年（1277）以后，阿昌族居住地所属金齿宣抚司下六路皆设达鲁花赤（“亲民官”），辖境内案件由达鲁花赤直接断案，对杖罪以下案件可自行裁决，徒罪以上则须经路申奏刑部。国家在阿昌族居住地区设土官，对土官犯罪专门规定了与“流官”犯罪的“常律”不一样的惩处规定，对土官犯罪的惩治较“流官”更轻，但对土司“兴兵互相仇杀”之罪，以“叛逆之罪”重惩之。另外，对拒绝纳贡的土酋以“不输税赋”之名视作不臣而“征之”，进行惩处。《元史纪事本末》卷六载，大德五年“薛超儿等兵伐金齿诸蛮。时征缅师还，为金齿所遮，士多战死，金齿地连八百媳妇，诸蛮相效，不输税赋，贼杀官吏，故皆征之”，“刑起于兵”，元朝廷对不向中央王朝臣服纳贡的金齿地区各少数民族，包括阿昌族，以武力征讨作为国家刑事法律制度在少数民族地区适用的一种方式。

明代，随着土司地区任吏采用“夷”汉参用、流土共治的方针，国家刑法制度进一步深入阿昌族地区。这一时期国家刑律的适用主要是针对阿昌族地区土官土司的犯罪行为。提刑按察使司的设立使阿昌族地区被纳入国家统一的司法体系中，国家的刑罚制度、司法制度成为土官土司审理和惩治违法者的依据。明太祖朱元璋命六部官员对世袭土官和选用流官的犯罪做出处理决定：“凡土官选用官，有犯，依流官定罪；世袭者，所司不许擅问，先以平证之人推得其实，定议奏闻，杖以下则纪录在职，徒、流则徙之北平，著为令。”③ 《明会典》卷一百八十六《刑部》中规定“凡土司

① 欧阳修：《新唐书》卷二二二，《南诏上》，中华书局 1975 年点校本。
② 木芹：《南诏野史会证》，云南人民出版社 1990 年版，第 13 页。
③ 《明太祖实录》卷一六七，台湾“中央研究院”历史语言研究所校印本。

衙门人等，除叛逆机密并地方重事许差本等头目赴京奏告外，其余户婚田土等项俱先申合于土司，听其听与分理”。阿昌族地区土官土司的刑事案件和当地的重大命盗案件已经按国家律法处理。董善庆《云龙记往·段保世职传》中记载了明代云龙地区段氏几代土司在承袭中因违法而受到中央王朝惩治的事件，此记载虽不是正史，但可以从中了解明代中央王朝对阿昌族地区土官土司的违法犯罪行为适用国家刑事法律制度的情况。明代天顺年间，段铭承袭阿昌族地区土司职位时发生纠纷，酿成“抢官劫印”的刑事案件。段铭年幼之时，其母因嫌繁琐而将土司印交与巡检收存，“及铭长自理事，而巡检已易人，铭索印，巡检以前任交，不许。铭劫夺去，巡检以抢官劫印以闻，遂夺段氏世职，并裁巡检司”。明王朝对段铭“抢官劫印”的行为已不再按照少数民族内部纠纷处理，而适用国家刑事法律制度予以惩处，取消段氏土司世袭的权利以示惩处。嘉靖年间，又发生段氏土司仇杀的案件。段耀因年幼未得袭父职，而由其叔段文显袭替土司之职，待段耀成年后，叔侄因土司职位承袭产生怨隙。“嘉靖三十五年（1556）文显卒，耀率傈僳五百人余，抄其家，尽杀其妻子。”此案件由明朝在当地的提举司予以管辖并上报上级官府按照明朝对土司违法的惩处制度做出处理，“耀以杀胞叔家属并劫掠民间，提举司申报上官，檄各土司擒之，尽诛其党，赦耀，革世职土知州，降为定西岭巡检。耀至凤谷引毒死。”万历年间，云龙州阿昌族地区发生土官被杀案件，“段进忠、进义、进孝纠夷民杀土官嘉龙。其子保告于各土司，擒之，解省枭示”。案件的最终裁处按照国家正式刑法制度处理。“（天启）四年（1624），保承袭，后为沐国公杖毙，子德寿袭。”① 从上述《云龙记往·段保世职传》对段氏几代土司的争袭纠纷案件的处理中可知，明代的刑罚制度中的夺爵、廷杖、枭首示众等已经适用于阿昌族地区，尤其对土官土司之间的仇杀案件，要由中央王朝予以处理，尽管处理中对土官土司多有赦免。同时，明政府也意识到在处理阿昌族社会内部刑事纠纷时，不可能完全适用明律，对一些纠纷仍以“俗法”从事，多采用赎刑方式处理。

清代，国家对阿昌族地区的治理以澜沧江为界分别采用“改土归流”和继续保留土官土司两种方式治理。在改土归流的地区，清政府适用国家法处理命、盗、劫掠等重罪案件，由流官审理；轻罪案件由土司管辖，适用阿昌族习惯法处理。针对南方少数民族制定的一些罪名，如私出他省罪，违例与夷民通婚、土司纵土民为盗罪等，以

① 董善庆撰：《云龙记往》，《段保世职传》，李春龙、刘景毛点校：《正续云南备征志精选点校》，云南民族出版社2000年版，第170—171页。

及国家的刑罚制度也适用于阿昌族。在保留土官土司的地区，如漕涧阿昌族土司一直沿袭至咸丰、同治年间，则多由土官按照土官衙门的法律和习惯法处理当地刑事纠纷。

（二）阿昌族刑事习惯法

1. 阿昌族刑事习惯法的特点

在阿昌族习惯法中有关刑事习惯法律制度的适用有以下的特点：①对违法犯罪者实行较为严厉的制裁，以此达到减少犯罪或者杜绝犯罪的目的，如梁河地区阿昌族对于违反家族家会规定的，可以同时处打大板（类似杖刑）直至被罚者皮开肉绽和罚金。②阿昌族习惯法对于违法犯罪的处理主要通过罚财赎罪的方式处理，甚至命案亦可以赔偿金的方式进行处理。③对于刑事法律责任的承担，阿昌族习惯法实行责任自负为主、家族承担为辅的原则。例如《云龙记往·阿昌传》中所提到的“猛仰往求一老妇，愿鬻身贸羊以赎父罪”①，父误伤他人，以罚金方式处理，父无力交纳赎金，即由其子代父交纳以赎父罪。

2. 案件类型及其处理

（1）命案及其处理

从文献的记载看，阿昌族习惯法将命案分为本民族内部成员间的命案和与外族间发生的命案。

对于本民族内部成员间的命案又分为故意和过失两种情形。在上文所述《云龙记往·阿昌传》中提到“因猎误射毙人”；《云龙记往·段保世职传》中说“自段氏失世职，夷民无统属，劫杀累累”②。从字面含义分析，记载中所说的“因猎误射毙人”是过失杀人的一种情形；“劫杀”可以理解为强行夺取他人财物并杀害他人的行为，当属于故意杀人案件。表明至少在明代阿昌族社会中对命案已有过失杀人和故意杀人之分。阿昌族对于本民族内部成员间的命案，解决的方式往往是罚以一定数目的羊、牛等财物，如上述记载中提到的“傈作捕治，令以数羊赎罪”，其实质是以罚金来补偿死者家属，并以此惩罚行为人。如果交不出赎金的，则被处死。死刑的方式有饮毒

① 董善庆撰：《云龙记往·阿昌传》，李春龙、刘景毛点校：《正续云南备征志精选点校》，云南民族出版社 2000 年版，第 169 页。

② 董善庆撰：《云龙记往·段保世职传》，李春龙、刘景毛点校：《正续云南备征志精选点校》，云南民族出版社 2000 年版，第 170—171 页。

死、杀死、脔磔、沉水，肉刑有吊打、斩手、罚大板（杖刑）等。

对于阿昌族与其他民族群体之间发生的命案，主要是仇杀，允许以灭族的方式解决，亦可以称为复仇。《云龙记往·阿昌传》中记载："祝美者，阿昌种也。喇乌灭，摆夷之种或死或逃，自此渐尽。惟阿昌、蒲蛮二种，亦各立酋长，不相属。……是时，蒲蛮有底弄者长蛇山，与猛猎有隙，袭而杀之，灭尽其族，独奴六得脱，嫁夷民早姓。底弄势压诸酋，夺劫所畜，众酋约攻不能敌。"蒲蛮，即德昂族之先民，其部分与阿昌族共同居住于今德宏自治州境内。蒲蛮底弄因与阿昌族猛猎有过节，对猛猎"袭而杀之"，并"灭尽其族"。待到猛猎家族的幸存者奴六之子早慨长至12岁以后，便实施复仇的行为。"知底弄未回，约附近酋长率众攻其寨，尽杀其家，并附近助恶家，焚其居，复率众邀底弄于吼汤坡。……慨率众追及，残杀之。夷众悦服，推慨为众酋长。"① 从这一记载中可以看出，阿昌族刑事习惯法对异族的仇杀可以复仇作为解决方式。

（2）盗窃案件及其处理

阿昌族社会中对盗窃案件分为盗窃个人财物和盗窃村寨公有财物两种情形。对盗窃个人财物的，阿昌族习惯法规定，凡偷盗者被抓获，除了罚款以外，还要由村寨中的几个人领着他并且要他背着所偷盗的东西到各家各户认错、道歉。习惯法还有对具体偷盗某物件进行严格处罚的规定，如偷一头牛赔四头等。对于未抓获盗窃者的，失物者将遗失何物和已知的盗窃者告知寨子的"吾曼作"或"作借"，"吾曼作"或"作借"则会同当事人和村寨中的老人加以处理，一般是退还失物，罚盗窃者两砣酒分给大家喝。另外，阿昌族社会中对于盗窃村寨公有财产的情形也有规定。刻于1911年的腊撒长官司正堂盖为定勒（村名，即轩勒）的碑条记载了阿昌族村规民约中对盗窃行为的处理，"寨众留山，只得向取犁弯碓嘴、斧柄刀把各小用物，若盗砍生柴一担拿护（获）罚银一册，偷伐木料，听寨公查明公罚，以严寨规"②。这份乡约中对公有山林木材予以了法律保护，对盗窃公有山林木材木料的行为规定由寨公按寨规给予罚银的处罚。

（3）奸淫案件及其处理

在阿昌族早期社会中并无奸淫案件的相关规定，处于"男女婚配无媒，听自择，

① 董善庆撰：《云龙记往·阿昌传》，李春龙、刘景毛点校：《正续云南备征志精选点校》，云南民族出版社2000年版，第169页。

② 刘江：《阿昌族文化史》，云南民族出版社2001年版，第199页。

不计同族尊卑”的状况，到阿昌族形成稳定的婚姻制度以后，社会中形成对奸淫案件的习惯法制度。奸淫案件分强奸与通奸两种，分别有不同的处罚。

通奸要绑吊罚款。与有夫之妇通奸处罚较重，按照侵犯夫权处理。如果奸夫被当场抓获要被毒打，该妇女则被送回娘家并被休，丈夫则可以再娶妻。通奸如果怀孕，女方必须说出奸夫，而奸夫必须被罚，一般交给该妇女的丈夫和家人三四百文做“洗脸钱”，并罚做苦力。如果是男女青年在“串姑娘”（自由恋爱）时发生性关系或者怀了孕，被女方父母、家族、寨子人知道后，就要将姑娘赶出寨子，在寨边临时搭建一间草房，供她分娩之用，满一月后，将私生子送给男方，并罚男方若干钱，请和尚念经洗寨子。所罚之钱归寨子所有。

强奸案分为强奸已婚妇女和强奸未婚之女两种情形。对于强奸已婚妇女的，按照侵犯夫权处理，要由村寨酋长罚财物，后来又称“洗脸钱”。《云龙记往·阿昌传》记载：“有奸淫者，妻必告其夫，夫鸣于酋长，长索其物百件，与众瓜分，以示罚。其物不计精粗、大小，牛等于鸡，针同于釜，以足百数为准，不足则杀之，故俗少淫。”① 在阿昌族先民当时生产力发展水平还不高的情况下，个人所拥有的财产数量是相当有限的，对实施奸淫者罚以“物百件”，对当时的阿昌族个人而言是相当严厉的惩罚。如果被罚以赔偿金的人其财产不足百件，或者交纳不出被罚的赔偿金，则被处死。强奸未婚之女的，双方必须结婚，若不结婚则要受重罚。此外，无论结婚与否均要罚洗寨钱。

阿昌族社会发展到清代已经出现了家会组织，如果是阿昌族家会中的成员有淫盗的，家会对淫盗者视情节而定，罚以一定数量的罚款，罚跪、捆绑、吊打，甚至让其“洗寨子”；为村寨祭寨神，挑沙铺路，清扫寨子四周；再重者驱逐出寨让其单住。②

（4）斗殴伤害案件及其处理

阿昌族社会中斗殴伤害案件分为人为斗殴伤害案件和非人为斗殴伤害案件。

对于家族或者本寨内成员之间发生人为打架斗殴或伤害的，由本寨的头人或者双方当事人的族人协商解决。对于双方争吵严重，影响极坏的，则要处罚，一般是无礼者先认错，罚酒给大家喝；对于斗殴打伤，情节较重的，则要处罚负担部分或全部医药费。

---

① 董善庆撰：《云龙记往·阿昌传》，李春龙、刘景毛点校：《正续云南备征志精选点校》，云南民族出版社 2000 年版，第 169 页。

② 云南省民族事务委员会编：《阿昌族文化大观》，云南民族出版社 1999 年版，第 137 页。

在上述腊撒地区刻于1911年的阿昌族村规民约中记载了阿昌族对于斗殴伤害案件处理的习惯法，“牛马相斗，非人便而牲畜自为之，若有被伤者，勿论大小，价值多寡，生死两头合价，畜主各受一半，免起争端”①。

（5）忤逆不孝案件及其处理

对于家族内如果有忤逆不孝以致小犯上者，其父母报于家会时，由家会开大会评判后惩处，一般对忤逆不孝以致小犯上者罚打40大板。

三、民事法律

（一）物权方面的法律制度

阿昌族习惯法中关于物权方面的规定主要涉及土地所有权和用益物权。

1. 土地所有权制度

从调查资料推断，阿昌族先民在原始农村公社时期，土地完全由村寨公有，个体家庭对土地只有占有使用权，其社会并未形成土地的个人所有权观念，亦无法律意义上的土地所有权制度。南诏时期，根据南诏的土地制度和中央官制，阿昌族先民“寻传蛮”的土地总体上由南诏王所有，村寨行使实质上的所有权，个体家庭可以获得土地的占有权、使用权、收益权及部分处分权，而土地的最后处分权在南诏王手中，南诏王可以将其土地分封给其各级职官，形成一地多主、一地多权的状况。

明代以后，阿昌族地区纳入土官土司的治理之后，其土地的所有权发生重大变化，村社公有土地不断转变为土司所有、个体家庭私有土地，出现了土官土司所有、村寨所有和个体家庭所有三种形式。如户撒腊撒地区的土地分为“土司田”、“薪俸田”、“寨公田”、“社团田”、“寺产田”、“私田”，其中私有土地包括“土司田”、“社团田”、“寺产田”、“私田”，在土地所有权中占据统治地位。而芒展地区阿昌族的土地主要分为水田、旱地、树林地等。旱地分为两种，即个体家庭私有和村寨公有。园地、宅地以及村寨附近个人培植的林地（如树木、竹林）为个体家庭私有；旱地和距离村寨较远的森林则为村寨公有，村寨成员均可自由开垦和使用。由于各村寨之间有界限，寨外的人不得开垦和使用。对于旱地，其所有权的最终处分权仍为土

① 刘江：《阿昌族文化史》，云南民族出版社2001年版，第200页。

司。水田为土司所有，但百姓长期稳定占有，土司不能随意抽走百姓占有的水田，只要不欠官租，占有者可以世代长期占有继承，类似于汉族地区的永佃权。水田占有者迁出本地区时，可以将占有的田出卖、典当或者转赠自己的亲族，也可以继续保留自己的耕种；占有者在迁徙后又重新迁回时，过去典当出去的水田，仍可以称“主”收回。对于村寨公有的土地（树林地）、公山的树木属于全寨公有，遇有全寨性的事情，可以动用砍伐出卖；公山以外的树木都各有其主。

阿昌族社会中对土地所有权（占有）的取得主要是通过开垦、“号地”等原始取得方式，例如，芒展地区阿昌族社会中规定，只要是本村范围内的居民都可以通过“号地”的方式占有使用本村的旱地，对于个体家庭占有的土地，在本人使用期间别人不能干涉，但使用旱地的人在不使用丢荒后，别人可以随便开种，原耕者不能过问。明代以后阿昌族社会中土地所有权的取得也有部分是通过买卖、继承而继受取得。对于个体家庭所有的土地，可以自由典当、抵押和买卖、租佃和转赠，但在土地所有权转让时家族内部成员享有优先权。在土地出卖时，首先要考虑出卖给本家族内，若家族内无人购买，方可出售给本村寨其他异姓；土地出卖后，若卖主不赎回，其家族有权赎回；若家族无人赎回，经家族同意，本寨其他异姓方能赎买。对于土地所有权的变动，一般都要约定转移土司门户（相当于交纳给土司的贡赋、租赋）给对方当事人。土地买断后，由卖方将土司门户负担转嫁给买方，转嫁多少由双方议定。

2. 土地的租佃与典当制度

明代以后阿昌族地区土司占有大量的土地，但无法亲自耕种，形成了土地所有权与占有权、使用权的分离，用益物权和担保物权出现了，并且形成了相关的制度。阿昌族社会中土地的用益物权主要表现为土地的租佃与典当，尤其突出地表现为土地租佃制度。阿昌族社会中存在大量的土地租佃关系，租佃形式各地不一样，在阿昌族聚居地区户撒将租佃分为活租和死租两种形式。活租又分两种：“对分租”（租率50%）和“三一分租”（租率33%）。定租，即“死租”，双方议定一定的租额，增产不增租。对于土地的典当在户撒地区也比较普遍，所谓“银到田还”，历史上该地阿昌族土地典当的形式为将田当出，在规定年限内不能赎取（不论过多久，甚至几辈人均可以赎取），规定时间内典方所获在该块土地上的生产物等于出当方支付了当价的利息。这种典当形式的频繁发展将形成典权。

从土地所有权的权能上而言，土地的典当、租佃导致土地占有权、使用权在主体上的变动，但土地的所有权则并未发生法律意义上的变动。而土司认田不认人，对于土司门户的转移在阿昌族各地区的规定不相同，有的地区抵押、典当亦将门户负担转嫁给对方，有的地方则不可以。

（二）债方面的法律制度

从文献记载看，至明初阿昌族应当形成了自己的债权法律制度，使用汉文的书面契约。《云龙记往·云龙记》中记载“摆夷兴自阿苗，计其世当东周之末。十一月梅花开贺新年，疑遵周正。及明初，段保为长，始教人识字，如借贷书契，犹沿其旧，曰限至某花开时，或曰限至某鸟鸣时”①。说明阿昌族已经开始以书面契约调整借贷关系。总体上，明清时期阿昌族的债权契约主要涉及本民族村寨的土地买卖、土地典当、租佃、雇佣及借贷等方面，其债的发生依据主要是合同（契约）之债。

1. 土地买卖、租佃和典当契约的规定

阿昌族习惯法中对个体家庭私有的土地允许买卖、租佃和典当，只要双方愿意，并且一般都立有契约。例如在陇川县户撒乡，历史上该地阿昌族土地的租佃、典当和买卖，一般均立有契约以确定当事人的权利和义务，亦有双方请寨中老人做证，吃一餐饭，当面言明的情形。契约中包含以下要件：①当事人的姓名及其简要情况；②当事人申明对所卖、出佃或者典当土地的合法权利，如有其他纠纷由卖主、出佃方或者典当方承担；③订立契约的缘由；④当事人各自的权利和义务的约定；⑤所买卖、租佃或者典当土地的位置（有四至的写清土地所在四至）；⑥“凭中”人；⑦订立契约的时间；⑧有转移土司门户的，约定土司门户的承担方式等。

立还田契文约人蛮来寨虞国彩，因其蛮那下寨喇以为因买房子应有不敷，欠少洋钱，将河边大田一丘（案：一箩种）底当到虞国彩名下，田价银五十文正，每两月息三分。到民国二十七年十月内，虞国彩又卖当到海喃寨着保名下，田价银洋钱五十文正。以后蛮那喇以有力十月取读（赎），物身不得加钱分文。恐口无凭，立此文约存照。

是十

平中人海喃熊寿

门户半户钱粮二钱，良谷一斗

① 董善庆撰：《云龙记往·云龙记》，李春龙、刘景毛点校：《正续云南备征志精选点校》，云南民族出版社2000年版，第167页。

民国二十七年十月二十二日立　　　　　　　　　　　　　　　　代笔虞国有①

从上述契约可以看出，该契约的内容和形式已经较为接近汉族地区的契约。此为一份土地抵押契约，该土地在短时期内就经历了抵押和典当两次，从中反映出该地区土地权能的变动是较为频繁的，其债权制度较为发达。契约中还约定了对土司门户的特殊负担方式，即土司门户原本应由出典方转嫁给典权方，但此种土司门户转嫁后并不是由典权方直接去交纳门户钱粮及负担，而是由典权方按其负担数字给予出典方。该契约中约定是出典方将门户费之一半转嫁给典权方，但典权方并不直接去交纳，典权方将应交纳的数额给予出典方，仍由出典方去交纳，因土司认田不认人。

2. 借贷之债的规定

阿昌族社会在明代已经“善商贾”，社会已经出现“贫富有差”，其社会中出现商品买卖所产生的合同之债是可以肯定的。在商品经济有一定程度的发展以后，阿昌族社会中出现了高利贷的借贷方式，形成借贷之债的规定。如在户撒地区阿昌族社会中，高利贷盛行。高利贷的借贷方式按其形式，可以分为货币借贷、实物借贷、抵押、买青苗四种。①货币借贷。按照货币借贷的利息形式，分为干息和水息。干息，即借货币利息支付货币利率一般在30%～40%，也可高于40%。水息，即借货币利息付稻谷。各阿昌族居住地区因经济发展的不同而选择不同的利息支付形式，商品经济较发达的阿昌族地区，干息是主要的货币借贷方式，山区则以水息为主要的货币借贷方式。②实物借贷。实物借贷是指借谷还谷这种借何种实物还何种实物的方式，但要支付高昂的实物利息。③抵押借贷。是指在借贷中通过提供一定的抵押物，一般是水田，来支付借贷中的干息或者水息的方式，其利息亦分干息和水息。④买青苗。又称“买谷铺”，即每年青黄不接时，借给农民一些货币，秋收时还稻谷。

在芒展，借贷的债利分为借钱抵田付利息、滑利和谷份三种。借钱抵田付利息是债主要求借钱人以田作抵，若是借债者拖欠利息和或还不起本金，债主可以随时没收其田自耕。滑利是不以实物作抵，有债主认为很可靠的人做担保才能借到。谷份是以十箩为一份，如借四还十或者借五还十。

---

① 《民族问题五种丛书》云南省编委会编：《阿昌族社会历史调查》，云南民族出版社1983年版，第19—20页。

四、婚姻家庭及继承法律

（一）婚姻法律制度

1. 阿昌族的婚姻原则

阿昌族的婚姻制度是以个体经济为基础的一夫一妻制婚姻，但也有一夫多妻的个别现象，即前妻不能生育。另外就是在阿昌族进入封建社会，阿昌族地区建立土官土司制度以后，土司或者地主可以续娶妾。阿昌族男子娶妾，需要经过前妻的同意，前妻的地位高于妾，妾在社会上受到一定程度的轻视。阿昌族有关婚姻的习惯法中规定了如下原则：①一夫一妻制为配偶关系的原则，一夫多妻很少。②民族内婚原则。历史上阿昌族除了与本民族成员相互通婚外，很少同外族通婚。从史料的记载看，明代阿昌族的婚姻严格实行“不婚别类”的原则，“峨昌虽与蒲蛮杂居，而婚娶不杂，惟求其同类而已”①。③同姓不婚原则。阿昌族一直以族内婚为原则，但清代以后随着与其他民族的交往，出现与外民族的通婚，主要是和傣族及汉族之间通婚，包括赘婿在内，赘婿从妻姓。在民族内婚原则被突破的情形下，形成同姓不婚的原则。阿昌族社会存在一定的配偶集团或者范围，有辈分等级之分。例如，对头婚，即甲家男娶乙家女，甲家女又嫁乙家男；多头婚，即与本民族内其他姓氏缔结婚姻而出现的姻亲关系。④同辈间转房制婚姻制度。哥哥死，弟可以娶寡嫂；弟弟死，兄可以纳弟媳。⑤姑舅表优婚原则。阿昌族实行“亲上加亲”的血缘婚姻。如瑞丽县户撒地区提倡“表姐表妹表成对，姨姐姨妈姨成双；侄女跟着娘走，只准淌出不淌进”。即实行单方的“姑表婚”，可以娶母亲的兄弟姐妹的女儿为妻，但不能娶父亲的兄弟姐妹的女儿为妻。而且舅父有优先娶外甥女为儿媳的权利，外甥女只有在舅家不娶的情况下才能他嫁。⑥一般不允许兄长未婚而妹妹或者弟弟先结婚。若超先结婚，必罚钱3—6两银子，俗称“超头钱”。只有在哥哥长期不在家或者有病不能结婚、弟妹年纪已大等情况下才可以超前结婚。

2. 婚姻缔结的形式

根据《云龙记往·阿昌传》记载，早期的阿昌族先民缔结婚姻“男女婚配无媒，

---

① 陈文修、李春龙、刘景毛校注：《景泰云南图经志书》，云南民族出版社2002年版，第283页。

听自择，不计同族尊卑。”至明代，阿昌族社会进入封建领主经济制度以后，婚姻的缔结多以父母包办为主，并以聘礼的给付为要件。景泰《云南图经志书》卷五“云龙州”记载了明代阿昌族“其聘礼用牛、马”①，表明阿昌族社会对婚姻的缔结形式有自己的习惯法规定。根据阿昌族的相关调查资料，阿昌族男女缔结婚姻有以下五种形式：

（1）父母包办的婚姻

丽江县户撒腊撒地区阿昌语将父母包办的婚姻称为“可龙”，婚姻按照“父母之命，媒妁之言”缔结。父母准备一定的聘礼，托“不砶”（媒人）到女家求婚，双方家庭商妥求婚、订婚之后，择吉日举行结婚仪式。男子还稍有选择之权，但最后的决定权仍属于父母之命、媒妁之言。女方则没有一点自由，只能跟着父母决定的所谓“大路”走。对不听从父母之命的，处罚非常严厉，处罚双倍的财礼，并永远不许女方回娘家。这种婚姻在很大程度上存在着买卖关系，是通过讲财礼而进行的。父母往往将自己的女儿当作私有财产出卖，向男方索取很高的财礼。

（2）自由婚姻

户撒腊撒地区阿昌语称自由婚姻为“南爵过士”，即男女青年在“串姑娘”的过程中双方相识后感情又好就要求缔结的婚姻。这种婚姻的基础是建立在双方自愿的基础上，同时也要取得男女双方父母的同意，是男女双方父母对子女婚姻自主权尊重的体现。这种婚姻的缔结仍然要请媒人去求亲，商谈聘礼，择定婚期，聘礼的多少和婚礼的举办与包办婚类同。

（3）领婚和抢婚

自由恋爱如果被父母反对，就实行逃婚或者抢婚，以迫使父母同意结成婚姻。

“领婚”在户撒腊撒地区阿昌族语中称之为“作业撒”，梁河地区阿昌族语称之为“扎尼拐”。这种婚姻的前提是男女双方自由恋爱，私订终身，但是父母不同意或者是已经将女儿许配他人，女方决定和男方逃跑，并约定好时间、地点，女方在离家前把一点零钱分别放于父母的枕头下、甄子里和石碓窝里，然后与男方逃跑。待女方父母发现这些零钱时，即明白女儿已经被领婚。

“抢婚”在户撒腊撒地区的阿昌语中被称作“作业撒路”，往往是男方主动出击，在女方家毫无准备和防备的情况下突然将女方硬性抢走。

① 陈文修、李春龙、刘景毛校注：《景泰云南图经志书》，云南民族出版社 2002 年版，第 283 页。

阿昌族的领婚和抢婚都是非正常的婚姻缔结形式。领婚和抢婚后，男方父母要尽快和家族间的长老管事们商议解决办法，三天内必须请媒人去女方家报信，向女方家说情赔礼，道歉认错。然后商谈聘礼，择定婚期。其聘礼与“可龙”婚相同。如果抢婚或领婚七天后，男方家还不托人来赔礼说情，事态将可能激化，甚至引起两村之间的矛盾和械斗。抢婚或者领婚后，在梁河地区，如果男女双方父母对抢婚或者领婚不同意，双方就一起逃出缅甸，日后生儿育女成为事实婚姻后再回故乡；如果女方父母坚决不同意，则只好由男方单方操办婚礼，婚后女方父母不允许女儿回娘家，断绝关系，当然女方父母坚持不同意的现象极为少见。

自由婚姻、逃婚和抢婚的结婚形式、过程、聘礼等多与父母包办婚一样。抢婚成功后男方要托“不砼”（媒人）到姑娘家报信；逃婚的男女青年相约逃婚回来后，仍要按照一定的聘礼、婚仪结婚，不回来的则作罢。这三种婚姻缔结方式与父母包办婚姻一样，聘礼是固定的，男方家都要花费大量的钱财。

（4）“转房制”婚姻

阿昌族社会中普遍盛行夫兄弟婚的转房制度，但只能在同辈兄弟中进行。即兄死，弟娶其嫂，弟死，兄纳弟媳。这种夫兄弟婚的缔结，使原来的叔嫂关系、兄与弟媳的关系变成了夫妻关系。原来兄或者弟所生子女，按照其原来的关系称呼；夫兄弟婚后所生子女，按父母称呼。《滇海虞衡志》中记载明清时期阿昌族“旧俗，夫兄死则妻其母嫂，后罗板寨百夫长早正死，其妻方艾自矢不失节，遂俄而死，其俗乃革”①。夫兄弟婚，新夫不再给丈人家聘礼，只是到丈人家去通知一下。

夫兄弟婚要经过双方同意，若哥或者弟已有妻子，还要经三方协商同意。如果寡妇不愿在夫家转房，也不愿意外嫁，仍然可以留守亡夫家；若寡妇不愿转房，而另欲他嫁，则丧失亡夫的财产继承权，只能带走自己的嫁妆，所生子女也归亡夫家抚养，有的地方允许寡妇带走女儿。

（5）入赘婚

女方家无兄弟者，可以招赘婿。入赘者大多是家庭困难，且兄弟多，无力娶妻的人家的儿子。入赘前，经人介绍，双方同意后择吉日举行婚礼。赘婿从妻姓，子女亦从母姓。赘婿对岳父岳母有养老送终的义务。

3．结婚的程序

---

① 檀萃辑：《滇海虞衡志》卷一三，《志蛮》，“小方壶斋舆地丛钞”，杭州古籍出版社 1985 年影印本。

按照阿昌族习惯法，无论是包办婚姻还是自由婚姻，其婚姻的正式缔结一般要经过五个程序：①说媒。男方父母请媒人带上酒、礼包到女方家说亲，但领婚和抢婚的没有说媒这一程序。②定亲。确定亲戚关系，立下婚誓字据。③择吉日。一般请和尚择一吉日来举行婚礼。④送礼。在择订婚礼日期后，男方将礼金和其他物品送到女方家。早期是男方家先接走新娘，后讲财礼，后来变为先讲定财礼，而后接人。⑤举行婚礼，缔结婚姻，婚姻关系成立。

4．离婚和再婚

阿昌族的婚姻关系极为稳固，历史上离婚现象极为罕见。根据调查资料看，阿昌族的婚姻家庭如果闹矛盾、闹离婚，多半由双方长辈亲戚调解，男方赔礼认错，最终会再共同生活。随着阿昌族社会的发展，阿昌族习惯法中对离婚也有规定，有以下三种情况之一的，允许离婚：①女方向男方提出离婚，女方赔偿男方全部费用。②男方提出离婚，女方不会勉强，卷席返娘家。女方不需要偿还男方婚礼费。③男女双方生有子女，无论谁提出离婚，子女抚养由双方协议规定，多数为女方抚养，男方不负任何责任，且女方再嫁时将子女一同带去。但儿子必须留在夫家，女儿可由母亲带走。[①] 新夫须像对待自己的子女一样对待。离婚手续是由双方长老为后盾，往返交涉、商议并公开宣告。在此之前分居，直到双方长老宣布后为婚姻终止，解除夫妻关系。[②]

阿昌族离婚后，女方一般要回娘家居住。若夫妻已经生育子女，女方一般会要求隔出半间住房带着孩子与丈夫分居生活。离婚时，女方可以带走所有嫁妆，其他房产、地产则留在男方家，不做分配。阿昌族离异的妇女或者丧偶的寡妇再嫁时，新夫家不用再送彩礼到女方家，只需稍带礼物向女方家致意即可。

（二）家庭法律制度

1．父权制一夫一妻家庭

阿昌族社会是父权制一夫一妻家庭，父亲为一家之长，子女从父姓，家庭和家庭世系按父系计算。招赘家庭则反过来，儿子必须随母姓，世系按母系计算。父母有抚养子女、为子女婚嫁的义务。

① 刘江：《阿昌族文化史》，云南民族出版社 2001 年版，第 177 页。

② 王志良、文小勇主编：《阿昌族——陇川户撒乡芒东下寨》，云南大学出版社 2001 年版，第 116 页。

前文已述，历史上阿昌族夫妻在家庭中地位不平等，妇女地位低于男子。在历史的发展变迁中，近代以来夫妻在家庭中的地位一般是平等的。阿昌族社会中有极个别的一夫多妻情况，主要是前妻不育，或者土官土司霸占民间良女。前妻的地位一般要高于其他妻子，丈夫在娶妾以前，须经前妻同意方可。夫妻有共同抚养子女的义务，年老无子互不抛弃。

2. 长子另立门户制

阿昌族长子结婚后，即与父母分居，另立门户，幼子留居老家，只有少数幼子因父母不喜欢才与父母分居。分居时，财产由各子平均分配，不能平均分配的采取折价的办法分配。分居时，房子一般归留守老家的儿子所有。但父母无力给分居的儿子建房，或者家中有多余的房屋，可以酌情分给分居的儿子。分居的儿子所建房的费用，由全家负担。

3. 对父母的赡养义务

阿昌族对于父母的给养，一般是在平分父母财产时，将最好的田抽一两箩出来，称“供应田”，专供父母养老之用，由留守老家的儿子耕种。如父母之需不够，则由留居老家的儿子负责。子女对父母有养老送终的义务。

4. 养子的权利和义务

无嗣之家，可以招收养子。招收养子须先在本家族内部招收，且须先考虑招收近亲，若无近亲，才能在家族其他支系中招收。家族内无养子可以招收，经家族同意后，才可以在异姓中招收。养子和亲生儿子一样，有继承父母财产的权利，也有对父母养老送终的义务。

5. 对户绝户财产的处理规定

户绝户的财产，全部归其近亲所有；若无近亲，则归其家族；若无家族，则归村寨公有。

（三）继承法律制度

阿昌族习惯法中的继承包括身份的继承和财产的继承。

1. 土司身份的继承

身份的继承主要发生在土司职位的继承上。明代以前，阿昌族的部落首领或者头人是选举产生的，并不实行世袭。明代以后，阿昌族地区处于土司的统治之下，土司职位的继承实行世袭制，即长子继承制。《云龙记往·阿昌传》中记载有“前此酋长任人自立，慨定以铁印券为凭，不得擅立，又定酋长以长子继”①。这与阿昌族民间社会中的幼子继承制正好相反，这是因为明代以来阿昌族地区的土司承袭适用的是中央王朝关于土司承袭的法律制度。

2. 财产的继承

根据调查材料，阿昌族的财产继承涉及以下几方面：第一，夫妻之间可以相互继承遗产。第二，对于父母财产的继承，阿昌族一般实行幼子继承制。幼子与父母居住在一起，继承父母的大部分财产。其他儿子在分居另立门户时得到父母的一部分财产，如一部分生产用具和房屋。第三，女儿一般不得参与财产继承。第四，若无子招赘婿的，赘婿可以继承岳父岳母的遗产。第五，无嗣之家如果招收养子，则养子和亲生儿子一样可以继承养父母的财产。

五、纠纷的解决

阿昌族的纠纷解决机制可以分两个层次：一是通过国家正式法律制度解决纠纷，另一种是通过其习惯法解决纠纷。

（一）国家正式法律制度解决纠纷

元代以后，阿昌族居住地区处于国家之边界，元明清中央王朝均较为重视对阿昌族的治理。元代在路、府、州、县所设达鲁花赤专门审理案件，徒罪以上重大案件由达鲁花赤上奏经行省报刑部审理，阿昌族地区土司间的纠纷开始纳入国家的司法管辖中。自明代始，中央王朝对阿昌族地区积极推行国家的正式司法制度，主要通过对阿昌族地区土官土司间纠纷的国家管辖与国家法的适用来行使中央王朝的司法权。明代对西南少数民族地区土司间争地兴兵仇杀的，规定“有相仇者，输上，听命于天子”②，适用国家法律解决，裁决权在皇帝手中。对于阿昌族地区土司承袭土司职位所引起的纷争、仇杀，也不例外地由国家司法机关适用国家法律予以处理。《云龙记往·段保世职传》中记载，明嘉靖三十五年（1556），云龙地区段氏土司承袭发生纠纷，“（段）文显卒，耀率傈僳五百余人，抄其家，尽杀其妻子。文显舍目段早邦预闻

① 董善庆撰：《云龙记往·阿昌传》，李春龙、刘景毛点校：《正续云南备征志精选点校》，云南民族出版社2000年版，第169页。

② 《明孝宗弘治实录》卷一八七，台湾“中央研究院”历史语言研究所校印本。

其谋，携文显幼子绥夜渡江潜逃。耀以杀胞叔家属并劫掠民间，提举司申报上官，檄各土司擒之，尽诛其党，赦耀”。官府对此土司承袭案件进行司法管辖并以国家法做出处理。万历四年间，云龙地区段氏土司又发生争斗仇杀，“段进忠、进义、进孝纠夷民杀土官嘉龙。其子保告于各土司，擒之，解省枭示”①。

另外，在阿昌族地区所形成的土司法律规范，如陇川户撒腊撒地区的土司曾有成文法（已遗失），有监狱、手铐、木靴、链条等刑具②，具有“准”国家法的性质。土司衙门的法律规范已被纳入整个国家的法律体系中，成为一种法的正式渊源，属于国家法律制度的一部分。土司衙门适用土司之法律规定解决阿昌族社会的纠纷，是国家对解决阿昌族社会纠纷的一种体现。

同时，阿昌族社会内部也开始积极寻求国家法律来解决纠纷。当事人如果不服村寨头人的处理，可以告到官府。刻于1911年的腊撒长官司正堂盖为定勒（村名，即轩勒）的碑条记载：

“钦赐花翎四品衔世袭腊撒长官司正堂盖为定勒（村名，即轩勒）碑条，永远遵照事，照得轩勒人民汉夷同住，每至公私事件心难如一，行止多端，叠相争讼本司，此次亲临该寨，讯晰历来之由，有利之事则兴，有弊之事则除。拟定寨内汉夷愿同欣行，规条七则，备案出示，条则录铭。”③

反映了清代阿昌族社会中个体成员已经逐步将案件提交当地土司衙门处理的状况，甚至出现“诉讼过多”的情形，使土司衙门要借助乡约的纠纷解决功能来减少正式的诉讼。另据调查资料显示，现潞江县高梗田阿昌族王氏家族在历史上曾与当地郎家为争一股水发生纠纷。王家的人用锄头敲死了自己的亲戚王古老太，王家因此被告官司。官判两家都有斩手之罪，于是斩手。④这一事件反映出国家的正式法律制度已经适用到阿昌族社会的重大纠纷中。

（二）习惯法解决纠纷机制

1. 村寨和家族家会组织对纠纷的解决

阿昌族社会中对本民族内部的纠纷有其固有的解决组织，包括其部落酋长、村寨

① 董善庆撰：《云龙记往·段保世职传》，李春龙、刘景毛点校：《正续云南备征志精选点校》，云南民族出版社2000年版，第170—171页。

②④ 云南省编辑委员会编：《阿昌族社会历史调查》，云南民族出版社1983年版，第36、76页。

③ 刘江：《阿昌族文化史》，云南民族出版社2001年版，第199页。

的“作借”和“吾曼作”以及家会。元代以前，阿昌族社会的纠纷由部落酋长予以处理，前文所述文献《云龙记往·阿昌传》中即载有“阿昌中有傈作者，居今松牧村，号象山酋长”①。明清时期阿昌族社会中适用习惯法对日常纠纷予以解决的主要是村寨中的“作借”和“吾曼作”。清代以后，阿昌族社会形成了有组织、有规模的家会组织，家会成为阿昌族社会固有纠纷解决机制中最重要的组织，与村寨中的“作借”和“吾曼作”共同处理社会中的纠纷。习惯法中对纠纷的解决有如下特点：

（1）以罚财赎罪为主的纠纷解决方式

在阿昌族习惯法中，除了土司间的仇杀由国家处理，与外族间的仇杀以灭族方式复仇以外，大量的案件都可以由部落酋长或者村寨的“作借”和“吾曼作”通过罚财赎罪的方式来解决。从命案到婚姻家庭中发生的一般纠纷，都可以通过财物的赔偿来化解矛盾，具体可以罚羊、酒、货币、罚洗寨子、逐出寨子、处罚双倍财礼等方式来化解矛盾。

（2）以调解为主的纠纷处理程序

对于本民族内的刑事纠纷和婚姻家庭中产生的纠纷，例如偷盗、奸淫、离婚等纠纷，往往由双方当事人或者双方的家族在族长或者寨主的主持下进行调解。

2. 通过“神判”对纠纷的解决

阿昌族对于疑难案件，即当事人双方争执不下、证据不足的案件，采用“神判”的方式来解决。“神判”的适用和形式有如下几种：

（1）对日常纷争，将当事人双方自己的理、咒语、庚辰写在纸上放到香炉里焚烧，谁的庚辰先烧掉就判谁无礼。

（2）在失物后对某人有嫌疑，用以下形式处理：

“捞油锅”：争执的双方择定时间、地点，在一空旷地方烧一锅油，请寨中的“吾曼作”和“作借”做公证人，要祭祀寨神“色蒙”，待油锅滚涨后，双方同时伸手入油锅中，谁被灼伤则为输，输者要赔偿相当于失物量的数倍。

赌咒：争执的双方约定时间、地点，扔下赌注，祭祀寨神“色蒙”，然后赌咒说：如果我偷了你的东西，要死绝死败，愿输赌注，等等，赌咒后则看后来的应验。敢于面对寨神赌咒发誓自己无错者，就等于胜诉。

点烛：争执双方约定时间、地点，请来公证人，双方各点烛一支，看谁的烛先灭

① 董善庆撰：《云龙记往·阿昌传》，李春龙、刘景毛点校：《正续云南备征志精选点校》，云南民族出版社 2000 年版，第 169 页。

则为输，即赔偿失物。

占卜：用卜鸡蛋卦来解决偷盗嫌疑案件。阿昌族是善于以卜卦来决定生活中各种大事小事的民族，占卦者有活袍、巫师和普通人。清代檀萃辑《滇海虞衡志》中记载："峨昌，一名阿昌。性畏暑湿，好居高山，刀耕火种。妇女以红藤为腰饰，祭以犬，占用竹三十三茎，略如蓍，嗜酒负担，禽兽虫豸皆生啖之。"①《云龙记往·阿昌传》中提及阿昌族惯以占卜定吉凶，判纷争，"后又能揲蓍三十三根，九变以卜吉凶，夷人服其神明，呼为'阿弥'"②。民族调查资料表明，阿昌族惯于以占卜来解决纠纷，方式除了卜鸡蛋卦之外还有刀卦、米卦、鸡卦和阴阳卦等。

（3）对于无法裁决的重大案件，如偷牛、偷马以及山林和土地纠纷案件，用"闷水"的方式解决。"闷水"即由族长寨主或者庙主和道士主持，把两根长竹竿插入小河或深池塘中，令双方当事人各顺着一根竹竿潜入水下，谁在水中闷的时间长，谁就得胜；谁在水中闷不住先露出水面，谁就输理而受到惩罚。

---

① 檀萃辑：《滇海虞衡志》卷一三，《志蛮》，《小方壶斋舆地丛钞》，杭州古籍出版社 1985 年影印本。

② 董善庆撰：《云龙记往·阿昌传》，李春龙、刘景毛点校：《正续云南备征志精选点校》，云南民族出版社 2000 年版，第 169 页。

第七章

拉祜族法史

第一节

拉祜族概况

一、拉祜族分布及族源

拉祜族是新中国成立后开展民族识别工作中于1954年确认的少数民族，其先民属“古代羌人族系”，是一个在南迁中不断发展起来的民族。拉祜族人口据2010年第六次全国人口普查有485966人。拉祜语属汉藏语系藏缅语族彝语支，直到民国初年都无文字。20世纪初，外国传教士设计了一种用拉丁字母拼写的文字，但使用面很窄，1957年中国科学院少数民族语言研究所会同云南省有关单位，确定了以拉祜纳（拉祜族的一支）方言为基础方言，以澜沧县勐朗坝、东回、糯福一带的语音为标准音，以改革后的原有拉丁拼音文字为主的《拉祜族文字方案》。① 现在拉祜族人口分布遍及全国24个省、市、自治区，在主要聚居区云南，78%分布在澜沧江以西，北起临沧、耿马，南至澜沧、孟连。其余的分布在澜沧江以东的景东、镇沅、景谷、景洪、勐海、思茅、普洱、元江、江城、金平等县。此外，在湖南、四川、安徽、广东等省也有分布。拉祜族分为拉祜纳和拉祜西两大支系，他们都自称“拉祜”。

根据考古发现和现有史料的记载，古代拉祜族属羌人族系。新石器时代晚期，羌人中一支受彩陶文化强烈影响的开拓者，由甘肃、青海一带经四川西部进入云南西北部，开辟了一条沟通南北的通道。此后，羌人群体在自然条件和社会环境的作用下陆续分批向南迁徙。秦穆公以后，西北地区的羌族迫于秦国军事压力，沿着旧道向原来就与他们有着亲缘关系的人们居住的西南地区迁移。《后汉书·西羌传》载：“至爰剑曾孙时，秦献公处立，欲复穆公之迹，兵临渭首灭狄豖原戎。忍季父印畏秦之威，将其种人附落而南发，出赐支河曲西数千里，与众羌绝远，不复交通。其后子孙分别各

① 《拉祜族简史》编写组、《拉祜族简史》修订本编写组：《拉祜族简史》，民族出版社2008年版，第2页；高文德主编：《中国少数民族史大辞典》，吉林教育出版社1995年版，第1369—1370页。

自为种，任随所之，或为牦牛种，越巂羌是也；或为白马种，广汉羌是也；或为参狼种，武都羌是也。”①《史记·西南夷列传》说：“西南夷君长以什数，夜郎最大；其西，靡莫之属以什数，滇最大；自滇以北，君长以什数，邛都最大；其外，西自桐师；以东，北自叶榆，名为巂、昆明；自西以东北，君长以什数，徙、筰都最大……皆氐类也，此皆巴蜀西南外蛮夷也。”② 书中提到的氐类或称作氐羌族类中理应包括拉祜族先民在内。这就说明，最迟到战国时代，拉祜族先民就已迁入云南，他们与其他彝语支族体组成的族属集团，即汉代见诸史书的昆明人。汉武帝时设置益州郡，昆明人与各族之间的隔绝闭塞状态被打破，发展进程中拉祜族从昆明人族属集团中分化出来。“三国至唐，拉祜族先民活动于今永胜、姚安、巍山一带。”③ 南北朝以后，拉祜族作为一支不可忽视的政治力量登上历史舞台。《爨龙颜碑》记载：“岁在壬申，百六遘衅，州土扰乱，东西二境，凶竖狼暴，缅戎扣场。”④ 爨氏为蜀汉时期南中大姓，后崛起为地方割据势力。“缅”为拉祜族的彝语他称。当时，拉祜族各部落联合起来进攻地方割据势力西爨政权。虽然，最后以战败告终，但是从碑文记述来看对西爨构成了不小的威胁。唐代，拉祜族又以他称“锅锉”为名第一次作为单一族体出现在官修史书《新唐书》中。“宋代，拉祜族聚居在洱海南部的巍山、弥渡之间。宋末拉祜族分两路迁至临沧和景东以南一带。”⑤其中，沿东路迁徙的拉祜西以景东、景谷为主要聚居地，与当时居住该地的傣族贵族构成贡纳制隶属关系，明代以后傣族的封建领主经济日趋成熟，拉祜族各部落随之被纳入傣族封建领主经济体系。沿西路迁徙的拉祜纳聚居于临沧地区，初时过着双系大家庭公社生活，14 世纪中叶傣族迁入后亦进入到傣族的封建领主经济制度下。明清两朝始终贯穿着拉祜族反抗封建压迫的起义斗争。在这场旷日持久的战争中，拉祜族被纳入清王朝封建统治的地方行政体系。在社会经济方面，18 世纪，镇沅、景东一带拉祜族大家庭公社解体，出现了封建领主经济和封建地主经济并存的局面。19 世纪 80 年代至 20 世纪 20 年代，澜沧、双江等地的拉祜族也先后发展到封建地主经济。至此，近代拉祜族社会经济发展区域性不平衡的格局形成了。在拉祜族的地域分布上，拉祜族再次进行局部迁徙，有的越过澜沧江迁入澜沧县，有的顺江南下寻找新住地，有的退入森林，最后定居于现在分布地区。

---

① 范晔：《后汉书》卷八七，《西羌传》，中华书局 2005 年点校本。

② 司马迁：《史记》卷一一六，《西南夷传》，中华书局，1959 年点校本。

③⑤ 《拉祜族简史》编写组、《拉祜族简史》修订本编写组：《拉祜族简史》，民族出版社 2008 年版，第 3 页。

④ 方国瑜：《云南史料丛刊》（第一卷），云南大学出版社 1998 年版，第 237 页。

拉祜族中特殊的一支苦聪人，1958 年以前一直生活在茫茫林海中，生产力水平低下，生活状况极端艰苦。现在大多数学者研究认为，苦聪人应是在民族大迁徙过程中，由于民族压迫和战争原因被迫退入高山林地居住的拉祜族群体。支持该观点的理由有三：一是苦聪人的社会组织形式并不落后，父系个体家庭已经形成为占主导地位的私有制生产组织形式。二是虽然苦聪人耕作技术水平不高，平时都以玉米为主食，但他们认为祖先不吃玉米，而吃旱谷，故祭祀时献祭旱谷。这说明他们是因为退入原始森林才出现了生产力的倒退。三是苦聪人尽管不会纺织，然而他们的语言中纺、织、纺轮等与纺织有关的词汇与其他拉祜族支系只存在方言上的区别，如若先前没有纺织技术，就很难解释这一切。同时，需要说明的是，1987 年 8 月 9 日，云南省政府根据民族工作部门的调查核实和苦聪人的意愿，决定恢复苦聪人拉祜族族称。李进参著述的《拉祜族》一书中写道："云南境内的拉祜族自称有三种，即拉祜纳、拉祜西和拉祜普。旧时被人们称为'苦聪人'的拉祜族，其自称也不外乎拉祜西、拉祜纳和拉祜普。"① 结合调查材料来看，苦聪人的习惯法在很多方面与拉祜族的主体部分并无实质区别，本书采用现在的通说，认为苦聪人确系拉祜族中因历史原因而退回森林的一部分，仅对其习惯法中特殊之处进行介绍，不再专章论述。接下来笔者将以拉祜族的社会形态及其对应的经济基础为主，分三部分对拉祜族的历史做简要论述。

二、拉祜族的历史发展

（一）传说中的原始社会

拉祜族长篇史诗《牡帕密帕》说，天神厄莎从葫芦里孕育出扎笛、娜笛兄妹，并让他们婚配，生下 13 对孩子，其后每对又生 900 人，其中 900 人是拉祜族。他们在厄莎的启发下，最初从事采集业和狩猎业，之后无意中炼出了铁，开始农耕生活。② 传说充满了幻想的离奇成分，今天看来与现实相去甚远，但它往往是现实生活的折射。《牡帕密帕》所展示的正是人类社会共同经历的原始社会时期的生产生活画面。与此相对应的是《史记·西南夷列传》称，拉祜族先民所属的昆明人集团"皆编发，随畜

---

① 李进参：《拉祜族》，民族出版社 2002 年版，第 1 页。

② 思茅地区文化局、思茅地区民族事务委员会编：《拉祜族民间故事》，云南人民出版社 1990 年版。

迁徙，毋常处，毋君长”①。在这样的生产力水平下，人们必然结成群体而居，面临的最主要的任务是如何在恶劣的自然环境中繁衍生息，因此不可能有太多的思考、约束，成熟的社会规范尚不具备产生的条件，所以扎笛和娜笛婚配繁衍后代的故事出现在传说中，是厄莎这位无所不能的天神认可、期盼的。整个族属集团没有形成等级制度，也没有出现政治组织，这时的拉祜族社会，法律正随着生产力的发展如春芽般徐徐萌动。然而，需要特别指出的是史诗中提到拉祜族已经开始冶铁，20 世纪 50 年代以后所做的调查材料也显示，拉祜族很早就有了自己的铁匠，铁工具的使用促使农业生产逐渐成熟，从而为部落和部落联盟的形成奠定了基础，这又为原始行政制度的产生做了准备。

（二）从母系制社会到双系制社会的转变

《拉祜族简史》写道：“继原始共产制公社解体，古代拉祜族最初的私有制社会组织是双系大家庭公社。”② 笔者认为这一说法值得商榷，其中应还经历过母系制公社。

《民主改革前耿马县福荣区芒美乡拉祜族家庭形态调查》材料中记述，早期拉祜族家庭由家庭中的年长女性担任家长，称“叶协玛”，家庭即以该女性的名字指称。葬礼实行火葬，男子死前或死后要回到自己出生的家庭火化③。《民主改革前孟连、沧源、澜沧三县拉祜族家庭形态的一些情况》写道：大完楼、楼梅和阿呜巴等寨仍保留男子外出结婚、女子留家、父母多由幼女扶养的婚姻家庭制度。婚后，女方可以借各种理由把男子赶走。《澜沧县、糯福等区拉祜族家庭制度调查》列举的许多家庭都是女性做家长。④ 其他调查报告反映的情况也与此类似。而在拉祜族先民迁徙中曾经停留过的“南基”（在今青海玉树藏族自治州境内的长江通天河上游），据《青海省玉树藏族自治州概况》载：“玉树地区最早的居民为西迁羌人。后来逐渐发展为两个大的部落联盟集团……有‘苏毗国’，在通天河流域有‘多弥国’。部落首领是女的，属母系制社会。”拉祜族民间文学中亦有女人做国王、统治一国的故事。《落水洞的传说》讲述的就是神秘的清泉水边女儿国怎样崛起、发展，再走向灭亡。

唯有存在母系制社会才能解释，为什么有的地区姨表婚被禁止，而盛行舅表婚

① 司马迁：《史记》卷一一六，《西南夷传》，中华书局 1959 年点校本。

② 《拉祜族简史》编写组：《拉祜族简史》，云南大学出版社 1986 年版，第 11 页。

③ 云南大学历史研究所民族组：《拉祜族佤族崩龙族傣族社会与家庭形态调查》，云南大学历史研究所民族组编印，1975 年版，第 8 页。

④ 晓根：《拉祜文化论》，云南大学出版社 1997 年版，第 32、33 页。

——在母系制大家庭内人们认为姐妹之间的亲属关系要更进一层。也才能理解从妻居的婚姻习俗，以及为什么最初男性无家庭财产继承权。随着进入双系制社会，从妻居的期限缩短，甚至可以嫁娶，以及男性有了和女性同等的继承权等问题也有了答案。同时，双系并存的家庭制度为拉祜族的“屋吉屋卡”组织提供了良好的发展环境，这将在后文介绍。

（三）多民族文化交流中的拉祜族社会

1. 史书中的拉祜族

拉祜族第一次出现在官修史书上应是在唐朝，《新唐书·南蛮传下》载：“北又有浪稽蛮、罗歌谷蛮。东有婆狄蛮、乌皮蛮。南有离东蛮、锅锉蛮。西有磨些蛮，与南昭、越析相姻娅。”①“锅锉”即拉祜族，现在金平县的苦聪人仍自称为“郭抽”，二者应只是音译的不同。记载虽只有寥寥数笔，却说明拉祜族已经成为一个单一族体，在地方上形成一支不可忽视的政治力量。《爨龙颜碑》进一步印证了这点。碑文记载：“岁在壬申，百六遘衅，州土扰乱，东西二境，凶竖狼暴，缅戎寇场。”②“缅”为拉祜族的彝语他称。以后很长一段时间内拉祜族似乎在史籍中销声匿迹了。直到清代，复又重现史册。清朝文献中称拉祜族为“倮黑”、“喇乌”和“苦聪”。雍正《顺宁府志》说：拉祜族“其俗与僰人不相甚远。饮食取蜂蛇鼠蛤，无所不啖。然勤于耕作，妇人任力，男子出猎”③。“僰”指傣族。顺宁府之地，包括今凤庆、云县、临沧、双江、孟连、澜沧、西盟、耿马、沧源一带。这些地区的拉祜族与傣族杂居，两个民族在生产生活、经济文化上均有联系。受傣族影响，该地区的拉祜族从事农业，勤于耕作，但发展程度不及傣族，狩猎的经济方式仍占相当比重。道光《普洱府志》卷十八称，拉祜族“男女皆穿青布短衣裤……随年常带枪刀弩弓，不事耕作，以捕猎为生”。普洱府辖境包括普洱、景谷、墨江、思茅等地。这部分拉祜族要相对落后，基本处于狩猎经济阶段，还未发展起农耕经济。

上述记载表明，拉祜族在迁徙中与其他民族不可避免地发生着联系，由此形成了拉祜族内部循环有序、自成体系，外部相对开放的社会组织结构。在与其他民族的交

---

① 欧阳修：《新唐书》卷二二二，《南蛮下》，中华书局1975年点校本。

② 方国瑜：《云南史料丛刊》第一卷，云南大学出版社1998年版，第237页。

③ 朱占科修，周宗洛等撰：雍正《顺宁府志》卷三四，《杂志一·种人》，清光绪卅年刊本影印。

往中拉祜族的经济、文化和社会制度等各个方面均受到了外族文化不同程度的影响，从而由内至外发生着或轻或重的变化。有时这种变化犹如和风细雨，悄悄然地进行，例如，清朝年间佛教的传入。有时这种变化却似急风骤雨，在许多拉祜族地区当原始经济的影子还未消除时，就迅速经历着封建领主经济、封建地主经济的变迁。这既是拉祜族社会发展不平衡的因素之一，也是其法制文化在同一时期呈现多样性的一个原因。

2．外族文化的影响

拉祜族双系制家庭的产生和父权的发展在历史上受到了三方面因素的作用。

第一，来自傣族封建领主经济的影响。《拉祜族简史》分析，宋、元时期，拉祜族在战乱中继续迁徙，从东路迁徙的拉祜西支系以景谷、景东为主要聚居地，这些地区为傣族所统辖。明代以后，傣族封建领主经济逐渐成熟，拉祜西支系各部落随之被纳入傣族的封建领主经济体制。从西路迁徙的拉祜纳聚居在临沧地区，14世纪中叶，傣族也进入该地区。16世纪末，明政府封傣族奉氏为勐缅长官司，奉氏遂成为临沧地区最大的封建主。这一时期，拉祜族进行过多次反抗傣族土司统治的斗争，但均以失败告终。拉祜纳与拉祜西最后都与傣族贵族构成贡纳制的隶属关系，在政治上与社会生活中都逐渐或多或少地接受了傣族文化的内容。

第二，清朝“改土归流”政策的实施。清初沿袭明制，在拉祜族地区的封建统治通过傣族封建领主对拉祜族人民的管理来实现。以后，随着拉祜族反抗傣族土司运动的不断高涨，雍正年间至嘉庆年间，清政府陆续对各地实行改土归流。

雍正三年，清朝廷采取云贵总督高其倬的奏议，封刘洪（宏）度为威远抚夷清饷同知，刘洪（宏）度的横征暴敛很快激起镇沅、威远拉祜族、傣族、哈尼族等民族人民的起义。以后这样的反抗斗争持续了很长时间，且波及范围很广。据《拉祜族简史》讲，战争一直延续到1920年。长期的战争在输入清朝行政制度的同时，也不断潜移默化地改变着拉祜族社会的经济制度和社会形态。首先，1732年兴起的镇沅、威远、普洱、思茅地区的起义，使这些地区内的拉祜族母系大家庭公社迅速解体，阶级分化逐渐明显，出现了一定面积的土地占有主，产生了土地私有制。其次，嘉庆八年到光绪十二年间，清王朝封委了一批拉祜族头人。如光绪十二年，清政府在原孟连宣抚司所辖地区设置了土守备、土都司、土千总、土把总等武职世袭土司16人，其中拉祜族占9人。通过此种形式，拉祜族传统组织纳入清政府封建统治机构的地方行政体系。一方面，瓦解了拉祜族原有的政教合一的组织体制；另一方面，拉祜族部落头人势力增强，为以后的暴动埋下了伏笔。在新的斗争中，双江、澜沧、孟连实施改土归流。经过改制，拉祜族的武职土司名号被废除，但土司的领主经济实际上被保留下来。通过这次改土归流，拉祜族地区交通闭塞的状况进一步被打破，拉祜族社会面对更多的冲击。

第三，佛教的传入。18 世纪初，大理僧侣杨德渊到双江、澜沧传播大乘佛教。拉祜族原有的“鬼主”制度同大乘佛教结合起来，在双江县的坝卡及澜沧县的南栅、东郎、东主、邦葳等五个地方形成了政教合一的政治宗教中心。此时的部落首领身兼政治领袖、宗教领袖和军事领袖数职。拉祜族社会内部政治结构发生改变的同时，也极大地推动了父系制的发展。

因此，可以说，拉祜族社会在迁徙中不断接受外来文化的基础上迅速经历着封建领主经济时期，并向封建地主经济过渡。其法制进程也呈现出这样的特点，在保留本民族原初法律制度的基础上，接受了其他民族法律文化的影响，继而随之变化，在冲突与融合中逐渐成形。

第二节

历代中央、地方政权对拉祜族的治理

一、中央政权对拉祜族的治理

唐朝时期关于拉祜族的记载第一次出现在官修史书中，之前中央政权对拉祜族的治理尚未见诸史籍。秦汉政权对于包括羌人族系在内的民族开始设置郡县以治理，汉武帝时设置益州郡，采取依照其传统风俗治理、无赋税的政策，郡治的行政开支、补给、赏赐等费用均由汉王朝从四川长途输送，但由于无赋税收入，汉朝又采用移民屯田的方法解决财政经费。①

三国两晋南北朝时期，诸葛亮平定南中后对传统郡县制进行了改革，任用少数民

① 《拉祜族简史》编写组、《拉祜族简史》修订本编写组：《拉祜族简史》，民族出版社 2008 年版，第 12—16 页。

族首领管辖地方行政。[①] 同时，出现了地方割据势力。地方割据势力一方面与中原王朝保持一定政治经济联系，另一方面实际充当着地方管理的主要力量，如东晋初年，南中大姓爨氏举兵叛晋，形成一股割据势力。这一时期拉祜族的相关历史都未在史书中提及，但从《爨龙颜碑》记载可以看出地方割据势力对拉祜族等民族的影响，《爨龙颜碑》碑文记载，“岁在壬申，百六遘衅，州土扰乱，东西二境，凶竖狼暴，缅戎寇场”[②]。“缅”为拉祜族的彝语他称。

元朝在民族地区设立了土官制度。明朝继承元代的土官制度，在边疆少数民族地区推行土司制度，并逐步开始“改土归流”进程。清朝前期沿用明旧制土司制度，通过傣族土司确立的一套管理制度来统治拉祜族地区，中后期在拉祜族中设立中小土司进行统治（清朝拉祜族人民的反封建斗争大致可以分为两个时期：前期从雍正、乾隆到嘉庆年间，斗争矛头主要指向改土归流中派到拉祜族地区的个别贪官污吏；后期从光绪年间至民国初年，表现为反民族压迫和封建压迫，包括反对本民族土司领主的压迫）[③]。清政府于雍正年间开始实行改土归流政策，如雍正三年，清朝委任刘洪（宏）度为威远抚夷清饷同知。同时，封委了一批拉祜族头人为土职，如光绪十二年，清王朝在原孟连宣抚司所辖地区设置了拉祜族土守备、土都司、土千总等武职世袭土司九人，派驻流官主要依靠这些土守备、土都司实现基层管理。

二、地方政权对拉祜族的治理

唐宋时拉祜族受南诏、大理政权管辖[④]，两晋、南北朝时期拉祜族受地方割据势力爨氏影响较大，宋末，聚居在洱海南部的巍山、弥渡之间的拉祜族分两路迁至临沧和景东以南一带，其中，沿东路迁徙的拉祜西以景东、景谷为主要聚居地，与当时居住该地的傣族贵族构成贡纳制隶属关系。元代推行土司制度，在傣族地区授予傣族上层贵族万户、总管、安抚、宣抚、宣慰等土官官职，明朝沿用旧制，因此这两个时期拉祜族主要处于傣族土司的统治之下，向傣族土司缴纳贡赋、承担劳役，有的部落首领和村社头人还接受了傣族土司的封委。如明清时期，“居住在临沧地区的拉祜族分

①③ 《拉祜族简史》编写组、《拉祜族简史》修订本编写组：《拉祜族简史》，民族出版社2008年版，第16—18、24—29页。

② 方国瑜：《云南史料丛刊》第一卷，云南大学出版社1998年版，第237页。

④ 高文德主编：《中国少数民族史大辞典》，吉林教育出版社1995年版，第1370页。

别受勐缅长官司、耿马土司、勐勐土司的统治；居住在今思茅地区的拉祜族受孟连宣抚司、威远土知州、它郎土司、思茅茶山土把总的统治；居住在今玉溪市、红河州境内的拉祜族受当地土司的统治；居住在西双版纳的拉祜族受车里宣抚司和各地土司的统治。"① 傣族土司通过委派官吏或封委拉祜族头人实现统治，封拉祜族村寨头人为"先"（也作"鲜"）或称"小伙头"，部落首领为"先弄"（也作"鲜弄"）或称"大伙头"。在因袭旧制的基础上，清朝雍正年间开始改土归流，但是"傣族封建领主制度在西双版纳、孟连、耿马、德宏仍旧占着主导地位"②，因此地方上拉祜族受傣族影响仍较大。

第三节 拉祜族的社会组织

一、传统的"卡些"制度

拉祜族的生产生活方式长期以丰猎丰耕为主，生产力发展缓慢，生产关系简单，在这样的经济基础之上，严格地说行政关系的核心问题就是村寨首领的问题。村寨首领集各种权力于一身，既是政治领袖，又是军事领袖，还扮演着司法裁判官的角色。与该经济形态相适应的最初政治组织是"卡些"制度。

"卡"为拉祜语村寨之意，起初是基于血缘组成的大家庭公社，其后演进为以地缘为基础的村落组织；"些"表示首领，与此相对应的村寨首领称为"卡些"。之后，与外族交往的增加和自身的进一步发展，地缘组织走向结合，几个村寨联合为一个部落，关于部落首领的名称尚缺乏详尽准确的资料考证，从现有的调查报告看，或称为"卡些"（但地位高于村寨首领"卡些"），或叫作"卡些竜"，封建经济时期则称作"珠摩"。从卡些的担任者均为男性这点分析，该制度最早应产生于双系制公社时期。

---

① 《拉祜族简史》编写组、《拉祜族简史》修订本编写组：《拉祜族简史》，民族出版社 2008 年版，第 48 页。

② 王文光：《中国民族发展史》下册，民族出版社 2005 年版，第 823 页。

卡些由村寨成员共同选举产生。选举过程具有民族和宗教双重性质。1958—1959年《澜沧县东回区班利寨拉祜族社会经济调查报告》和2000年《云南民族村寨调查·拉祜族——澜沧糯福乡南段老寨》记述说，通常选出三位正直、能干，有时还需具有一定经济基础的候选人，然后通过“投玉米籽”或“茅草粘鸡蛋”的方法由神灵来决定最终的当选者，玉米籽多的或茅草粘上鸡蛋者即成为新一届卡些。卡些的罢免也由群众根据其表现决定。发展到一定时候则呈现出一些新情况，如，卡些的任免可由老卡些在未逝世前指定晚辈贤人，并由其任命。对于候选人会考虑他的祖辈是否曾任过专职，任过专职者的后代具有优先权。

卡些通常是对内对外所有事务的组织管理者。对内需要解决各种纠纷，为村寨成员分食猎物，以及处理其他一切大小问题。至于全寨性的事务则必须召集群众大会讨论，如外来户的入居问题、重大习惯法的裁处问题等，会上村寨成员都可以自由发表意见，至意见一致时为止。对外，卡些代表全寨负责处理与外寨的政治经济往来，有时甚至担当起军事领导的重任。卡些之下，有的地方会设置一些副职，如卡列、差，帮助卡些共同料理村寨事务。

起初，卡些纯粹是人民的公仆，他不享有任何特权，生产生活中同样要和大家一块儿劳动，共同分享劳动成果，有时当本寨群众做错了事，对外经济赔偿有困难，卡些还要用自己的财产代为偿还。大年初一，要向寨内老人拜年。人们出于对老人的敬爱，逢年过节，每户人家会赠送给他糯米粑粑和猪肉等礼物。以后，自愿的赠送慢慢演变为一种约定俗成的义务。卡些主持婚礼、调解纠纷等开始收取一定的回报。

可以得出如下结论，拉祜族的“卡些”制度一开始像中原地区三皇五帝时期一样，选任实行民主的禅让制，而后才在生产力发展过程中染上阶级色彩，其中外来文化的影响起了较大作用。同样，卡些的任职由民主选举到世袭制的转变也是在外来文化的催化下完成的，这有别于单纯的由内引发的君主世袭制。

二、封建领主经济时期的社会组织制度

明清时期，傣族封建领主经济日益强盛起来，拉祜族各部落随之被纳入封建领主经济体制下。在与土司制度的结合中，原有的“卡些”制度发展为一种具有传统性和现实性的新的管理模式。

首先，村寨首领由傣族土司任命、罢免。然而，常常一旦被委派，即为终身世袭

制。澜沧县糯福区巴卡乃寨，孟连傣族土司一来便委任男性成员担任村落头人，并实行世袭制。孟连县南抗乡荫山寨的头人由傣族土司直接委派，头人找好后，土司亲自到寨子里当众宣布，说："某某为你们的'卡些'，你们应该好好地听他的话。"并对卡些讲这一寨的居民和土地由你负责管理。卡些为世袭，一代封委一次，生前若无子，死后由土司另行委任。① 村寨头人的名称也发生了变化，改用傣族称号，"卡些"称作"先"（亦作"鲜"）或称"小伙头"，部落首领称"先弄"（亦作"鲜弄"）或称为"大伙头"。如耿马县孟定区芒美属耿马宣抚司遮哈新爷管辖区，土司在这里设大伙头管辖，各寨设小伙头。大多数地区先和先弄由群众民主选举产生，之后才由土司单独委派，并成为世代相袭的职位。先弄除了继续承担原卡些的职责外，主要负责领导村民完成宣抚、波郎、先弄等交给的各种贡赋劳役。先弄的职能是，负责管理本辖区的土地使用分配、居民流迁事宜，并收集贡赋上缴土司以及应付上层职官的视察。芒美中寨的调查材料清楚地列举了小伙头、大伙头的职责范围。芒美保有 12 寨，各寨小伙头管理寨内大小事务，负责摊派土司的各种捐税，直接向农户催收，交纳给大伙头。大伙头是保内最高统治者，除在辖区内摊派、催收赋役外，还要处理各寨小伙头解决不了的纠纷。

封建领主经济制下的"卡些"制度性质发生了变化，卡些由人民的公仆摇身一变成为傣族土司统治的工具，他自己也因此享有各种特权。如芒美中寨，大、小伙头当职年限内不出各种负担、扶役，大伙头还享有薪俸田，并且调解纠纷时双方当事人要向他送礼，作为酬金，俨然其已经是司法的代表。② 耿马县勐永去蒙化乡岩子头村，每年村民要为本村伙头做三个白工，送农产品、猎获物等实物。③

三、清朝改土归流时期的社会组织制度

清朝前期沿用明朝旧制，通过傣族土司确立的一套管理制度来统治拉祜族地区。至雍正朝起先后实行了多次改土归流，旨在对少数民族地区进行直接的经济剥削和政

① 中国科学院民族研究所云南民族调查组、云南省民族研究所：《云南省拉祜族社会历史调查资料（拉祜族调查材料之二）》，中国科学院民族研究所云南民族调查组、云南省民族研究所编印，1963 年版，第 107 页。

②③ 中国科学院民族研究所云南民族调查组、云南省民族研究所：《云南省拉祜族社会历史调查资料（拉祜族调查材料之一）》，中国科学院民族研究所云南民族调查组、云南省民族研究所编印，1963 年版，第 135、136、144 页。

治统治。清政府除委派流官外，还任免了一批拉祜族头人担任土目、闾长等职务。嘉庆十八年在原已封委的土目、伙头的基础上，又任命了数位催收钱粮的掌寨。拉祜族的部落组织自此被纳入清朝封建统治机构的地方行政体系。光绪十二年，清王朝在原孟连宣抚司所辖地区设置了拉祜族土守备、土都司、土千总等武职世袭土司九人。加上原孟连宣抚司辖区里的六个里目、粮目，拉祜族头人在武职土司中所占的比重很大，这就说明拉祜族部落首领的势力在不断增强，进而出现了封建割据的趋势。但无论如何拉祜族地区已经牢牢掌握在中央政权手中，原始的“卡些”制度再次由外至内发生了变革。一方面，“卡些”制度得到保留；另一方面，“卡些”的任命、变更一律由清政府决定，实行世袭制，“卡些”之上并设若干管理层次，如闾长、连长。这样，部落首领的阶级性进一步凸显，他们从原来生长的土壤中剥离出来，成为联系清政府和本族人民的统治媒介。他们身为清政府的基层官吏，既行使朝廷赋予的管理职能，又是百姓的头人，拥有一定的权威，享有一定的特权。

这个过程中，于18世纪兴起的政教合一的政治组织和曾经长期占主导地位的傣族封建领主制下的行政机构也慢慢瓦解，同时，大概19世纪时，衍生出一种新的政治制度——“珠摩”。但“珠摩”并不是一个新名词，现在大多数学者认为，“珠摩”原属彝语，是部落首领的称谓，历史上拉祜族与彝族有过长时期的杂居共处，所以后来便借用该词来称呼本民族部落首领。① 因此，“珠摩”制度是在各种纷繁复杂的外在因素的影响下结合原“卡些”制度、封建领主制度和清朝行政制度的体例而发展起来的行政组织形式，其实是新瓶装旧水。

在拉祜族地区，此时“珠摩”是最高统治者，职位世袭，为次子继承制。他身兼最高行政长官、最高军事首长、最高司法裁判者数职。经济上他是最大的地主，借此，他可以向辖区内的百姓征收赋税、摊派徭役，负责部落内所有事务。法律上他可以立法、司法、执法。如《双江县拉祜族社会经济调查报告》中说，珠摩张登发根据自己意志制定了数条不成文法。军事上，“珠摩”制下已经有一套完整的军事机构。珠摩是最高军事指挥官，其下以“卡”为军事单位，每卡设一个军事首领，称“玛拔路”。玛拔路由珠摩直接任命，服从珠摩的管理，执行珠摩的命令，领兵打仗。拉祜族社会内部，士兵来源于辖区内的普通百姓，全体成员平时为民，耕作稼穑；战时为

① 高文德主编：《中国少数民族史大辞典》对“珠摩”词条的解释为，“拉祜语音译，意为‘最大的官’，旧时云南省双江县拉祜族地区带有封建领主性质的部落头人和军事首领……清光绪十三年（1887）后，当地实行改土归流而被废”，吉林教育出版社1995年版，第1787—1788页。

兵，老弱妇幼负责后勤补给，青壮年男子自备粮食和简单武器随军出征。战胜后由珠摩对参战人员给予奖赏，但战利品皆归珠摩所有。① 以上几种行政制度反映出，游猎半耕为主的经济形态上产生的“卡些”制度最能适应拉祜族社会的发展节拍，并能以极大的韧性接受外族文化的冲击，故而它总能在保持传统的基础上与时俱变，在变革中贯穿拉祜族社会政治制度的始终，每一种新的行政制度其实都是在“卡些”制度基础上发展起来的。

四、佛教传入对社会组织的影响

佛教是清朝初年传入拉祜族地区的，它对拉祜族社会的意义之一是，政教合一的管理模式代替了拉祜族地区原有的行政制度（佛教传入以前，拉祜族社会的行政制度存在过两种形式，即原始的“卡些”制度和受傣族封建领主制影响的具有阶级性质的“卡些”制度）。在该政教合一的组织之内，《拉祜族文化大观》介绍：“其机构层次分为总管、管事、卡些、阿嘎四个等级。总管是佛祖，每年正月初一、四月十五、八月十五的前一天，由管事和卡些向他禀告情况并接受他的指示，翌日，部落村寨成员都穿上节日盛装来向他朝拜，听他训话……管事的职责主要是帮助佛祖管理佛教事务，卡些是由佛祖指定的，其条件是心地善良，办事公道，能说会道。”② 卡些实行世袭制。这应是佛教传入初期的组织形态。之后，与原始的卡些制度相结合，并受傣族土司制度的影响，政治首领和宗教首领均由一人担任。1959 年的《澜沧县东河区拉巴寨拉祜族调查报告》载，佛爷是佛教和政治的主持者和当权者。卡些除原有的工作内容外，又兼任小佛爷，洛底巴兼任佛教的总领导人。③1959 年《澜沧县木嘎轻易大班利寨社会历史调查报告》记述，随着佛教的传入，借助其威信，木嘎地区出现了较卡些高一级的甲不太爷的行政官职。甲不太爷除负责宗教和日常管理事务外，还担负军事首领的职务。上述资料表明，政教合一的行政制度下村寨头人履行的职责包括，原“卡些”制度中卡些负责管理村寨对内对外的事务和军事首领的职能。伴随着生产力的发展和私有制的产生。此时，头人担负职责的同时，也获取物质利益，拉祜族社

①③ 中国科学院民族研究所云南民族调查组、云南省民族研究所：《云南省拉祜族社会历史调查资料（拉祜族调查材料之二）》，中国科学院民族研究所云南民族调查组、云南省民族研究所编印，1963 年版，第 121—124、33—36 页。

② 云南省民族事务委员会编：《拉祜族文化大观》，云南民族出版社 1999 年版，第 245 页。

会内部开始出现了阶级分化。如澜沧县东回区班利寨，百姓每户每年交给佛堂一斗米、一钱一银子；八月十五额外再交新收割的米、玉米、豆类等。木嘎区甲不太爷在经济上拥有很多特权，百姓每年每寨要向他交五斗谷子，每户每年交一斗谷子，三十元钱；每逢其出门要二三十人护送，平时则派白工服劳役。①

第四节

拉祜族的法律起源

拉祜族历史上没有本民族的文字，本民族的历史纪事、生活习俗等大多靠人们世代口耳相传加以传承沿袭。因此拉祜族的法律主要表现为在生产生活中逐渐累积形成的习惯法，习惯法往往是具有一定地缘或者血缘关系的人们共同的社会评价和价值选择的体现，因此，容易被人们认可，并得到遵守。拉祜族的习惯法一方面受民族原始信仰的影响，带有神意的色彩；另一方面，拉祜族在与其他民族的生产、文化交流过程中自觉不自觉地接受了其他民族法律文化的部分内容，法律思想和法律制度都具有开放性；同时，由于自然条件和历史因素的影响，同一时期拉祜族各个地区的发展不均衡，表现在法律制度上呈现出多样性的特征。

一、源于原始信仰

拉祜族基于万物有灵的思想观念，认为自然界中一切事物皆由一个精灵主宰着，如山有山神、树有树神、谷有谷神。在这些自然现象的精灵之上又有一个至高无上的“厄莎”天神（又作“厄霞”），一切问题都能在厄莎处找到答案，包括人类的起源。同时，和其他民族一样，在拉祜族人的头脑里最初人的灵魂和肉体是分开的，肉休是有形短暂的，灵魂却是无形永恒的。例如，人们认为灵魂的归宿是祖先居住的地方，

① 中国科学院民族研究所云南民族调查组、云南省民族研究所：《云南省拉祜族社会历史调查资料（拉祜族调查材料之二）》，中国科学院民族研究所云南民族调查组、云南省民族研究所编印，1963 年版，第 62、63 页。

在人临死前，灵魂尚未离去时，巫师要及时唱《朱巴米巴》的招魂歌，指点灵魂回到祖先故地的路线和地名。在此基础上，又自然而然地萌生了祖先神崇拜。

拉祜族神权法对家庭结构的影响主要是通过“祖先崇拜”来实现。在每一个拉祜族家庭中，祖先均被尊奉为家神，拉祜语叫作“欧代”或“叶尼”。在家庭内部，谁负责祭祀欧代，谁就担任家长的职务，主持生产、迁徙和因疾病而需祭祀三件大事。欧代的祭祀仅限于自己父母辈一代，父母辈死亡即停止祭祀祖父母。因此，欧代乃是维系大家庭的一根纽带，大家共同聚集在同一父母辈的祖先崇拜之下，谁离开自己这一代所祭祀的欧代时，就意味着大家庭的解体，从而产生新一辈组成的家庭。一个家庭的分化即代表以“欧代”为标志的新的同辈家庭的产生。

以金平县拉祜族为例，“在拉祜西家中供奉一种相当于祖先的祭奠物，他们称之为‘欧代’……每个欧代仅祭一代，即祭自己的父母，父辈死亡便停止祭祀祖父母，他们认为祖父母的儿辈已‘去’。兄弟、从兄弟都祭自己的父母，在兄弟之间由长兄主祭，兄终弟及”①。

此外，拉祜族原始宗教信仰中还有一个关键人物——摩巴。摩巴是拉祜族的巫师，其出任没有性别限制，也无须经过选举任免仪式。多数情况下，在前代摩巴的耳濡目染中学会占卜趋魂的人均可担任摩巴，亦有少数人为祖传。摩巴在村寨中的工作是为寨人占卜看卦、祭祀趋鬼。如，有人生病要先由摩巴念咒判定触犯了什么鬼，然后主持祭祀，驱除作恶的鬼怪。在群众的眼里摩巴就是神与人之间的使者。由此可见，拉祜族的原始信仰是集合了神灵崇拜和祖先崇拜的统一体。这种崇拜一开始应是某位杰出先辈的思想寄托与意识创造，而后则成了每个拉祜族人与生俱来的心理素质，好比人体的一个微小细胞，无法从身体内分离出来。反映到人们的日常生活中，它最初表现为某些习惯和禁忌，之后逐渐演化为习惯法，成为约束人们行为的社会规范。

二、源于生产活动

1. 农业生产习惯法

拉祜族的土地分为水田和旱地两种。旱地实行谁占由谁使用的土地制度，这种

---

① 中国科学院民族研究所云南民族调查组、云南省民族研究所编：《云南省红河哈尼族彝族自治州金平县苦聪人社会经济调查》，1963年版，第23页。

“先占”具有神意决定性——无论是在原始公社氏族时期还是步入封建领主经济时代，开垦旱地前，都要占卜问卦。具体做法是：先选中一块儿未耕种过的山地，然后在地中央插上一根树枝，点燃香蜡，用一碗米和一盅酒献祭，祭时边在山地周围撒米边祈祷说：“我家生活贫困，今年要砍这块地种吃的，求厄莎保佑我家种少得多。”隔一天再去看，如小树枝未倒，香未燃尽，则认为山神不允许种这块地，需重新寻找。这说明，在拉祜族人们看来，土地这一重要的生产资料是属于自然的，任何人只有占有权和使用权，当然收获多少也主要由神灵掌握。于是，他们在春种前要举行一个盛大的祭讨神种仪式。过拉祜年时，全寨人聚集在一起，跳芦笙。歌场中放一祭桌，上用篾装满稻谷、玉米、荞子等各种籽种，桌子四周插上樱花、李花等象征繁盛的花卉。歌会结束，每户都带一份篾箩内的籽种回家，襻笼自家的籽种耕种。籽种下地后要祭禾苗成长；收割前要祭谷神归仓，之后，各家择吉日到田地里采摘早熟的谷物做新饭。先献祭厄莎和亡故的祖先，然后请家中老人品尝，接着是家庭中每个成员都来尝新。最后为耕作出过力的狗、牛，包括锄、犁也都各有一份。从中，我们看到的是拉祜族人朴素的平等的自然观念。

基于此种原始信仰，拉祜族在生产上还有诸多禁忌、习俗，如每年第一声春雷响、第一次下雨时，全寨人一天不能出工；新年要抢新水，以求播种的庄稼早熟，生活幸福。

2. 环境保护习惯法

《勐海县巴卡囡贺开两寨拉祜族社会历史调查》报告中写道：“每一个拉祜族村寨的周围都有一片葱郁的密林山地，并选择其中最高大而笔直的两棵巨树作为神树……任何人都不得随便在此砍伐树木，以免惊动神灵……每逢过年节庆时，全寨各户都要向其祭祀。”① 《云南民族村寨调查·拉祜族——澜沧糯福乡南段老寨》一书记述，“按拉祜族人传统规矩，寨子周围的树木不得砍伐，风景林（神山）、水源林、坟山上的树更严禁砍伐，否则会给自己及寨人招来‘厄运’。”“南段老寨拉祜族人，以扎头佛堂所建成的山林为该寨之山神寓居的‘圣地’。”② 《拉祜族文化大观》里说，“几乎每一个拉祜族山寨周围都选择有一片葱郁、茂密的林地作为村寨神灵的象征。厄莎神祇就在山林中，他没有偶像，人们常以林地里一棵古老苍劲的大树为厄莎神的标

---

① 云南省编辑组：《拉祜族社会历史调查》（二），云南人民出版社 1982 年版，第 75 页。

② 王晓珠：《云南民族村寨调查·拉祜族——澜沧糯福乡南段老寨》，云南大学出版社 2000 年版。

志。这一‘神区’一草一木都视为神圣，一般不让牲畜和闲人随便出入，不得砍伐和践踏，否则会触犯神灵，酿成灾害，这已成为拉祜族山寨里人人必须遵守的一种习俗。”① 这些出于宗教原因的禁忌构成了环境法的来源。

三、源于民族文化交流

从拉祜族的社会组织总体说来，对内具有相对独立性，拥有自成体系的一套管理机制；对外又具有相对开放性，并不完全孤立、隔绝，自觉不自觉中不断接受着其他民族文化的影响。并且各民族“大杂居，小聚居”是我国民族分布的特点，历史上拉祜族也多与其他民族交错聚居，如云南元江县、墨江县等拉祜族散居区，原来分布着汉族、傣族、彝族等民族。云南澜沧县西南部、孟连县、西盟县、耿马县、沧源县以及西双版纳等地，拉祜族、佤族、哈尼族、布朗族等民族彼此以村社组织为单位交错聚居。民族间各个方面的交互影响，使法律制度与法律思想在碰撞、融合中既保留了本民族的成分，又融进了其他民族的内容，这也是中华民族文化的一个总体特征，各个民族之间从来都不是绝对封闭、孤立的，彼此在不断地交流、融合中共同向前发展。

拉祜族法律制度受其他民族的影响主要体现在两方面：一是在社会组织上，明清时期，被纳入傣族封建领主经济体制下的拉祜族，在与土司制度的结合中，原来的“卡些”制度发生了变化，村寨首领改由傣族土司任命，成为傣族基层行政管理的一部分，村寨头人开始享有一定的职权和经济上的特殊化。清朝改土归流中，由清政府任命的拉祜族头人组成的社会管理制度也有别于原始的“卡些”制度和傣族封建领主经济时期的管理机制。前文已经阐述，此处不再赘述。另一方面，拉祜族社会自身缺乏赋税制度产生的条件，赋税制度的出现一是受傣族封建领主经济的影响，一是缘于佛教的传入。《民主改革前孟连、沧源、澜沧三县拉祜族家庭形态的一些情况》记载，“在傣族封建土司制度下，产生一系列的封建捐税。以村为单位，每年向孟连土司送松明、烧柴、猪肉、松鼠、糯米粑粑，另外还以家为单位，交半开 70 元；对村内头人要交稻谷和鸦片，每年并服劳役二至三天”②。《澜沧县木嘎区大班利寨社会历史调

---

① 云南省民族事务委员会编：《拉祜族文化大观》，云南民族出版社 1999 年版，第 51—52 页。

② 云南省编辑组：《拉祜族社会历史调查》（一），云南人民出版社 1982 年版，第 21 页。

查报告》讲，群众不仅平时要向甲不太爷交粮以备战时之需，而且每年每寨还要贡纳一定钱物和派白工供甲不太爷使唤。

受自然环境、历史因素等的影响，拉祜族各个地区的社会、经济、文化、生活发展水平很不一致，这也是其法制文化在同一时期呈现多样性的重要原因之一。例如，拉祜族社会大致经历了原始社会、母系制社会、双系制社会、父系制社会的发展历程，但各地区的发展程度不一样，由此带来了各地区在婚姻、继承、财产所有制等方面法律规定上的差异性。澜沧县的糯福区南段新中国成立前尚残存从妻居的母系大家庭，家庭内部实行共同消费，即使大家庭解体，各个个体家庭间仍然进行互助。① 该区班角乡娃卡寨到1956年以前也是一个保持母权制残余较多的寨子，家庭财产继承上，男性没有继承权。②而在澜沧县东朗区唐胜寨，男性虽然需要从妻居三年，但之后可以分出另外组建家庭，财产已经改为由儿子继承，女儿只视家庭经济条件适当分给财产。③另一差异表现在土地买卖上。各地生产力和生产关系发展程度的不同决定了土地买卖实现形式的不同。如澜沧县东回区班利寨拉祜族迁来时沿用傣族原来开垦的水田，这些水田可以继承和转让，并且买卖要遵循一定的程序——“买卖成交请‘卡些’刻木刻为契约，木刻地契是用约一尺长的竹板，刻上道纹表示地价。刻好后从中劈开，买卖双方各保存一半为凭。成交时买方还杀一只鸡请头人、中人吃饭，以谢证人”。④ 而该县的糯福区原为孟连傣族土司的属地，辖区内的居民认为土地是属于孟连土司的，因此土地不可以买卖，只能由寨内群众耕种。⑤

①②③ 云南省编辑组：《拉祜族社会历史调查》（二），云南人民出版社1982年版，第21、23—24、24—25页。

④⑤ 中国科学院民族研究所云南民族调查组、云南省民族研究所：《云南省拉祜族社会历史调查资料（拉祜族调查材料之二）》，中国科学院民族研究所云南民族调查组、云南省民族研究所编印，1963年版，第4、68—71页。

第五节

拉祜族的法律

一、刑事法律

（一）刑法思想

拉祜族的刑法思想，一方面，受到根深蒂固的原始宗教信仰的影响，留存至今的刑事习惯法还带有神权法的色彩，如法律中对神山、神树的保护。另一方面，带有同态复仇的痕迹，但这种同态复仇并非“以牙还牙，以眼还眼”似的直接明了，它往往以另一种合理的形式出现。刑罚措施带有浓厚的实用性，拉祜族社会内部没有完整的诉讼制度，也没有监狱，因此，没有“服刑”一说。常常杀人者要偿命；伤人者要为受伤一方治疗；其他犯罪则多处以财产刑。这种处罚并不能以先进、落后加贴标签，在发展缓慢的拉祜族社会这是与其社会状况最相适应的刑事制裁。如，偷盗者要双倍返还偷窃物。失者得到了赔偿，窃贼却得不偿失。双倍处罚的财产刑将使其原本就很窘迫的经济状况愈发恶化，也许一次偷盗会让他搭上几年的辛勤劳动。在物质财富匮乏的拉祜族地区这无疑是最沉重的处罚，会起到更好的警戒作用。同时，节约了一大笔原本必须花在狱政上的费用。让违法者在公众的监督下以劳动来弥补自己的过错，会收到一举两得的效果。其一，违法者无须进入与社会隔绝的监狱，从而减少了刑满释放后与社会再适应的磨合。其二，受害者能获得最大的赔偿，他总能在加害方一有经济能力的情况下就获得补偿。在此，需要指出的是，拉祜族法律制裁中“连带赔偿”制度①不是一种惩戒措施，而是原始的互帮互助现象的反映。亲属间的连带赔偿仅限于财产刑，财产刑在拉祜族社会是极其严重的处罚，亲属的帮助能让违法者尽早摆脱经济困境，其生活不至于因一次过错就陷入深不可拔的泥潭，并可以让失主尽可

① 偷盗事件发生后，窃贼亲属负有连带义务。

能地减少损失。此外，从“放火罪”的规定分析，定罪量刑已经开始考虑犯罪者的主观意识，区分出故意与过失，对于故意放火者处罚极重，而对于无意失火的仅要求其赔偿损失。

（二）刑事习惯法

根据20世纪50年代至21世纪初的调查资料，笔者把历史上拉祜族有关刑事方面的习惯法总结为如下几条：

第一，杀人偿命。一般由卡些组织破案，如果当天侦破，由卡些当天砍头，报上级职官，如珠摩备案。

对该类案件的处理说明，一方面，拉祜族社会珍视生命，把它作为生存的一项重要权利；另一方面，刑罚制度还带有同态复仇的残余。目前尚无资料表明因故意和过失的主观要件不同而给予不一样的刑罚制裁。但是，破案和行刑已经交由专门的机构，即“卡些”来处理，这又是一种进步，只是其司法权还未从行政权中独立出来，一定程度上有碍法制进展。

第二，泄露居住、迁徙等机密者杀。

“泄露居住、迁徙等机密”是与杀人一样须处以剥夺生命权的刑罚的另外一种罪行。对于一个因迁徙而饱受颠沛流离之苦的民族而言，该刑罚制度很容易为人理解。历史上，由于民族压迫和战争，拉祜族人民不断南迁，为了生存，居住地点、迁徙路线无疑是关乎整个民族生死存亡的重要机密，因此，对泄露居住、迁徙等机密者不得不处以极刑。

第三，伤人身体者罚款，并负责为伤者治疗，因伤致残的供养终身。

在对伤害他人身体者的处罚上，拉祜族带有很强的实用色彩，这自然与其行政体系不完备、没有监狱机构有关，但这并不是主要原因之一。笔者认为更重要的一个缘故是，拉祜族社会整体发展程度偏低，生产力水平不高，在生活条件普遍艰难的情况下，给伤害者怎样的处罚都显得于事无补，而让他负责为伤者治疗，在伤者因伤致残后供养其终身，对受害方而言是最切乎实际的处理方法，也最有利于民族的生存发展。

第四，有意放火，延及他人房屋，或有意焚烧他人房屋，将放火者投入火中。无意失火，延及他人房屋，失火者需要据价赔偿。

在拉祜族为数不多的几条有关刑法的习惯法中，“放火”被提了出来，并且区分了“故意”和“过失”。其原因可能有二：其一，受到拉祜族物质生活的限制，拉祜族人家大多经常缺衣少食，日子并不富裕，故而每一件财产都得来不易，需要约定对破坏财产者处以刑罚。其二，从调查资料来看，该约定出现于珠摩张登发时期，即19世纪晚期，① 因此，很可能是受到其他民族法律制度的影响。

第五，违抗军令服兵役者，由群众集体体罚或罚款。

该习惯法亦见于珠摩张登发时期，与军事制度的发展应有很大关系。拉祜族社会没有固定的军队建制，平时从事生产的普通百姓，一到战时即为士兵，因而服兵役是一项义不容辞的义务，不得违抗。

第六，破坏寨子神房、神树、神林者罚款，无钱者用其家的牛供全寨人吃，并请摩巴祈求寨神保佑，一切费用由破坏者承担。

第七，破坏水源林者罚款，并罚扫寨子。

上述后两条约定源于拉祜族的原始宗教信仰，对拉祜族而言，寨子神房是供奉神灵的地方，神圣不可侵犯。同时万物有灵，包括山川树木，这从该民族的神话传说中即可管窥一斑。传说，大树是拉祜族的天神厄莎的手脚汗垢搓制的籽种长成的，神林是民族的保护神居住的地方。所以，神树、神林、水源林都是不容破坏的。暂且抛开一切宗教信仰，在现实生活中这种习惯法，无意识地为拉祜族能够长期拥有一个良好的生态环境提供了强有力的支撑。

第八，偷盗。

失主在东西遗失后进行侦查，查实后报告卡些，对偷盗者进行处理，通常是窃贼应加倍偿还失者。如，偷一头牛还两头。但失主所得仅为原来失去的部分，所罚部分由卡些得一些，剩余的给寨人吃光。偷盗事件不告诉卡些不得自行处理，窃贼亲戚有代还的义务。此外，《金平县第三区翁当乡牛塘寨黄苦聪社会经济调查报告》提供了拉祜族对偷盗的另一种处罚方式，即当盗窃被发现后，或者退还原物，并给予批评，或者采取报复式的盗窃。②

在上述“刑法思想”的介绍中已经对其处罚方式进行过分析，此处不再重述。

---

① 中国科学院民族研究所云南民族调查组、云南省民族研究所：《云南省拉祜族社会历史调查资料（拉祜族调查材料之二）》，中国科学院民族研究所云南民族调查组、云南省民族研究所，1963年版，第122页。

② 中国科学院民族研究所云南民族调查组、云南省民族研究所：《云南省红河哈尼族彝族自治州金平县苦聪人社会经济调查》，中国科学院民族研究所云南民族调查组、云南省民族研究所，1963年版，第19页。

“偷盗事件不告诉卡些不得自行处理”从一个侧面反映出拉祜族司法制度的一种发展趋势——私力救济正逐渐被公力救济所取代，这与法制的文明进程是相吻合的，同时亦说明司法权正从社会生活中分化出来，司法体系慢慢形成。

以上处罚，还常常伴随着村寨头人的说教。如，对偷盗者处以罚款后，卡些要对其批评教育一通。同时，由于这些法律均非成文法，当出现具体问题时，有时亦会根据村寨首领的个人意志予以裁处。

二、民事法律

（一）所有权的法律制度

土地的所有权制度上文已论述过，这里要介绍的是拉祜族社会其他几种特殊的所有权制度。一种是集体享有、共同耕作的所有权形式。1955 年，对耿马县勐永区蒙化乡岩子头村所做的调查提到，遇有肥沃的大面积土地，村民就邀约四五家乃至十家农户共同开垦，籽种平出，收获物按照平时的劳动量分配，多劳多得，少劳少分。① 另一种是生产资料的共有，如牛。在耿马县芒美乡的调查记录中，拉祜族人家习惯几家共养一头牛，因此所有权的计算盛行以“腿”为计量单位。例如，该乡的帕布用四元钱买到半条牛腿，和扎扎期分养。扎别和姐姐娜波、嫂嫂娜克分养两头半黄牛②。第三种形式是家庭内部的财产所有权制度。家庭财产分为集体所有和个人私有两种形式。集体财产包括土地（水田除外）、房屋、鸡、猪、牛等，私有财产有水田、家禽、家畜、农具、装饰品等。集体财产由集体共有，共同分享所得收益，通常由家长保管。私有财产由个人占有和收益。

综观上述几种所有权制度，凡价值大的大宗财务，多实行共有制，或大家庭与大家庭之间共有，或大家庭内部个体小家庭共有。价值相对较小的则多由个人所有。这种所有权制度的产生与其经济基础是分不开的，拉祜族社会生产力的发展尚不足以取代原始的共产制观念，因此便出现了财产私有制和共有制并存的状况。

---

① 中国科学院民族研究所云南民族调查组、云南省民族研究所：《云南省拉祜族社会历史调查资料（拉祜族调查材料之一）》，中国科学院民族研究所云南民族调查组、云南省民族研究所编印，1963 年版，第 143 页。

② 云南大学历史研究所民族组：《拉祜族佤族崩龙族傣族社会与家庭形态调查》，云南大学历史研究所民族组，1975 年版，第 4 页。

（二）债的法律制度

拉祜族地区商品经济不发达，因此人们之间的债权债务关系主要涉及借贷、租赁和雇佣关系，并且后两种形式尚处于发展初期。

“借贷”之“借”，是以生产性物品或消费性物品假于他人，用后当原物归还或以同类物等量奉还，多发生于拉祜族本村寨成员之间，带有原始的互助性质，借自愿，还自觉，这种关系乃是基于彼此的相互信任、诚实守信，假物不付利息。在私有观念和外来经济文化的撞击中，借贷关系随之发展，出现了“贷”，即以消费性物品假于他人，还时要计利息，是一种有偿性的经济活动。如，澜沧县东北部、双江县、临沧县、墨江县等地拉祜族，由于受到周边汉、傣、彝等封建地主经济影响，自19世纪80年代起，先后以不同方式进入到封建地主经济形态。同时较早出现了高利贷、放秋烟、放秋谷等封建地主经济下特有的借贷形式。由这种借贷所产生的债务奴隶制得到了与此相适应的法律制度的保护。债务奴隶是因无法偿还欠债，被债权人强制以劳动力偿还而产生的一类人群。债权人通过债务关系全部夺取债务人的劳动，并且在顶债期间，劳动仅能顶本或顶息，顶债者通常终身也不可能还清债务，甚至子孙后代也要沦为债主的奴隶。但无论哪一种借贷在调查资料中还未发现存在契据，这应是拉祜族历史上没有文字的缘故，这在一定程度上影响了法制的进程。

在封建地主经济侵入较早的地区，还出现了雇佣关系。雇佣者与受雇者以口头形式确定雇佣关系，雇工工资分实物和货币两种，它是从互助性质的“换工”基础上发展起来的，因此工资经历了由对价到不等价剥削的过程。

租赁关系一般发生在土地租种和耕牛租用上。租金支付表现为简单的等价换算，如，一头牛耕一天，还人工一个；若人工带牛一起互助，还人工两个；如果无人工可折合为个人工资，补还货币。对耿马县上弄抗、石洞寺、弄掌等八寨的调查提供了另一种租用形式——“代牧”，即无牛农户给有牛农户代牧，每到生产季节，可使用耕牛，但牛主人不给牧工工资，代牧户在生产季节也不支付牛工工资。① 看上去是一种等价租用，但实际上牧工的劳动力被变相剥削了。

---

① 中国科学院民族研究所云南民族调查组、云南省民族研究所：《云南省拉祜族社会历史调查资料（拉祜族调查材料之一）》，中国科学院民族研究所云南民族调查组、云南省民族研究所编印，1963年版，第124页。

三、经济法律

（一）土地的法律制度

1. 原始公社时期至双系制公社时期的土地制度

在此期间，土地制度具有村寨公有和私人占有的双重属性。土地所有权属于集体，山地、森林、水流、墓地为村寨成员共同所有。本寨成员（主要是以家庭为单位的生产组织形式）通过开垦的方式对村寨土地享有占有权和使用权，耕作前，各家在村寨地界范围内找好适当的土地，就地做一记号，表示该块土地已有主人（这种行为称为“号地”），别人看到记号自然不会再来相争。但按照习惯不允许谁号地后不耕种，或越界种地、砍树、围猎，否则要受到处罚。号地者耕种一段时间抛荒后，土地即不复为己有，他人可根据先号先种原则开垦耕种。在各家庭内部，土地最初和其他生产资料一样为家庭成员共有，在家长的领导下大家集体劳动，共同分享劳动果实。私有制产生后，大家庭内分化出一个一个的“底谷”（个体家庭的胚胎形态），各底谷拥有各自的生产工具等生产资料，各自进行生产、消费，但由于土地的占有具有不稳定性，因而一般不分割，多由各底谷重新开垦。

其他民族的生产技术传入后，拉祜族人学会开垦水田，水田一般为田主私人所有，不允许别人使用。园圃、宅地也为个人私有。《澜沧县糯福区拉祜西（黄拉祜）政治经济调查报告》提供的资料显示了另一种情况，水田丢荒后别人可以租种三年，不上租，只是不能永久种，这应为特例。①

2. 封建领主经济制下的土地制度

封建领主经济制下，土地所有权属于傣族土司，土地严禁买卖。土司除私庄直接经营外，其余土地均分给各村寨。居民耕种土地需要满足两个条件：其一，居住于本寨；其二，每年向土司交纳一定数量的贡赋（实物或货币），并服一定劳役。本寨成员离开村寨时，只能带走属于私人所有的生产工具和生活资料，原来所有的土地（包括宅地、园圃地）只能留下给寨人使用。外来人员要耕种土地，须向土司加封的头人

① 中国科学院民族研究所云南民族调查组、云南省民族研究所：《云南省拉祜族社会历史调查资料（拉祜族调查材料之二）》，中国科学院民族研究所云南民族调查组、云南省民族研究所编印，1963 年版，第 130 页。

送礼，征得其同意，此外第一年收获的谷物要上缴一部分。如果是同一头人管辖范围内的迁移，则只需送一份礼，经其准许。

需要指出的是，领主土地所有权的合法性，带来的后果之一是拉祜族人民作为土司农奴这一事实受到相应法律的认可、保护，使拉祜族社会很难获得自身内部的发展，其受外族文化影响越来越重，法律制度也呈现出与外族法律制度越来越趋于一致的特点。

此后，地主经济的萌芽发展，使土地买卖开始出现，土地兼并有了繁殖的土壤。从1954年《澜沧县三个区（谦六、车河、南岭）各民族政治经济情况初步调查资料》来看，领主经济下，土地已经可以典当、买卖、租佃，有“卖田、卖粮”、“卖田不卖粮”等几种土地买卖关系（“粮”指负担粮）。①

上述两种经济制度下还存在宗教寺庙田，属于寺产，为宗教上层人物掌握；另一种是村寨头人的薪俸田，如芒美乡谁担任大伙头谁就享有一份薪俸田，称之为“头田”。

（二）赋税的法律制度

赋税制度是在政教合一的政权制度和傣族封建领主经济制下才出现的，在此以前寨人对头人的贡赋大多是出于对本寨领袖的尊敬和爱戴，与通说的赋役有本质的不同。赋税是伴随国家政权的出现而出现的，是社会运转的重要动力，中原地区差不多有了国家就有了赋税，《史记·夏本纪》说：“自虞夏是，贡赋备矣。”但拉祜族社会自身很难产生贡赋，首先，其生产力长期发展不快，缺乏赋税产生的经济基础；其次，拉祜族上层政治组织是原始的头人制度，这种制度下尚未出现阶级分化，头人没有特权，甚至其劳务完全是服务性的，并且与外族的交流早期都是在迁徙中完成的，简单又缺少稳定、持续性，于是社会机器的开动尚不需赋税支持。

佛教传入后政教合一政治制度下的赋税制度和封建领主经济中的赋税制度，表面上看都是对头人的一种贡纳，形式上都表现为赋和役两种类型，即一种物质的，一种劳役的。但二者在性质上不一样。对政教合一制度下的首领的贡奉带有宗教崇拜的性质；对封建领主的赋税是建立在领主对土地的所有权上，终极目的在于维护领主经

① 中国科学院民族研究所云南民族调查组、云南省民族研究所：《云南省拉祜族社会历史调查资料（拉祜族调查材料之一）》，中国科学院民族研究所云南民族调查组、云南省民族研究所编印，1963年版，第3页。

济、扩张领主势力。

1. 政教合一政权下的赋税制度

佛教刚传入之际，作为村寨日常事务和宗教事务总领导人的卡些征收的赋税只限于实物，主要用于履行职务。1959 年《澜沧东河区拉巴寨拉祜族调查报告》叙说，正月初一、初二，群众拿着一碗酒、一对粑粑、一斤猪肉、一碗热水到卡些家，热水给卡些洗手，其余东西奉献给卡些，而卡些却往往要拿出更多的东西和寨人共同吃饭。以后，慢慢加入了劳役成分，剥削也逐渐加重。如《澜沧县木嘎区大班利寨社会历史调查报告》讲，群众不仅平时要向甲不太爷交粮以备战时之需，而且每年每寨还要贡纳一定钱物和派白工供甲不太爷使唤。

2. 封建领主经济制下的赋税制度

这种赋税制度由于土司对土地的掌握带有强制性，分三种形态：实物、货币和劳役。并且不同土司管辖地区赋税不一致，往往根据土司个人意志而定，这也说明封建领主经济制下，农民相当于土司的农奴，具有人身依附性，其赋税必然很重。以耿马县为例，耿马封建领主把其辖区划分为九勐、三圈（“勐”是坝子，为傣族居住区；“圈”是被征服民族居住地区），分别由土司派官吏统治。在这些行政区划内，土司摊派各种赋税劳役。拉祜族属于被征服统治民族之一，其中上弄抗寨为土司的舂碓大寨，要履行下列赋役：

（1）政治上直接受官粮新爷统治，谁当官粮新爷归谁管，每天下坝为土司舂碓，每五天轮换一次，每次两人，去迟一天，罚一街（以赶一次集为一个周期），白天为新爷种田，晚上舂碓簸米。

（2）每年给土司草片三百片，新爷一百五十至二百片。

（3）土司做赕，念大经，每户出一背花到坝区栽培，“栽家苗施”。

（4）每户每年背大黑土一箐，供土司压“家苗花”之用。

（5）供给土司拉木料用的绳子。

（6）看守土司岩蜂，每年取蜡两次。

（7）种大烟时，交烟课二百两。

（8）拜年礼，每家一桶糯米，三毫钱。

（9）官家有事，如死人，百姓摊派十元钱、一对阉鸡，并派人挑水洗菜。

封建地主经济形态下的赋税制度其形式与封建领主经济时期相差无几。

（三）苦聪人特殊的“默商交易”

退入森林居住的苦聪人，不仅生产方式出现了倒退，而且商品交换上也呈现出某些退步，他们不知从何时起又回到“默商交易”时代，恪守着古老的特别的交易规则。

《金平县第三区翁当乡新安寨黄苦聪人社会经济》中列举了苦聪人的两种交易方式：一种为外族携带物品来到苦聪人居住的森林中交换；另一种即为“默商交易”——“苦聪人无衣服遮身时，由于害羞就不敢进到外族寨内去，而只是把交换物品放置在路旁，人躲藏在草丛中，待有人路过时即召唤，告之欲交换之意，这样若对方愿意则拿来价值相等的物品放下，再取走所需之物，在对方走后苦聪人才敢出来拿起对方所留的物品返回森林。这种交换往往是不等价的。”①《拉祜族简史》中介绍的“默商交易”与此略有不同，区别在于苦聪人在大路一侧放好欲交换的物品后，随即拉起弩弓、搁上毒箭等候着，村落里要与之进行交易的人，也把自己想交换的物品并排放在大路另一侧，同样找个地方隐蔽着，等苦聪人出来把对方物品带走，这时贸易即宣告完成。

四、婚姻家庭及继承法律

婚姻很大程度上关系着民族的延续与发展，尤其在生产力尚不发达的状况下生产和婚姻往往是并重的。一直以来，拉祜族婚姻中的习惯法也成为与该民族联系最紧密的部分，民族成员必须严格遵守，其主要内容涉及结婚、离婚、继承等几个方面。

拉祜族长期保持着一夫一妻的婚姻形式。婚姻缔结上，过去一度盛行姑舅表婚，以后亦允许姨表婚。早期同姓不婚，后来同姓中隔三至五代可以结婚，但拉祜族本无姓氏，孩子均是以性别加属相或出世时刻命名，这应是受汉族影响，采用汉姓之后的婚姻形式。1955 年《耿马县拉祜族上弄抗、石洞寺、弄掌、芭蕉林、唐山林、回金、巴箐社会经济初步调查》中有祖传不能与布勒（佤）族、傣族结婚的规定。② 禁止族

---

① 中国科学院民族研究所云南民族调查组、云南省民族研究所：《云南省红河哈尼族彝族自治州金平县苦聪人社会经济调查》，中国科学院民族研究所云南民族调查组、云南省民族研究所编印，1963 年版，第 41 页。

② 中国科学院民族研究所云南民族调查组、云南省民族研究所：《云南省拉祜族社会历史调查资料（拉祜族调查材料之一）》，中国科学院民族研究所云南民族调查组、云南省民族研究所编印，1963 年版，第 127 页。

外婚应是古老的习俗。寡妇改嫁不受任何限制，可以转房。有的地区仅可转房给夫之兄，不能与夫之弟弟再婚，如澜沧县东回区班利寨；有的地区兄长死弟弟可以娶嫂为妻，很少转房给兄，如澜沧县糯福区糯福寨。

结婚一般要经过串婚、订婚、成婚、上门几个过程。串婚是青年男女自由恋爱的阶段。拉祜族地区家长会给年轻人恋爱的自由空间，只要双方心仪，父母素来不会阻挠。偶有父母反对的情况，这时男女双方可选择逃跑的方式，外出多时，再回家置备酒水向家长和村中老人谢罪，即可为父母接受，获得寨人认可。串婚中确定好结婚对象后，由男方家请媒人带上礼物到女方家提亲，女方父母同意后，在进一步的礼尚往来中双方商量好聘礼和婚期。结婚之日男方到女方家迎娶，婚礼多由本寨头人主持。仪式结束后，夫妻二人同回男方家拜见男方父母、亲戚，之后从妻居的再回到女方家。

虽然婚恋自由，但男女交往不容随便，婚恋要受到社会道德和村规古礼的严格限制。婚前若男女双方发生性行为以致怀孕的，男方不仅要受到公众舆论的谴责，而且必须与女方结婚，否则要给予对方经济赔偿。如果发生婚外性关系，则村寨头人会召集全村群众大会，宣布当事人的行为违“法”，对其处以罚款，并勒令男方出一口大肥猪宴请寨人。之后，责令他们在村寨中挑带刺的扁担绕寨游行，任村民羞辱。更有甚者，将被赶出村寨。婚后，假如夫妻双方感情不和，离婚是允许的，能够为村寨成员所理解。为了取得社会公认，离婚要举行简单的仪式。谁提出由谁置办菜饭请村中老人吃饭，由村寨头人在厄莎神前宣布即可生效。若双方都有过错，则饭菜由二人共同准备。有的寨子还要举行象征性的仪式，让当事人同执一根丝线，各牵一头，意味蚕死丝也断，婚姻关系正式解除。提出离婚的一方还需给予另一方一定的经济补偿，男方的赔偿额要高于女方。至于共同财产的分割，因为拉祜族人家大多都不富裕，离婚时男子仅只是带走自己的衣物和几件生产工具。早期，认为父亲无抚养义务，儿女由母亲教养。以后则男孩随父，女孩随母。

不同时期，拉祜族的婚姻家庭又表现出一些各自的特点，分述如下。

（一）母系制时期的婚姻家庭制度

这个时期，女性在家庭中享有崇高的地位，担任家长职务，管理家庭内外所有事宜，家庭对外亦以该女家长的名字指称。婚姻严格遵守从妻居的旧制，且女性在婚姻中居于主动地位，如离婚以女方意志为主，女性或其家庭对男方若有不满，即可将其赶走。家庭财产继承方面，由于男性外出结婚，姐妹分家时男性不再参与分配，但结婚时父母会送给儿子刀和锄头等生产用具。姐妹间也仅就生产工具、家具等动产进行分配，抚养父母者可以多分。在游猎游耕的生产方式下，土地不固定，因此不具有分割意义。

（二）双系制时期的婚姻家庭制度

随着父权的发展，双系大家庭出现。该阶段，婚姻家庭制度呈现出三个特点：一是大家庭内部生产生活指挥权由男女家长共同职掌，或同一村寨内母系制大家庭和父系制大家庭并存。二是婚姻方面既保留从妻居的形式，亦允许娶妻从夫居，并且从妻居的制度在形式上不再那么严格。如，大完楼、楼梅、阿呜巴等寨，除担负抚养父母义务的幼女外，其他子女在妻方家居住三年后，要到夫方父母家劳动三年，之后是否分家单独生活另做他论。三是男性获得了财产继承权。如上述几个寨子，留家的幼女一般继承两份财产，其余子女各继承一份。① 但在母系制影响较深的地方，有的财产仍只能由女性继承。

（三）父系制时期的婚姻家庭制度

受外族文化的影响，父权在拉祜族社会中愈发稳固，如孟连傣族土司一开始就委任男性为村寨头人，家庭普遍以男性家长的名字称呼。从妻居期限缩短，一般为三年，少至一个月，甚至几天，之后可另立门户或回夫家居住。男性的继承权进一步扩大，不仅可以继承一向只能由女性继承的财产，而且继承份额有的地区比女性还多。如《1959 年澜沧县东河区拉巴寨拉祜族调查报告》说，如果只有一个儿子，则要留在父母家，儿子结婚后，不再分家。若有两个以上的儿子，谁与父母一起生活就由谁赡养父母，并继承父母的房屋。除此之外的财产由各子女均分。但女儿不能继承水田，除非没有儿子。②1959 年《孟连县南抗乡荫山寨拉祜族社会经济调查报告》称，分家出去的男子和出嫁的女儿，以及尚未分家出去的儿子和待字闺中的女儿，均有财产继承权。抚养父母的子女能够多分。只是男子在招赘期间分得的财产不能带走，必

---

①② 中国科学院民族研究所云南民族调查组、云南省民族研究所：《云南省拉祜族社会历史调查资料（拉祜族调查材料之二）》，中国科学院民族研究所云南民族调查组、云南省民族研究所编印，1963 年版，第 41、36 页。

须等上门期满回家后，另立门户时方可由其支配。若死后无子女，则由兄弟继承遗产。① 澜沧县木嘎区大班利寨的规定是，继承权的确定取决于谁承担抚养父母的义务，然而，财产习惯上由儿子继承。②这种继承制，应为父权制相当发达时期出现的。

（四）“屋吉屋卡”制度

“屋吉屋卡”是拉祜族婚姻家庭制度中的一种特殊形式。通说认为，该制度是较母系大家庭公社、双系大家庭公社和父系大家庭公社更为原始古老的组织。它最初是社会生产分工的产物，如，女性适于从事采集业，男性专事狩猎业。几种制度中，双系大家庭制度更适合“屋吉屋卡”的生长，因此近代拉祜族社会仍保留着部分残余。

“屋吉屋卡”是同一血亲内部以性别划分的男女社团组织。源于一个男性祖先的男性子孙组成同一个男屋吉，同样的，出自一个女祖先的女性后代组成同一个女屋吉。各屋吉内部都由年龄最长者担任屋吉首领，称为“屋唯高”。“屋唯高”负责主持本屋吉内成员的婚事，调解成员间的纠纷，组织生产。“屋吉屋卡”制度下婚姻家庭习惯法包括如下内容：

1. 婚姻缔结实行姑舅表单方从表婚，严格禁止姨表婚。这种惯例遵循的是，同一屋吉不能婚配的原则，如，外孙女与外婆属于同一屋吉，故而不能嫁回外婆家。由于屋唯高年纪最大，熟知各家庭间血缘的亲疏远近，所以婚嫁必须通过屋唯高，由其召开屋吉会议决定。

2. 财产所有权制度。家庭内的公有财产，由家长掌管，共同享用。分家时，按平均主义原则各子女都可均分到一份财产，赡养父母者可以继承父母的房屋。但儿媳、女婿、入赘别家的儿子和已出嫁的女儿不能参与分配。

3. 财产继承。“屋吉屋卡”确认本组织成员的私有财产只有属于本组织者才能继承。因此，父母去世后，父亲的遗产由儿子继承，母亲的遗产由女儿继承。如无后代，则男女双方的财产分别由各自所属的“屋吉屋卡”的成员平均分配继承。据《勐海县巴卡囡、贺开两寨拉祜族社会历史调查》提供的资料，扎迫父母死后，父亲留下的一支火枪由其儿子卖得 135 元，买回一头母黄牛共同饲养，下犊五头，卖去两头得 120 元，由六兄弟平分，余下四头仍继续共养。母亲留下的一对手镯，重五两，两个

①② 中国科学院民族研究所云南民族调查组、云南省民族研究所：《云南省拉祜族社会历史调查资料（拉祜族调查材料之二）》，中国科学院民族研究所云南民族调查组、云南省民族研究所，1963 年版，第 107、108、57 页。

女儿平分，姐姐要了手镯，补给妹妹2.5两的钱。①

4．监护。各屋吉是其成员的监护主体，女孤儿由她所属的屋吉收养，男孤儿由男屋吉收养；鳏寡老人也由各自的屋吉赡养。如巴卡囡的扎努五岁时父母双亡，由哥哥抚养，哥哥死后，他只能独自生活，虽有姐姐，因为不是同一屋吉的也不能投靠。②

五、纠纷的解决

拉祜族地区纠纷的种类按照纠纷发生的范围可以分为寨内纠纷和寨外纠纷。寨外纠纷又可以分为本寨人和外寨人之间的纠纷、寨与寨之间的纠纷以及本民族和其他民族之间的纠纷。按照纠纷的性质，用现代法律术语可以分为民事方面的纠纷、刑事方面的纠纷等。纠纷发生后根据纠纷的性质不同，可由本寨头人、所属的傣族土司或者中央政府的地方机构解决。这里需要特别介绍的是拉祜族的调解机制。

调解是我国从古至今解决民间纠纷的重要手段之一，在西方拥有“东方经验”的美称。拉祜族历史上，调解也被广泛地用于处理各类纠纷。拉祜族居住地区与历代中央政权中心都相距甚远，元、明两朝和清朝初期又实行“土司制度”，因此中央政权对包括法律在内的诸多事宜都显得鞭长莫及。就民族内部而言，自然环境的阻隔，使少数民族在发生纠纷后“打官司”难。加之各朝民族政策或多或少的偏失，极易造成“畏官惧法”的心理。这些都为拉祜族习惯法的发展提供了条件，亦是调解制度形成的重要原因之一。调解是拉祜族解决成员间各类纠纷，诸如，离婚、争吵及至寨与寨之间矛盾的一种习惯法机制。拉祜族的调解机制有如下特征：

1．拉祜族的习惯法是解决纠纷的主要依据。拉祜族历史上没有文字，没有专门的立法机构和执法机构，调整人们之间的社会关系主要是在生产生活中逐渐累积形成的习惯法，法律规范的遵守主要靠社会成员的自我约束力。习惯法往往是具有一定地缘或者血缘联系的人们共同的社会评价和价值选择的体现，为人们所认可。如《勐海县巴卡囡贺开两寨拉祜族社会历史调查》表明，每年过新年，村寨成员要聚集在一起吃“团结饭”，开会选举新的头人，定出寨规。村寨头人定出寨规后和全村成员共同

---

①② 云南省编辑组：《拉祜族社会历史调查》（二），云南人民出版社1982年版，第66、67页。

讨论，根据寨子实际情况最终确定寨规。① 这种方式在拉祜族社会应该不是特例，由此增强了习惯法被信守的程度。

2．主持调解的人员一般为村寨头人，他秉持息事宁人的宗旨，采用劝导说教的方式，凭借自己在寨子中的威望，尽量将矛盾化解为零。因此，首先要求村寨首领要品行端正、公平无私，能公平对待当事人双方，公证地处理纠纷。其次，头人要熟知习惯法。纠纷产生后调解以习惯法为准绳，村寨头人凭借自身经验和对纠纷的认知，处理纠纷。遇有不能解决的纠纷时，头人要与村寨的老人和其他成员商量解决，有时要由村寨成员集体讨论决定裁处结果。

3．当事人需要交纳给头人一定实物或金钱作为调解费用，以“实物”作为调解费用与拉祜族商品经济不发达有很大关系。如，耿马县芒美中寨的群众在调解前要向伙头（由其主持调解）送礼。② 金平县第三区翁当乡牛塘寨黄苦聪的调解方法是寨内老人和其他成员从中劝说，要求调解的双方可以同去，或者某一方先告，在请老人调解时有的带一壶酒。③ 起初调解费用的支付只是对调解人的一种酬谢，因为主持调解的村寨头人常常要承担调解过程中当事人双方的吃住费用，以后在一些地区则逐渐发展成为一种习惯性义务。

4．调解的实现主要依赖双方当事人的内心自律，自觉遵守调解达成的协议。由于习惯法源于本民族生活经验的积累，更贴近成员生活，在心理上容易产生认同感。同时，调解的主持者村寨头人往往在村寨中德高望重，是百姓亲近而又敬畏的人，每一句从他口中说出的话本身就很有说服力。当然，阶级产生之后，头人的威望总是与他所拥有的权力有着千丝万缕的联系。例如，耿马县芒美中寨的大伙头是保内最高的统治者，可以调解各寨小伙头解决不了的纠纷。④因此，出于人们对习惯法的认可和对头人的尊重，调解结果通常会得到很好的遵守。“调解”在运用中不断展现出优势，成为拉祜族人民长期以来解决纠纷的一种主要方式。

---

① 云南省编辑组：《拉祜族社会历史调查》（二），云南人民出版社 1982 年版，第 59—61 页。

②④ 中国科学院民族研究所云南民族调查组、云南省民族研究所：《云南省拉祜族社会历史调查资料（拉祜族调查材料之一）》，中国科学院民族研究所云南民族调查组、云南省民族研究所编印，1963 年版，第 136 页。

③ 中国科学院民族研究所云南民族调查组、云南省民族研究所：《云南省红河哈尼族彝族自治州金平县苦聪人社会经济调查》，中国科学院民族研究所云南民族调查组、云南省民族研究所编印，1963 年版，第 19 页。

第八章

基诺族法史

第一节

基诺族概况

一、基诺族的分布和族源

基诺族是分布于云南省西双版纳自治州境内的一个古老民族，根据2010年第六次全国人口普查统计，基诺族现有人口23143人，其主体主要聚居在基诺山——今景洪县基诺族民族乡。基诺山在历史文献中又称为“攸乐”，系唐宋以后逐渐见著于史的“六大茶山”之一，位于景洪县东部，总面积622.9平方公里。从地形上看，基诺山属横断山系无量山脉末梢的中小丘陵，最高海拔1691米，最低海拔575米。因其属热带地区，气候温和，雨量充沛，区内有大片原始森林。基诺族有自己的语言，没有文字，其语言属于汉藏语系藏缅语族彝语支。① 在日常生活中基诺族人一般使用基诺语，在社会活动中大多使用汉语，又因基诺族在历史发展过程中与傣族及汉族交往频繁，并在不同程度上吸收过傣语，使毗邻傣族地区的基诺族还兼用傣语。新中国成立后，根据少数民族的识别理论与标准，在杜玉亭先生等学者深入详尽的调查报告基础上，基诺族于1979年6月被国务院正式确认为一个单一的少数民族。

关于基诺族族源问题，一直众说纷纭。主流的说法有四种：一是基诺族祖先是随孔明南征的战士，二是基诺族源于傣族，三是基诺族即基诺山的土著民族，四是基诺族属西北氐羌支系。尽管不同的传说会得出不同的结论，但并不影响人们对现今基诺族社会的总体认识。

作为孔明部队之后裔的传说，汉文有诸多记载，主要是道光《云南通志》第187卷“种人”条下的两则材料：

《宁洱县采访》：三撮毛，即罗黑派，其俗与摆夷人不甚相近。思茅有之。男穿麻布短衣裤，女穿麻布短衣筒裙。男以红黑藤篾缠腰及手足。发留左、中、右三撮，以

① 盖兴之：《基诺语简志》，民族出版社1986年版。

武侯曾至其地，中为武侯留，左为阿爹留，右为阿嫫留；又有谓左为爹嫫留，右为本命留者。以捕猎野物为食。男勤工作，妇女任力。

《伯麟图说》：种茶好猎。雉发作三鬈，中以戴天朝，左右以怀父母，普洱府属思茅有之。①

因基诺族男子曾留有“三撮毛”的头式，且“中为武侯留”，因此成为基诺族族源的一种传说。据说基诺族的祖先是跟着南征的孔明来到基诺山，因没有赶上孔明的军队而被丢落在基诺山生活繁衍的人。虽然具体的历史文献可以证明诸葛亮南征时并未到达基诺山，但在思茅和西双版纳一带出现的有关孔明的古迹及“六大茶山”的名字，都被记载在方志中。如光绪《普洱府志》卷四十九“古迹”中，记载了孔明留在六大茶山的遗物：“六大茶山遗器（旧云南通志）：俱在城（思茅）南境。旧时武侯历六山，留铜锣于攸乐，置钵于莽芝，埋铁砖于蛮砖，遗木梆于倚邦，埋马镫于革镫，置撒袋于慢撒，因为其山”；“孔明山（旧云南通志），在攸乐（即基诺山）北三百里大川原彦，孔明寄箭处有石碑，传为孔明碑”。② 此记载无论能否佐证基诺族的族源，但都说明了基诺族山区与汉族较早就有联系，并且汉族对其生活产生了一定的影响。

与基诺族源于孔明部队之说相似的是傣文的一段记载。西双版纳傣族自治州文化局的刀兴平曾将已故州政协委员召应忠先生著的《西双版纳基诺族简史》（傣文手写本）有关族源部分翻译成汉文交给杜玉亭先生，书中写道：“基诺族是叭比沙怒领到西双版纳来的，西行过程中在今基诺山过夜，这个基诺战士起床较晚，叭比沙怒起得早，基诺起床后找不到叭比沙怒，丢失在基诺山，因此就叫基诺候。”

从基诺族的创世记神话、迁徙史、送魂路线和族称释义方面的分析及根据杜玉亭先生的深入调查和研究，可以推断基诺族就是基诺山的土著民族。基诺族创世记神话的两个代表作《造地的母系》和《洪水故事和兄妹成婚》都讲述了基诺族的祖先创造世界的过程，不仅基诺族，且汉、傣、哈尼族和布朗等民族都在基诺山发展，他们是同时出世的兄弟。据此推断基诺族可能在人类的早期就开始定居在基诺山了，发祥地就在基诺山中的苏毛普它山峰；在基诺族的迁徙传说和送魂路线说中，其迁徙和送魂的路线及地域范围也能说明其最初的发源地就在西双版纳境内，并非氐羌族一说中的遥远的西北；从族称上看，基诺曾为“丢落”，其称呼皆来自汉语的谐音，但通过

① 阮元：道光《云南通志》第一八七，《种人》，云南大学图书馆藏本。

② 陈宗海：光绪《普洱府志》卷四七，《古迹》，清光绪二十六年刻本。

基诺山人民的反复讨论，一致认为基诺有它自身的含义，其确切的解释是：基——舅舅；诺——后边，即跟在舅舅后边，因为基诺族有尊崇舅舅的习俗，此称谓则可阐释为尊崇舅舅的民族。①

二、基诺族的发展历史

与其他民族一样，基诺族也经历了从血缘婚到母系制，再到父系制并向一夫一妻制的发展。基诺族社会首先经历了血缘公社时代，这不仅在基诺族社会历史调查中有相关的发现，而且在最古老的有关玛黑玛纽兄妹成婚的神话故事中也得到了印证。②兄妹通婚的远古史事表明，基诺族祖先在最初的定居点——杰主时，即可能处在血缘亲族时代，此居住点还遗存了一些石器，且与此同时广泛流传的食人者故事，仍称这些石器为“特车”的食人者的工具，③ 就与此有关。血缘公社制在基诺族离开杰主分居到基诺山各村寨后，新建的村寨中发生的母系氏族仍具有血缘亲族的某些特点。甚至在目前，很多现象和习俗，比如兄妹及超辈分的叔侄通婚，成年礼后的血缘同居，婚礼中对血缘恋人的泼水仪式，以及男女通姓合称的亲属制等，都有力地证明了基诺族走过了漫长的血缘制时代。继血缘公社时代后基诺族进入了母系氏族阶段。从许多历史口碑和风俗习惯中，可以考察到基诺族经历过母系氏族的事实：基诺族的祖先从杰主迁出后分裂出的两个最古老的村寨都是以妇女为祖先，她们占据了基诺山的前半山和后半山，即后来的司土寨和马普寨，并在此再生各自的女儿寨，最早的女祖不仅是社会生活传统的维护者和革新者，——其象征是保护神器的三脚石和创造了饮水用的竹水槽，而且是生产上的探索者——磨刀石的利用，同时还是懂得初步天文知识的巫师。④ 两个古老村寨的出现，应该是基诺族最早的母系氏族，是重大的历史进步，因为从此开始了氏族外婚，禁止血缘氏族内婚姻的历史，反映此时代母系制社会的特点有很多且至今仍保留着，如对偶婚的存在，男女同居不稳固，离异比较容易，而且在隆重的仪式中，最重要的人物并非男人，而是女人，妇女在社会经济上居于很重要

① 西双版纳州民委编：《西双版纳民族谚语集成》，云南人民出版社 1992 年版。
② 刘怡、陈平编：《基诺族民间文学集成》，云南人民出版社 1989 年版。
③ 杜玉亭：《从特车传说谈食人之风》，载《社会科学战线》1984 年第 4 期。
④ 杜玉亭：《基诺族简史》，云南人民出版社 1985 年版，第 23 页。

的地位。① 母系制被父系制取代，大约是在300多年前，清朝年间铁器在基诺族地区的使用和“刀耕火种”山地农业的兴起，以及作为普洱茶重要产地的茶树种植和茶叶加工交换的发展逐步确立，基诺族巴亚寨父系英雄阿普少雪时代，可以说是父系氏族——家庭公社的起点。②父系氏族制的具体表现，不仅在于妇女的社会经济地位下降，在重要场合的决定权的削弱，还体现在父子联名制和茶叶的生产交换。后来，父系个体家庭已具有某种独立耕作和消费的能力，可以离开父系血缘纽带迁到别的地缘村落独立生活。这种以地缘关系替代血缘关系而组织起来的人们的共同体，即是父系制时代之后的又一社会形态——农村公社。这种典型的形态是在父系氏族公社的基础上逐渐接受其他民族的父系个体家庭中发展为地缘组织的。每个村庄一般都来自不同血缘氏族的四五个姓氏或家族，构成了具有共同地域、共同首领、共同经济、政治和宗教生活的社会集团。

第二节

历代中央、地方政权对基诺族的治理

一、中央政权对基诺族的统治

基诺族所在的景洪县，商、周时期为车里管辖地，西汉时为哀牢王的辖地；东汉时哀牢地设为永昌郡，蜀汉三国时期，蜀相诸葛亮南征云南，民间开始将孔明南征与茶树栽种联系起来，以致后来的记载都说茶树是“武侯遗种”③。晋朝、南北朝和隋朝时期澜沧江两岸的人工种植茶渐多，其后各山引种，扩种成数山的万亩茶园，成为后来的“六大茶山”。

唐贞元十年（794），南诏政权于六大茶山所在地易武设置“利润城”，视茶林为获利润之物。唐朝乾符六年（879），南诏政权在六大茶山至大理的路线设睑治，取名

①② 杜玉亭：《基诺族母系制残余及其向父系制的过渡》，载《民族学研究》1981年（第二辑）。

③ 李石：《续博物志》，丛书集成初编。

"步日睑"，"睑"为南诏政权的基层行政单位，归银生节度（今景东）管辖，唐朝人樊绰曾记载"茶出银生城界诸山"①，所谓诸山即后来的六大茶山。宋代（960—1279），大理政权将南诏所设的步日睑改为步日部，此时宋朝与北方金朝连年征战不止，急需战马，大理政权便在步日部设"茶马市场"，以步日部茶叶换得西藏马匹，再将马匹北转与宋朝，换取锦缎珠玩首饰。南宋淳熙七年（1180），傣族首领叭雅真统一各部落，建立了以景洪为中心的勐泐地方政权"景陇金殿国"，拥天朝皇帝为共主，归顺宋朝。

元朝至元十年（1273）在云南建立行省时，在境内设置彻里路（今景洪），这是中央王朝在西双版纳设置的最早政权机构，至元二十九年（1292）设彻里路军民总管府，实行土司制度。

明朝洪武十五年（1382）改彻里路为军民府，以第八代召片领刀坎为知府，洪武十七年（1384）改军民府为车里宣慰使司。顺治十七年（1660），车里宣慰使刀木祷献金归降清政府，朝廷准袭车里宣慰使司世职，管理十二版纳。

清朝雍正年间，开始对云南普洱地区进行改土归流。据记载：

"雍正七年裁元江通判，以所属普洱等处六大茶山及橄榄坝江内六版纳地设普洱府，又设同知，分驻攸乐。通判分驻思茅，其江外六版纳仍属宣慰司，岁纳粮银于攸乐。"②

这是雍正七年（1729）设立普洱府攸乐同知的一条记载。新设的流官已突破明朝流官管辖的界限，包括车里宣慰司及江外六个版纳。清朝对此地的重视和深入管治，主要在于出产"名重天下"的普洱茶之地六大茶山所拥有的经济地位。历史上"六大茶山"不仅在与外藩的交易中起到了重要的作用，到清朝时还成为朝廷的珍贵贡品。以至于雍正七年朝廷直接把"同知"设立在六大茶山之一的攸乐，且规定西双版纳车里宣慰司每年向设在攸乐的同知纳粮，并详细地记载如下：

"思茅接壤茶山，系车茶咽喉之地，请将普洱原设通判移驻思茅，职任捕盗，经营思茅六茶地方事务。从前贩茶奸商重债剥民，各山垄断，以致夷民情急操戈。查六茶山产茶每年约六七千驮，即于适中之地设立总店买卖交易，不许客人上山，永可杜绝衅端。客商买茶税银三两，令通判管理，试行一年之后征税若干，定额报部。再，臣等原议橄榄坝拟设知州一员，今查橄榄坝本地烟瘴，实甚未便驻兵，紧接橄榄坝之

① 樊绰：《云南志》卷七，赵吕甫校释，中国社会科学出版社 1985 年版。

② 阮元：道光《云南通志》卷三四，云南大学图书馆藏本。

攸乐地方，以高瞰下，最为扼要，亦且凉爽，现拟于攸乐设游击一员，驻扎防范，文职设同知一员，与之同城，分理地方事务，并管各版纳盐井，督煎办课，亦俟试行一年之后，征课若干，定额报部。设盐课司大使二员，一驻猛乌，兼管乌得盐井，一驻整董，兼管磨者盐井。同知、通判、经历司、盐大使等员俱隶普洱府。右营游击一员，带千总一员，把营二员，马步兵丁五百名驻扎攸乐，与同知同城。"①

这一奏折记述了设同知于攸乐的过程，同知首先是设在橄榄坝，因官兵耐不住"烟瘴"，才改设到较为凉爽的攸乐，此时攸乐同知的管辖范围是"攸乐同知东至南掌国（老挝）界七百五十五里，西至孟琏界六百里，南至车里界九十五里，北至思茅界四百十二里，东西距一千三百五十五里，南北距五百三十七里"。② 攸乐同知的管辖范围如此广大，可以看出清朝边疆大吏在攸乐设官驻兵的目的，不光是为了统治基诺山，而是想通过对西双版纳的直接统治从而达到对六大茶山的垄断经营。

经驻兵六年的实地考察与体验，鉴于攸乐地势的险峻、气候的恶劣与物产的奇缺给士兵带来的困难等诸多原因，朝廷认识到长驻于此的弊端，于雍正十三年（1735）获准裁去攸乐同知，撤出攸乐，移驻思茅。其过程记载于云贵总督尹继善《筹办普思元新善后事宜疏》：

"查攸乐为普镇右营，孤悬瘴地，僻处万山，水泉微细，食用艰难，兵丁多系单身最易逃走，人人视为畏途，更难招募。自攸乐至思茅相距甚远，在深山险箐，塘汛兵孤，势难存立，一遇有事，声气隔绝，思普之兵不能及时应缓。即太平无事，烟瘴甚盛，水土恶劣，兵丁多致伤损，其存活者亦皆疾病缠绵，筋力疲弱，难以弹压地势，与抚提诸臣四斟酌，攸乐一营必须改移，虽前经同知郭纶议详改建于攸乐箐口，已据报完城工五分，旋遭兵火，究之与攸乐相去不远，烟瘴亦盛，终非长策。查思茅地方高爽……宜将攸乐一营撤归思茅，将右营游击移驻统领，并将攸乐同知亦移驻思茅与游击同城，改为思茅同知，换给关防，将思茅通判一缺裁汰。其攸乐茶山一带总属同知管辖，钱粮俱隶征收。"③

攸乐同知撤离后，清朝官府相应地安排了善后事宜。见著于云南总督尹继善《筹办普县元新善后事宜》称："攸乐汛营既撤，其三十六寨需人管约，据宣慰司刀绍文及各土目公保叭管理"，此奏文批准后又据记载有：

---

① 阮元：道光《云南通志》卷一〇〇，云南大学图书馆藏本。
② 阮元：道光《云南通志》卷一一，云南大学图书馆藏本。
③ 尹继善：《筹办普思元新善后事宜疏》。

“思茅厅攸乐土目：（案册），管村寨三十二，东至蛮海（今之巴来）一百二十里，南至思通（今之司土），西至蛮撇（今之巴破）三十里，北至孙牛（今之少纽）四十里。雍正十年（1732）裁撤，普安营汛兵公举叭横管理附近村寨，传至刀直乃，乾隆四十五年（1780）袭。”①

宣统二年（1910）清政府在西双版纳设置流官政权机构，与车里宣慰使共同治理，至此西双版纳实行“土流”双重治理。

二、傣族土司对基诺族的统治

在基诺族的创世神话中，傣族是与基诺族共同出世的民族。早在基诺族祖先结束原始游徙生活定居杰主时，傣族统治者就开始与其交往，传说是因为傣族统治者怕基诺族强盛才把基诺祖先从杰主赶走，这说明基诺族与傣族的交往或许早于与中原王朝的交往。《明实录》记载有：

“洪武二十四年冬十月乙未，车里宣慰使刀暹答谴其弟刀三帕剌等贡象及方物。”②

刀暹答是车里第十代宣慰使，与其父刀坎勐与明朝中央政权都有往来③，而刀暹答是其父与基诺族姑娘结婚所生之子。④ 此记述说明傣族在基诺山建城设官前三个多世纪的明朝时期就已确立了对基诺族的统治。清朝时撤离攸乐同知后，车里宣慰司刀绍文推荐的攸乐土目刀叭横，实际早已是傣族土司在基诺山任命的基层头目，因为傣语中的叭横即汉语的大叭根，横是人名，大叭是相当于乡级的基层行政官职，傣族土司就按傣族村寨的政权形式在基诺族中任命了统治者，汉文记载的第一个攸乐头目叭横，原是傣族土司任命的大叭——村长之上的基层官职，但此人的世袭者刀直乃继任土目时，竟由傣族贵族土司任命，说明基诺土目受傣族头目的影响之深。

此外，在傣族中设立的召片领拥有对基诺山的管辖权。其管辖权是通过在基诺山任命村社基层政权即叭、咋、先来实现的，但在傣族土司任命前一般要经过村社长老头人及父系家长参加的村社会议推举，并规定他们的主要职能：一是为召片领催收门

① 阮元：道光《云南通志》卷一三六，云南大学图书馆藏本。
② 《明太祖实录》卷一九三，台湾“中央研究院”历史语言所校本。
③ 西双版纳州政协文史资料委员会译：《宣慰四十四世》。
④ 李拂一：《泐史》。

户款提供劳役和贡纳。清末每户要向召片领交门户银五钱，贡物为上等棉花一斤，有的村寨如巴亚寨，一年四季有一人为召片领服砍柴烧火的劳役（三个月一班，按户轮流），管理居民迁移，代表村社接受新成员，批准外迁，管理村社土地，把守村社界限。二是村寨的头人要按习惯法解决民事刑事诉讼案件，维护村社治安。

第三节

基诺族的社会组织

一、长老议事会

基诺族村寨中有一个长老议事会，由七个长老组成，这个议事会是村寨的社会组织形式之一，解决寨内的各种事宜。这七位长老的排序是：①“卓巴”（首席长老，亦为村社第一古老氏族的长老），②“卓生”（第二长老，亦为村社另一氏族的长老），③“巴努”（首席长老的接班人），④“生努”（第二长老的接班人），⑤“科卜洛”（第三个氏族的长老），⑥“达者”（第四个氏族的长老），⑦“乃俄”（第五个氏族的长老）①。长老议事会是村寨的权威性机构。

卓巴是村寨的首席长老，从村寨内最古老的两个氏族中产生，在基诺族人心中有着崇高的地位②。长老产生的方式很单一，就是年长，即使他们平庸，或残疾，只要是年长，将义不容辞登上村寨长老的职位。基诺族人有“一怕鬼神二怕寨老”之说，在年节中举行祭祀时，卓巴和卓生两家各杀一只鸡，以“神的使者”名义宣布村规民约：违反者在用刀时被刀杀死，用斧头时被斧头劈着，过河时被河水冲走，爬树时摔下跌死，遭虎吃掉，朝前跌倒下巴骨跌断，朝后跌者脑袋袭掉，向左摔者肋骨跌断。③

---

① 杜玉亭：《基诺族社会历史综合调查》，载《基诺族普米族社会历史综合调查》，云南民族出版社 1985 年版，第 74 页。

② 王懿之、王彬：《基诺春秋》，云南人民出版社 1985 年版。

③ 于希谦：《基诺族文化史》，云南民族出版社 2000 年版。

以卓巴为代表的村寨七位长老的主要职责是：在生产方面，卓巴主要是主持与刀耕火种有关的农业活动；在狩猎活动中，若猎获马鹿以上的大野兽时，要由卓巴或卓生在寨门外和猎手的竹楼门前举行二次祭祀仪式，意在祈求寨神兽神，以获得更多的猎物。此外，长老在村民上新房仪式时为新房家长进行祝福；村民结婚时，卓巴要为新婚夫妇祝福；村民去世时，依惯例由死者氏族之外的他氏族长老的儿子出面料理丧事；过年时由卓巴出面，宴请对村寨刀耕火种农业有贡献的首席铁匠，并举行打铁仪式；氏族内婚等乱伦案件，惩罚违法者到一定程度时，如吃光当事者的口粮，杀光当事者的牲畜时，如长老出面即不能再进一步惩罚；人畜多病时主持祛灾仪式等；① 在节日的选择和村寨性祭祀活动方面，七位长老集合选择过年的时间，一旦把卓巴家专有的大鼓敲起就标志着新年的开始，届时全村老幼聚集在长老家歌舞祝福；过年时先由首席长老祭祀大鼓。如大鼓被打坏或被鼠咬破，由首席长老主持进行隆重的制新木鼓仪式；例行祭祀寨神左米生巴。②

二、饶考俄

基诺族有别于其他民族的一个典型的社会特征是拥有一个历史悠久的自发的青年组织“饶考俄”。饶考俄是成年未婚男女组成的一个青年组织，成年礼后（至少 14 岁以上）即加入饶考俄，婚礼后便脱离。饶考俄有其聚会的主要场所“尼高卓”供其青年男女自由交往，相互表达自己的情感。饶考俄的首领为“阿朔”，任期时其年龄不得超过 20 岁，过期则自行辞职。③ “阿朔”产生的方式有四种：即选举、禅让、任命、兼选举和任命特点的二元式，因其村寨的习惯而不同。有的村寨如巴亚寨“阿朔”还有更多的产生方式，巴亚寨饶考俄的首领有三个，所以产生的条件、任期年龄和职责各有不同，其中的一位“阿朔”须出席一年一度的疑难案件的处理，而另一位“阿朔”则对疑难案件的处理无法取得一致时具有最终的裁定权。

饶考俄是权威性较高的一种组织，只有经过正当程序加入的人才能取得自由恋爱的权利，违者要受到惩罚。参加饶考俄的男青年均不能住在自己的家里，而是住在尼

①② 杜玉亭：《基诺族社会历史综合调查》，载《基诺族普米族社会历史综合调查》，云南民族出版社 1985 年版，第 75 页。

③ 金少萍：《基诺族传统社会中的未婚青年组织》，载《中南民族大学学报》（人文社会科学）版 2000 年第 1 期。

高卓，他们每天晚饭后必须到特定地点集中，各自汇报自己当天所见和需要提醒注意的情况，然后就去尼高卓。如果无故不参加活动，第二天就要被罚三撮烟①。饶考俄的主要任务是通过青年男女之间的相互交往，为组织成员找对象提供帮助，也负责监督非法婚恋的情况，对于违反寨规的人和事进行监督并罚款，但其只有罚五斤酒和一个半开银圆的权力。如犯规事实严重，必须罚更多款时，就得请示乍、先决定。饶考俄同时还担任着村寨的公益事业，如节日送父寨、母寨的客人，负责修筑道路，设置界标，巡视、保护村寨的公共设施，保护外来客人和本寨人家的安全，负责站岗，过节时燃放火药炮，预防火灾，防止偷盗，检查卫生，为已故的卓巴、卓生、叭、乍、先或他们的妻子死后守坟，等等。②

基诺族还有一些较为松散的组织，如妇女组织和儿童组织等，妇女组织帮助未婚女孩挑选对象及为男人染齿；儿童组织则帮助发现寨中犯规的事情。“勒巴”是一个轮值服务组织，负责有关全寨利益的生产、生活祭祀等事务中的勤务工作，它以九户为一轮，一年一换，九人家中必有一家是巴努，一家是奈努，他们两人是“负责人”，所以实际是由七户人家轮值。③

第四节

基诺族法律的起源

一、源于神话故事

基诺族有自己的创世记神话。其谚语“神从水出、人从鼓出”④ 浓缩的创世记神话故事“阿嫫晓白”便讲述了万物产生的过程。宇宙最初全是白茫茫的流水，后来这古老的流水中产生出一个庞然大物。一天，这庞然大物突然裂开，从里边走出来一个力大无比的创世记女神“阿嫫晓白”，因此说“神从水出”，以示宇宙之源在于物质，

①②③ 金少萍：《基诺族传统社会中的未婚青年组织》，载《中南民族大学学报》（人文社会科学）版，2000 年第 1 期。

④ 杜玉亭：《基诺族文学简史》，云南民族出版社 1996 年版。

具有朴素的唯物主义观念。阿嫫晓白随后创造了天地日月及世间万物，并赋予了所有事物以灵魂，人与物的区别只在于形体的不同，因为除了人之外，其他所有的物都会说话和思考，以至于人在向自然索取必需之品时，都遭到了物的拒绝，整个世界就此陷入了一片混乱，阿嫫晓白无法管理，将刚出生的孪生兄妹玛黑和玛纽装进一个木鼓里，然后降下连绵不绝的倾盆大雨将世界淹没，待洪水停息，之前的一切不复有生命时，玛黑玛纽才从鼓里出来，重新开始了人类的繁衍，此所谓“人从鼓出”。

从基诺族的创世记神话中，可以折射出：

（1）基诺族人原始的宇宙观、世界观和习惯法意识的蒙昧观念。“神从水出”，天地万物的创造者“神”即阿嫫晓白来自于“流水”，基诺族认为人最初的状态即是运动的，这种运动的性质无疑表征了基诺族人鲜活的生命观和积极的生活态度，“神”来源于自然物“水”，但“神”又具有超自然的力量，她创造了日月星辰，创造了天地万物，以至于这种“神”的力量一直根植于基诺族人的心中，并被他们虔诚地尊崇并信奉着，成为指导人们行为的原始规范。

（2）阿嫫晓白创造的天地万物在最初都具有和人一样的生命与灵魂。万物有灵的观念赋予了自然以独立和自主的意识，一定程度上启迪了基诺族人的自然法观念，并影响了他们的生产活动及对待自然的态度。正如他们的谚语，“天有天门、地有地门、太阳有太阳门”①，自然界的一切都有它的来源和归宿，都有它生存的法则和真理，只要事物都遵循了它的道理，人与自然将可以和谐相处。

（3）基诺族人赋予创世神以女性性别，在很大意义上说明了基诺族人对女性的尊重。在基诺族人世世代代的生活中，女人享有和男人一样甚至更高的地位，男女平等的观念始终贯彻在基诺族人的生活中。

二、宗教祭祀的启蒙

基诺族由于“自古不通中国”，因此在道教、佛教盛行于其他少数民族地区时，仍然没有受到影响，一如创世神话所隐含的“万物有灵”观念一样，认为万物都和人

① 于希谦：《基诺族文化史》，云南民族出版社 2000 年版。

一样具有不灭的灵魂,① 这种原始的自然观念使基诺族人产生了多神崇拜和祖先崇拜的原始宗教观念。

多神崇拜的宗教观念认为万物有灵，“山有山神，寨有寨神，天有天神，地有地母，谷有谷魂”②，一切事物都由鬼神支配，因此在不同的节庆，基诺族人都要为众神举行不同的祭祀活动，以求为生活祝福，祈祷对家人和村寨的保护及对庄稼收获的感谢之情。如祭寨神、天神、地神及祭谷魂等，其仪式庄严虔诚，表达了他们对天地的敬畏，这有效地规范和约束了他们的生产活动。如在年节中举行祭祀时，卓巴和卓生两家各杀一只鸡，以神的名义宣布村规民约：违反者在用刀时被刀杀死，用斧头时被斧头劈着，过河时被河水冲走，爬树时摔下跌死，遭虎吃掉，朝前跌倒下巴骨跌断，朝后跌者脑袋袭掉，向左摔者肋骨跌断。③

三、源于禁忌

“禁忌是人类最古老的无形法律，它的存在通常被认为是远比神的观念和任何宗教信仰的产生还要早”。在基诺族社会中，禁忌同样是基诺族习惯法的一大渊源。基诺语称禁忌为“雅早册”④，有的解释为吃饭睡觉的禁忌，有的解释为不得不做和不做不可，都说明禁忌本身就具有规范性。

基诺族的禁忌是自然和自觉形成并得以严格信奉和遵循的行为规范，它没有外在的强制力及惩罚措施，在实践的传承中也会发生变化，使一部分被废弃，一部分却为习惯所吸收，转化成基诺族的习惯法规范的内容，以至“随着文化形态的改变，禁忌形成一种有它自己基础的力量；同时，也渐渐远离了魔鬼迷信而独立，它逐渐发展成为一种习惯、传统而最后则变成了法律。”⑤

① 宋恩常、雷宏安、董绍禹调查，董绍禹整理：《景洪县雅奴寨基诺族宗教调查》；宋恩常、董绍禹：《景洪县巴雅、巴夺村基诺族宗教调查》，载《云南民族民俗和宗教调查》，云南民族出版社 1985 年版。

②⑤ 《图腾与禁忌》，中国民间文艺出版社 1986 年版，第 32、39 页。

③ 于希谦：《基诺族文化史》，云南民族出版社 2000 年版。

④ 杜玉亭：《论基诺族生育禁忌》，载《思想战线》1994 年第 1 期。

四、源于生产生活

基诺族社会因一直处于无等级的社会形态之中，在观念上保存着原始而朴素的平等意识。基诺族把公平、公正的观念形象地比喻为天平，认为它有如天平“碌比卡罗阿切”①。如两边物品的重量相等，天平的刻针就标在正中，人们根据这种比喻形成了平等的观念，进而形成了相应的制度及法规。如称为“沙其”的公证人，便发挥了广泛的作用：烧地时，由沙其查看拦火道的宽与窄，是否合乎传说规定，以此判断烧地者的责任；结婚时也要请其证明嫁妆的礼银的数量；分家和离婚都要力图在分财产时保持公平。

基诺族以农耕作为赖以生存的方式，又由于其天然的地理环境所限，一直以来，刀耕火种占据了基诺族人农业生产的主导方式。刀耕火种是基于基诺山地质量的等差而进行的一种选择性耕作方式，它采取固定区域内单一轮歇的方式进行，每个村寨的山地划为 13 片，按顺序耕种，每年砍伐一片至几片种一季后抛荒休闲。待烧后的灰烬将其土地施肥足够之后再复耕种，在可耕之地，分给每家的耕地间都有界标，如是将火烧到了别家的土地，规定当事人将受到惩罚，严重者将由长老出面加以协商解决②。由于土地贫瘠，庄稼的收成不仅靠气候，还要靠各家各户的互助和协作，因此在这种农业耕作中，出于对丰收的共同期待，土地上的纠纷都按照自古形成的规定解决，或由长老出面加以协商调解。

另外，在狩猎活动中，基诺族也形成了一些习惯法。如甲寨猎手获猎的野兽，倒在了乙寨的土地上，倒地的一半归乙寨所有，这也是各村寨共同遵守的一项自然法规。对于猎肉的平均分配，则表现了基诺族人对自然物的集体共有意识。尽管猎物是猎手一人首擒所得，但在组织行动上离不开集体的参与。不论参与者是否起到关键作用，分享的权利是平等的。另一方面，基诺族人认为猎物来自于自然界，自然界又是村社共同所有，兽神的赐予就是对全村寨人的赐予，所以在分配过程中，几乎看不见私有制的痕迹。

---

①② 云南省民族事务委员会编：《基诺族文化大观》，云南民族出版社 1999 年版。

第五节

基诺族的法律

一、刑事法律

基诺族民风古朴，其团结互助、路不拾遗、夜不闭户、无偷窃行为，很大程度上即是基诺族社会的真实写照。所以基诺族的民刑案件很少，若有，一般都可按习惯法处理，常见的刑事习惯法主要有以下几种：

故意杀人。杀人案要到召片领处判决，傣族土司解决人命案也很简单，人死在哪个村社就对哪个村社罚款，而且款罚得很重，所以人们对此非常惧怕，有的村社几代人也不敢发生过人命案。①

故意伤害。在日常生活中，如甲寨的人伤害了乙寨的人，在某种情况下，两寨的长老也会各自庇护自己的人，但最终通过协商，按乙寨的要求对被伤害者进行赔偿，并按各寨规定对肇事者进行惩罚。②

乱伦。基诺族严禁“巴什”内婚，“巴什”内婚的行为被视为乱伦。“巴什”是指共同祖先繁衍的后代。具体是指血缘氏族时代时兄妹结婚繁衍的后代。血缘氏族与母系氏族时，奉行男不婚女不嫁的习俗，父系则要求“男婚女嫁”。而父系氏族和母系氏族时，“巴什”的含义已大不相同，按母系继嗣的规则，姐妹们的后代即属于同一个“巴什”，凡是母女关系以及姐妹的后代即表兄妹，延及二重、三重、四重……表兄妹，无论相隔多少代都不能通婚，凡是父子关系均不属于同一个“巴什”，堂兄妹之间就有可能属于不同的“巴什”，即称为“交什”，相隔三代便可以通婚。父系氏族取代母系氏族社会后，由父子关系组成的“巴什”具有父系继嗣组织的性质，凡父子关系以及兄弟的后代即堂兄妹，延及二重、三重、四重……堂兄妹，无论相隔多少代都不能通婚，按照父系的继嗣规则，凡是母女关系均不属于同

①② 云南省民族事务委员会编：《基诺族文化大观》，云南民族出版社 1999 年版。

一个“巴什”，凡是母系方面的亲戚，延及表兄妹，二重、三重、四重……表兄妹，称为“交什”，相隔三代即可以通婚。① 基诺族对“巴什”内婚的惩罚方式主要有罚款、逐出寨门和处死。罚款的方式主要表现为吃光当事者的口粮，杀光当事者的牲畜。严重者则要实施肉刑、逐出寨门甚至处死。据记载，曾有一对巴什恋人经过恋爱同居再正式要求结婚时，即遭到寨老和世人反对，他们依然同居，于是寨老们便对其采取了严厉的惩罚：两棵大竹间横绑上一根长竹竿，将两人的双臂反绑在横竹竿上吊起来，即使如此，两人终无悔悟，寨老们只好做出将他们逐出巴亚寨的决定。②

二、民事法律

（一）物权制度

基诺族经历了从血缘氏族向母系制再到父系制，再从父系制向村社的发展，其土地所有制也经历了由公有制向土地的村社公有和个体家庭经营相并存，即生产资料的两重性并存的基本特征。③

（1）土地的村社公有

基诺族受傣族的统治时期，傣族的召片领对基诺山的全部山林和土地行使所有权并委派基诺族代理人征收贡赋。但因为傣族习惯于坝区的生产生活，实际上并不亲自对基诺山进行开发，对山区基诺族传统的土地使用并不干预，一直以来，基诺族村社都是山区土地的实际所有者，村社公有也就成为基诺族土地制度的基础。④ 如属于村社所有的往往是不易耕作的土地，具体包括寨基地、寨边空地、村寨的坟地、石岩地和部分共有的山箐。

（2）土地的氏族所有

氏族占有的是村寨的可耕地。每个氏族拥有可耕地的多少一般是根据村寨各个氏族的大小和氏族的“姓”的排序加以分配，如有的村寨最古老的氏族就占有一半以上

---

①④ 杜玉亭：《基诺族社会历史综合调查》，载《基诺族普米族社会历史综合调查》，云南民族出版社 1985 年版。

② 杜玉亭：《基诺族文学简史》，云南民族出版社 1996 年版，第 139 页。

③ 杜玉亭：《基诺族简史》，云南人民出版社 1985 年版。

的土地，其余的土地则按照“姓”的排序分得。按照惯例，村寨的土地要划为13大片，春季由长老会议决定在某一片或数片地上耕种，这片地上，各氏族都可以分到土地耕作。氏族分到自己的土地后，再以氏族内大房子的数目平均分配。若一个氏族只有一个大房子，不论人数多少，氏族的土地都属于这个大房子占有。① 分到大房子的土地无论好坏都没有怨言，因为按照轮耕的规则，拥有不同等级的土地的机会都是均等的。

（3）土地的家庭所有

划归到每个大房子的土地，再平均分配到每个火塘，就是村社土地制度的第三种形式——个体家庭的土地占有制了。但这类土地占有制形式在基诺族中所占比例不大，只是在人多地少的一些村寨，一般是在氏族所有的土地上通过号地的方式取得。大部分村社中，个体家庭占有的土地只是宅基地、园圃地、茶地或公共边缘的小块自营地。

从基诺族土地制度的层层分配形式可以看出，尽管个体家庭已经出现，但它并不是独立的经济实体，因为占有权变化，而村社公有却始终不变，使个体家庭的经济生存必须依附于氏族或大家庭才能得以维持，这种经济关系的依附使基诺族成为一个紧密的共同体。

（二）租佃

由于土地的分配不是以人口，而是以氏族为基本单位，土地的占有必然出现不平衡状况。原始的租佃关系已经开始产生，② 有些村寨人多地少，就向附近的好几个村社租种土地，村社内各家族和各个体户间因人口多少不均，即使在土地不多的村寨内部也有租佃关系，但这种租佃关系的租额很低，一个小猪，一个半开，就可以租种上百亩的大片山地。这一时期，土地典当、买卖的现象也开始发生，但地价甚低，有以几元钱买数十亩山地，也有个别头人利用职权私占大片土地出租或出卖的，但这些都只是个别现象，土地买卖多具有典当的性质，但土地村社公有的基本制度并未因此而被打破。

① 杨知勇、秦家华、李子贤主编：《云南少数民族生产习俗志》，云南民族出版社1990年版。

② 杜玉亭：《基诺族社会历史综合调查》，载《基诺族普米族社会历史综合调查》，云南民族出版社1985年版。

三、婚姻家庭法律

（一）婚姻的缔结

1. 恋爱权的取得

基诺族是一个提倡恋爱自由的民族，但对恋爱青年的年龄及资格做了规定。只有达到一定的年龄（一般在14至20岁之间，各村寨的规定不尽相同），且经过成年礼仪式或加入了青年组织饶考俄并成为其中的一员时，才正式拥有了恋爱的权利。如果没有经过成年礼就公然谈恋爱的，如巴漂寨规定："未经成年礼公然恋爱者，罚酒五碗。①"由于未履行成年礼的少年可以不参加饶考俄的活动，所以对其违法恋爱的事实难以取证，于是对未成年者的恋爱行为便采取了一种变通的惩罚方式，即在新入礼者被劫时或到尼高卓晋见饶考俄首领时，众饶考将冲上去故意抓破其手、脸或身上的皮肉，使人们知道他犯了什么法规而受此惩罚。②

不同村寨的青年男女恋爱，必须要获得另一个村寨的恋爱权。如在甲寨举行过成年礼的饶考俄到乙寨谈恋爱，必须向乙寨饶考俄敬酒，表示作为乙寨饶考俄的成员，才能获得在乙寨的恋爱权。如么卓寨者木拉在本寨举行成年礼后，与巴朵寨的姑娘相爱，按例要申请加入巴朵寨饶考俄，巴朵寨饶考俄首领决定让他敬酒10斤，者木拉因贫困而要求减少一点，最后减为5斤，此后他参加了巴朵寨饶考俄，并自愿在巴朵寨做了上门女婿。而巴朵寨小伙子册伯因未向么卓寨饶考俄敬酒，即未表示参加么卓寨饶考俄的意愿而与么卓寨姑娘伯墨恋爱，结果被么卓寨饶考俄们发现，并在一次突然行动中拿到了正在与伯墨同居的包头为证，决定罚册伯20斤酒，册伯申诉家境贫困，苦苦恳求减少，最后罚其10斤了事。③

2. 恋爱阶段的习惯法

除了严禁氏族内通婚这一习惯法外，基诺族青年在选择自己的婚姻上有极大的自由和自主权，按传统的方式，基诺族人从恋爱到结婚，通常要经过"巴漂"、"巴宝"

①②③ 杜玉亭：《基诺族社会历史综合调查》，载《基诺族普米族社会历史综合调查》，云南民族出版社1985年版。

和“巴里”三个阶段。[①] 这三个阶段通常是基诺族传统婚姻取得合法性的条件和基础。

基诺族青年正式加入饶考俄取得恋爱的权利后，作为饶考俄组织的一员便可和组织的其他成员在夜间到尼高卓聚会，以使自己投入到未婚男女传统的社交和自由恋爱的圈子中。在尼高卓中，男女青年可自由交往与相互了解，若是产生了爱情，则可认为是恋爱的第一阶段“巴漂”的开始。[②] 如此之后，双方开始秘密地互赠象征性的礼物如槟榔等，由此进入恋爱的第二阶段即“巴宝”，巴宝阶段不仅可以有称为“巴宝可来”[③]的公开赠送礼物，而且可以在热恋中亲吻、为男子漆齿等以及让双方父母认可。第三阶段叫“巴勒”或“巴里”，是爱情的确认阶段和结婚的必要基础，因为按照基诺族的惯例，没有不经过“巴勒”便结婚的人。在这第三个阶段，恋人可以同居了，经过以上两个阶段的交往，男子会私下向女方提出同居的要求。男子在获得同意后前往女方家过夜，经过这一阶段的考验双方都认为自己的爱情坚不可摧时，才向父母以及世人公开声明，爱情才正式进入婚姻的议程。

3．结婚

经过恋爱的三个阶段后，双方开始进入婚礼的准备过程。婚礼前由男女双方的父亲共同认可并选择好吉日后，便要去舅父家征求其同意。舅父同意后才能嫁出女子。到吉日时，男方再备好婚礼的一切用品，请例行人员到女家迎亲。男方到女家迎亲时，要经过证婚人歌唱证词方能迎娶对方，这是基诺族人的婚姻得以成立和公认的重要程序。迎亲队伍中有两个证婚人，首席或第一证婚人是祭司，他代表神中间的使者，手中拿一个鸡蛋；第二证婚人是寨老的助手。[④] 在第一证婚人念词间，新郎将放在葫芦瓢里的“吃奶钱”奉给岳母。第二证婚人在楼上清点男方带来的礼品。

之后，新娘才在新郎和伴娘等送亲人群的陪同下，进入男方家。进门之前，第一证婚人要在男方楼梯上门口摆有祭品的篾桌上坐下唱祭词。唱词毕，即进入竹楼正厅，此时长老们已在正厅的宴席上入座。祭司在家长居室门前家长专座的竹篾凳坐定后，念出证婚词。[⑤]经首席的几次唱词，新娘才正式嫁到男家，由此进入婚礼的下一个程序，即婚礼晚宴的仪式。仪式主要以歌手对人生过程的歌唱来表达对婚礼的庆

---

① 杜玉亭：《基诺族社会历史综合调查》，载《基诺族普米族社会历史综合调查》，云南民族出版社 1985 年版。

②③ 刘怡、白忠民主编：《基诺族文化大观》，云南民族出版社 1999 年版。

④⑤ 杜玉亭：《基诺族文学简史》，云南民族出版社 1996 年版，第 103 页。

贺。

婚礼结束后，还要由村社的七位长老、祭司和巫师当着亲友的面清点女方带来的财物以确认夫妻各自的财产所有权：新娘带来的财产归新娘所有，如后来男方违犯传统法规离婚，女方可带走全部财产，如女方犯规离婚其财产则不能全部带走。这些话并非只是形式上的告诫，如果今后夫妻真要离婚，证婚人当依法秉公办理。

（二）离婚

基诺族传统的离婚程序比较简单。只要男女感情破裂，经父母和舅父劝解仍无法愈合者，得到舅父同意，就可以离婚。离婚仪式由舅父主持，舅父将结婚时所保存的碎碗片丢掉，同时还倒掉一碗水。离婚由男方出一壶酒，女方舅父向男女各倒一杯酒，男女各喝一口，男说“你活着不是我家人，死也不是我家鬼”①，女方带来的财物由女方带走，共同栽种的茶树，都实行平均分配，孩子则由母亲带走。有的村寨，还需有夫妻双方的主人各一人及卓巴参加，主人负责分配双方的财产，女方带走自己出嫁时的物品，其余的财物实行平均分配。按照习惯法，同丈夫离婚或丈夫早死，妇女可以离开丈夫的氏族返回娘家，可以把原来从娘家带来的母牛、狗和母猪带走，而她可以带回娘家，母系分给她一间房间居住，她可以再行改嫁，有的甚至改嫁数次。

（三）亲权与亲属权

1. 母亲的亲权

从血缘氏族进入母系制社会后，基诺族的村寨都以妇女为祖先，女子享有对子女的亲权，并肩负着对子女监护和教育的责任。直到后来的父系制和农村公社时代，母亲的亲权都依然在很大程度上保留着，如对未婚子的抚养和教育权，离婚后母亲仍可以把孩子带走。

2. 父子连名制

父子连名制是基诺族社会进入父系制和父系继承权开始的标志。进入父系制后，每一个等级的亲属，尤其是父亲一辈的称谓，已有了明显的区分。父子连名制的特征是子连父名的最后一至两个音节，像锁链一般一环扣一环，每一个名字就是锁链上的一个环节，如曼巴亚寨白腊约记忆他家的父子连名已有如下 12 代：姐右—右保—保

---

① 于希谦：《基诺族文化史》，云南民族出版社 2000 年版，第 215 页。

姐—巴保姐—姐约—约八—八撒—撒姐—姐白腊—白腊约—约子—不勒姐。①

以妻子从夫居作为标志，及家长制的确立开始，父亲已获得了对子女的管教权，子女也享有了父亲财产和身份的继承权。如长子在父亲死后可以继承大家长的地位并搬进父亲生前的房屋居住。非婚生子女与婚生子女一样有继承财产的权利，成年以后，与其他人一样，享有一切同等的权利并履行同样的义务。

3. 舅舅的亲属权

舅舅在基诺族人中具有重要的威望和地位，不仅表现在舅舅要为自己未婚生子的姐姐或妹妹行使父亲的权利，为其取名和操心人生大事，还表现在自己的外甥结婚或离婚仪式上的主持者和证人的角色与地位上。

基诺族因母系继嗣规则仍然残存，未婚生子的现象也较为普遍。女方怀孕不能成婚，孩子出世时，可以同舅舅连名，非婚生子女往往就成了舅舅的子女，由舅舅来承担抚养的责任。在巴亚寨，如果婚前生育，由女方舅舅交给寨老一斤酒、一个半开银圆作为人头税，以获取孩子的合法地位；如果孩子的母亲不再嫁人，这个孩子就是舅舅的后代，在舅舅家里长大成人，如果孩子的母亲再嫁人时，男方须备烟酒举行孩子的更名仪式，舅舅才被允许带走孩子并同男方连名。外甥幼年丧父要由舅舅抚养，承担监护的责任。外甥还和舅舅的亲生子女一样享有同等的继承权。② 在结婚的程序中，婚姻要首先得到舅舅的同意，新娘要通过“舅舅”亲自“放出”才能迎往新郎家。离婚时，在双方舅舅的主持下举行仪式，双方共有的财产均分，孩子则由母亲领走，女子离婚后即回自己的原属长房，与父母共同居住。同时，外甥也有赡养舅舅的义务和责任：舅舅若无子女，年老时跟外甥居住，由外甥料理舅舅的日常生活，承担赡养的责任，使年迈的舅舅有家庭保障。

（四）对违反婚姻家庭规范行为的惩罚

1. 对同性恋的惩罚

基诺族对同性恋的行为视为是对恋爱权的侵犯，如清末年间巴普寨有一对同性恋姑娘叫不勒舍与子都，不勒舍有不少男性特征，诱使已成年的姑娘子都夜夜

---

① 宋恩常：《基诺族家庭形态和习俗调查》，载《云南少数民族社会历史调查资料汇编》（一），云南人民出版社 1986 年版。

② 杜玉亭：《基诺族社会历史综合调查》，载《基诺族普米族社会历史综合调查》，云南民族出版社 1985 年版。

与其同居，使子都无法再与饶考们正常恋爱。其中的一位饶考即向首领申诉不勒舍侵犯其恋爱权。根据惯例，对女性中具有男性特征，坚持不与男子恋爱者，饶考俄不得强求，但其中之一的女性的正常恋爱权不应被其同性恋者垄断，加上又有饶考的申诉，所以饶考俄首领就认定不勒舍侵犯了未婚男子青年的恋爱权，于是夜间派出二十多个饶考包围了不勒舍的竹楼，将两人抓获。不勒舍的父系因为是老叭，原知饶考俄的行动是依法行事，就主动代其女认错，才得以从轻处罚，罚不勒舍铜毫12枚。这一令饶考俄首领困扰多时的女同性恋者侵犯饶考俄恋爱权的案件始告了结。①

2. 对婚外恋的惩罚

基诺族传统习俗，对夫妻都有严格的规范和要求。青年男女结婚前在“饶考”组织中，恋爱不受制约，他们可以随意选择自己的伴侣。即使未婚生子，也不会招来非议。一旦举行了婚礼，就意味着原来自由生活的终结和一夫一妻制家庭生活的开始。一夫一妻制要求夫妇之间相互忠贞，夫妇双方要对自己的家庭负责，要忠实于自己的妻子或丈夫，严格禁止婚外性关系。如有的村寨发现越轨行为，一经查实，则由其丈夫手扬火把召唤全寨的成年男子到第三者家中，把能吃的东西吃完，甚至把其亲戚、氏族的东西吃光。然后烧毁其宅，因为第三者的过失殃及而损失的财物，由第三者负责赔偿，这一处罚通常被形象地称为“得到找”（即等着吃）。②

如：巴亚寨的当事人车不勒，结婚离开了饶考俄后，仍悄悄与姑娘不拉都同居。饶考俄发现后即开始采取措施，但因此人十分精明，饶考俄们抓了两年都未成功，为此震动了饶考俄首领，并决定采取特别行动。有一次确知其到女家，便立即集中了数十个饶考突袭。众人先严加把守了女方竹楼的两个门，两个机灵精悍的饶考俄迅速登楼，当场拿到了物证——车不勒的槟榔盒。但车不勒听到动静后已迅速爬到火塘架上躲起来，饶考俄发现后对他提出警告，车不勒自知后果不妙，只好自己爬下来请求此事由饶考俄内部处理。按惯例饶考俄处理罚款数额只能到两个半开银币，而且事态只限于饶考俄之内，如交到村社首领处，罚款则增加到十个半开以上，而且还属于村社性违法事件。饶考俄觉得车不勒害得他们劳师动众两年，过于狡猾，是对饶考俄基本权利的公然挑衅，罚款两个半开，在饶考俄内部解决难平民愤，所以饶考俄首领尊重

①② 杜玉亭：《基诺族社会历史综合调查》，载《基诺族普米族社会历史综合调查》，云南民族出版社1985年版，第64页。

饶考俄们的意见不把此案做内部处理，而把它提交村社首领处理，车不勒因而受到严惩。当事人之一是姑娘，惯例不受处罚。①

3. 对离婚或丧妻男子的规范和约束

已婚男子离婚或丧妻后，须向饶考俄申请并在形式上再次参加饶考俄之后，才能再度获得恋爱权。这一法规在不同村寨执行得宽严不一，其中执行得较为严格的是司土寨，②这里对丧偶男子未再度申请加入饶考俄而私自恋爱婚姻的处罚甚重，所以人们都依例而行。但也有个别人不明这一法规的界线，因而受到了严惩，如司土寨有一位才貌颇佳的小伙叫切册，他举行成年礼时曾依照惯例端着三碗草烟贡献给饶考俄首领，从此他参加了饶考俄并获得了恋爱权。一年多后他找到了恋人，接着又按例吃过了订婚酒。据本寨习俗，吃过订婚酒后就可以与未婚妻同居，二者的婚姻关系由此公开化。谁知切册又因故反悔，与吃过了订婚酒的未婚妻脱离了关系，对此社会舆论虽然不佳，但尚不属犯规。问题发生在切册与吃过订婚酒的未婚妻脱离关系后，继续与一位已离婚的女子不拉得恋爱同居，并又与她家吃了订婚酒，这就违反了传统法规，因而激起饶考俄的公愤，并震动了整个村寨。切册在参加饶考俄时虽然按例交了三碗草烟，但这一惩罚已为他第一次吃过的订婚酒所抵消，因为吃过订婚酒后的男子多在女家同居，很少参加饶考俄活动，所以吃订婚酒即与结婚一样，都被视为脱离饶考俄的标志，换言之，切册在与吃过订婚酒的未婚妻脱离关系后，只有再次向饶考俄交三碗草烟，并请求再次加入饶考俄后，才有继续恋爱的权利。而他未向饶考俄交三碗草烟便继续恋爱并再吃订婚酒，这就践踏了饶考俄拥有的权力，也扰乱了恋爱者与结婚者间自然但又严格区别的村社的基本秩序，所以饶考俄集会时，阿朔对他给予最重的惩处：罚他半开银币 12 元，村社行政首脑再加罚他半开银币 18 元。因未交三碗草烟而引起的这一案件的罚款，使得处于中等经济地位的切册家由此破败，他也不再与吃过订婚酒的不拉得结婚了。③

①②③ 金少萍：《基诺族传统社会中的未婚青年组织》，载《中南民族大学学报》（人文社会科学）版，2000 年第 1 期。

四、纠纷的解决

（一）协商式解决机制

基诺族村寨间一直保持着友好关系，其关涉寨际间的事务时，通常是按照惯例协商解决。只有遇到大的问题，如村寨间发生了严重的地界纠纷，而两寨的长老经协商解决不了的情况下，才举行一种称为“杰拍压”的仪式。① 此时，双方的长老对天赌咒起誓，并将所争执的问题提出，祈求上天做出裁决，并同时起誓如属自己无理相争，愿受任何惩罚，据说这种方法很灵验，在遇到难以裁决的问题时，只要提出用这种办法解决，理亏的一方便不敢强争下去。基诺族一般不举行这种仪式。一旦举行了“杰拍压”仪式，除非强占土地的一方自觉把土地归还，否则，就意味着一场争斗的开始，但这样的事情很少发生。

基诺族村寨间事务的处理，如果属于维护基诺族的法规方面，各村寨间是相互支持，如一个村寨中发生了同民族兄妹相爱要求成婚的事，在遭到本寨长老反对的情况下，这对恋人往往去寻求父母村寨长老的支持。在这种情况下，这些村寨的长老均会主动维护本村法规而不予支持。

（二）神判式解决机制

基诺族解决违法案件时，最注重的是证据，没有证据一般不予审理，但在特殊情况下，因应当事人的再三请求必须予以解决时，只能以神判的方式进行。曾震动整个么卓寨的一桩神判案件中，起因是已婚青年不拉先一再向饶考俄首领控告说：“饶考沙木拉与其妻发生了性关系。”首领回答：“按惯例非正常男女关系必须有物证才能查处，空口无凭难以处理。”但当事人不断纠缠，并坚持要对沙木拉进行惩罚。而被告沙木拉则坚决否认。饶考俄首领为了维护饶考俄成员的权益，也为了维护饶考俄社团的名誉，即把此案提请村社行政首领来处理。村社首领仍然提出无物证难以决断的问题，但不拉先却纠缠不休，坚决要求惩罚被告，村社首领无奈只好采取神判：村寨中心场地上架着熊熊燃烧的木柴，上有一口开水沸腾的大铁锅，锅内放有铜钱，原告与

① 云南省民族事务委员会编：《基诺族文化大观》，云南民族出版社 1999 年版，第 147 页。

被告要依例在锅内捞取铜钱。在全寨人众目睽睽之下被告沙木拉伸手从开水锅中抓出了铜钱，而手居然未被沸水烫伤。而一再坚持惩罚被告的不拉先却临阵畏缩，不敢向沸水锅内伸手。结果根据惯例宣布被告无罪，原告不拉先则因诬告罪被罚半开10枚，并杀一口猪、数只鸡谢罪了事。①

（三）诉讼式解决机制

基诺族有36个村寨，相互之间保持着交往和联系，但若寨际间发生了难以解决的纠纷，就得依靠诉讼机制来化解，这从清末年间曾轰动基诺族村寨的两寨断交案可以得知。

巴亚寨人者约丢失了放在山上的一条牛，者约便组织巴亚寨有牛的人去寻找，找了多日不见踪迹。巴亚寨找牛人有一天在札吕寨边大木上休息，见一只狗叼着骨头走过，他们立即赶狗，发现狗丢下的是新鲜的牛骨头，即有意到札吕寨的切毛家去吃饭，又见他火塘上边的竹架上烘着牛肉干巴，还有尚未吃完的烤熟的牛皮。问其来由，切毛的妻子说："这是捡来剥吃的外边的死牛。"巴亚寨人发现这一线索后，便在札吕寨一家家串门，又发现正在腌制的牛肉酸渣等，经一一问过，说法不一，但终于露出了破绽。巴亚寨在札吕寨找牛的人都是养牛的人家，见此情景十分气愤，当天就在札吕寨大闹：把札吕寨的鸡抓来杀吃，并杀了札吕人的猪吃，吃罢还将鸡毛捆在竹竿上插在札吕寨心，以示污辱。札吕寨"老乍"（车里土司设在基诺山寨的头目）阿比特足深知解决寨际纠纷的传统法规，立即赶到小勐养土司处去告状，勐养土司随即通知巴亚寨头人至札吕寨听候判决，土司派的官员听了双方的申述后说："札吕寨偷杀吃巴亚寨的牛不对，巴亚寨的人因此而随便杀吃札吕寨的鸡、猪也不对，更不应将绑有鸡毛的竹竿插在札吕寨心。"最后的判决是："双方都互不赔偿。"此案了结后，札吕寨仍对巴亚寨人的污辱耿耿于怀，因而决定："与巴亚寨断绝往来。"从此，巴亚寨人西去勐养不能途经札吕寨，必须绕道走；地少人多的巴亚寨因不能再以象征低额地租租种札吕人的土地而口粮短缺。但在断交期间的年节，巴亚寨人仍根据寨际关系礼仪，照样派人送给札吕寨鸡蛋一个、烤干的小鸡一只、烘干但带尾的松鼠一只、过年杀水牛包括苦肠在内各部位的肉等约一斤，作为礼物；而札吕寨老拒不接受照样退

---

① 杜玉亭：《基诺族社会历史综合调查》，载《基诺族普米族社会历史综合调查》，云南民族出版社1985年版，第64页。

回。札吕寨送来的相应礼物亦被巴亚寨原物退回。就这样，札吕寨与巴亚寨断交三年。①

① 杜玉亭：《对一桩基诺族寨际断交案的文化思考——基诺族文化特质说之一》，载《学术探索》1994 年第 6 期。

HANIZU FASHI

第九章

哈尼族法史

第一节

哈尼族概况

一、哈尼族分布及族源

哈尼族是我国西南边疆历史最为悠久的少数民族之一。哈尼族有多种自称，以哈尼、卡多、雅尼、碧约、白宏（和泥）等自称人数较多。此外还有锅锉、哦怒、阿木、多泥、卡别、海尼等自称单位。此外，哈尼族见于汉文史料中的历史名称还有和夷、和蛮、和泥、窝泥、倭泥、阿泥、阿木、罗缅、糯比、路弼、卡惰、毕约、惰塔等。哈尼族的自称和历史名称虽多，但其音义基本一致，主要的自称哈尼、豪尼、黑泥、和泥，其哈、豪、黑、和都是从“和”音，其义均为“和人”。历史名称和夷、和蛮、和泥、窝泥、斡泥、俄泥、阿泥、哈尼、罗缅（自称和泥）、糯比（自称哈尼）等，其禾、窝、斡、俄、阿、哈亦从“和”音，含义仍为“和人”。可以说，哈尼族两千多年来，基本上就具有一个统一的名称即“和人”。新中国成立后，根据本民族大多数人的意见，以人数最多的自称“哈尼”为本族统一的名称。① 据 2010 年第六次全国人口普查统计，仅云南省有哈尼族 163 万余人。其中红河哈尼彝族自治州有78. 97万余人，普洱市有 45 万余人，玉溪市有 13 万余人，西双版纳州有 2 万余人，昆明市有 1 万余人，哈尼族人口数量在云南少数民族中位列第二。同时，在国外尚有哈尼族人口约 42 万人，其中在缅甸有 20 万人，老挝有 10 万人，泰国有 8 万人，越南有 4 万人。从自然地理的角度来看，哈尼族人口多分布于海拔在哀牢山与无量山之间 800 米至 2500 米的起伏连绵的群山之中，可称得上是大山的民族。哈尼语属汉藏语系藏缅语族彝语支，内部又分为哈雅、碧卡和豪白三种方言和若干土语。哈尼族无文字，新中国成立后，在党和人民政府的关怀下，曾为哈尼族创造了拼音文字方案。

① 《哈尼族简史》编写组：《哈尼族简史》，云南人民出版社 1985 年版，第 3—4 页。

二、哈尼族的发展历史

哈尼族是一个历史悠久的民族，其形成经历了漫长的历史时期，并融入多种文化因素，因此其族源问题也显得十分复杂。目前学术界主要有南迁说、土著说、四川大渡河畔说、南京说等观点。其中南迁说有大量汉文史料、民族学与人类学理论及哈尼史诗等资料为根据，因此影响最广，成为学术界通说。

在介绍云南少数民族较权威的《云南少数民族》一书中就认为，“哈尼族有悠久的历史，与彝族、拉祜族等同源于古代的羌族。据汉文史籍记载，氐羌族群原游牧于青藏高原，后逐渐迁徙，散布到川西南和滇北等广大地区”①。早在《史记·夏本纪》中便有记载曰“华阳黑水惟梁州，汶嶓既艺，沱涔既道，蔡蒙旅平，和夷底绩”②。“黑水”当指澜沧江或金沙江，“和夷”在当时虽还未成为某一民族的专称，但无疑应包括有今“哈尼”的先民。哈尼族民间也流传说：他们的先民，曾游牧于遥远的北方一条江边上的“努美阿玛”平原，后逐渐南迁，经“谷哈”逐渐散布各地。羌族最早活动在甘、青高原，尤中先生在《中国西南的古代民族》一书中根据《后汉书·西羌传》认为，“公元前7世纪中叶以后，秦国发动了大规模征服兼并其邻近的羌部落的活动。于是，居住在甘、青一带的羌部落，又有一部分向西南流走”③。并进一步指出，“先秦时期，属于氐羌系统的部落之在西南者，是近代汉藏语系藏缅语族各兄弟民族的祖先”④。南北朝以后，从原来的僰、叟、昆明族中分化出一个民族集体，称为“和蛮”。“和蛮”一名，出现于《新唐书·南蛮传下》和《通鉴·唐纪》中。“(唐高宗）显庆元年（656)，西洱河大首领杨栋附显、和蛮大首领王罗祁、郎昆梨盘四州大首领王伽冲率部落四千人归附，入贡方物”⑤。唐玄宗开元二十二年（734)，唐朝宰相张九龄为唐玄宗所写的《敕安南首领爨仁哲书》所列举衔名中，有和蛮大鬼主孟谷悮与安南首领爨仁哲、南宁州大鬼主爨崇道等九人并列。《蛮书》卷五载：“渠敛赵……西岩有石和城。乌蛮谓之土山坡陀者，谓此州城及大和城俱在坡陀山上故也”。《蛮书》卷八又载“言语白蛮最正……谷谓之浪，山谓之和，山顶谓之葱路”。

① 云南省社科院历史研究所编：《云南少数民族》，云南人民出版社1983年版，第82页。
② 司马迁：《史记》卷二，《夏本纪》，中华书局1959年校点本。
③④ 尤中：《中国西南的古代民族》，云南人民出版社1979年版，第7、8页。
⑤ 欧阳修：《新唐书》卷二三一，《南蛮传下》，中华书局校点本1975年版。

“和”意为半山坡。“和蛮”是指居住在半山上的民族。方国瑜先生说：“‘和’字‘歌’韵，古音歌韵读开口呼，后来有部分字演变读合口呼，也就是今音o读为a，亦即‘和’的古音读为‘哈’”。由此可知，哈尼族在7世纪以前就已经形成了。① 元明清时期关于哈尼族的记载不绝于史，《元史》卷六十一“地理志·威楚开南等路”载：“开南州，下。州在路西南，其川分十二甸，昔朴、和泥二蛮所居也。……威远州，下。州在开南州西南，其川有六，昔扑、和泥二蛮所居。”《明史》卷三一五“云南土司列传三·车里列传”载，“车里，即古产里，为倭泥、貂党杂居之地，古不通中国”。天启《滇志》卷三十载：“溪处甸长官司，土官束充，和泥人。洪武中归附，授付长官……部夷僰夷、窝夷二种。教化三部长官司养作，和泥人。洪武中授付长官……部夷曰马喇、曰沙人、曰儸、侬人、曰野蒲、曰喇记。思陀甸长官司，土官遮比，和泥种，洪武中授付长官，……部夷背窝泥种。左能寨长官司，土官猎豆……部夷惟窝泥一种。恐落甸长官司，土官他有，和泥人，洪武中授付长官……部夷惟窝泥一种”②。康熙《永昌府志》卷二十四载：“钮兀长官司，蛮名也兀。……宣德七年始归附，置钮兀长官司。其地东至元江军民府界，南至车里宣慰司界，西至威远州界，北至临安府思陀甸长官司。……民皆倭泥，类蒲蛮。”康熙《蒙自县志》卷三“彝俗”载：“窝泥，自呼哈泥。蒙邑有河泥里，即其所居也。”道光《云南通志稿》卷一八三“南蛮志三之二·种人二”载：“窝泥，《皇朝职贡图》：窝泥，本和泥蛮之裔。南诏蒙氏置威远赕，称和泥，为因远部。明置元江府，东至元江，南至车里，西至威远，北至思陀，皆和泥种。今云南、临安、景东、镇沅、元江五府皆有之。”元明清时期，哈尼族名多为“和泥”、“斡泥”、“俄泥”、“阿尼”、“禾泥”、“窝泥”“凭泥”等等，都是“和泥”的同音异写字，可见均为“和蛮”演变而来。

---

① 李宣林：《哈尼族的历史渊源及社会发展》，载《云南民族学院学报》（哲学社会科学版），1994年第2期。

② 刘文征：天启《滇志》卷三〇，《临安府·土司官志》。

第二节

历代中央、地方政权对哈尼族的治理

一、中央政权对哈尼族的治理

哈尼族具有悠久的历史，与彝、拉祜等民族同源于古代的氐羌族群。古代氐羌族群曾游牧于青、甘、藏高原，由于秦国进行大规模征服邻近部落的活动。于是，原居住于青、甘、藏高原的氐羌族群中出现了众多的羌人名号，散居各处，其中一部分逐渐南迁，散布到川西南、滇西北、滇东北广大地区。这一部分南迁的氐羌系统部落群，就是近代汉藏语系藏缅语族各兄弟民族的祖先。从哈尼族历史及其由北往南迁徙的路线趋势来分析，大约在公元前3世纪时，“和夷”所居住的今大渡河之南、雅砻江所源出的连三海周围，或大渡河与金沙江相交汇的地区，可能就是哈尼族传说中的“努玛阿美”地方。居于此地的“和夷”分两条路线往南迁徙：一条即早先“和夷”自川西南迁经滇池昆明一带，再往南迁至滇东南的六诏山地区；一条自滇西北迁经大理湖滨平坝，然后又分别南下到今哀牢山、无量山区的景东、景谷、镇沅、新平、元阳、绿春、江城及西双版纳等地。① 唐朝初年，哈尼族的分布区域主要分为两大片。东部是“和蛮大鬼主孟谷悮”统辖的一片，其地接近安南都护府，与之相杂居者有爨仁哲统辖下的“白蛮”、“乌蛮”及僚子首领阿迪所属的僚族（壮族）。即今滇东南的红河、文山两州；西部的和蛮则以白蛮、乌蛮相杂居在一起，首领姓王。《新唐书·南蛮传下》载：“显庆元年（656），西洱河大首领杨栋附显、和蛮大首领王罗祁、郎昆梨盘四州大首领王伽冲率部落四千人归附，入贡方物”②。王罗祁统辖下的哈尼族居住区域接近西洱河（洱海）地区，所以与白族首领杨栋附显等人共同入朝贡献方物。这部分哈尼族的分布区域即在今云南省楚雄州南部至思茅地区一带。

公元10世纪中叶，六诏山区维摩、强现、王弄各部和泥领主自主其地，并从强

① 毛佑全、李期博：《哈尼族》，民族出版社1989年版，第6—7页。

② 欧阳修：《新唐书》卷二二三，《南蛮传下》，中华书局1975年校点本。

现部分化出舍资部领主及牛羊、新现、布旧各寨小领主。强现部在六诏山区各部中最为强盛，其领主龙海基，“素为诸夷所服”，统一了各部领主。北宋皇佑时，狄青部将杨文广追击侬智高过其境，龙海基向导有功，受到宋王朝任命，世领六诏山区，世代为滇东南最高领主。宋代，大理国向宋王朝进贡马，云南各族卖马和其他土特产到省外，都须经过龙氏领地转输到邕州出售，又从中原购回所需的生产、生活用品。滇东南哈尼族地区便与中原地区产生了密切而频繁的政治、经济和文化联系。

公元13世纪中叶，蒙古灭大理段氏政权，统一诸部，设云南行省，蒙古宪宗四年（1254）设阿僰万户府于安南（马关）老寨，辖礼设江以东至滇东南黔、桂边境，龙海基九世孙龙健能一度被授为阿僰万户府总管。《元史·兀良合台传》载：“阿僰国有兵四万，不降，阿述攻之，入其城，请降。”至元十三年（1276）改阿僰万户府为临安路，领二县、一千户、三州，辖今红河哈尼族彝族自治州大部、文山壮族苗族自治州一部。宪宗六年（1256），蒙古平服了今西双版纳（车里）的白夷（今傣族先民）和倭泥。哀牢山区因远、思陀溪处、落恐等部和泥，到公元11世纪中叶，因远部逐渐强大，由山巅因远平坝甘庄城移治礼设江畔筑罗槃城，称为罗槃国，最高领主称为“罗槃主”，管辖哀牢山东麓今元江哈尼族彝族傣族自治县和西麓今新平彝族傣族自治县西部、墨江哈尼族自治县、镇沅县、普洱县、思茅县、江城哈尼族彝族自治县及蒙乐山景谷县东部等广大地区。至元十二年（1275）冬，元军才进军和泥政治中心罗槃城。罗槃主阿禾必曾一度坚守抵抗，直至云南行省平章政事赛典赤率兵亲临城下，罗槃主阿禾必才出降。其管辖下的哀牢山西麓墨江、思茅、普洱等地和泥诸部亦一起归顺元朝。次年10月，元军继续向罗槃城以南的思陀、溪处、落恐各部进攻，和泥各部亦归附元朝。于是元朝在罗槃甸设置元江万户府，思陀设置和泥路，落恐及溪处分别设置正副万户府等统治机构，以和泥原首领为土官，分别隶属于云南行省。至元二十五年（1288）后，元朝废除元江、落恐、溪处等万户府及思陀和泥路等统治机构，另设元江军民总管府隶属云南行省，统辖各部，后又改元江军民总管府为元江路，以加强对哈尼族人民的统治。

14世纪中叶，明王朝取代了元朝的统治地位。明太祖朱元璋命傅友德、蓝玉、沐英远征云南，和泥各部领主即相率归附，协助明军迅速瓦解了元梁王在云南的统治。明朝在元朝统治的基础上，从政治、军事、经济等各方面采取了一系列措施：改云南行中书省为云南布政使司，领二十二府、四十一州、三十县、六宣慰司、四宣抚司、三安抚司、二十四长官司，并有卫、所戍军参列其间。明朝在临安府内的哈尼族聚居区设置了思陀甸长官司、溪处甸长官司、落恐甸长官司。此三长官司各为大理国时期的三十七部，原为和泥路，明初设为和泥府，后废府，各甸设长官司隶属临安府。天启《滇志》卷三十载：“纳楼茶甸长官司，土官普少，罗罗人。洪武初归附，授副长官。……溪处甸长官司，土官束充，和泥人。洪武中归附，授副长官……部夷僰夷、窝夷二种。教化三部长官司养作，和泥人。洪武中授副长官……部夷曰马喇、曰沙人、曰儸、侬人、曰野蒲、曰喇记。思陀甸长官司，土官遮比，和泥种，洪武中授副长官……部夷背窝泥种。左能寨长官司，土官猎豆……部夷惟窝泥一种。恐落甸长官司，土官他有，和泥人，洪武中授副长官……部夷惟窝泥一种。诸甸皆藏匿山林，群居杂处，喜人怒兽，一言不合则机弩引弓相向，死则以财物偿之，非德化所能怀柔。各长官俱本土罗罗，和泥人，原无姓名。各从族汇之本语定名，或随世递承其父名之末字，更接一字相呼。弘治初，知府陈晟以《百家姓》首二句，司分一姓，加于各名之上，惟纳楼未受。”① 其后，明朝又从思陀甸长官司中分出左能寨长官司和瓦渣长官司，隶元江军民府。嘉庆《临安府志》载：“左能亦思陀旧属也，后以其地有左能山，故曰左能寨。洪武中，有夷民吴蚌颇开辟荒山，众推为长。寻调御安南有功，即以所开辟地另为一甸，授长官司，世袭，隶临安。”“自官桂思陀部分，而瓦渣别为一甸。明初，土司阿英归附，赐姓钱，授副长官，世袭。”② 同时，明朝还在元代元江路所辖的哈尼族地区，设置因远罗必甸长官司，“洪武十八年四月戊日，置云南元江府因远罗必甸长官司，设流官长官一员，土官副长官司一员，以白文玉为副长官”③。设置马龙他郎甸长官司，马龙在今元江之北，他郎在元江之西，居民大多数为和泥人，其次是彝族，以普昔（彝族）为副长官。在今墨江哈尼族自治县的南部和江城哈尼族彝族自治县的北部设置钮兀长官司。《明史·地理志》载：“钮兀御夷长官司，宣德八年十月以和泥之钮兀、五隆二寨置，北距布政司十六程。”④《明史》“云南土司列传”亦载：“钮兀长官司，宣德八年置。钮兀、五隆诸寨在和泥之地，其酋任者、陀比等朝贡至京，秦地远蛮多，请授职以总其众。兵部请设长官司，从之。遂以任者为长官，陀比为副。”⑤ 明朝在云南还允许其镇守云南总兵官黔国公沐氏私置田土，在明、

① 刘文征：天启《滇志》卷三〇，《土司官志》，云南教育出版社 1991 年版。

② 嘉庆《临安府志》卷一八，《土司志》，中国地方志集成·云南府县志辑，凤凰出版社 2009 年版。

③ 《明太祖实录》卷一七二，台湾“中央研究院”历史语言所校印本。

④ 《明史》卷四六，《地理志·云南条》，中华书局 1974 年点校本。

⑤ 《明史》卷三一五，《云南土司列传三·钮兀列传》，中华书局 1974 年点校本。

清文献中称之为总镇庄田、黔府庄田、沐氏勋庄等。沐氏家族将红河以南十五勐纵横数百里之地皆圈占为“沐氏勋庄”。其中斗岩、宗哈、瓦遮、猛弄、猛丁五庄全是哈尼族，地处钮兀、溪处、纳更三土司之间。者米、茨通坝两庄在今金平县境内。其他各庄也多是哈尼族。其大、小管庄、伙头、佃长都是各庄的哈尼族及傣族头人担任。沐氏把高度发展的中原地主经济的先进工具、生产技术及经验推广到哀牢山区，利用当地领主统治下的哈尼族和其他各族农奴来经营其庄田，这种经营方式对沐氏的剥削很有利，在客观上对十五勐地区哈尼族的社会发展也起到了很大的推进作用。①

清顺治元年（1644），李自成起义失败后，起义军由李定国率领进入云南，采取“联明抗清”的方针，与当时溪处赵恩洪、瓦渣钱觉耀、六诏山龙升、龙元庆等和泥首领一起，进行反清斗争，李定国死后，和泥族头人龙韬等联合六诏山区和哀牢山区的哈尼族、彝族人民，推宁州（华宁）土官禄昌贤为首领，于康熙四年（1665）举行反清大起义，几乎席卷整个滇南。起义失败后，由于六诏山区和泥龙氏等土官多次反抗清朝，因此，清朝坚决废除六诏山区的各部、寨土官制度，实行改土归流。分设广西（今泸西县）、开化两府，哀牢山因远罗必甸长官司亦废除，属元江州管辖；并改马龙他郎甸长官司、钮兀长官司为他郎厅（今江城哈尼族彝族自治县、墨江哈尼族自治县）等隶普洱府。吴三桂总管云南时，将沐氏勋庄据为己有，史称“藩庄”。康熙十一年（1672）吴三桂叛清，失败后家族被诛，清廷亦将吴氏藩庄变价归并附近州县。哀牢山某端红河两岸原沐氏十五勋庄均被废除，因其地近建水，故归入建水。称为“十土司、十五掌寨”，各设寨长征收税粮。原为沐氏勋庄的管庄或佃长，都成为世袭寨长，实即十五个土官领主。十土司是思陀、溪处、落恐、瓦渣、纳更、左能、稿吾卡（以上均为和泥）、纳楼（彝族）、亏容、漫车（均为傣族）。其中稿吾卡土司系从纳更司所属哀牢山领地内分出，道光《云南通志》“稿吾卡土把总”条载：“原拨兵庄（即沐氏勋庄）十四寨，自纳更而分”②。整个清代，上述思陀、瓦渣、溪处、左能、落恐等各和泥土司一直实行土司制，一直延续到新中国成立前夕。

二、地方政权对哈尼族的治理

唐开元二十五年（737）前后，南诏崛起，随即向其东部和南部地区扩展其统治

① 李宣林：《哈尼族历史文化研究》，云南民族出版社2004年版，第30页。

② 阮元：道光《云南通志》卷一三五，《稿吾卡土把总》，云南大学图书馆藏本。

范围，先后将哈尼族居住区域纳入统治范围。南诏在东部哈尼族居住的地方设置通海都督府进行统治；在西部哈尼族居住的地方设开南节度（驻今云南省景东县）进行统治。① 通海都督府辖境包括哀牢山区因远、思陀、溪处、落恐和六诏山区维摩、强现、王弄等地的哈尼族；连同滇南强宗、罗伽、落蒙、刁峨、约楼；滇东磨弥、仁德、夜苴；滇北罗婺、华竹、碌券；滇池阳城堡等地，称为“三十七部蛮”。南诏灭亡后，久处滇南，居“三十七部蛮”的南诏通海节度使段思平“合集三十七部”，会盟于滇东曲靖石城，然后举兵西向，直取洱海，于后晋天福二年（937）建立了大理国。包括哈尼族在内的“三十七部蛮”，因功得到大理国段氏的分封，开始建立封建领主制度。大理国时期，改南诏所设通海都督府为秀山郡；废南诏所设开南节度，保留原开南节度所辖的开南（今景东县）、威远（今景谷县）等州，而哈尼族则基本上仍分布于原地未有变动。大理国时期，仍然保留哈尼族中各农村公社内部的政治经济结构，由秀山郡、威远州的地方官吏通过哈尼族内部的贵族首领进行贡纳的征收。而哈尼族东部聚居区则逐渐形成若干个“部”。它们是：①教化山部，在今云南省文山州文山县境内；②铁容甸部，在今云南省红河州红河县东北的下亏容一带；③思陀部，在今红河县西南的思陀一带；④伴溪部，在今红河县西南的落恐一带；⑤七溪部（溪外甸部），在今红河县东南的溪处一带。各部即成为秀山郡所属的地方一级基层政权，有如一个民族自治县。②

第三节

哈尼族的社会组织

史书对历史上哈尼族先民所建立的社会组织的记载很少，我们只能从一些零星的记载中发现一些有关社会组织记载。在各地哈尼族的传说中，他们的男性始祖被称为“仲牟由”（搓莫耶）。由于哈尼族历史上曾多次出现过民族迁徙，这种以氏族、部落为单位的迁徙使仲牟由的后裔分散到各地。如：元阳麻栗寨李者黑的家谱中其男性始

①② 尤中：《中国西南民族史》，云南人民出版社1985年版，第265、266页。

祖称为“搓莫耶”，金平高临乡陇山的家谱中称为“初末耶”，墨江水癸寨王开发的家谱中称为“初末异”，西双版纳各地哈尼族的家谱中称为“孙末窝”。“仲牟由”生活在距今1300多年前，约50多代人，相当于唐代，他的后裔在各地形成了不同的支系，被当作哈尼族的共祖。唐代初期，东、西两片哈尼族聚居区都处在从原始社会末期向阶级社会过渡的阶段当中。当时哈尼族先民与彝族先民一样有过“鬼主”制度。这是一种部落首领和原始宗教祭司二元一体的氏族部落制。东部的孟俣称为“大鬼主”，其所属有相当数量的“小鬼主”。“小鬼主”统辖一二百户人家，组成一个农村公社。西部的王罗祁称“大首领”亦即“大鬼主”，所属有相当数量的小首领亦即“小鬼主”，各小首领所辖也是一个农村公社。在各个农村公社内部已经产生了阶级的分化，各大、小“鬼主”就是大大小小的贵族主义分子①。

一、正式社会组织

新中国成立前，各地哈尼族均已进入封建社会，但各地哈尼族社会发展很不平衡，可以分为以下三种类型：

第一，西双版纳、澜沧等地的哈尼族，受傣族封建领主的统治，但在本族内部保留较多原始残余。19世纪中叶，傣族封建领主确立了对哈尼族山区的统治以后，把傣族地区的统治机构和一套社会组织形式搬到哈尼族地区，“昭片领”② 既是政治上的最高统治者，又是土地的最高所有者。昭片领把山区的哈尼、布朗等民族划分为“卡西双火圈”，“卡”是傣语奴隶的意思，“西双”是十二，“火圈”是一种地域划分的单位，全意即十二个奴隶的区域，是傣族封建领主对山区哈尼族进行政治统治和经济剥削的行政组织。一个“火圈”包括几个到十几个自然村，由昭片领加封哈尼族中有威望的头人为“总叭”统领，下属各个村寨又设“叭”、“鲊”、“先”等各级头人作为基层统治者，另外还设有专管征收赋税捐款、对外联系、传送公文的小职员“掌灯”。为了笼络各哈尼族村寨头人，抬高他们的身价，对所属山区哈尼族的头人“总叭”给予某些礼仪上的优待，规定“总叭”出门可以有仪仗队跟随，出入宣慰街可以骑马，见到各级领主可以不下跪，并赐给金伞一把、银牌一面、长刀一把、铁链一条，以象征某些特权。由傣族封建领主加封委任的哈尼族头人，虽然没有固定的薪

① 尤中：《中国西南民族史》，云南人民出版社1985年版，第266页。

② 傣语，意为广大土地之主，即中央王朝册封的西双版纳最高统治者——车里宣慰使。

俸，但是他们可以将自己所拥有的政治特权与本民族的习惯法相结合，对贫苦的哈尼族群众进行多种形式的剥削。至于那些地位低下的哈尼族小头人，由于传统习惯势力的影响，他们还不可能脱离农业生产，在处理本村寨重大事件时，还得邀集群众商议，仍与群众保持密切联系。①

第二，红河南岸的元阳、红河、绿春、金平四县等地是由封建领主制向封建地主制过渡的地区，这也是哈尼族最大的聚居区，人口约占哈尼族总人口一半。红河南岸地区，在新中国成立前的统治者多为哈尼族土司。在哈尼族土司地区，土司是其辖区内的最高统治者，父子世代相传，父死子幼可由叔父或生母代办。最高的统治机构是土司署，又称“衙门”，拥有武装、法庭、监狱。其下设有协助土司处理文牍的师爷（分为两种：一种为内师爷，掌管印章，负责治下的文件往来；二是外师爷，负责对上面的文件往来），掌管内政、外交的“管家”，统辖武装的“团长”，跟班打杂的“侍候”，管理监狱的“老总”等。由各“里”轮流抽回司署任职的“值班里长”，则协助土司处理重大事务和诉讼纷争。土司地区的行政区域以“里”为单位，设“里长”一人，管理数十村寨，“里长”之下设“招坝”或“里老”，辖一寨至数寨，“招坝”之下设“三伙头”，负责传锣送信，催捐派款。“里长”不世袭，由土司委任；“招坝”有少数世袭的。② 如红河县思陀土司于明洪武年间设置，已传世700年。清乾隆时赐以千总职，嘉庆二十五年为五品顶戴，思陀司署，设有土司官长一人，是该区最高的统治者，行世袭制，由土司的长子继承。土司区的政治、军事、经济等大权，都集中在他的手中，一切派款、收税、派伕、派兵、设署武装等都由他决定。土司之下设师爷二至三人，办理文牍及协助司长办理民事案件。设门上或值班里长一至二人，负责司署杂事。设管家二人，一人负责伙食开支，招待来往客人，指导菜司工作；一人负责收租、收捐税。设差头一人，辖小差二三十人，负责送信。设侍候五至二十人，担任司长的保卫和侍候工作。设班房官一人，负责看守犯人。厨师二人，负责做司署上层人物的伙食。菜司一二人，负责种菜园。马锅头一人，辖马夫二三十人，负责喂马、驮脚。大队长一人，中队长二三人，辖兵四十至八十人，担任保卫司署任务。司署设里（等于保，辖数村至十余村），每里设里长一人，为该里长官，其下设石长一人，负责内部文书的保管工作。武装五至十人，负责送信、随从里长等任务。里长之下设招坝，又名因头（等于甲长），辖一村至数村，每个招坝也有武装二

① 毛佑全、李期博：《哈尼族》，民族出版社1989年版，第24—25页。

② 《哈尼族简史》编写组：《哈尼族简史》，云南人民出版社1985年版，第98页。

三人。自然村设有三伙头，负责打锣传讯。里长一职多系以金钱贿赂取得，也有世袭的。如瓦渣土司区的他沙里长王国祯，就是因为人民反土司时保护了土司，土司认为他有“汗马功劳”，许其世袭。思陀司还设有门宫里长来管理其余六个里长，是除土司外权力较大的一个里长。①

民国时期，国民党政府也曾试图在土司地区推行乡、镇、保、甲制，遭到土司反对，但当地国民党政府与土司相互勾结，把各种“官衔”加在土司及其属官身上。而那些遭到人民反对和新兴地主阶级冲击的土司，也借助国民党政府的支持来维护局面。

第三，以墨江、新平、元江等地为代表的地主经济地区，其社会组织形式与内地汉族地区基本相同。

二、非正式社会组织

组成哈尼族社会的基本单位是父权制的个体家庭。家庭内以父权为最高，总揽一切大权，重大事情必须经过家长的同意才能做。妇女在家庭中地位低下，没有权力，从属于男子，甚至平时都不能和男人同桌吃饭。父母无劳动能力由长子和幼子奉养。大家庭中的各对夫妻，没有独立的小家庭经济，大家庭统一生产、收获、生活。大家庭一般在父母死后便分家，在长子、长媳的主持下平均分配家产。社会上和家庭内都有敬老的习惯，老人说的话要听，不尊重老人或虐待老人的人，将受到众人的谴责。

在个体家庭之上是家族组织，若干按父系血缘关系维系着的家庭组成一个“谷”（枯）。“谷”有自己的姓氏和族长，有些还有共同的墓地和少量的公有土地，同一个“谷”严禁通婚。景洪县勐宋芒窝科寨共 37 户，其中哈尼族 36 户，分属于七个“谷”，人数最多的“密丘谷”共 13 户，少的只有两三户。② 每个家族的族长被称为“帕牟”。族长一般由本家族中的辈高和年长的男子担任，他们一般是未经选举而自然形成的。族长的职责主要是调处本家族的纠纷、管理公共事务和宗教祭祀。

在家族之上，由若干个家族组成自然村寨，大的二三百户，小的仅数户。哈尼族村寨大多坐落在树木繁茂的半山区，离水源较近，村寨之间都不远。每个自然村都有

---

① 《民族问题五种丛书》云南省编辑委员会：《哈尼族社会历史调查》，云南民族出版社 1982 年版，第 74 页。

② 《哈尼族简史》编写组：《哈尼族简史》，云南人民出版社 1985 年版，第 101 页。

一个寨首，称作“追玛”、“最玛”或“纠玛”，汉族一般称其为“龙巴头”。“追玛”一般由最早建寨家族的男子担任，他们可能是农村公社时期的村社领袖或氏族贵族的后裔，其职务为世袭担任，在村寨中享有较高的威望。担任“追玛”享有各种特权，如群众猎获马鹿、麂子、熊、山驴、岩羊、野猪等野兽，要送给“追玛”一只右前腿。吃后腿骨便挂在走廊里，腿骨挂得越多，“追玛”越光荣，甚至群众杀牛要把眼睛和头额前部送给“追玛”。建立新寨，首先要在选好的村址上，由“追玛”在选定的地点投鸡蛋占卜，鸡蛋炸开的地点就是“追玛”的房基。建新寨，各家都要在同一天搬到所选定的村址，先搭临时地棚居住，帮助“追玛”盖好房屋，然后各家再互相帮助盖正式房屋。外村成员如申请迁入，要先向“追玛”送一只鸡、一瓶酒、一筒米和一个半开银圆。获准迁进后，由全村共同帮助盖房屋。① 此外“追玛”还支配着全村寨的生产和宗教祭祀活动，决定着播种和收获的日期。一个寨子只有在“追玛”家播种或收获完毕，其他家人才能播种和收获，否则将要受罚。寨子里发生民事纠纷和诉讼，“追玛”可以按照习惯法全权处理。

在哀牢山区哈尼族聚居的红河、元阳、绿春、金平等地区，广泛流传着《三个神蛋》和《最、批、技》的传说故事。故事内容都是叙述哈尼族社会中三种身份人物的来历。《三个神蛋》的大意是：天神莫咪的神鸟下了红、绿、白三个蛋，三个蛋里出来三个男人，红蛋里出来的人说：“我来当官，给地上人判事”；绿蛋里出来的人说：“我来当莫批，给地上的人驱鬼治病”；白蛋里出来的人说：“我来当工匠，给地上的人制造工具、盖房子”。②《最、批、技》的大意是：天神烟沙家有白、花、红三块大田，白田里播下的人种，长出三等头人；花田里播下的人种，长出三等莫批；红田里播下的人种，长出三等工匠。③上述神话说明在古代哈尼族社会里，从事宗教活动的祭师——莫批与管理村寨公共事务的“追玛”（头人）以及从事专业技术职业的工匠具有同等的重要性，也反映了哈尼族历史社会结构是由政、教、工合一的组织形式。

哈尼族村寨中的一些宗教祭司，如“摩匹”（莫批）、“贝母”对于村寨的公共事务也有一定的管理权。因为“摩匹”、“贝母”通晓的事情多，会念各种咒语，懂得婚礼葬仪，会看卦。哈尼族没有文字，因而“摩匹”、“贝母”都是通过耳听脑记来

---

① 宋恩常：《云南少数民族社会调查研究》（下集），云南人民出版社 1980 年版，第 77—78 页。

②③ 云南省民间文学集成办公室：《哈尼族神话传说集成》，中国民间文艺出版社 1990 年版，第 207、215 页。

传承本民族的丰富传统文化后被群众所公认的。"摩匹"、"贝母"没有职权世袭的关系，但是在群众心目中往往起着精神领袖的作用，受人尊敬。每逢村寨重要活动，如盖房、婚礼、葬仪等，都要请"摩匹"、"贝母"到场念咒、看卦，活动结束后领取少量酬金和谢礼。在哈尼族的原始宗教中"摩匹"具有很大的权力和利益，甚至能够左右本村寨成员的死活。哈尼族的原始宗教活动中，"摩匹"被看作与鬼神相通的智慧的源泉和具有无限能力的先知先觉者。他们的活动和作用主要有如下方面：

一是预知未来事物的人事的动向，了解鬼神意愿的行为，做出判断和劝告。二是祈求神灵保佑生产丰收，人丁兴旺。人们相信既然鬼神主宰一切，只要向他们敬祭祈求并防止恶鬼作祟，人们就能达到预期的目的，如上山打猎必祭山神、猎神，下水打渔必祭河神、水神"欧阿玛"。各式各样的祭祀是"摩匹"最主要的活动。三是从事消灾灭祸、驱鬼治病的宗教活动，如诅咒、招魂、驱鬼、辟邪、禁忌、送瘟神等。四是研究传播原始科技文化。"摩匹"为提高法力，即从事宗教神秘活动又比正常人掌握了较多的天文、医学、文学、历史、音乐、舞蹈和艺术知识，因而他又是最初的知识分子，是表演艺人和教育工作者。

在哈尼族中"摩匹"资格的取得通常是经过两种途径获得：一种是自然神授，即由神来选择，通过病灾表达神意；另一种是人为或师承，这种方式较为正式、普遍。各地"摩匹"都拥有自己的传承系统，有的"摩匹"设帐招徒，少则数人、十数人，多则几十人，这些徒弟师从"摩匹"师傅若干年，经严格考试后，准许独立主持宗教仪式。考核由"摩匹"任意点出古籍经典和宗教仪规中的任意一章或一仪式，徒弟须爽快并轻松自如地背出，如有错漏则不予过关。在若干门徒中，"摩匹"师傅专选一名天资聪颖、勤奋好学者，着意加以培养，将毕生所学悉传于他，老"摩匹"一旦去世，则由这一弟子继承升任"摩匹"。①

铁匠在哈尼族社会里具有神圣或说圣职的含义。担任铁匠由于生病，所以任职须经巫师尼帕占卜杀鸡献祭巴青内后，以鬼神的名义授予。巴吉实行世袭。铁匠打铁的工具（克卡）同样具有神秘性质，将各种打铁工具制成模型供于铁匠睡处的顶端。铁匠在每年的洪西洪密节日，用一只红公鸡、酒、姜、茶和盐等食物祭祀巴吉克卡。此种因病而得到神鬼授职的铁匠，哈尼语叫拉吉巴吉。拉吉巴吉为全寨各家打制修理铁器，拉吉巴吉的报酬亦由全寨各家平均负担。另一种铁匠非生病由尼帕代鬼神授职，而是通过自学获得打铁技术，成为铁匠。此种铁匠哈尼语称拉哈巴吉，拉哈巴吉同样

① 李宣林：《哈尼族历史文化研究》，云南民族出版社2004年版，第67—68、78页。

供奉巴吉克卡，拉哈巴吉为人打制或修理铁器则自行收费。拉哈巴吉的社会地位低于拉吉巴吉。①

哈尼族村寨未婚男女青年各自还有自己的头头。男青年头头叫扎达阿尤或扎枯阿尤，女青年头头叫米达阿尤。男青年到外寨交游，谈恋爱，要经过本寨扎达阿尤和米达阿尤的同意，还要向扎达阿尤送花（阿耶比）。不同村寨的男女青年赛歌，便由扎达阿尤和米达阿尤领唱。

第四节

哈尼族法律的起源

法的起源可以理解为一个国家或社会群体的法可以或可能基于何种途径产生，是一国或社会群体法的预备库或半成品。同理，哈尼族法律的起源亦即哈尼族这一社会群体的法产生的可能途径，表现为哈尼族社会法的预备库或半成品。从哈尼族社会的实际情况来看，研究其法律起源的问题是一个十分困难的工作。首先，哈尼族直至新中国成立前并无本民族文字，因而缺乏使用文字来记载本民族历史文化及法的产生、演变的客观记录和描述的重要工具；其次，哈尼族历史上并未出现成文法，法律仍然是以习惯法的形式表现，因而并不存在一个专门立法机构、立法程序的规范体系，这也为厘清其法律的起源增加了不少困难。但是正如奥地利社会法学家埃利希所提出的著名论断："法律发展的重心不在立法，不在法学，也不在司法判决，而却在社会本身。"② 我们仍然可以透过纷繁的历史表象去探究哈尼族社会法律的起源。

一、源于原始宗教禁忌

哈尼族的宗教信仰，至今尚未形成全民的一神崇拜，原始的万物有灵、多神崇拜

① 《民族问题五种丛书》云南省编辑委员会：《哈尼族社会历史调查》，云南民族出版社 1982 年版，第 125 页。

② 严存生：《西方法律思想史》，法律出版社 2004 年版，第 322 页。

和祖先崇拜，是其宗教信仰的主要内容。哈尼族大多居住于山区，地处偏僻，交通不便。村寨周围多为陡峭的群山，浓密的森林，阴郁的菁谷，湍急的河流，这种独特的自然地理环境造就了哈尼族原始的万物有灵崇拜。在哈尼族的宗教观念中主要存在天神、地神、龙神及具有保护神性质的寨神和家神（即祖先），都需要定期举行祭祀，求其降福及保佑。

哈尼族原始宗教产生了很多内容各异的祭祀活动，而这些祭祀活动本身又具有一定的规范性：一是某些事物或行为是神圣的，人们必须要虔诚地遵守；二是人们对某些不敬、危险的言行必须严厉禁止，从而形成人们生活中的禁忌。那些由原始宗教行为演进而来的民族习俗，除一部分仍停留在民俗文化的层面上，而另一部分则已经制度化、法律化，成为哈尼族法律文化和法律制度的一个部分。如最具有代表性的“昂玛翁”，即祭寨神，在这一祭日，多数地方以祭寨神为主，兼祭“土地”、“水神”、“礁神”等。哈尼人认为“昂玛”是村寨的保护神，这个“神”实际包含哈尼族所崇拜的各类对象的化身。所以，“昂玛翁”是哈尼族更具典型的原始宗教仪式，“昂玛”在每个哈尼人心目中具有神圣不可侵犯的威严，认为即使是无意中随便动一下“昂玛”范围内的一棵树、一块石头都会因为亵渎了“昂玛”而遭受罹难。“昂玛翁”的仪式隆重庄严，祭日当天上午，由“咪谷”（主持祭祀活动的人）主持，用鸡、鸭、茶、酒等物先行祭祀“土地神”、“水神”，下午，也由“咪谷”带领参祭者赶着猪，携带鸡、茶、酒、糯米粑粑、彩蛋等祭物前往“昂玛”祭祀处聚集。祭祀时，在“咪谷”主持下，全体跪拜，集体祭祀毕，分成若干桌，席地而餐，与“咪谷”同桌者，除其助手外，必须是家庭人丁兴旺、有吃有穿、妻子健在之人。祭寨神的日子在一地区是统一的，但祭寨神前（当月）村中若有人死，须得推到下月，若再发生此类事，以此类推。故哈尼族中有这样的说法：一个人在一年之内参加了三个村子的“昂玛翁”活动（能吃到祭品），他在一年之内不必“叫魂”了。所以“昂玛翁”实际上是为全寨人和牲畜、庄稼叫魂。①

哈尼族社会在原始的万物有灵、多神崇拜和祖先崇拜的原始宗教支配下，还产生了大量的生产、生活禁忌。所谓禁忌是关于社会行为、信仰活动的某种约束来限制观念和做法的总称。② 禁忌与法的关系，有人认为法的源头乃在禁忌③。这无疑揭示了

① 姜定忠：《哈尼族史志辑要》，云南民族出版社 2007 年版，第 362—363 页。
② 乌丙安：《中国民俗学》，辽宁大学出版社 1985 年版，第 20 页。
③ 田成有：《民族禁忌与中国早期法律》，载《中外法学》1995 年第 3 期。

法尤其是习惯与禁忌之间的密切联系。如《红河县志》中描述哈尼族的禁忌包括：

（1）撒荞不谈棉花事，种棉不说荞子情。认为荞子、棉花相克。

（2）打谷时蛇入谷船认为不吉利，须将谷船内的谷子全部倒掉或赐予他人。

（3）瓜类一藤每节结两个以上果实，认为是凶兆，须整棵拔出送于岔路口，或把果实送给他人，忌食双胞果。

（4）打雷天忌下种。首场春雨夹冰雹、刮大风或日、月蚀为忌日。

（5）忌取野外禽兽尸体回家。

（6）忌有倒伏或被风刮倒、雷击的树木。

（7）锅脚石不能随便移动，更不能用脚踏。

（8）六七月的属龙、羊日，男人不出工，女人不理针线，忌背柴进家。

（9）妇女不得坐在织布机上哭泣。

（10）人死发丧前，家人不洗脸、脚，孝男不理发、刮胡子，不行房事。

（11）忌女 17 岁不嫁，男 19 岁不娶。

（12）已婚姑娘忌死于娘家。

（13）妻分娩，夫回避。孕妇不得骑马、上果树。

（14）不得在家吹口哨。

（15）女孩不许啃鸡头、鸡脚。

（16）村内死人不迁新居。

（17）忌讳水牛烂角、黄牛掉尾、母猪分娩于街心和狗上房顶。凡犯忌牲畜一律宰杀，由全村共食，并请“贝玛”驱鬼消灾。

（18）在外死亡者，不得抬进寨子。

（19）雀屎落于人身，乌鸦停于房头啼叫，母鸡学公鸡啼鸣为不吉利。①

哈尼族禁忌中最具特色的当属“竜”日。“竜”日即忌日，极其频繁，一年中凡属“羊”日就要“竜”，少数地区“虎”日也“竜”；临时性的如寨内死了人、新户迁入、野兽进寨、水牛烂角、黄牛掉尾、猪在寨内生小猪、狗在寨外生小狗或爬屋顶、本寨发生火灾或听到别寨火灾、本寨妇女生双胞胎或听到别寨生双胞胎或六指（六趾）婴儿，每年第一次打雷、下雹、刮大风等，都要“竜”。

如此频繁的禁忌和忌日所勾勒的线条，不但说明禁忌在哈尼族社会中是一项重要的社会规范，而且显现禁忌在历史上对于哈尼族习惯法的产生具有不可忽略的作用。

---

① 姜定忠：《哈尼族史志辑要》，云南民族出版社 2007 年版，第 331—332 页。

首先，禁忌孕育着习惯法的原始内核，即以禁止性规范来约束人们的行为，并直接繁衍了习惯法的某些内容。其次，禁忌孕育了最早的刑罚。在哈尼族禁忌中，任何一种禁忌都包含着报应性的惩罚，违反禁忌者轻则受舆论谴责，重则被罚款或撵出村寨，甚至可遭到杀害。再次，禁忌的贯彻孕育了专门处理纠纷的神职人员和公共权力机关。在哈尼族社会中，神职人员是能够与鬼神相通的巫师，也叫咪谷、摩匹、毕摩、纠玛。这些人在哈尼族人的心目中，与官人列为同等重要的位置。哈尼族的巫师主管祭祀活动，同时负责处理民间纠纷，诸种违反禁忌的事项，往往可由巫师直接处理，甚至对于违反习惯法的行为，也由巫师直接裁判。①

二、源于生产方式

哈尼族大多世居于海拔800米至2500米之间水土丰饶的山岳地带，从事山区和半山区农业生产，以农产品为主要生活来源，并兼营少量手工业、畜牧业、狩猎、采集、贸易等，其中尤以哈尼梯田闻名于世。

哈尼族梯田，气势磅礴，雄伟壮观，它是哈尼族人民千百年集体智慧的结晶，是云南亚热带山区传统农业发展的最高典范，蕴含着哈尼族深沉的历史文化内涵。早在唐代《蛮书》中便有记载:“蛮治山田，殊为精好。……浇田皆用源泉，水旱无损。”②嘉庆《临安府志》亦载：“临属山多田少，土人依山麓平旷处开作田园，层层相间，远望如画。至山势峻极，蹑坎而登，有石梯磴，名曰梯田。”③ 哈尼族山区梯田埂高田占地小，需水量大。哈尼族先民充分利用山区水利资源丰富的特点，创造出一种奇特的方式，将水引入块块梯田。哀牢山山谷深处无数水潭和溪流被引入盘山而下的水沟，水自上而下流入村寨和梯田，梯田与水沟相通，高层水田水满，水会自然流入下块水田。有的地方水沟长达数十里，仅靠少数人力是无法完成的，所以自古以来，形成了一种集体兴修、维护水利设施、合理分配水利资源的机制。

如根据新中国成立初期民族调查工作者在金平县一区马鹿塘哈尼族社会调查发现，马鹿塘有三条水沟，两条是已经有了几十年历史的老水沟，一条是1953年开的，

---

① 张晓辉、卢保和:《论哈尼族的习惯法及其文化价值》，载《思想战线》1993年第4期。

② 赵吕甫校释，樊绰著:《蛮书》卷七，中国社会科学出版社1985年版。

③ 嘉庆《临安府志》卷二〇，《杂记》，《中国地方志集成·云南府县志辑》，凤凰出版社2009年版。

能灌900多市亩水田。为了保管水沟每年整修两次，使用水的方法是按每家水田面积大小实行分配。每条水沟都设有公职人员，选举沟头两人，担任沟头的人一般品质公正，在使用水沟的成员中享有威信，有能力处理违背用水公约的人。另外还有看沟人，看沟人的条件是有管理水沟和分水的经验，做到合理地使用水，合理地分配水，保证每块水田有水，保证水稻生长。开水沟是集体开，如果后来在先开的沟下开田，使用沟水，则必先向开沟的补工本费，多少按面积而定。修水沟时每户都出工，不出工者，一个工折银五角，作为水沟公积金，以供沟户集会用来买鸡酒用。分水的标准分成大口与小口，大口直径约三寸，小口或说半口直径约为大口的一半。民族调查工作者还在马鹿塘抄到一份光绪年间的水沟合同一文：

具立沟单人户合同

光绪二十七年苦竹林、马鹿塘、新寨、河头、保山寨众沟户议定开沟。坐落地为平河三家寨子脚大沟水一股，修×××，议定每个工三毫。偷水犯拿提花银一元，众议罚米一斗，猪肉十六斤，酒三十碗，盐一斤，又如倘有天番（翻）田崩，众沟户议定水口能可以下，倘有田不崩不许可能上能下，拟各照前处罚。

赵进朝水半口，李德受水二口，

盘金恩水半口，李成保水一口，

李玉德水一口，朱一苗水半口，

陈木腮水二口，李折壹水半口，

陈扯戛水二口，高折彩水一口，

李平才水二口，高朵梅水一口，

朱一告水二口，赵承明水一口，

盘有明水二口，曹一戛水二口，

赵才理水一口，邓进印水一口，

盘永县水一口，李陡折水一口，

赵金安水一口，李取扯水三口，

朱舍水一口半，李取壹水半口。

立于民国三十三年

甲申岁朱文富买恩水一口来帮补沟底现金陆元正①

---

① 《民族问题五种丛书》云南省编辑委员会：《哈尼族社会历史调查》，云南民族出版社1982年版，第47—48页。

哈尼族村寨大多被森林环抱，四野林海茫茫。在密林深处，栖息着许多野兽。因此，虽然农业是哈尼族主导的社会经济部门，但是狩猎活动在哈尼族的经济生活中仍占据一定的地位。集体上山围猎是哈尼族的主要狩猎方式，按照传统风俗，在集体出猎凶猛的大野兽之前，要念咒祝愿，占卜鸡腿卦，以择吉凶和成败；家中有孕妇的男子不能参与狩猎；刚出村时忌讳与成年妇女相遇，否则为不祥之兆；到猎山后，还要对山神敬拜。集体狩猎有严明的分工。猎物捕获到后，猎人纷纷汇集在一个适中的山路垭口，将猎获的野物分割。先割下猎物大腿一只，送给捕获该野物的猎手，予以奖励，愿他日后猎获更多的野兽。对参加狩猎的狗，也分一块兽肉给它，以示对它的鼓励。其余兽肉则按照参加狩猎人数均分，一人一份，共同享用，任何人不得多占。若有未参加狩猎活动的过往路人，即便是素不相识的陌生人临场遇上，也按照“上山狩猎，见者有份”的传统风俗，猎人们会大方地送上一份，让路人饱尝鲜肉。① 勐海县西定山坝丙哈尼族在猎获麂子后，先送给祭祀追玛一只前腿；送给猎获的土地所有者一条外里肉。其余的兽肉则由参加围猎者平均分配。并要分给猎狗一份，而射中者仅多得兽脖和兽皮。兽头要在击中者家里的火塘上煮吃，除参加围猎者吃外，还要请追玛和乃额等老人同吃。② 可见，在这种狩猎活动中，一方面体现出哈尼人遵循的是一种原始平均主义及尊老原则，这种习俗一直延续至今，是哈尼族社会村寨内部保持和谐秩序的重要因素；另一方面，“送给猎获的土地所有者一条外里肉”也似乎显现出哈尼族社会对于私有制意识萌芽的表现。

三、源于传统道德

道德是社会调整体系中的一种调整形式，它是人们关于善与恶、美与丑、正义与非正义、光荣与耻辱、公正与偏私的感觉、观点、规范和原则的总和。

（一）团结和睦、重礼节、尊老爱幼的道德风尚

哈尼族在外出路上不论遇到熟人或陌生人，不分男女，不分民族，总是笑脸问候，礼貌让路。哈尼族是一个集体意识很强的民族，人们对村寨的选址、建寨、搬

---

① 毛佑全、李期博：《哈尼族》，民族出版社 1989 年版，第 52 页。

② 《民族问题五种丛书》云南省编辑委员会：《哈尼族社会历史调查》，云南民族出版社 1982 年版，第 136 页。

迁，完全是集体的行动，在寨门内就是生死攸关的一家人，村寨中的乡规民约就是每个人的行为准则。在祭祀活动中，对祭品的分配是相当公平的，如果是一只鸡，不能分块也要熬成鸡汤分到每一户，无论鳏寡孤独、童叟无欺，这也是原始社会分配猎物时遗留下来的社会习俗。

过去哈尼族老人担负着教育后代、传承民族文化的重任，因此在社会活动和家庭生活中都享有很高的威望，备受尊敬。如年轻人不得在老人面前跷二郎腿，不能随便吐唾沫；在老人面前说话语气要温和，不能指手画脚；凡办理重要事情都要事前征求老人的意见，否则将被视为失礼的表现。老人在哈尼族社会里以自己的威望维护着村民的和睦，若村寨中发生纠纷、离婚等事项往往是由村寨内的老人协商并裁决。

哈尼族还喜欢与居住在坝区的傣族兄弟结成“牛亲家”，搭“牛亲家”一般以一户山区哈尼族为一方，一户坝区傣族为一方，经互相协商，自愿将双方的牲畜折成合理价格，多寡不均时则以现金补贴，牲畜即为双方共同财产，双方轮流管理使用。开春，热坝河谷地区气候温和，青草茂盛，是傣族种植早稻的大忙季节，耕牛由傣家喂养使用。夏秋季节，坝区气候炎热，山区却风和日暖，草木青青，是山区哈尼族栽种稻谷、旱地作物，或迎接秋收的大忙季节，耕牛便由哈尼族喂养使用。到了冬季，哈尼族山区水冷草枯，又将耕牛赶到坝区过冬避寒，由傣家管理使用。母牛生了牛崽，属双方所有，若有宰杀或出售，双方分成。①

（二）诚实守信的品格

哈尼族认为，世上最可耻的行为是行骗偷盗，那些具有行骗或偷盗行为的人自然被人们视为最下贱的人。人们形成“穷的贪不得”、“苦的偷不得”的共识，不是自己的劳动所获是绝对不取的。哈尼族村寨很少发生偷盗行为，干活时往往把生产工具随便放在工地而不担心丢失；有的地方至今还将收获的粮食堆放在田地边，需要时才去取；在山中追蜂寻窝，只要在找到的蜂窝上用竹皮做个记号，这窝蜂就属于他，无人争议；村寨里的牛、猪、鸡都是放养，只有觅食时才会找到自家的门上，但从来没有遗失的。这种“道不拾遗”的道德风尚除千百年来的传统习俗传承外，还受到原始宗教的影响。在哈尼族的宗教信仰中认为“万物有灵”，每个人的所为，天知、地知、万物皆知，因此人们不愿因为自己的行为给村寨、家庭、自身带来灾难。

---

① 毛佑全、李期博：《哈尼族》，民族出版社1989年版，第97页。

第五节

哈尼族的法律

哈尼族是一个具有悠久历史文化的民族，同时也是一个直至新中国成立前尚无本民族文字的民族。在漫长的原始社会中，哈尼族各村寨、各家族之间虽未形成统一的权威管理机关或成文法典，但也有着世代相传的社会习惯法来调整人们相互间的关系。这些习惯法就是全体社会成员在生产、生活中应自觉遵守的行为规范。多少世纪以来，他们正是依靠这些习惯法来维持社会秩序和维护各家族成员间的物质利益。

一、刑事法律

（一）危害封建统治的犯罪

在哈尼族社会中，最严重的刑事犯罪当为反抗土司罪，要受到最严厉的处罚，往往要遭到吊打、扛木枷、坐软板凳、丢阴洞等酷刑，甚至于被任意处以开肠破肚、取心肝、割舌头、从肛门剜肠子拉树梢等惨不忍睹的极刑。①

（二）严重违反人伦道德的犯罪

如在元江地方的哈尼族社会规定：

1. 禁止虐待和不赡养父母

不赡养和虐待父母者，一般由其族亲长老会集族人当众训斥，令其悔过；屡教不改者逐出家门。虐待父母致残致死者（哈尼族认为是大逆不孝应处极刑），由村人每户出一人持一棍棒，乱棒处死或每户凑一束干柴火焚处死。

2. 禁止亲属间乱伦行为

① 姜定忠：《哈尼族史志辑要》，云南民族出版社2007年版，第147页。

亲生父、母与亲生女儿、儿子之间的淫乱行为或公公与儿媳之间以及同胞兄弟姐妹之间的淫乱行为（哈尼族认为这是败坏人伦的最耻辱的和最严重的罪恶勾当），由村人会同罪犯的族亲长老（并由族亲执行）处以“五牛分尸”之极刑（即以牛皮绳五根系于罪犯的四肢和头脖间，再将皮绳系于五头力大气粗的牯牛鼻绳上面，然后用多支火药枪或火药铳鸣放，惊动五头牛将罪犯尸身扯成五截），有的地方则处以割鼻、割耳等较为缓和的处治。①

（三）其他的严重刑事犯罪

哈尼族认为，世上最可耻的行为是行骗偷盗，那些具有行骗或偷盗行为的人自然被人们视为最下贱的人，因而不仅受到道义上的谴责，还要受到刑法的制裁。如在江城县的许多寨子都曾设有用汉文刻石的“牛宗碑”，一块竖立于该县江边乡一碗水村西侧，为嘉庆十六年立，上面记载有“八禁”：“一禁窃牛盗马，一禁蓄贼纵贼，一禁半路御人，一禁棚火闯室，一禁黑夜入家，一禁白昼劫抢，一禁盗人五谷，一禁匿人什物”。这块牛宗碑的所禁行为有四种涉及侵害财产权利的行为（第1、6、7、8），两种涉及侵害人身权利的行为（第3、5条）、两种涉及侵害公共安全的行为（第2、4条）。牛宗碑规定，上述行为均为村民共同缉捕之对象，至于缉捕后如何处罚罪犯，以立碑目的“每村无势，不能行服，既能捕杀，又恐将受其害”来推断，对上述行为者的处罚可以是死刑。另一块牛宗碑竖立于该县洛洒乡洛洒寨，据说已有150多年的历史，碑上刻着五种“禀罚不辜”的犯罪及其法定刑：“一治偷牛盗马者丢江，一治挖壁洞者挖双目，一治非控打铁者送官，一治有药有鬼放火烧，一治偷鸡摸鸭宰指头”。这五种行为有三种涉及财产权利（第1、2、5条。第二条中的“挖壁洞”意为破墙盗窃或损坏他人的住宅），一种涉及违反官府规定（第3条，在哈尼族社会中，铁匠具有较高的社会地位，只有为官府所认可的人才能当铁匠，非铁匠者打制铁器视为犯罪），一种涉及公共安全（第4条，“有药有鬼”意为能够投药放鬼伤人者或魔鬼附体者）。牛宗碑对上述行为规定了包括死刑、肉刑的残酷刑罚，以表示行为危害社会的严重性。除了这两块牛宗碑外，江城县还有不少被毁的牛宗碑。据调查，牛宗碑中包括的其他内容有强奸妇女者割耳，强占他人财物者罚牛，听到牛角不执械出屋者

① 李崇隆：《元江哈尼族族规民约浅说》，载李子贤、李期博主编：《首届哈尼族文化国际学术讨论会论文集》，云南民族出版社1996年版，第428页。

罚猪等规定。①

金平县马鹿塘哈尼族中亦规定："偷瓜菜游街，以儆效尤，偷牛马砍手指，偷水罚猪肉30斤（一斗米）、酒三碗，招待全水沟各户。偷砍村社的公林，罚三斤重大鸡一只、米三升、酒二斤归护林人。耕畜踏损谷物视情赔偿。"②

二、民事法律

（一）土地等不动产所有权制度

哈尼族社会在新中国成立前便已普遍进入封建社会，封建领主经济和地主经济是哈尼族社会中占主流地位的经济形式，但是由于各地实际发展极不平衡又可分为三类地区：西双版纳、澜沧等地的哈尼族，受傣族封建领主的统治，但在本族内部保留有较多原始残余；红河南岸的元阳、红河、绿春、金平四县及江城县等地，是由封建领主制向封建地主制过渡的地区；以墨江、新平、元江等地为代表的地主经济地区。因此哈尼族地区的土地所有权制度主要有三种形式：封建领主或土司所有制、农村公社土地所有制和私有制。

1. 土地的封建领主或土司所有制

在西双版纳一带相传哈尼族（当地称僾尼）的祖先原系居住在红河、元阳一带，后来因为战争的原因，被迫陆续外迁，到了距今20代人以前是居住在元江、墨江，以后又因和汉族统治者打仗，大败之后，由一女王领着逃至景洪澜沧江边。那时后有追兵，前面又有宽阔的激流澜沧江阻隔着，女王派人去和"昭片领"（宣慰使）商谈的结果，在接受做其臣属（实则就是农奴）的条件下，才由"昭片领"派船只渡到西岸。最先居住在勐海、小勐宋。勐遮山头，后来才慢慢分布到各个地方。③傣族历史上曾有宣慰使封山区少数民族为81个"火圈"，通称"郎杏乃"的记载，直属宣慰使统治。

"宣慰使"作为其辖区内的最高统治者，成为土地的最高所有者，对哈尼族村寨按照当地的生产、特产和封建领主的需要规定贡赋和苛捐杂税，如景洪县南林山哈尼

① 张晓辉、卢保和：《论哈尼族的习惯法及其文化价值》，载《思想战线》1993年第4期。

②③ 《民族问题五种丛书》云南省编辑委员会：《哈尼族社会历史调查》，云南民族出版社1982年版，第57、100页。

族社会调查中发现当地哈尼族群众对傣族封建领主的负担有：①对波郎和召腾的固定贡物：波郎每年收棉花200斤；召腾每年收棉花66斤、半年66元；各寨每三年杀一口猪，一半送召腾，一半群众吃。②山租：开种外寨的地，得给该寨的召腾交山租（种本寨范围内的地，因已按寨和按户负担各种封建贡纳以及劳役、杂派等，无须再出山租），一般是种什么交什么，另交若干草排和棉花。③白工：宣慰街盖房子要提供劳役，并要轮流交烧柴。④对昭片领的实物贡纳：每年支召良勐（专门给召片领管祭祀的人）小猪七口；三年交一头黄牛，召良勐照例给12元半开，不敷数由群众分摊。⑤门户款：这里七寨固定为150个负担户（实际户数为231户，当地规矩，负担户固定后不管增减情况、按原户征收各项摊派，各寨内部又按实际户数除鳏、寡、孤、独外平均分担）。南林山每个负担户每年约负担半开100元左右，每户实际负担60—70元。是一项最沉重的负担。这些钱最后由波郎收集上缴召片领。⑥派官钱：波郎委任哈尼族担任基层头人要收一笔钱。委叭竜派50元、叭贯40元、叭10元、鲊8元。⑦对头人的负担：叭竜每年收棉花100斤，叭、鲊等也有轻微剥削，如给群众调解婚姻纠纷时要点钱，群众打得野味也要送给他们一点，婚、丧祭祀请他们吃饭之类。从以上情况可以看出，傣族封建领主对哈尼族的剥削是苛重的，它榨取了生产水平本来就不高的哈尼族的绝大部分剩余生产品。①

在哈尼族土司统治区域，土地的最高所有权属于土司，其他阶层只有占有权和使用权。土司及其亲眷直接占有大片好田、好地，称之为“官田”。如稿吾卡土司，共占有辖区内水田的40%；思陀土司在红星乡坝密村就有产粮1000多背的粮食的田地；瓦渣土司在甲寅一乡就有产2000多背粮食的田。这些田，一部分是所谓的“祖业田”，是世代承袭下来的；另一部分是土司依仗其政治和经济的权力，吃百姓的绝业，或乘百姓中发生土地纠纷的机会，以最高所有者的身份将土地占为己有；交不起官租、杂派者，也同样会失去土地。②

除了这种由土司及其亲眷直接掌握的“官田”外，还大量存在“私田”。所谓“私田”是指各阶层百姓所占有、耕种的土地，可以世代继承、转佃、出典和赠予，但是不能买断。这种“私田”早期的经营模式是：大伙头（他们往往是一个宗族的族长）向土司取得整架山的开垦权，议定上缴钱粮的数量，率其族人前往垦种。若人口繁衍，耕地增多，按耕地面积收取的钱粮数多于应上缴土司的数字时，大伙头也就可

---

①② 《民族问题五种丛书》云南省编辑委员会：《哈尼族社会历史调查》，云南民族出版社1982年版，第109、69页。

以从中得到好处了。此外，个体农户取得“私田”的方式还有：向土司领荒地垦殖，三年不上官租，期满后如愿意固定耕作，即向土司要求发给执照，划定地界，规定官租，这样，开垦人的原主权就算确定了。此后，就须年年向土司缴纳官租，对于土地也有权世代占有使用，也可以进行典当和租赁。典当一般称为活卖，它只有土地占有权（有的也包括使用权）的转让，不涉及土地原主权的转移，当然更谈不上所有权（属于土司）的转移了，当地称为“卖马不卖笼”，原主一旦经济情况好转，随时有权赎取。① 土司有权向这种“私田”的占有人收取“官租”，“官租”一般占该土地产粮的6% ~20%，具有田赋和地租的双重属性。

2. 农村公社土地所有制

在哈尼族地区还残存一种农村公社土地所有制。如很多哈尼族村寨保留着家族或村寨共有的山林土地，在这些共有的山林土地范围内，凡属本族、本村的成员，只要不危害本族本村的共同利益，都享有砍伐、开垦的权利，谁种谁收，丢荒和因故迁徙，或犯了祖规被赶出“龙巴门”的人，他所耕种的土地即归还村寨，大家又可以使用。这类田主要有寨神田、献山田、上坟田和过年田等。

3. 私有制

由于地主经济在哈尼族地区不同程度的发展，使得哈尼族各地土地私有制也得到不同程度的发展。1939 年国民党政府在哈尼土司辖区进行土地清丈。清丈后，原土司直接占有的“官田”变成了土司的“私田”，“民田”也另行发给执照，肯定业权，但国民党仍支持土司继续收“官租”。而土司对其“私田”的经营，则更多地采取出租土地以剥削实物地租的方式。过去专门为各种差役设置的兵田、号令田、马草田、挑水田、看坟田、门户田等，也多数改为了租佃关系。土司本人已由封建领主向着封建地主转化，实际上成了红河南岸哈尼族地区的土皇帝和大地主。②

在私有制的侵蚀下，哈尼族原先的农村公社土地所有制也发生了变异，如在绿春县，当地哈尼族对公共山林土地还遵循着一个绝对的先占优先原则，即谁先占有（只要做出简单标志即为占有），谁即享有优先耕种、砍伐的权利，只要先占人不放弃，其他人便不得耕种、砍伐。这种先占优先的原则无疑使民族公社的共有制趋于瓦解，本族、本村公众实际上只是共有山林土地的名义所有人，而实际的所有权人已让位于

① 《民族问题五种丛书》云南省编辑委员会：《哈尼族社会历史调查》，云南民族出版社 1982 年版，第 13 页。

② 毛佑全、李期博：《哈尼族》，民族出版社 1989 年版，第 31 页。

个人。①

（二）动产所有权制度

在哈尼族社会中，很早便已出现了私有制的观念，如元代《云南志略》载：“斡泥蛮，在临安西南五百里，巢居山林，极险。家有积贝，具以一百二十索为一窖，藏之地中，将死，则嘱其子曰：我平日藏若干，汝可取几处，余者勿动，我来生用之。其愚如此。”② 生产工具、牲畜和手工业品私人所有，可以自由地买卖、出租和使用。如在哈尼族村寨往往是村寨里的猪、牛、鸡都是放养，只有觅食时才会找到自家的主人门上，但从来没有遗失的。园子中的蔬菜、水果成熟后仍是果实累累挂在树上，没有人去摘，只是主人采摘后送给左右邻居共同分享。③ 干活计时往往把生产工具随便放在工地上而不担心丢失；有的地方至今还将收获的粮食堆放在田地边的草棚里，需要时才去取，就是再穷的人也不会想到去偷这些粮食。④ 上述现象固然说明哈尼族地区民风的淳朴，但是另一方面也说明在人们心目中生产工具、牲畜等动产是由私人占有，并可转移其所有权的。由于哈尼族除传统农业外，还从事手工业，如编织滑席是哀牢山一带的哈尼族妇女普遍的手工业生产。除满足全家成员的需要外，大部分可运送到集镇出售。金平县哈尼族男子在雨天和农闲时间编制各种竹木器具。妇女一般于十、十一、十二月里集中纺织、染布和做衣服。产品交换主要靠集市，一般赶金平集。每六天有一个集，每逢集日，很多人停止生产劳动，到集上进行交换。⑤ 可见上述手工业品也是由私人占有，并可自由让渡其所有权。

（三）契约制度

1. 土地的租佃制度

土司直接占有的“官田”，最初全是由百姓劳役耕作，后来逐渐采取租佃的方式经营，只各留上一块大田（为祭祖和吃所用）仍派劳役耕作。思陀土司土地经营方式转变过程的线索是：李姓土司最初居住在“阿普”地方，当时有无官田不能确定。后

① 张晓辉、卢保和：《论哈尼族的习惯法及其文化价值》，载《思想战线》1993 年第 4 期。

② 王叔武：《云南志略辑校》，《诸夷风俗》，云南民族出版社 1986 年版。

③ 李宣林：《哈尼族历史文化研究》，云南民族出版社 2004 年版，第 85 页。

④ 姜定忠：《哈尼族史志辑要》，云南民族出版社 2007 年版，第 365 页。

⑤ 《民族问题五种丛书》云南省编辑委员会：《哈尼族社会历史调查》，云南民族出版社 1982 年版，第 45 页。

迁大寨，有官田500多背，据说是李姓祖先自己开的，四五辈人前，每年春耕秋收，土司还要下田做个劳动的样子，实际劳动全是派白工，凡辖区内的人民都有服役的义务。后司署迁大寨，又迁乐育，就把这些官田划给花户耕种，收产量50%的地租，不再上官租。① 随着土地的大量开垦，“私田”的数量大量增加，这部分土地多集中于地主、富农手中，除富农自耕部分外，多以出租的方式经营收取地租，但尚需拿出一部分作为官租上缴土司，这是土司土地最终所有权的体现。

除土司和地富阶层与农民之间存在租佃关系外，在农民内部也存在这种关系。有直接租佃的也有由典当关系转为租佃的。租额分为“定租制”和“分租制”两种。定租制即事先预定租额，不管实际收成的丰歉。租额一般为正常年景产量的50%左右，也有高达70%的。土司的田多以这种形式出租。分租制也叫“分边”，即租、佃双方各得土地产量的一半。在瓦渣土司有的还要事先抽出3/10给田主，余下的再平分。先抽部分可能是做交官租之用。②

2. 雇用法律制度

雇用劳动力为自己服务，并支付必要的费用，是产生债权债务关系的一种重要的原因。由于土地已经开始出现商品化，逐渐集中，没有土地的农民，为了生活，只好将自己的劳动力当作商品出卖。在哈尼族社会中雇工现象是很多的，在长期的生产过程中形成了一套调整雇工与雇主关系的法律制度。

哈尼族雇工有以下几种形式：

（1）短工，又叫“日工”。雇用短工流行于春耕秋收期间，除由雇主提供伙食外，每日还可得到五角钱或四至六斤米的工资。由于短工工资较高，而本民族内部雇佣的不多，农民卖工多是下坝到傣族地区去。

（2）月工。雇月工则是中农以上的阶层才能做到。月工工资也同日工一样，分实物和货币两种，货币工资半开五至十元，实物由一石至一石半谷。无论采取何种工资形式，均由雇主提供伙食。

（3）长工。一般只有地主、富农才雇长工。长工多半是孤儿被人收养，或是因欠债到债权人家里抵债的。长工以一年或数年劳动抵偿。在瓦渣和思陀两土司区，长工的报酬有所不同，有的劳动一年。除供伙食外，只给二三十半开，有的主人只是提供伙食，年给一两套旧衣，女“长工”则只给几斤棉花让其自纺自织。

---

①② 《民族问题五种丛书》云南省编辑委员会：《哈尼族社会历史调查》，云南民族出版社1982年版，第14、72页。

（4）定工。定工多是欠了债，或借债时就同债权人说定要以劳役偿付，而到债权人家里以一定时期的劳动抵债的。劳动时间视借债多少而定，或几年、几个月，或一年劳动一段时间，一般是时间较“长工”要短，行动也较自由，但受剥削的程度接近于长工。

3．借贷、典当法律制度

在哈尼族社会中，借贷现象也很普遍。借贷有实物（以稻谷、鸦片为主）和货币（半开）两种形式。一般借鸦片烟一两，一年本、利要还三四两，最高的本、利要还五六两。货币借贷的利率也不一定，如借五六十元半开，一年的利息是三背谷子，或借一百元，年利十至二十元。一年还不清，就利变为本，第二年本利一起生利。

房屋和土地都可以典当，土地典当一般不规定年限，出典人一旦有了钱随手都可以赎回。由于农民对土地只有使用权，所有权属于土司，因此这种典当关系并不涉及土地所有权的转移，土司不管土地的使用权是否转移，每年仍向原主征收官租。就出典人而言，为保持对土地的使用权和回赎权，他们也不希望将土地买断。发生典当关系的双方，几乎无例外地又转化为租佃关系，即出典人继续保有土地的使用权，但须向典权人缴纳地租，这就使得典当关系与租佃关系交织在一起。

新中国成立前，哈尼族由于没有本民族的文字，常常使用木刻、结绳或其他自然物为信物，以弥补因没有文字所带来的困难。人们相互之间凡借贷钱粮，互通有无，或典当土地，通常以木刻为借据或典当契约，由当事人双方亲自将表示钱粮数量的符号，用刀刻在一块小巧的木片上，从中一剖两半，各存一半为凭。红河南岸思陀的腊密地区典当土地则用石块为凭据，当地哈尼语称“科粒”，即当发生土地典当关系的双方，用一块与价银等重的石块作凭据，由典权人保存，日后出典人若需赎田，便按石块重量退还典金。①

三、婚姻家庭及继承法律

（一）婚姻制度

婚姻制度是规范男女两性关系和家庭关系的一种社会制度。哈尼族的婚姻制度经

① 毛佑全、李期博：《哈尼族》，民族出版社1989年版，第106页。

历了一个不断发展的过程。史书对哈尼族先民曾经有记载：“遇婚娶，通媒妁之日议聘金，多者或至百金，娶后子孙尤有代祖父偿聘金者。故娶妻之家，见妇生女，喜不自胜；若生数子，即以为大累。”①“婚娶亦用媒，允后欲娶，其婿先约数人伏于女家左右，俟女出，抢负至家成亲；三五日，女逃归母家，然后用亲迎之礼，整酒会宴，习以为俗。”② “窝泥性俭朴，勤耕作，男女嫁娶必先告族人，两家和亲，然后婚媾。”③ 从中可以看出，哈尼族先民已经存在固定的婚姻形式，结婚需要一定的形式，如聘礼。此外还残留有远古抢婚制的历史印记。

1. 结婚的条件

在哈尼族的历史上曾经出现过血缘婚，如在勐海哈尼族地区流传着一个洪水神话故事：很早以前火山爆发后，大地被洪水淹没，人类在这场灾难中濒临灭绝。有两个兄妹聪明过人，找来一个大葫芦，躲于其中。洪水消退后，兄妹两个从葫芦中出来，他们分头寻找同伴，经过千辛万苦都没有发现其他幸存的人。此时女神告诉他们：“人类已经毁灭了，你们幸存下来，为使人类继续繁衍，你们成亲吧。”后来兄妹俩按照女神的话结成夫妻。结婚后，妹妹生下一团没有肢体和五官的肉团。因为这一结果是女神叫兄妹俩结婚造成的，所以女神用工具将肉团雕成人，从而完成了繁衍人类这一任务。这个传说表明哈尼族历史上曾经存在过兄妹婚配的血缘婚，但是这种血缘婚是一种迫不得已的情况下发生的。妹妹婚后生下肉团，让人们意识到同胞兄妹结婚，其后代是不能成人的，于是导致新的规范出现。

哈尼族习惯严禁伯叔兄弟、姑舅以及姨表兄弟姊妹之间通婚，即严禁母方姐妹的儿女之间、父方兄弟之间的儿女通婚。同氏族的男女至少在七代后才能通婚。

2. 结婚的年龄

哈尼族结婚年龄较早，一般为十七八岁。居住在哀牢山广大地区的哈尼族男女青年，到了十七八岁青春期时期，就取得了充分的社交自由，开始广泛地求偶，结交异性朋友。

3. 一夫一妻制为主的小家庭

哈尼族婚姻为一夫一妻制，认为“多讨了老婆不合哈尼族的规矩”。现在有两个

---

① 雍正：《云南通志》卷二四，《土司·附种人》，江苏文陵古籍刻印本1988年版。

② 乾隆：《易门县志》卷六，《种人》，《中国地方志集成·云南府县志辑》，凤皇出版社2009年版。

③ 道光：《元江州志》卷四，《种人》，《中国地方志集成·云南府县志辑》，凤皇出版社2009年版。

妻子者——也是被罚过钱的。但一般人家只是在第一房不能生育或不能生育儿子时才娶第二房，哈尼族认为不生育儿女是男女双方“八字相克”，必须娶妾冲喜。因此若大老婆不生小孩则不罚钱，若生女孩则罚一半，要是大老婆已生有男孩还娶小老婆，在小勐宋要罚45元半开（在格朗和罚14元）。这笔钱由有关村寨的头人及龙巴头分用2/3，其余的留在寨内。还要给大老婆的娘家银子五两，大猪一口，表示道歉。

4. 结婚

哈尼族青年男女在婚前可以自由来往，谈情说爱，乃至发生性关系，哈尼族叫“玩小姑娘”。但不能决定男女双方的婚姻。新中国成立前哈尼族青年男女的婚姻多为包办，如根据红河县老博新寨的调查来看，该寨哈尼族的婚姻99%都是包办婚姻。男女双方年龄在七八岁或十多岁的时候，就由父母包办订婚，甚至有的出生不久就被包办了，自由婚姻在新中国成立前是极少的。

订婚前要先算八字，如果双方的八字相合，男女双方的父母同意，即行订婚。订婚时男方要送礼银给女方，富有者多至300元（银币），少至100元，贫者也得20至30元。

订婚后，经过一段时间便可结婚。结婚由男方决定日子，通知女方。到时双方邀请亲戚朋友前来做客，主人设酒杀猪招待。新娘娶到男家，要拜父母、拜天地，从此女方就在男家住下。在女方父母不同意的情况下还存在有“偷婚”的特殊结婚形式，如遭拒绝，男方与女方相约“偷婚”，把女方“偷”到本寨亲戚家中，然后择吉日结婚。婚后女方带丈夫回娘家，父母也只好承认既成事实。也有抢亲的习俗，在格朗和抢婚要被头人罚半开三元。

5. 离婚

新中国成立前，离婚在哈尼族社会中是一个普遍的现象。在西双版纳，哪方提出离婚，就由哪方交八元半开给寨子，由头人收，就解决问题，以后男婚女嫁各不相干：①永远互相不再说话；②过路见面时，不能相望，头要各扭在一边走过去；③遇别家请客时，有一人去了，另一人就不能再去。①

在红河南岸思陀地区的腊密地区，夫妻离婚也曾以木刻为凭证，丈夫不喜欢自己的妻子，就在一块木片上刻三条横道，从中一剖两半，交女方一半，妻子就得迅速离开丈夫的家庭，另找自己的出路。过去，哀牢山下段地区的哈尼族夫妻一旦感情破

① 《民族问题五种丛书》云南省编辑委员会：《哈尼族社会历史调查》，云南民族出版社1982年版，第104页。

裂，或由于其他原因不得不离婚时，请来证人，将一根舂米用的碓嘴垫在门槛上，用砍刀均匀地剖作两半，交给双方各存一半，作为离婚的证据。如果双方都认为没有和好的希望，便将各自所存的一半碓嘴立即烧毁。而属于某种压力之下造成的离婚，他们就把各自所得的一半碓嘴小心地收藏好，等避过了势头，时机成熟，再将两半碓嘴拿出来合在一起复婚。① 20世纪50年代在金平县马鹿塘抽查的新中国成立前结婚的47对夫妻，其中就有22对离过婚。离婚多数请中人，但亦有双方自行办理离婚手续，即双方自己砍木刻为凭，各方一半，归自己保存。②

虽然双方离婚较为自由，但实际上离婚的主动权掌握在男方手中，按照习惯法的规定：妇女不孕、不敬老人、不能劳作、生怪胎、患无名病痛等，既是男子离婚再娶的理由，也是妇女遭受各种严厉刑罚的罪责，甚至男子可以随意休妻而不受责备。

离婚后，如离婚是女方主动提出的，要女方退还甚至加倍退还订婚聘金，另给男方“遮羞钱”；如系男方主动提出离婚的，女方可取得部分财物作为补偿。离婚后，女方概不抚养子女，即使在怀孕期间离婚的，待生下小孩三个月后，也要交由男方照管。

丈夫死后，寡妇可以再嫁，不受舆论的非难，但是亡夫的财产和子女完全归亡夫的父母和近亲。红河部分地区还盛行兄终弟继的转房现象。

（二）继承制度

哈尼族盛行父权个体家庭，家庭中以父权最高。父母丧失劳动能力后，一般与幼子同住，因家庭血亲观念认为幼子血缘最可靠，且其年幼尚需父母教养，故留在父母身边继承大房和献祭祖宗。父母死后，在长子、长媳的主持下分家，家庭财产由各兄弟平均分配，女儿除招赘的情况除外，无权继承遗产。但是在哈尼族社会中，女儿一方面可以自种小块地或搞采集，获得收入留作个人的“私房钱”；另一方面又可以从母亲那里得到一点“私房钱”，而母亲的私房钱又多来自外祖母的私房钱，因此也可以看作是一种暗中进行的母女财产继承制。

---

① 毛佑全、李期博：《哈尼族》，民族出版社1989年版，第106页。

② 《民族问题五种丛书》云南省编辑委员会：《哈尼族社会历史调查》，云南民族出版社1982年版，第59页。

四、纠纷的解决

纠纷解决制度是指解决各种纠纷的主体、方式、制度和机制的总称。哈尼族先民解决纠纷的方式最早曾通过复仇或战争的方式解决，“诸甸皆藏匿山林，群居杂处，喜人怒兽，一言不合则机弩引弓相向，死则以财物偿之，非德化所能怀柔”①。“正德八年，蒙自土舍禄祥争袭父职，鸩杀其嫡兄禄仁，安南长官司土舍那代助之以兵，遂称乱，守臣讨平之”②。历史上，历代中央王朝除对于危害其统治的“反叛”调兵遣将加以镇压外，对于当地偷牛盗马、拦路抢劫，甚至杀人越货、放火放毒等重大刑事案件，充耳不闻，都不愿深入“不毛之地”加以过问。其次，民间发了案，当地哈尼族群众普遍不通汉语，不会写（看）诉状，也无法向官府控诉，只有依靠领主头人和村老族长处理解决。

近代以来，哈尼族社会的纠纷解决方式主要有：

哈尼族社会的诉讼裁判权由土司、头人和巫师以及村寨中的老人行使。其中重大案件一般由土司受理，土司审讯案件，无论民事或刑事案件，先经门上（官名）考查，再经师爷审问，最后经司长批准（土司有杀人权）。原告必须先杀猪一口作为礼物。经过判决后，里长、管家、卫兵、班房官统得向被告要钱，不管多少，总得带六字（如三百六、三十六）。土司都没有成文法律，其处理案件按“犯罪”对土司制度危害的大小和犯罪者贿赂的多少来确定惩处的办法。反抗土司，往往遭到严厉镇压，土司要如何处理，就如何处理。民事诉讼，取决于贿赂。所以有钱的人，总可以减罪或不治罪，而贫苦农民则只好任其惩罚。土司署都设有监牢，用以镇压人民。各司署都备有刑具，尤其以瓦渣土司最多，有吊打、顶水、木棍打、烙铁烫、顶石、跪水、跪石、冷水牢等等酷刑。③

一般案件由头人、寨老、巫师审处，如西双版纳哈尼族头人总叭等对本民族群众的剥削包括讨小老婆罚、有老婆串姑娘罚、女人裤带穗束偏了罚、有老婆又去串别人老婆者加倍罚、头人说话答应慢了罚、见到头人不躲避者罚、直冲头人走路者罚、房

---

① 刘文征：天启《滇志》卷三〇，云南教育出版社1991年版。

② 张廷玉：《明史》卷三一三，《云南土司一》，中华书局1974年点校本。

③ 《民族问题五种丛书》云南省编辑委员会：《哈尼族社会历史调查》，云南民族出版社1982年版，第75页。

上草排风吹掉者罚，吵架者罚，谷仓吹倒者罚，生双胞胎罚，走后门去别家者罚，小两口在自己房外吵架者罚，到别人地中挖野菜吃者罚，不是头人挂蚊帐，盖被子，睡高铺者罚，骑马进龙巴门者罚，舂碓嘈耳朵罚，偷婚者罚。①

在遇到证据不充足的疑难案件审理中，适用“神判”制度。哈尼族“神判”的方式主要有：

一是赌咒。哈尼语称赌咒为“巴拉勒毛”。如某家的猪丢失，失主怀疑为某人盗去，往往就请追玛公断，如被怀疑者拒不承认，双方往往就采取赌咒。方法是置一竹桌，桌上放一碗清水，赌咒双方相对而坐，追玛或公断人坐在中间，被告一方用食指在碗中蘸一点水搽在额上，发誓说“我向祖先发誓，没有偷某某的猪，如果偷了，被雷打死，被毒蛇咬死，被豹子咬死，被大树打死，被火烧死”，等等。原告一方也用食指蘸一点水，搽在前额，发誓说“我向祖先发誓，我的猪是被某某偷去的，如果是我诬陷他，就让雷打死，被火烧死”，等等。然后赌咒双方把碗中水各喝一半。②对于信奉神灵崇拜和祖先崇拜的哈尼人，向神灵或祖先发誓是一件极为严肃和神圣的事情，他们相信神灵和祖先的英明，一旦誓言中的判断或辩解与事实不符，咒语中的惩罚就会降临到自身和村寨。因此，这种赌咒发誓以断是非仍然盛行于一些地方。

二是看手相。看手相，哈尼语称为“贾摸牟”。看手相同样也多用在财物被盗或家畜走失时。但仅有尼帕能看手相，凡求看者，手中要拿一个鸡蛋，立于掌中。尼帕念了巫词后，也就收下鸡蛋作为报酬。其法是根据求看者手掌上的纹理，判断所丢失的财物为何人盗去，或者是家畜走失在何方向。③这种看手相的方法盛行于西双版纳的哈尼族地区。

此外哈尼族在偷牛盗马案件中还适用一种特有的“跟踪究责”制。哈尼族认为耕牛驮马等大牲畜是人们赖以生产、生存的命根子。所以在村与村的头人主持下，由村与村的民众参与，共同集会约定：无论哪个村民的大牲畜被盗，例行跟踪追究责任的办法。如某村的大牲畜被盗，主人就顺着牛（马）脚迹逐村查觅。若脚迹到了某村失踪，某村头人和民众务须协助失主挨户访查并追究出盗窃犯。否则，该村民众必须共同承担赔偿。④ 这种归责方式颇类似于现代法学中的举证责任倒置原则。

---

①②③ 《民族问题五种丛书》云南省编辑委员会：《哈尼族社会历史调查》，云南民族出版社1982年版，第101—102、145、145页。

④ 李崇隆：《元江哈尼族族规民约浅说》，载李子贤、李期博主编《首届哈尼族文化国际学术讨论会论文集》，云南民族出版社1996年版，第428—429页。

五、哈尼族法律的特点

第一，哈尼族的法律制度属于原始习惯法。哈尼族直至新中国成立前未有本民族文字，因此都是依靠人们之间口传身授来确保习惯法的延续。由于哈尼族在历史上并未形成一个统一的地方政权，因此对社会关系的调整更多地依赖于习惯、惯例、族规、宗教、禁忌、道德规范等。其法律表现形式没有复杂的部门法划分，没有实体法、程序法的明确界限。

第二，哈尼族刑事法律具有“公法私用”和“以罚代刑”特点。公法私用是哈尼族刑事习惯法的典型特征之一，主要是针对杀人、放火、偷盗牛马等严重危及村寨集体安全的犯罪行为。如哈尼族以投江和放火烧等死刑惩罚违反寨规者。另一个典型特征即是以罚代刑，这里的以罚代刑，指的是以民事处罚代替刑事惩罚，主要体现在对偷盗行为的处罚，处罚形式有罚款、罚酒、罚猪肉、请寨人吃饭等。

第三，刑民不分，诸法合一。哈尼族习惯法的规定体现了传统道德、伦理和民族禁忌，在制定的寨规中既有刑事方面的规定，也有民事方面的规定，往往是刑事、民事法律糅合在一起，没有按性质分类，也没有严格的体系。

第四，哈尼族民事习惯法主要是关于婚姻、土地、借贷和租佃方面的内容。少数民族的习惯法规定与本民族生活的自然环境和社会环境具有很大关系，哈尼族是历史上比较弱小的少数民族，生活在自然环境比较恶劣的大山和森林中，与外界交往不多，因此民族习惯法所涉及的范围较窄，内容也不复杂，主要是与日常生产、生活息息相关的内容，很少有关于商事、经济等方面的习惯法。

后记

此书是中国政法大学终身教授张晋藩先生主编的《中国少数民族法史通览》多卷本中云南部分的一卷。撰写中国少数民族法史通史是法史学界期待已久的大事，是体现中华传统法律文化博大、多彩的载体。此项工程在张先生的努力主持下终于得以实施。当然，写作起来却困难重重，因为中国55个少数民族社会发展各异，特别是那些没有文字的民族，这让以族别为纲目撰写少数民族法制史带来了很大困难。此外，对于少数民族很多“法律内容”是否属于近代西方国家体系下的“法律”内容，本身就存在很大的争议。我们在写作中使用的相关法律概念与现在通行的法律体系中使用的同一概念是存在很大差别的。

云南地处我国西南边疆，在这块红土地上生活着25个民族，这些民族具有各具特色的民族传统文化。各少数民族在自己的历史发展中不管阶段如何，都形成了具有特色的制度规范体系，有效地维持着自己社会秩序，如景颇族山官制度。有些民族由于历史上形成了较为成熟的地方“国家权力”组织，如傣族，加上成熟的佛教文化的影响，他们已经拥有相当成熟的法律体系，存留下来大量的法律文献。但由于诸多原因，这些丰富多彩的少数民族法律文化长期以来鲜为人知，或在认识上存在不足、不全等问题。对他们进行较为全面研究的成果也很少。通过此项目，我们想展现云南各少数民族相应的传统法律文化，作为学术界推进他们传统法律文化研究的基础。本卷由云南九个少数民族组成，它们分别是傣族、佤族、德昂族、布朗族、景颇族、阿昌族、拉祜族、基诺族和哈尼族。为了让整卷写作上体现出相似性，同时考虑到不同民族传统法律文化具有很大的原生性，我们在写作体例上采用规定基本分析部分的办法，具体是采用五个部分来写作。当然，对每个民族具体内容的描述上则由各个描写者根据具体民族和作者的理解采用相对灵活方式进行。

众所周知，云南各少数民族在1949年以前生产力和社会发展极不平衡，很多少数民族没有自己的文字，加上中央王朝在历史上记载各少数民族的情况时存在缺少和不足，给研究工作带来巨大的困难。我们在写作中大量使用20世纪50、60年代的民族调查资料来补多个民族在历史文献上的不足。对此种方法给我们写作上带来的问题，我们怀有很强审慎态度。

作为本卷的主编，我充满惶恐，因为数人合作的写作往往需要大量的协调工作，加上个性的原因，让写作上常出现各种问题。现在，在张先生的关心和指导下，云南大学方慧教授的组织协调下，经过数年的通力合作和努力，完成了现在的稿子。由于这项研究是新开拓的领域，没有太多现成经验可以借鉴，加之我们水平有限，错误和不足在所难免，希望能得到大家的批评指正。

本卷分工如下：曲靖师范学院政法学院胡兴东主编、统稿，同时撰写第二章和第五章；贵州民族大学法学院杨军撰写第一章和第九章；云南省纪委汪涌撰写第三章；云南大学法学院王鑫撰写第四章；玉溪师范学院政法学院朱艳英撰写第六章；昆明市西山区检察院张红娟撰写第七章；贵州财经大学法学院韩敏霞撰写第八章。我们在写作中相互协调，但各自负责自己写作的部分，以体现所撰写民族传统法律文化的不同，彰显中国民族传统法律文化的丰富多彩。